Investmentsteuerrecht

Katrin Dorn

Investmentsteuerrecht

Einführung

3., vollständig überarbeitete Auflage

 Springer Gabler

Katrin Dorn
MÖHRLE HAPP LUTHER
Hamburg, Deutschland

ISBN 978-3-658-21477-7   ISBN 978-3-658-21478-4 (eBook)
https://doi.org/10.1007/978-3-658-21478-4

Die Deutsche Nationalbibliothek verzeichnet diese Publikation in der Deutschen Nationalbibliografie; detaillierte bibliografische Daten sind im Internet über http://dnb.d-nb.de abrufbar.

Springer Gabler
2. Auflage erschienen in Co-Autorenschaft Florian Haase/Katrin Dorn
© Springer Fachmedien Wiesbaden GmbH, ein Teil von Springer Nature 2011, 2015, 2018

Gedruckt auf säurefreiem und chlorfrei gebleichtem Papier

Springer Gabler ist ein Imprint der eingetragenen Gesellschaft Springer Fachmedien Wiesbaden GmbH und ist
ein Teil von Springer Nature.
Die Anschrift der Gesellschaft ist: Abraham-Lincoln-Str. 46, 65189 Wiesbaden, Germany

Vorwort zur 3. Auflage

Nur 7 Jahre nach dem Erscheinen der 1. Aufl. dieser Einführung erscheint nunmehr die 3. Aufl. dieses Grundlagenwerks. Dies ist dem Umstand geschuldet, dass der Gesetzgeber nach dem „InvStG-light" im Jahre 2013 das Investmentsteuergesetz nun grundlegend reformiert hat. Die Investmentsteuerreform 2018 (Investmentsteuerreformgesetz, InvStRefG vom 19.07.2016, BGBl. I 2016, 1730) macht eine Neuauflage dieses Grundlagenwerks notwendig. Dabei bietet das vorliegende Praxishandbuch auf Basis des nunmehr geltenden Rechts nach wie vor eine Einführung in das Investmentsteuerrecht, wobei die bewährte Darstellungsform beibehalten wurde. Erläutert werden die Grundsätze des Investmentsteuergesetzes unter besonderer Berücksichtigung der Besteuerung des Anlegers. Ein besonderes Augenmerk wird dabei auf die Erläuterung der Systematik und der Terminologie gelegt. Beispiele und Praxishinweise runden die Darstellung ab. Mein bisheriger Co-Autor Florian Haase hat aus Zeitgründen an der 3. Auflage nicht mehr mitgewirkt. Ich freue mich aber, das Werk in seinem Sinne allein fortführen zu dürfen.

Das Buch ist auf dem Rechtsstand vom März 2018.

Hamburg
im März 2018

Dr. Katrin Dorn

Abkürzungsverzeichnis

AIF	alternativer Investmentfonds
AO-StB	Abgabenordnung-Steuerberater (Zeitschrift)
BaFin	Bundesanstalt für Finanzdienstleistungsaufsicht
BB	Betriebsberater (Zeitschrift)
BBEV	Berater Brief Erben und Vermögen (Zeitschrift)
BGBl.	Bundesgesetzblatt
BR-Drs.	Bundesrat Drucksache
BStBl.	Bundessteuerblatt
DBA	Doppelbesteuerungsabkommen
Ders.	derselbe
DS	Drucksache
DStR	Deutsches Steuerrecht (Zeitschrift)
DStZ	Deutsche Steuer-Zeitung (Zeitschrift)
EG	Europäische Gemeinschaft
ErbStB	Erbschaftsteuer-Steuerberater (Zeitschrift)
EStG	Einkommensteuergesetz
EURLUmsG	Richtlinien Umsetzungsgesetz
EU	Europäische Union
EWR	Europäischer Wirtschaftsraum
DStR	Deutsches Steuerrecht (Zeitschrift)
FR	Finanzrundschau
ggf.	gegebenenfalls
GmbH-StB	GmbH-Steuerberater (Zeitschrift)
i. d. R.	in der Regel
i. H. v.	in Höhe von
i. S. d.	im Sinne des/der
ISIN	International Securities Identification Number
InvG	Investmentgesetz
InvStG	Investmentsteuergesetz
IStR	Internationales Steuerrecht (Zeitschrift)
IWB	Internationale Wirtschaftsbriefe (Zeitschrift)

JStG	Jahressteuergesetz
KAGB	Kapitalanlagegesetzbuch
KVG	Kapitalverwaltungsgesellschaft
KWG	Kreditwesengesetz
m. E.	meines Erachtens
NWB	Neue Wirtschaftsbriefe (Zeitschrift)
OGAW	Organismus für gemeinsame Anlage in Wertpapieren
OECD-MA	Musterabkommen zur Vermeidung der Doppelbesteuerung der Organisation für wirtschaftliche Zusammenarbeit und Entwicklung
PiStB	Praxis Internationale Steuerberatung (Zeitschrift)
Rdn.	Randnummer
S.	Seite/Seiten
sog.	sogenannte(s, r)
UR	Umsatzsteuerrundschau (Zeitschrift)

Inhaltsverzeichnis

1.1 Überblick

1.1.1 Historie und Vorbemerkungen

Vor Inkrafttreten des InvStG richtete sich speziell die Besteuerung der Erträge aus Anteilen an ausländischen Investmentfonds nach dem AuslInvestmG[1]. Ausländische Investmentfonds i. S. d. § 1 Abs. 1 AuslInvestmG wurden für die Besteuerung in drei Gruppen, nämlich in sog. **weiße, graue und schwarze Fonds**[2], eingeteilt. Die Zuordnung der Fonds zu den einzelnen Gruppen war sodann entscheidend für die Ermittlung der steuerlichen Erträge.[3] Diese Systematik ist durch das InvStG terminologisch und sachlich überholt.

Weitere Regelungen zur Besteuerung der Anleger von inländischen Investmentfonds sowie Bestimmungen zur Besteuerung der Investmentfonds selbst waren im **KAG** (dazu Zeller in Brinkhaus und Scherer 2003, Einleitung KAGG Rdn. 6 ff.) verankert. Daneben war für die rechtliche Behandlung der Kapitalanlagegesellschaften das **KWG** zu beachten.

Nunmehr bietet das InvStG erstmals eine einheitliche gesetzliche Grundlage für die Besteuerung von in- und ausländischen Investmentfonds und deren Anlegern. Mit dem **Investmentmodernisierungsgesetz** sind die steuerrechtlichen Vorschriften des KAG und des AuslInvestmG erstmals in einem einheitlichen Gesetz zusammengeführt worden (Haase 2015, Einleitung Rdn. 14). Die Neuregelung ging einher im Zusammenhang mit **Bestrebungen auf europäischer Ebene**, das Aufsichtsrecht den Erfordernissen des fortschreitenden Gemeinschaftsrechts anzupassen.[4]

---

[1] Gesetz vom 28.07.1969, BGBl. I 1969, 435 ff.

[2] Zum auf schwarze Fonds bezogenen BFH-Urteil v. 18.11.2008 (Az.: VIII R 24/07) vgl. Bödecker und Binger 2009, S. 1121.

[3] Zuletzt Gesetz vom 09.09.1998, BGBl. I 1998, 2726 ff.; zum Ganzen Haase 2015, Einleitung Rdn. 17.

[4] Vgl. dazu die Änderungsrichtlinien 2001/107/EG und 2001/108/EG vom 21.01.2002 zur EU-Investmentrichtlinie 85/611/EWG (Richtlinie über Organismen für gemeinsame Anlagen in Wert-

© Springer Fachmedien Wiesbaden GmbH, ein Teil von Springer Nature 2018
K. Dorn, *Investmentsteuerrecht*, https://doi.org/10.1007/978-3-658-21478-4_1

Die vorstehende Grundkonzeption ist durch das Inkrafttreten des **Kapitalanlagege-setzbuches** (KAGB) und das Außerkrafttreten des InvG im Jahr 2013 überholt worden. Seit dem 22.07.2013 gilt für Fonds und ihre Manager das Kapitalanlagegesetzbuch (KAGB). Mit dem Gesetz zur Anpassung des Investmentsteuergesetzes und anderer Gesetze an das AIFM-Umsetzungsgesetz (**AIFM-StAnpG**) wurden der aufsichtsrechtlichen Rahmen des Kapitalanlagegesetzbuches bzw. der zugrundeliegenden europäischen Richtlinie über die Verwalter alternativer Investmentfonds (**AIFM-Richtlinie**) auch steuerlich nachvollzogen.

▶ **Es gilt somit** Das KAGB hat das InvG als aufsichtsrechtlichen Rahmen abgelöst. Entsprechend sind auch die steuerlichen Regelungen und Verweise angepasst worden.

Mit der **Investmentsteuerreform 2018** (Investmentsteuerreformgesetz, InvStRefG vom 19.07.2016, BGBl. I 2016, S. 1730) hat der Gesetzgeber erneut die gesetzliche Grundlage für die Besteuerung von Fonds geändert, nachdem erst im Jahre 2013 eine wesentliche Änderung erfolgte (u. a. durch die Einführung der Investitionsgesellschaften). Die Gesetzesänderungen sind zum 01.01.2018 in Kraft getreten. Der einheitlichen Rechtsanwendung dient § 56 InvStG, wonach die bisherigen Regelungen uneingeschränkt bis zu diesem Zeitpunkt gelten und sich die Besteuerung nach dem Investmentsteuerrecht ab diesem Zeitpunkt ausschließlich nach dem neuen Recht richtet. Im Wesentlichen möchte der Gesetzgeber mit der Investmentsteuerreform 2018 folgende Ziele erreichen:

- Ausräumung EU-rechtlicher Risiken, *wichtig EuGH Santander Emerging Markets*
- Verhinderung einzelner aggressiver Steuergestaltungen und Reduzierung der Gestaltungsanfälligkeit des Investmentsteuerrechts,
- erhebliche Reduzierung des Aufwands für die Ermittlung der Besteuerungsgrundlagen auf Seiten der Wirtschaft und der Bürger einerseits sowie der Kontrollaufwand der Verwaltung andererseits in den Massenverfahren bei (Publikums-)Investmentfonds und deren Anlegern, was insbesondere erforderlich vor dem Hintergrund der EuGH-Entscheidung vom 9. Oktober 2014 (C-326/12, van Caster und van Caster) ist, sowie
- Korrektur des Systemfehlers des bislang geltenden Rechts, wonach bei (Publikums-)Investmentfonds eine rückwirkende Korrektur von fehlerhaften Besteuerungsgrundlagen praktisch nicht möglich ist (Gesetzesbegründung BT-Drs. 18/8045, S. 49).

Durch das InvStRefG wird das bislang das Investmentsteuergesetz (**InvStG**) kennzeichnende **Transparenzprinzip** aufgegeben. Nach diesem Prinzip zielte die Besteuerung nach dem InvStG darauf ab, dass die Anlage über einen Fonds steuerlich der Direktanlage gleichgestellt wird. Dabei setzte die Umsetzung dieses Transparenzprinzips insbesondere voraus, dass der Fonds seinen jeweiligen Veröffentlichungspflichten nachkommt, damit

---

papieren, sog. OGAW-Richtlinie) vom 20.12.1985 sowie die dazu ergangenen Rechts- und Verwaltungsvorschriften.

die Besteuerung der Einkünfte des Investmentfonds auch tatsächlich auf Ebene der Anleger und damit nicht auf Ebene des Fonds erfolgen konnte. Damit führte die Umsetzung des Transparenzprinzips zu einem beträchtlichen administrativen Aufwand, der laut Gesetzesbegründung ein Anlass für die grundlegende Reform der Besteuerung nach dem Investmentsteuergesetz war. So zielt die Neukonzeption der Investmentbesteuerung insbesondere auf die Schaffung eines einfachen, verständlichen und gut administrierbaren Besteuerungssystems bei den auf private Anleger ausgerichteten (Publikums-)Investmentfonds ab. Dafür werden die Besteuerungsregelungen so ausgestaltet, dass sie weitestgehend ohne Mitwirkung der Investmentfonds umsetzbar sind. Dabei sind nunmehr für die Besteuerung insgesamt nur noch vier Kennzahlen über die Höhe der Ausschüttung, den Wert des Fondsanteils am Jahresanfang und den Wert des Fondsanteils am Jahresende sowie darüber erforderlich, ob es sich bei dem Anlagevehikel um einen Aktien-, Misch-, Immobilien- oder um einen sonstigen Investmentfonds handelt (Gesetzesbegründung BT-Drs. 18/8045, S. 53).

Die Gleichstellung der Direktanlage mit der Fondsanlage wurde hingegen aufgegeben (Elser/Stiegler IStR 2017, S. 572).[5] Nunmehr kennzeichnen **zwei Besteuerungssysteme** das Investmentsteuergesetz. Das intransparente Besteuerungssystem findet grundsätzlich auf (Publikums-)Investmentfonds Anwendung. Dies bedeutet, dass bestimmte inländische Einkünfte nun bereits auf Ebene des Fonds und nach einer Teilfreistellung zusätzlich auf Ebene der Anleger besteuert werden. Dagegen kommt das Transparenzprinzip nur noch für einen Spezial-Investmentfonds zur Anwendung, wenn dieser die Transparenzoptionen ausübt. Nur in diesem Fall erfolgt die Besteuerung, wie bisher auch, nachdem Transparenzprinzip. Andernfalls erfolgt auch die Besteuerung der Spezial-Investmentfonds nach dem Intransparenzprinzip. Die für die Anwendung des Investmentsteuergesetzes maßgebliche Frage ist demnach, ob ein sog. Publikums-Investmentfonds (nachfolgend lediglich als **Investmentfonds** bezeichnet) oder davon abweichend ein sog. **Spezial-Investmentfonds** vorliegt.

Hinsichtlich des **Anwendungsbereichs** knüpft das Investmentsteuergesetz weiterhin an das Aufsichtsrecht an, wobei jedoch eine Erweiterung des Anwendungsbereiches erfolgt. Grundsätzlich unterliegen nunmehr sämtliche Investmentvermögen i. S. d. § 1 KAGB der Investmentbesteuerung. Eine Ausnahme kommt insbesondere für Investmentvermögen in der Rechtsform von Personengesellschaften in Betracht. Diese unterliegen weiterhin nicht der Besteuerung nach dem Investmentsteuergesetz.

Das BMF hat am 24.03.2017 einen Entwurf über die Anwendungsfragen des InvStG 2018 (**BMF-Entwurf**) zur Anwendung des InvStG 2018 sowie am 08.11.2017 ein Antwortschreiben auf die dringlichen Fragen der Deutschen Kreditwirtschaft (DK) und des Bundesverbandes Investment und Asset Management e. V. (BVI) veröffentlicht. Diese Schreiben, die Begründung des Entwurfes eines Gesetzes zur Reform der Investmentbe-

---

[5] Zu den Unterschieden, die sich aus einem Vergleich der Direkt- und der Fondsanlage ergeben, vgl. ausführlich Elser/Stiegler IStR 2017, S. 567 ff.

steuerung v. 07.04.2016, BT-Drs. 18/8045 (**Gesetzesbegründung**) sowie die vorliegende Fachliteratur helfen bei der Auslegung des InvStG 2018.

1.1.2 Kurzcharakterisierung

Das deutsche InvStG findet Anwendung auf **Investmentfonds** und deren Anleger (**§ 1 InvStG**). Dies gilt unabhängig davon, ob beispielsweise der Fonds ein in- oder ausländischer Fonds ist oder ob der Anleger im In- oder Ausland ansässig ist. Irgendein **Anknüpfungspunkt zum Inland** muss aber steuerlich gegeben sein, damit das InvStG eingreift. Dieser Anknüpfungspunkt kann über den Sitz z. B. des Fonds, die steuerliche Ansässigkeit des Anlegers oder die Belegenheit der dem Fondsinvestment zugrundeliegenden sog. **Assets** hergestellt werden.

Beispiel

Das deutsche InvStG ist daher im Grundsatz anwendbar, wenn ein inländischer Anleger über einen inländischen Fonds in inländische Vermögensgegenstände investiert, wenn ein inländischer Anleger über einen inländischen Fonds in ausländische Vermögensgegenstände investiert, wenn ein inländischer Anleger über einen ausländischen Fonds in inländische Vermögensgegenstände investiert, wenn ein inländischer Anleger über einen ausländischen Fonds in ausländische Vermögensgegenstände investiert, wenn ein ausländischer Anleger über einen inländischen Fonds in inländische Vermögensgegenstände investiert, wenn ein ausländischer Anleger über einen inländischen Fonds in ausländische Vermögensgegenstände investiert oder u. U. anwendbar, wenn ein ausländischer Anleger über einen ausländischen Fonds in inländische Vermögensgegenstände investiert. Es ist hingegen nicht anwendbar, wenn ein ausländischer Fonds mit ausländischen Anlegern in im Ausland belegene Vermögensgegenstände investiert. Das KAGB hingegen kann auch in letztgenanntem Fall anwendbar sein, wenn die Verwaltung eines ausländischen Fonds im Inland stattfindet.

▶ **Es gilt somit** Für die Anwendung des InvStG muss stets ein steuerlicher Anknüpfungspunkt zum Inland gegeben sein. Dieser Anknüpfungspunkt kann im Sitz des Fonds, der steuerlichen Ansässigkeit des Anlegers oder der Belegenheit der dem Fondsinvestment zugrundeliegenden Assets bestehen.

Dem Anwendungsbereich des Investmentsteuerrechts unterliegen sowohl **offene als auch geschlossene Investmentfonds**. Diese Fondstypen unterscheiden sich im Wesentlichen in ihrer rechtlichen Struktur und meist auch hinsichtlich der Zahl ihrer Anleger. Da geschlossene Fonds zumeist in der Rechtsform einer Personengesellschaft strukturiert sind, unterfallen sie zumeist nicht dem Anwendungsbereich des Investmentsteuerrechts. Diesem unterliegen typischerweise offene Fonds (zur Abgrenzung siehe ausführlich Abschn. 1.1.4). Daher beschränken sich die weiteren Ausführungen vornehmlich auf diese Fondsform.

Im **wirtschaftlichen Ergebnis** verbirgt sich hinter einem Investmentfonds eine Art anonymisierte Kapitalsammelstelle, die einer Vielzahl von institutionellen Investoren oder Privatanlegern (derer meist Hunderte, Tausende oder gar Hunderttausende) zur Geldanlage dient.[6] Das solchermaßen gebündelte Geld wird in einem sog. **Investmentvermögen**[7] professionell verwaltet und gesondert oder gemischt in verschiedenen Anlagebereichen (sog. **Assetklassen**; typischerweise z. B. Immobilien, Aktien, Renten (Anleihen) und andere Geldmarktpapiere, Währungen, Gold und andere Rohstoffe, etc.) eingesetzt. Letztlich sind **offene Fonds** damit ein (teilweise sehr kompliziertes) rechtliches **Konstrukt des Kapitalmarktes**, das dem Anleger zur (teils kurzfristigen) Renditeerzielung bzw. nur temporären Anlage liquider Mittel dient und mit dem er daneben häufig bestimmte andere Sekundärzwecke (z. B. Altersvorsorge, langfristige und solide Vermögensbildung) verfolgt.

▶ **Praxishinweis** Die Fondsbezeichnungen sind in der Praxis ebenso vielfältig wie die zugrunde liegenden Anlageklassen. Doch wann darf z. B. ein Aktienfonds als Aktienfonds bezeichnet und auch als solcher vertrieben werden? Art. 2 der **BaFin-Richtlinie** zur **Festlegung von Fondskategorien**[8] gemäß § 4 Abs. 2 KAGB vom 22.07.2013 bestimmt, dass es zur Verwendung einer Fondskategorie (z. B. Aktienfonds, Equity Funds, Rentenfonds, Bond Funds etc.) oder einer ihrer begrifflichen Bestandteile (z. B. Renten, Bonds, Aktien etc.) bei der Namensgebung oder im Vertrieb vorausgesetzt wird, dass nach den Vertragsbedingungen oder der Satzung des Fonds **mindestens 51 % des Wertes des Investmentfonds** in die Fondskategorie bezeichnenden, d. h. **namensgebenden Vermögensgegenstand**, angelegt sein müssen (z. B. Aktienfonds: mindestens 51 % Aktien; Rentenfonds: mindestens 51 % (fest-)verzinsliche Wertpapiere etc.).

Anleger, die einander meist nicht kennen, investieren ihr Geld in Fonds und erhalten im Gegenzug **Anteilsscheine** an einem Investmentfonds. Die Anteilsscheine von Investmentfonds, die dem Anleger den jeweiligen, häufig schwankenden Wert seiner Beteiligung anzeigen, können jedenfalls bei Exchange-traded Funds (ETF) **börsentäglich gehandelt** werden, mit anderen Worten: Es gibt einen (ständig wachsenden) Markt für Anteile an offenen Fonds. Ein Vorteil von offenen Fonds besteht damit für den Anleger in dem (nahezu) jederzeitigen Zugriff auf sein Geld und damit letztlich auf **Liquidität**.

---

[6] Die wirtschaftlichen Grundlagen des Fondsgeschäfts erläutern mittlerweile (auch für den Laien) zahlreiche Bücher, vgl. nur Raab 2015; Dembowski 2012.
[7] Der Begriff Investmentvermögen stammt aus dem Aufsichtsrecht (vgl. § 1 KAGB). Das Investmentsteuerrecht kennt ausschließlich Investmentfonds, die gemäß § 1 Abs. 2 InvStG grundsätzlich als Investmentvermögen i. S. d. § 1 KAGB definiert sind.
[8] Im Internet abrufbar unter: http://www.bafin.de/cln_152/nn_724240/SharedDocs/Aufsichtsrecht/ DE/Richtlinien/rl__041212__fondskategorien.html.

▶ **Praxishinweis** An der Börse gehandelte Indexfonds (ETF) bilden die Wertentwicklung eines Index 1:1 ab. In einem ETF auf den Deutschen Aktienindex (DAX)
beispielsweise finden sich genau die Werte wieder, die im DAX enthalten sind.
Steigt der DAX, steigt auch der Wert des ETF-Anteils und umgekehrt. Mangels
eines aktiven Fondsmanagements sind ETF für den Anleger deutlich gebüh-
rengünstiger als aktiv gemanagte Fonds. Dieser Gebührenvorteil wiegt umso
schwerer, als es nur wenigen aktiven Fonds überhaupt gelingt, den Index zu
übertreffen. Herkömmliche ETFs werden wie normale Investmentfonds besteuert. Bei sog. swap-basierten ETF auf einen Performance-Index ist das anders,
denn hier werden mittels sog. „Swaps" Dividenden in Kursgewinne umgewandelt. Swaps sind spezielle Tauschgeschäfte unter Banken, die zu den Derivaten
zählen. Somit blieben bei Swap-ETF im Gegensatz zu herkömmlichen ETF die Dividenden bei Kauf bis Ende 2008 und Verkauf nach Ablauf der Spekulationsfrist
von der Abgeltungsteuer endgültig verschont. Werden Swap-ETF erst ab dem
01.01.2009 gekauft, gibt es keine Spekulationsfrist mehr. Dann fällt bei Verkauf
25 % Abgeltungsteuer auf den gesamten Kursgewinn und auch auf die darin
enthaltenen Dividenden an. Damit ist dann zumindest noch ein Steuerstun-
dungseffekt verbunden, denn bei „normalen" ETF sind die Dividenden jährlich
steuerpflichtig.

Ein weiterer Vorteil besteht darin, dass es sich bei dem auf Fonds anwendbaren KAGB
um eine **hochregulierte Materie** handelt, die einen Missbrauch durch die für das Management des Investmentfonds eingesetzten Personen im Vergleich zu anderen risikoori-
entierten Anlageformen zumindest unwahrscheinlicher werden lässt. Bis auf allgemeine
Bewegungen des Marktes, der jede Kapitalanlage per se ausgesetzt ist, ist daher mit Investmentfonds i. d. R. kein aus ihrem Wesen resultierendes erhöhtes Verlustrisiko verbunden.

Investmentfonds sind eine anerkannte Form der Geldanlage, die aus dem heutigen Wirt-
schaftsleben nicht mehr wegzudenken ist. Sie bilden zusammen mit den Geschäfts- und
Zentralbanken, den Sparkassen und Versicherungen einen inzwischen wesentlichen Teil
des **volkswirtschaftlichen Finanzsektors**. Ihre rechtliche Konstruktion (Stichworte:
Dachfonds, Zertifikate, etc.) und auch die Art der Gebührenstrukturen haben zwar mitun-
ter eine Komplexität erreicht, die insbesondere dem Privatanleger nur schwer vermittelbar
sind.

Dies sollte jedoch kein Anlass sein, an den **unbestrittenen Vorteilen** dieser Art von
Kapitalanlage Zweifel zu hegen, sofern Anleger an die zugrundeliegende Investmentidee
glauben und sich auch von der Qualität des Managements überzeugen konnten. Auch
steuerlich können Investmentfonds für den Privatanleger durchaus attraktiv sein.

Beispiel

Ein Privatanleger vermietet eine Immobilie. Die Erträge aus der Immobilie versteuert er mit seinem individuellen Steuersatz, d. h. in der Spitze mit 45 % (Einkommen- plus Reichensteuer) plus Solidaritätszuschlag und ggf. Kirchensteuer. Beteiligt sich der Privatanleger hingegen an einem Immobilienfonds, werden die Mieterträge lediglich mit der Abgeltungsteuer (plus Solidaritätszuschlag und ggf. Kirchensteuer) belegt.

Gleichwohl hat die jüngste Finanzkrise gezeigt, dass sich Investmentfonds als alleinige Spekulationsstrategie nicht eignen. Die Schwankungen des Kapitalmarktes sind zu unberechenbar, und gerade die Volatilität von Wertpapieren ist auch von Experten kaum verlässlich vorherzusagen. Da hilft es nur bedingt, dass offene Fonds bei der Geldanlage den sog. Grundsatz der Risikomischung (dazu Haase 2015, Einleitung Rdn. 26 sowie Bauderer und Coenenberg in Haase 2015, § 1 Rdn. 88) und bestimmte weitere sog. **Anlageprinzipien** zu beachten haben.

Das **Anlagerisiko** soll reduziert werden, indem der Investmentfonds zwingend in verschiedene Assetklassen zu investieren hat. Jedoch auch die Regelungen, die sicherstellen, dass bezüglich des Investmentfonds der Vermögenserhalt selbst im Fall der Insolvenz der Kapitalanlagegesellschaft gewährleistet sein soll, führen bei einem totalen Kursabsturz zwangsläufig dazu, dass der Anleger möglicherweise seiner gesamten Vermögensanlage verlustig geht. Trotzdem sind die **Anlegerschutzvorschriften** bei offenen Fonds eindeutig weiter ausgeprägt als bei konkurrierenden Formen der Kapitalanlage.

Offene Investmentfonds sind für den Anleger i. d. R. **flexibel einsetzbar**. Dies betrifft nicht nur die langfristigen Ziele des Investments (z. B. Altersvorsorge, Ausbildungsfinanzierung für Kinder, etc.), sondern auch die Art der Zielerreichung (etwa über fondsgebundene Lebensversicherungen, Investmentsparpläne, etc.).

▶ **Praxishinweis** Durch den regelmäßigen Erwerb für sich betrachtet relativ geringer Anteile an Investmentfonds über mehrere Jahre beispielsweise lassen sich für den Privatanleger zwei Effekte bei der Kapitalanlage besonders vorteilhaft miteinander kombinieren: Der **Zinseszinseffekt** und der **Cost-Average-Effekt**. Beide führen dazu, dass das Investmentsparen im Wege eines monatlichen Sparplans i. d. R. der Einmalanlage in einen oder mehrere Investmentfonds überlegen ist.

Der Kauf von Anteilen an Investmentfonds ist heute nahezu Standardbestandteil jeder langfristigen Anlagestrategie, ganz gleich, welche Ziele damit verfolgt werden. Die Geldanlage in Investmentfonds erwirtschaftet langfristig gesehen meist höhere **Renditechancen** als die meisten anderen Anlageformen. Das besondere **Steuerregime des InvStG** bietet hier (noch) insoweit Anreize, als mit der Anlage in Investmentfonds gegenüber einer Direktanlage im Grundsatz steuerliche Vorteile verbunden sein können. Zu beachten ist, dass auch steuerliche Nachteile möglich sind.

▶ **Es gilt somit** Investmentfonds sind heutzutage eine **wichtige Säule der libera-
len, marktwirtschaftlich orientierten Wirtschaftsverfassung.** Sie ermöglichen eine
betragsmäßig und hinsichtlich der Zielbranchen bzw. Anlageklassen äußerst flexible
Geldanlage für eine Vielzahl von Menschen und setzen zugleich **Standards in Sachen
Transparenz und Sicherheit.**

1.1.3 Abgrenzung offener und geschlossener Fonds/Private Placements

1.1.3.1 Allgemeines

Offene Fonds sind rechtlich und terminologisch in erster Linie von sog. **geschlossenen
Fonds** und von **Investorengemeinschaften** (sog. **private placements**) abzugrenzen, welche nicht Gegenstand dieses Einführungsbuches sind.[9]

▶ **Praxishinweis** Private placements und geschlossene Fonds wiederum grenzt
man i. d. R. nach der Zahl der angesprochenen Anleger ab. Investorengemeinschaften sind nach § 8f Abs. 2 Nr. 3 des VerkaufsprospektG von der sog. **Prospektpflicht** ausgenommen. Nach der genannten Vorschrift ist kein Prospekt
zwingend für Angebote, bei denen von derselben Vermögensanlage nicht mehr
als 20 Anteile angeboten werden oder bei denen der Verkaufspreis der im Zeitraum von zwölf Monaten angebotenen Anteile insgesamt 100.000 € nicht übersteigt oder bei denen der Preis jedes angebotenen Anteils mindestens 200.000 €
je Anleger beträgt.

Geschlossene Fonds haben mit offenen Fonds lediglich gemein, dass sich die Assetklassen, in die der Fonds investiert, häufig decken. Mit Ausnahme von Aktien investieren
geschlossene Fonds regelmäßig ebenso wie offene Fonds beispielsweise in Immobilien,
Gold etc., wobei im Bereich der Immobilienfonds sicherlich die größten Gemeinsamkeiten
zu konstatieren sind. Zudem sind auch geschlossene Fonds und Investorengemeinschaften
Instrumente des Kapitalmarktes, bei denen sich eine Vielzahl von Anlegern (meist zwischen zehn und einigen Hundert) zu einem gemeinsamen Zweck zusammenfindet. In den
letzten Jahren ist zudem zu beobachten, dass geschlossene Fonds nicht mehr ausschließlich zugunsten der Anleger (und der Emittenten) renditeorientiert aufgelegt, sondern zu-
nehmend von dritter Seite zielgerichtet als **Mittel der Finanzierung** einer unternehmerischen Investition eingesetzt werden.

▶ **Es gilt somit** Offene Fonds sind von geschlossenen Fonds und Investorengemeinschaften abzugrenzen. Sie sind rechtlich unterschiedlich aufgebaut und unterscheiden

---

[9] Im Gegensatz zu offenen Fonds gibt es für geschlossene Fonds und deren zivil- und steuerrechtliche Behandlung bereits einige Grundlagenbücher, vgl. dazu exemplarisch Lüdicke und Arndt 2013;
Bartlsperger et al. 2007 (sehr einfach erläutert).

sich meist in der Zahl ihrer Anleger. Die Anlagegegenstände hingegen, in die investiert wird, sind jedoch im Grundsatz vergleichbar.

1.1.3.2 Rechtliche Unterschiede

Die rechtliche Struktur von geschlossenen Fonds und Investorengemeinschaften unterscheidet sich fundamental von dem Aufbau eines offenen Fonds. Geschlossene Fonds und Investorengemeinschaften sind meist als **GmbH & Co. KG** strukturiert, wobei die Anleger dem Fonds als **Kommanditisten** beitreten. Die Anleger zahlen also ihre Kommanditeinlage und erhalten im Gegenzug Anteile an der jeweiligen Kommanditgesellschaft.

Die Anleger sind in die **Geschäftsführung des Fonds** nicht involviert und nehmen an den wesentlichen Anlageentscheidungen nicht teil. Die Geschäftsführung des Fonds obliegt i. d. R. einer **Komplementär-GmbH**, deren Anteile meist von dem **Emissionshaus** oder einer dem Emissionshaus nahe stehenden Person gehalten werden. Daneben wird manchmal – um eine gewerbliche Prägung auszuschließen, dazu sogleich – eine weitere GmbH zur **geschäftsführenden Kommanditistin** bestellt, die häufig ebenfalls im Lager des Emissionshauses steht. Je nach Assetklasse und Ausgestaltung des Fonds runden **Trust- und Treuhandgestaltungen**, **Management- und Serviceverträge** und **mehrstöckige Strukturen** das Bild ab.

► **Es gilt somit** Geschlossene Fonds sind i. d. R. als GmbH & Co. KG strukturiert, während offene Fonds zivilrechtlich Investmentvermögen sind, die von einer Kapitalverwaltungsgesellschaft (KVG) verwaltet werden.

1.1.3.3 Steuerliche Unterschiede

Die Frage der **Anwendbarkeit des InvStG auch auf einen geschlossenen Fonds** ist für die gesamte Branche von zentraler Bedeutung. Die Frage wurde in jüngerer Zeit vermehrt diskutiert. Feststeht, dass geschlossene Fonds unter bestimmten Bedingungen, die hier nicht weiter behandelt werden können, auch unter die Regulierungsvorschriften des KAGB fallen können. Damit können geschlossene Fonds in Folge der **Investmentsteuerreform 2018** grundsätzlich auch dem Anwendungsbereich des Investmentsteuergesetzes unterfallen, wenn die Anlagevehikel die Voraussetzungen an einen Investmentfonds i. S. d. § 1 InvStG erfüllen. Denn diese Voraussetzung ist grundsätzlich erfüllt, wenn sie ein Investmentvermögen i. S. d. § 1 Abs. 1 KAGB darstellen. Zu beachten sind jedoch die investmentsteuerrechtlichen Abweichungen von diesem Grundsatz. So schließt § 1 Abs. 3 InvStG bestimmte Anlagevehikel von der Anwendung des InvStG aus, auch wenn sie die genannten Voraussetzungen an ein Investmentvermögen i. S. d. § 1 Abs. 1 KAGB erfüllen. Die für die Praxis bedeutsamste Ausnahme stellt § 1 Abs. 3 Nr. 2 InvStG dar, welche festschreibt, dass Personengesellschaften und vergleichbare ausländischen Rechtsformen keine Investmentfonds i. S. d. InvStG sind, wenn es sich nicht um OGAW oder um Altersvorsorgevermögensfonds i. S. d. § 53 InvStG handelt. Durch diese Regelung fal-

len typische Anlagevehikel im Bereich der Alternativen Investments, wie beispielsweise
Private Equity Fonds, aus dem Anwendungsbereich des Investmentsteuergesetzes heraus
(vgl. Wenzel in Blümich 2017, § 1 Rdn. 26). Die Rückausnahmen des § 1 Abs. 3 Satz 2
InvStG sind zu beachten. Nach dieser Regelung gelten Sondervermögen und vergleichbare ausländische Rechtsformen nicht als Personengesellschaft im Sinne der genannten
Ausnahmeregelung, so dass diese wiederum unter den Anwendungsbereich des InvStG
fallen können.

▶ **Es gilt somit** Das InvStG ist grundsätzlich auf geschlossene Fonds anwendbar, wenn
diese die Voraussetzungen an einen Investmentfonds i. S. d. § 1 InvStG erfüllen. Zu beachten ist, dass § 1 Abs. 3 InvStG insbesondere Investmentfonds in der Rechtsform einer
Personengesellschaft von der Anwendung ausschließt. Sollte der geschlossene Fonds also
als GmbH & Co. KG aufgelegt werden, scheidet eine Anwendung des InvStG im Regelfall
aus. Die Rückausnahmen des § 1 Abs. 3 Satz 2 InvStG sind zu beachten.

Unterfallen die geschlossenen Fonds nicht dem Anwendungsbereich des Investmentsteuergesetz unterfallen sie den allgemeinen Regelungen, z. B. über die Besteuerung von
Personengesellschaften. In diesem Zusammenhang wird beispielsweise die **Bestellung
einer geschäftsführenden Kommanditistin** immer dann vorgenommen, wenn steuerlich
eine **gewerblich geprägte** Personengesellschaft nach § 15 Abs. 3 Nr. 2 EStG vermieden
werden soll. Entsprechend begegnen uns geschlossene Fonds am Markt in den zwei möglichen Erscheinungsformen einer KG, nämlich als **vermögensverwaltende** oder als **gewerbliche** bzw. **gewerblich geprägte** Kommanditgesellschaften. Bei **Immobilienfonds**
ist die vermögensverwaltende Personengesellschaft wegen § 23 Abs. 1 Satz 1 Nr. 1 EStG
meist Mittel der Wahl, um nach 10 Jahren einen nicht steuerbaren **Exit** zu ermöglichen.
Bei **Mobilienfonds** hat der Gesetzgeber ab dem 01.01.2009 dafür gesorgt, dass sich die
maßgebliche Haltefrist in § 23 Abs. 1 Satz 1 Nr. 2 Satz 2 EStG ebenfalls auf 10 Jahre
erhöht, sofern aus den Wirtschaftsgütern (hier den dem Fonds zugrunde liegenden Assets)
Einnahmen erzielt werden.

Steuerlich betrachtet gibt es für geschlossene Fonds einige Besonderheiten, die entweder den zugrunde liegenden Assets oder den zuweilen entgegengesetzten Interessen des
Emissionshauses und der Anleger geschuldet sind. Gesetzgeber und Finanzverwaltung
haben in den vergangenen Jahren in vielfältiger Weise den **Besonderheiten der Branche
der geschlossenen Fonds** Rechnung getragen. Als Beispiele aus der Gesetzgebung sei
die Einführung von § 15b EStG und aus der Finanzverwaltung die Bekanntgabe des sog.
5. Bauherrenerlasses[10] genannt.

---

[10] BMF v. 20.10.2003, Az.: IV C 3 – S 2253 a – 48/03, BStBl. I 2003, 546 ff.; vgl. vorgängig
(1. Bauherrenerlass) BMF vom 31.08.1972, Az.: F/IV B 4 – S 2253 – 133/72, BStBl. I 1972,
486 ff.; (2. Bauherrenerlass) Koordinierte OFD-Verfügungen vom 02.10.1978, BB 1978, 1448 ff.;
(3. Bauherrenerlass) BMF vom 13.08.1981, Az.: IV B 1 – S 2253 a – 03/81, BStBl. I 1981, 604 ff.;
(4. Bauherrenerlass) BMF vom 31.08.1990, Az.: V B 3 – S 2253 a – 49/90, BStBl. I 1990, 366 ff.;
instruktiv dazu Loritz in Wagner und Loritz 1997, Rdn. 1742 ff.

Im Übrigen aber sind auf geschlossene Fonds und die Besteuerung ihrer Anleger die gewöhnlichen deutschen Steuergesetze unter Einschluss etwaiger **Doppelbesteuerungsabkommen** (DBA) anwendbar. Im Wesentlichen handelt es sich hierbei um die Besteuerung von Personengesellschaften und ihrer Anleger.

► **Es gilt somit** Geschlossene Fonds begegnen uns am Markt als vermögensverwaltende oder gewerbliche bzw. gewerblich geprägte Personengesellschaften. Die Unterscheidung hat vor allem für die steuerliche Behandlung von Veräußerungsgewinnen und für die DBA-Anwendung Bedeutung.

1.1.3.4 Terminologische, aber rechtlich fundierte Abgrenzung

Neben der grundsätzlichen rechtlichen Ausgestaltung bestehen terminologische Unterschiede zwischen **offenen und geschlossenen Fonds**, die indes auch rechtlich fundiert sind. Fonds bezeichnet man herkömmlich als geschlossen, wenn den Anlegern nicht das Recht zusteht, ihre Anteile an die Fondsgesellschaft zurückzugeben. Eine Kündigung der Beteiligung an der Kommanditgesellschaft bleibt zwar rechtlich möglich, ist aber meist durch den Gesellschaftsvertrag für eine festgelegte Dauer von Jahren ausgeschlossen. Ein zulässiger Verkauf der Kommanditbeteiligung wiederum scheitert in der Praxis meist daran, dass kein **Zweitmarkt** für Anteile an geschlossenen Fonds existiert.

► **Praxishinweis** Der Anleger sollte sich rechtzeitig informieren, ob und in welcher Form ein vorzeitiger Ausstieg aus der Kapitalanlage möglich ist. Zuweilen bieten Initiatoren auch sog. **Zweitmarktfonds** an. Zweitmarktfonds erwerben gebrauchte Anteile geschlossener Fonds aller Art über den sog. Zweitmarkt, allerdings oftmals weit unter Wert.

Gelegentlich ist zu lesen, dass Fonds dann als geschlossene Fonds zu bezeichnen sind, wenn nach der Einwerbung des angestrebten Eigenkapitals keine weiteren Anleger mehr beitreten können. Der Fonds „wird dann geschlossen". Zwar ist es richtig, dass nach der Aufbringung des angestrebten **Investitionsvolumens** keine Anleger mehr aufgenommen werden, namensgebend für den geschlossenen Fonds jedoch ist diese Tatsache nicht. Die Nichtaufnahme weiterer Anleger beruht lediglich auf einem Entschluss der Initiatorin oder auf der Zweckerreichung, nicht aber auf rechtlichen Zwängen.

► **Es gilt somit** Fonds bezeichnet man dann als offene Fonds, wenn die Anleger hinsichtlich ihrer Anteilsscheine ein jederzeitiges Rückgaberecht haben.

Für offene Fonds hingegen ist das **Recht der jederzeitigen Anteilsrückgabe** durch den Anleger ein Hauptcharakteristikum. Es findet sich an einigen Stellen im InvStG, besonders prominent beispielsweise bei § 26 Nr. 2 InvStG, die allerdings nur für Spezial-Investmentfonds gilt.

▶ **Praxishinweis** Nach § 193 Abs. 1 Nr. 3 KAGB darf die KVG für Rechnung des inländischen OGAW Wertpapiere, die an Börsen und organisierten Märkten außerhalb der Europäischen Union und des Europäischen Wirtschaftsraums zugelassen oder einbezogen sind oder deren Zulassung oder Einbeziehung beantragt
wurde, nur dann erwerben, wenn diese Börsen oder organisierten Märkte dies-
bezüglich von der BaFin zugelassen sind.[11]

Daneben ist es üblich, Fonds nach den **Assetklassen** zu benennen, in die sie investieren.
Man spricht daher z. B. von Aktienfonds, Dachfonds (investieren in andere Fonds, sog.
fund-of-funds), Rentenfonds, Geldmarktfonds, Windenergie-Fonds, Solarfonds, Immobilienfonds, etc., ohne dass damit indes eine rechtliche Unterscheidung verbunden wäre.
Immobilienfonds beispielsweise können sowohl „offen" als auch „geschlossen" sein, so
dass die Bezeichnung allein über die rechtliche Kategorisierung keine Auskunft gibt.
Zuweilen finden sich auch Fondsbezeichnungen darunter, deren Existenz die breite Öffentlichkeit nicht einmal vermuten würde, wie etwa Wald- oder Weinfonds bzw. sogar
Fonds, die in gebrauchte englische Stromzähler investieren.

Nahezu ohne Aussagekraft sind Bezeichnungen, die allein über die **geografische
Streuung** der Vermögensgegenstände in Regionen, Länder oder Kontinente Auskunft
geben. Man spricht beispielsweise von „Indien-Fonds", „Brasilien-Fonds", etc., jedoch
ermöglicht auch diese Bezeichnung keine Abgrenzung zwischen offenen und geschlossenen Fonds. Auch die herkömmliche Bezeichnung „Publikumsfonds" findet sich bei
beiden Spielarten von Fonds gleichermaßen.

Dennoch gibt es auch Bezeichnungen und damit auch rechtlich besonders strukturierte
Fonds, die sich nur bei offenen, nicht aber bei geschlossenen Fonds finden. Als Beispiele seien sog. **Spezialfonds** (z. B. Immobilien-Spezialfonds nach den §§ 230 ff. KAGB)
oder die vielgescholtenen (Stichwort „Heuschrecke") sog. **Hedge-Fonds** (Investmentvermögen mit zusätzlichen Risiken nach den §§ 225 ff. KAGB) genannt. Allerdings dürfen
Anteile an sog. **Single-Hedgefonds** aus Gründen des Anlegerschutzes nicht öffentlich vertrieben werden. Dies ist im Grundsatz nur bei sog. **Dach-Hedgefonds** möglich, also bei
Investmentfonds, die ihrerseits Geldmittel wieder in Anteile von verschiedenen Single-
Hedgefonds anlegen.

▶ **Es gilt somit** Die **Bezeichnungsvielfalt** bei offenen Fonds ist verwirrend. Nicht immer
wird mit den zuweilen plakativen Bezeichnungen zugleich auch eine rechtliche Aussage
getroffen. Es lohnt sich daher, einen genauen Blick auf das zugrunde liegende Konstrukt
zu werfen. Hinsichtlich der **Zulässigkeit von Fondsbezeichnungen** und die daran zu stel-

---

[11] Eine Gesamtliste der von der BaFin zugelassenen Börsen und der anderen organisierten
Märkte ist im Internet abrufbar unter: http://www.bafin.de/cln_152/nn_724240/SharedDocs/
Veroeffentlichungen/DE/Service/Auslegungsentscheidungen/Wertpapieraufsicht/ae__080208__
boersenInvG.html.

lenden Anforderungen wird auf Art. 2 der **BaFin-Richtlinie** zur **Festlegung von Fonds-kategorien**[12] gemäß § 4 Abs. 2 KAGB vom 22.07.2013 verwiesen.

1.1.4 Wirtschaftliche Bedeutung von Investmentfonds

Die **wirtschaftliche Bedeutung** offener Fonds ist – ausgehend vom US-amerikanischen bzw. britischen Finanzsektor – auch in Deutschland in den vergangenen 15 Jahren rasant vorangeschritten und längst, auch im Vergleich zu anderen Branchen, durchaus signifi-kant. Man schätzt, dass die Bruttowertschöpfung der gesamten Kredit- und Versicherungs-wirtschaft bereits über den Werten der deutschen Automobilindustrie liegt. Unmittelbar und mittelbar arbeiten ca. 500.000 Menschen im Bereich des Vertriebs von Fonds- und Fi-nanzprodukten. Hinzu kommen Berater jeglicher Couleur, deren Zahl ebenfalls beträcht-lich sein dürfte.

Rund 60 % aller deutschen Haushalte besitzen laut einer am 05.10.2010 veröffentlich-ten Studie des Zentrums für europäische Wirtschaftsforschung (ZEW) Investmentfonds.[13] Am deutschen Markt wird Schätzungen zufolge gegenwärtig ein **Fondsvermögen von insgesamt ca. 1,2 Billionen €** verwaltet. Dennoch gibt es auch im Bereich der Invest-mentfonds **Marktbereinigungen**. Experten gehen derzeit davon aus, dass bis Mitte 2015 rund 1500 der 6000 Publikumsfonds für Privatanleger vom deutschen Markt verschwun-den sein werden.

▶ **Praxishinweis** Wer als Anleger eine Fondszusammenschließung vermeiden möchte, sollte sich vor der Anlage nach dem Volumen des jeweiligen Fonds erkundigen. Schon ein Volumen unter 50 Mio. € ist verhältnismäßig klein, und unterhalb von 25 Mio. € ist es sehr fraglich, ob die Wirtschaftlichkeitsgrenze beim Fondsinitiator erreicht wird. Einem solch kleinen Fonds wird tendenziell seitens des Managements weniger Aufmerksamkeit zuteil als einem größeren Fonds, oder er wird über kurz oder lang mit einem anderen Fonds verschmolzen. Fonds, die eine attraktive Größe haben, werden tendenziell nicht zusammen-gelegt, geschlossen oder vernachlässigt.

Den offenen Fonds kommt damit heutzutage unbestritten eine wichtige **ökonomische Brückenfunktion** zu. Einerseits verschaffen sie neben den institutionellen Investoren wie Banken, Versicherungen, etc. selbst Kleinsparern und privaten Haushalten, die weder das Know-how noch die erforderlichen Geldmittel haben, um ein sinnvoll **diversifiziertes In-vestmentportfolio** aufzubauen, den **Zugang zu den Kapitalmärkten**, die ihnen sonst

---

[12] Im Internet abrufbar unter: http://www.bafin.de/cln_152/nn_724240/SharedDocs/Aufsichtsrecht/ DE/Richtlinien/rl__041212__fondskategorien.html.
[13] Weitere Informationen sind im Internat abrufbar unter: http://www.zew.de/de/forschung/projekte. php3?action=detail&nr=1004.

verschlossen blieben. Andererseits werden auch und gerade über den **Streubesitz** erhebliche Geldmittel in den Wirtschaftskreislauf verbracht und dort von der freien Wirtschaft und selbst der öffentlichen Hand für eine Vielzahl von Zwecken eingesetzt.

Neben der Befriedigung der Kapitalnachfrage darf nicht übersehen werden, dass den offenen Fonds sowie den Kapitalanlagegesellschaften eine **wichtige Informationsfunktion** bezüglich des aktuellen Marktgeschehens zukommt. Informationen jeder Art über die Kapitalmärkte und den Finanzsektor insgesamt werden zusammengetragen, gesichtet, aufbereitet und den Anlegern sowie der interessierten Öffentlichkeit zur Verfügung gestellt. Aufgrund des Wissensvorsprungs insbesondere der institutionellen Anleger und einiger „Profis" im Privatbereich führt dies zwar noch nicht zu einer Chancengleichheit, jedoch immerhin zu einer Chancenannäherung.

Der Gesetzgeber hat die Flexibilität und die Chancen offener Fonds früh erkannt und seinerseits Anreize geschaffen, Investmentfonds als **Instrument privater Vermögensbildung** zu nutzen. Die Vermögensbildungsgesetze aus den 1960ger Jahren legen hiervon Zeugnis ab (Stichwort: vermögenswirksame Leistungen und Aktienfonds-Sparpläne). Ein Beispiel aus jüngerer Zeit ist die sog. **Riester-Rente**. Auch **Fondssparpläne** genießen seit dem Jahr 2002 eine staatliche Förderung.

▶ **Es gilt somit** Investmentfonds kommt heute eine nicht zu unterschätzende wirtschaftliche Bedeutung zu. Daneben erfüllen sie wichtige Informationsfunktionen hinsichtlich des Kapitalmarktes.

1.1.5 Notwendigkeit und Zielsetzung einer gesetzlichen Regelung

Das **deutsche Investmentsteuerrecht** ist eine hochregulierte Materie mit Bezügen zum Steuerrecht, Gesellschaftsrecht, Aufsichtsrecht, Wertpapierrecht und Gemeinschaftsrecht (Nachweise bei Haase 2015, Einleitung Rdn. 2). Insbesondere die **investmentrechtlichen Aspekte** sind sehr komplex, und der Gesetzgeber ist bei Novellierungen der Gesetze stets gezwungen, den **Anlegerschutz** einerseits und die **Wettbewerbsfähigkeit des Investmentstandorts Deutschland** andererseits in Einklang zu bringen. Man wird jedoch für das InvStG konstatieren müssen, dass die Überarbeitungsgeschwindigkeit des Gesetzgebers in den letzten 5 Jahren sehr hoch ist, auch sind Änderungen des InvStG seit 2007 regelmäßig Teil der sog. **Jahressteuergesetze**.

Grund hierfür ist, dass das Investmentsteuerrecht weder eine neue Besteuerungs- oder Einkunftsart neu eingeführt noch sonst in systemverändernder Weise in die aus den Ertragsteuergesetzen bekannte Einkommensbesteuerung eingegriffen hätte. Vielmehr legt sich das InvStG als **spezieller Besteuerungsrahmen** über die bestehenden Steuergesetze, die weiterhin Anwendung finden, wenn und soweit das InvStG keine ausdrücklichen Abweichungen hiervon vorsieht.[14] Diese bewusste, m. E. auch richtige systematische Entschei-

---

[14] BFH v. 07.04.1992, VIII R 79/88, BStBl. II 1992, 786 ff.; Haase 2015, Einleitung Rdn. 48 ff.

dung des Gesetzgebers hat allerdings den Preis, dass die in den einzelnen Steuergesetzen mittlerweile teilweise mehrmals im Jahr vollzogenen Änderungen jeweils im InvStG nachvollzogen werden müssen. Hieraus können jedoch Probleme bei der Gesetzesanwendung entstehen, wie die Einführung der Abgeltungsteuer (zu den durch die Abgeltungsteuer hervorgerufenen Systembrüchen vgl. Luckner 2007, 280 ff.) für ab dem 01.01.2009 zufließende Kapitalerträge im Privatvermögen und ihr umstrittenes Verhältnis zum InvStG belegt (dazu Helios und Link 2008, 386 ff.; Feyerabend und Vollmer 2008, 1088 ff.).

Der Gesetzgeber hatte es sich mit dem **Investmentmodernisierungsgesetz**[15], das dem früheren InvG und im Kern auch noch dem derzeitigen InvStG zugrunde lag, laut Gesetzesbegründung[16] zum (in der Praxis nicht immer erreichten) Ziel gesetzt, die **Wettbewerbs- und Leistungsfähigkeit** sowie die **Attraktivität des Investmentstandortes** Deutschland zu erhöhen und die Ausweichbestrebungen deutscher Investmentfonds in das europäische Ausland einzudämmen.

Die Zwecksetzung des InvStG lässt sich mithin vor dem Hintergrund der vorstehend nur skizzierten Probleme zusammenfassend wie folgt charakterisieren: 1) Schaffung eines einheitlichen, verständlichen und bei der Gesetzesanwendung einfach zu handhabenden **Regelungsrahmens** für steuerliche Bestimmungen bezüglich der Fonds und bezüglich privater oder betrieblicher Anleger, 2) **einheitliche Kodifizierung** der Regeln für in- und ausländische Investmentfonds, in- und ausländische Investmentanteile sowie in- und ausländische Investitionsgesellschaften und 3) die – im Gegensatz zur vorherigen Rechtslage – jedenfalls im Grundsatz durchgehaltene **Gleichbehandlung** in- und ausländischer Fonds (vgl. Haase 2015, Einleitung Rdn. 4). Mit der Investmentsteuerreform 2018 möchte der Gesetzgeber nunmehr folgende Ziele erreichen 1) Ausräumung EU-rechtlicher Risiken, 2) Verhinderung einzelner aggressiver Steuergestaltungen und Reduzierung der Gestaltungsanfälligkeit des Investmentsteuerrechts, 3) erhebliche Reduzierung des Aufwands für die Ermittlung der Besteuerungsgrundlagen auf Seiten der Wirtschaft und der Bürger einerseits sowie der Kontrollaufwand der Verwaltung andererseits in den Massenverfahren bei (Publikums-)Investmentfonds und deren Anlegern, was insbesondere erforderlich vor dem Hintergrund der EuGH-Entscheidung vom 9. Oktober 2014 (C-326/12, van Caster und van Caster) ist, sowie 4) Korrektur des Systemfehlers des bislang geltenden Rechts, wonach bei (Publikums-)Investmentfonds eine rückwirkende Korrektur von fehlerhaften Besteuerungsgrundlagen praktisch nicht möglich ist (Gesetzesbegründung BT-Drs. 18/8045, S. 49).

► **Es gilt somit** Das InvStG ist heute die einheitliche Rechtsgrundlage für die steuerliche Behandlung von in- und ausländischen Investmentfonds und ihren Anlegern.

---

[15] Gesetz vom 15.12.2003, BGBl. I 2003, 2676.
[16] BT-Drs. 15/1553.

▶ **Praxishinweis** Für die Besteuerungspraxis sind neben dem Anwendungsschreiben zum InvStG (dazu kritisch Ebner und Helios 2010, 1565 ff.)[17] , weiteren
BMF-Schreiben und **Erlassen** auch die Rundschreiben der **BaFin**[18] zu beachten. Im Hinblick auf die Investmentsteuerreform 2018 sind insbesondere
der Entwurf über die Anwendungsfragen zum Investmentsteuergesetz in der
Fassung des Gesetzes zur Reform der Investmentbesteuerung (BMF-Entwurf
v. 24.03.2017) sowie das Antwortschreiben der Finanzverwaltung auf die dringlichen Fragen der Deutschen Kreditwirtschaft (DK)[19] zu beachten, die in 2017
veröffentlicht wurden.

1.1.6 Zivilrechtliche Grundkonzeption eines Investmentfonds

1.1.6.1 Überblick

Ein offener Investmentfonds ist zivilrechtlich regelmäßig wie folgt aufgebaut: **Anleger**
sind als Investoren an einem **Investmentvermögen**[20] beteiligt. Dieses Investmentvermögen, das von einer **Verwahrstelle** verwaltet wird, wird organisatorisch getrennt vom
sonstigen Vermögen der **Kapitalverwaltungsgesellschaft** (KVG) gehalten. Abb. 1.1 verdeutlicht das **Spannungsfeld**, in dem sich der Anleger als der wirtschaftlich Berechtigte
des Fonds befindet.

Dazu ausführlich unter Abschn. 2.2.2.

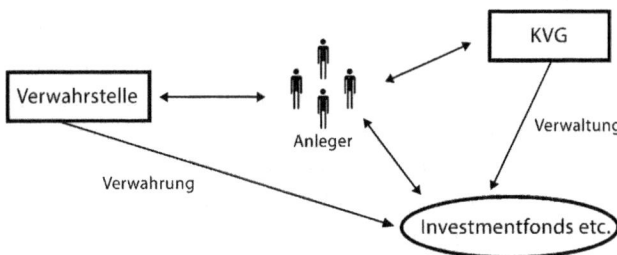

Abb. 1.1 Investmentdreieck

---

[17] BMF-Schreiben v. 18.08.2009, Az.: IV C 1 – S 1980 – 1/08/10019, BStBl. I 2009, 931 ff. (mit
späteren Änderungen).
[18] Im Internet abrufbar unter: http://www.bafin.de/cln_152/nn_724240/DE/Unternehmen/Fonds/
Investmentfonds/investmentfonds__node.html?__nnn=true.
[19] Vgl. z. B. DStR 2018, 194.
[20] Zu beachten ist, dass das Aufsichtsrecht ausschließlich Investmentvermögen (§ 1 KAGB), das
Investmentsteuerrecht lediglich Investmentfonds kennt. Umgangssprachlich wird der Begriff „Investmentfonds" auch umgangssprachlich für die Beteiligung über ein Anlagevehikel verwendet.

1.1.6.2 Beteiligte

1.1.6.2.1 Anleger

Anleger eines in- oder ausländischen Investmentfonds können aus deutscher Sicht zivilrechtlich im Grundsatz in- oder ausländische natürliche oder juristische Personen, Personenvereinigungen oder sonstige Vermögensmassen sein, sofern das KAGB bzw. das InvStG keine Abweichungen vorsieht. Gelegentlich, z. B. bei **Spezial-Investmentfonds**, ist die **Anlegereigenschaft** im deutschen Recht (vgl. etwa § 26 Nr. 8 InvStG) nämlich richtigerweise aus Gründen des Anlegerschutzes eingeschränkt, so dass im Ergebnis nur **institutionelle Investoren**[21] (das Gesetz „definiert" sie als „nicht natürliche Personen") als Anleger in Frage kommen. Im Ausland, v. a. in den hochentwickelten Fondsstandorten wie Luxemburg, den Niederlanden und Frankreich, existieren meist vergleichbare Regeln.

▶ **Praxishinweis** Für sehr vermögende Privatpersonen verbleibt jedoch im Grundsatz die Möglichkeit der Gründung eines sog. **Vorschaltvehikels**, um dennoch an einem Spezialfonds partizipieren zu können. An Spezialfonds ist ohnehin meist nur ein institutioneller Investor oder eine kleinere Investorengruppe beteiligt.

Die Anleger sind unabhängig davon, wie die **Vertragsbeziehungen** zwischen ihnen und der KVG bezüglich des Investmentfonds ausgestaltet sind, stets die **wirtschaftlich Berechtigten**. Die Erträge des Investmentfonds stehen wirtschaftlich allein ihnen zu.

▶ **Es gilt somit** Die Anleger offener Fonds werden in **natürliche und nicht natürliche Personen** eingeteilt. Spezial-Investmentfonds dürfen nur von nicht natürlichen Personen gezeichnet werden.

1.1.6.2.2 Investmentvermögen i. S. d. KAGB.

Nach gegenwärtiger Rechtslage unterfallen lediglich **Investmentfonds dem InvStG**. Als Investmentfonds i. S. d. § 1 InvStG gelten im Grundsatz alle **Investmentvermögen i. S. d. § 1 KAGB**, d. h. jeder Organismus für gemeinsame Anlagen, der von einer Anzahl von Anlegern Kapital einsammelt, um es gemäß einer festgelegten Anlagestrategie zum Nutzen dieser Anleger zu investieren und der kein operativ tätiges Unternehmen außerhalb des Finanzsektors ist.

---

[21] Beispiele: Banken, Versicherungen, Pensionskassen, Unterstützungskassen, berufsständische und kirchliche Versorgungswerke, Unternehmen (insbesondere bei der Anlage von Pensionsgeldern), Stiftungen, Verbände sowie kirchliche und andere karitative Einrichtungen.

▶ **Es gilt somit** Im Grundsatz gilt, dass dem InvStG jene Anlagevehikel unterfallen, welche dem Aufsichtsrecht unterliegen. Dabei unterfallen dem Aufsichtsrecht grundsätzlich alle Investmentvermögen i. S. d. § 1 KAGB. Das Investmentsteuerrecht definiert diese als Investmentfonds. Sie und ihre Anleger unterfallen dem InvStG.

Dabei wird im Aufsichtsrecht zwischen sog. OGAW-Fonds und sog. AIF (alternativen Investmentfonds) unterschieden. Organismen für gemeinsame Anlagen in Wertpapieren (OGAW) sind nach § 1 Abs. 2 KAGB Investmentfonds, die die Anforderungen der Richtlinie 2009/65/EG des Europäischen Parlaments und des Rates vom 13. Juli 2009 zur Koordinierung der Rechts- und Verwaltungsvorschriften betreffend bestimmte Organismen für gemeinsame Anlagen in Wertpapieren (OGAW) (ABl. L 302 vom 17.11.2009, S. 1) erfüllen. Alternative Investmentfonds (AIF) schließlich sind nach § 1 Abs. 3 KAGB alle Investmentvermögen, die keine OGAW sind. Investmentvermögen können sowohl offene als auch geschlossene Fonds sein. Typischerweise werden offene inländische Investmentvermögen zivilrechtlich als **Sondervermögen** ausgestaltet. Für Zwecke eines Überblicks mag hier der Hinweis genügen, dass es im deutschen Recht **Sondervermögen des öffentlichen Rechts und des Privatrechts** gibt, dass der Begriff bis in das 19. Jahrhundert zurückreicht und ursprünglich aus dem **Stiftungswesen** stammt. Im allgemeinen rechtlichen Sprachgebrauch (vgl. auch § 92 KAGB) versteht man unter einem Sondervermögen eine **Vermögensmasse einer Person**, die von dem übrigen Vermögen dieser Person dadurch getrennt ist, dass sie durch besondere gesetzliche Regelungen (etwa hinsichtlich der Verwaltung und Haftung) rechtlich anders behandelt wird als das übrige Vermögen der Person und dabei einer besonderen, überindividuellen Zweckbindung unterliegt. Im deutschen Recht existiert ein **Numerus clausus der Sondervermögen**; diese werden meist zur Erreichung **rechtspolitischer Zwecke** eingesetzt. Bezogen auf das Investmentrecht mag man den Publikums- und Spezial-Sondervermögen beispielsweise eine **sozial-, finanzierungs- und kapitalmarktpolitische Funktion** zuschreiben.

▶ **Es gilt somit** Unter einem Sondervermögen versteht man eine Vermögensmasse einer Person, die von dem übrigen Vermögen dieser Person dadurch getrennt ist, dass sie durch besondere gesetzliche Regelungen rechtlich anders behandelt wird als das übrige Vermögen der Person und dabei einer besonderen, überindividuellen Zweckbindung unterliegt.

Wie eingangs beschrieben, lassen sich **Investmentvermögen** in verschiedene Richtungen **klassifizieren**. Sie sind dann meist auch namensgebend für den Fonds. So lassen sich **Investmentvermögen** nach den **Anlegergruppen** (im Wesentlichen mit der Trennung natürliche und nicht natürliche Personen), nach der Organisationsverfassung (offene und geschlossene Fonds), nach dem **Anlageziel** (Bezugnahme auf die zugrunde liegende Assetklasse) oder nach der **Anlagetechnik (thesaurierende oder ausschüttende Fonds)** einteilen. Weitere Unterscheidungsmerkmale sind denkbar, aber i. d. R. nicht gebräuchlich. Wichtig ist indes noch die Unterscheidung in **sog. richtlinienkonforme und nicht-**

richtlinienkonforme Fonds (betreffend die OGAW-Richtlinie[22]). Insgesamt betrachtet bietet das Rechtsinstitut des **Investmentvermögens** einen hinreichenden Schutz der Anleger. Die Abschirmung des Investmentvermögens durch besondere Bestimmungen des KAGB hinsichtlich **Verwaltung und Haftung** ist nicht nur geeignet, das Vertrauen potenzieller Anleger zu gewinnen, sondern stellt auch eine in der Praxis tragfähige und am Markt vollständig akzeptierte Lösung dar, die zur Auswahl stehenden Varianten „Miteigentum" und „Treuhand" praktikabel umzusetzen.

1.1.6.2.3 Kapitalverwaltungsgesellschaft

Kapitalverwaltungsgesellschaften (dazu Bauderer und Coenenberg in Haase 2015, § 1 Rdn. 50) (§ 17 Abs. 1 KAGB) sind Unternehmen mit satzungsmäßigem Sitz und Hauptverwaltung im Inland, deren Geschäftsbetrieb darauf gerichtet ist, inländische Investmentvermögen, EU-Investmentvermögen oder ausländische AIF zu verwalten. Verwaltung eines Investmentfonds in diesem Sinne liegt vor, wenn mindestens die Portfolioverwaltung oder das Risikomanagement für ein oder mehrere Investmentfonds erbracht wird. Die Kapitalverwaltungsgesellschaft ist entweder eine externe Kapitalverwaltungsgesellschaft, die vom Investmentfonds oder im Namen des Investmentfonds bestellt ist und auf Grund dieser Bestellung für die Verwaltung des Investmentfonds verantwortlich ist (externe Kapitalverwaltungsgesellschaft), oder der Investmentfonds selbst, wenn die Rechtsform des Investmentfonds eine interne Verwaltung zulässt und der Vorstand oder die Geschäftsführung des Investmentfonds entscheidet, keine externe Kapitalverwaltungsgesellschaft zu bestellen (interne Kapitalverwaltungsgesellschaft). In diesem Fall wird der Investmentfonds als Kapitalverwaltungsgesellschaft zugelassen.

Externe Kapitalverwaltungsgesellschaften dürfen nur in der Rechtsform der Aktiengesellschaft, der Gesellschaft mit beschränkter Haftung oder der Kommanditgesellschaft, bei der persönlich haftender Gesellschafter ausschließlich eine Gesellschaft mit beschränkter Haftung ist, betrieben werden. Wird die AG oder GmbH als Rechtsform gewählt, ist ein Aufsichtsrat zu bilden, § 18 Abs. 1 KAGB.

KVG nehmen damit **wichtige Funktionen** wahr. Sie tragen für den **spezifischen Anlegerschutz** und zugleich den **überindividuellen Schutz** der gesamten Anlegerschaft (jeweils Ausschnitte des Funktionsschutzes des Kapitalmarkes) Sorge. Dies geschieht in erster Linie, indem die KVG das ihr anvertraute Investmentvermögen von ihrem Allgemeinvermögen **getrennt** zu halten hat (§ 92 Abs. 1 Satz 2 KAGB). Ein Gleiches gilt für die Trennung mehrerer Investmentvermögen. Eine Vermögensmischung wäre von der regelmäßigen **Verwaltungs- und Verfügungsbefugnis** nicht mehr gedeckt. So haftet das Investmentvermögen nicht für Verbindlichkeiten der KVG (§ 93 Abs. 2 Satz 1 KAGB), ist gegen Zwangsvollstreckung geschützt und gehört nicht zur Insolvenzmasse der KVG (§ 99 Abs. 3 S. 3 KAGB).

---

[22] Richtlinie 85/611/EWG zur Koordinierung der Rechts- und Verwaltungsvorschriften betreffend bestimmte „Organismen für gemeinsame Anlagen in Wertpapieren" (OGAW-RL); dazu Bauderer und Coenenberg in Haase 2015, § 1 Rdn. 40.

Was die **rechtliche Zuordnung des Investmentvermögens** zur KVG anbelangt, so
stellt das Gesetz zwei Durchführungswege zur Verfügung, die im Grundsatz von dem
Fondsinitiator bei Auflegung des Fonds frei gewählt werden können. Sie werden mit den
Schlagworten „Miteigentumslösung" und „Treuhandlösung" treffend charakterisiert (dazu
Bauderer und Coenenberg in Haase 2015, § 1 Rdn. 45). Bei der Miteigentumslösung befindet sich das Investmentvermögen zivilrechtlich im (Mit-)Eigentum der Anteilsscheininhaber, die KVG besitzt aber eine **Verfügungsbefugnis**. Bei der Treuhandlösung steht
das Investmentvermögen zwar formal der KVG zu (diese ist zivilrechtlich Eigentüme-
rin), wirtschaftlich aber ist das Investmentvermögen wie Eigentum der Anteilinhaber zu
behandeln (siehe zum Ganzen §§ 92 Abs. 1, 93, 152 KAGB). Für **Immobilien-Invest-
mentvermögen** ist die Treuhandlösung gemäß § 245 KAGB zwingend vorgeschrieben.

▶   **Praxishinweis** Die Wahl zwischen Miteigentums- und Treuhandlösung hat
    nicht nur **zivilrechtliche**, sondern auch **steuerrechtliche Folgen**. Stellt man
    sich beispielsweise einen inländischen offenen Fonds vor, der direkt in aus-
    ländische Immobilien investiert, so stellt sich ungeachtet der Anwendung des
    InvStG aus deutscher Sicht auch im Ausland die Frage, wer im Rahmen der aus-
    ländischen beschränkten Steuerpflicht das **Steuersubjekt** für die ausländischen
    Immobilienerträge ist. Regelmäßig führen die ausländischen Rechtsordnungen
    dabei eine Art **Rechtstypenvergleich** durch bzw. machen es von der zivil-
    rechtlichen Ausgestaltung des inländischen Fonds abhängig, ob die KVG oder
    aufgrund der grundsätzlichen Transparenz des Fonds die inländischen Anleger
    als **beschränkt Steuerpflichtige** gelten. Ist der inländische Fonds als Treu-
    handlösung konzipiert, betrachtet das Ausland meist die KAG als beschränkt
    Steuerpflichtigen mit der Folge, dass im Ausland für die Immobilienerträge der
    Körperschaftsteuersatz zur Anwendung kommt. Ist der Fonds hingegen als Mit-
    eigentumslösung angelegt, werden die Anleger selbst im Ausland beschränkt
    steuerpflichtig mit der Folge, dass dort der progressive Einkommensteuersatz
    für natürliche Personen anzuwenden ist. Da dieser, freilich in Abhängigkeit von
    der Höhe der Erträge, meist höher sein wird als der Körperschaftsteuersatz,
    greifen die meisten inländischen Fonds in der Praxis auf die Treuhandlösung
    zurück.

Die Trennung des Investmentvermögens vom sonstigen Vermögen der KVG hat nicht
nur haftungs-, sondern auch **insolvenzrechtliche Folgen**. Den Anteilsscheininhabern steht
gemäß § 47 InsO ein Aussonderungsrecht zu. Die KVG verliert mit Eröffnung des Insolvenzverfahrens oder durch Gerichtsbeschluss (Abweisung des Antrages auf Eröffnung
des Insolvenzverfahrens mangels Masse, § 26 InsO) ihr bisheriges Verwaltungsrecht (§ 99
Abs. 3 S. 1 KAGB). Bei der Treuhandlösung geht sodann das gesamte Investmentvermögen, bei der Miteigentumslösung das Verfügungsrecht auf die **Verwahrstelle** über. Die
Verwahrstelle ist infolgedessen auch für die Geltendmachung der Aussonderungsansprü-
che zugunsten der Anteilsscheininhaber zuständig.

Der KVG kommt innerhalb des Fonds die zentrale Bedeutung zu, wirtschaftlich berechtigt aus dem Investmentvermögen sind jedoch nur die Anleger. Die von einer KVG

ausgegebenen Anteile an Investmentvermögen werden entsprechend in Anteilsscheinen (**Investmentzertifikate**) verbrieft. Diese können auf den Inhaber oder auf Namen lauten und über einen oder mehrere Anteile desselben Investmentvermögens ausgestellt werden. Sie sind von der Verwahrstelle zu unterzeichnen, wobei mechanische Vervielfältigung zugelassen ist, vgl. §§ 95 Abs. 1 Satz 6 ff. KAGB.

Die Anteilsscheine werden durch **Zahlung des Ausgabepreises** und nach den **Vertragsbedingungen der KVG** erworben. Der Ausgabepreis muss dem Wert des Anteils am Investmentvermögen zuzüglich eines vertraglich festgesetzten **Ausgabeaufschlages** (sog. **Agio**) entsprechen und ist an die Verwahrstelle zu entrichten. Entsprechend wird der **Rücknahmepreis** gebildet aus dem Wert des Anteils am Sondervermögen abzüglich eines vertraglich festgesetzten **Abschlags**. Der Wert des Anteils ergibt sich aus der Teilung des Wertes des Investmentvermögens, der börsentäglich zu ermitteln ist, durch die Zahl der in den Verkehr gebrachten Anteile.

▶ **Praxishinweis** Der Ausgabeaufschlag wird üblicherweise als Prozentsatz auf der Basis des Rücknahmepreises angegeben. Die Höhe des Ausgabeaufschlags ist unterschiedlich und wird von der Kapitalanlagegesellschaft festgesetzt. Er dient unter anderem der Deckung der Vertriebskosten und variiert erfahrungsgemäß zwischen null und sieben Prozent. Es wird jedoch auch eine Vielzahl von ausgabeaufschlagfreien Fonds angeboten. Bei diesen Fonds mit dem Zusatz „net" wird kein Ausgabeaufschlag berechnet. Im Gegenzug wird als Äquivalent meist eine etwas höhere Verwaltungsvergütung erhoben, die mit den ordentlichen Fondserträgen automatisch verrechnet werden und sich deshalb über den geringeren steuerpflichtigen Ertrag steuermindernd auswirken.

▶ **Es gilt somit** Die KVG verwaltet das Investmentvermögen und hat dieses getrennt von ihrem sonstigen Vermögen zu halten. Als Durchführungswege stehen die **Miteigentums- und die Treuhandlösung** zur Wahl.

1.1.6.2.4 Verwahrstelle

Verwahrstellen sind Unternehmen, welche die **Verwahrung** und **Überwachung von Investmentvermögen** ausführen. Bei der Ausübung ihrer Tätigkeit handeln sie unabhängig von der KVG und ausschließlich im Interesse der Anleger. Da Kapitalanlagegesellschaften das Fondsvermögen nicht selbst verwahren dürfen, ist der Einsatz unabhängiger **Verwahrstellen** notwendig. So verwahren sie beispielsweise Wertpapiere.

▶ **Es gilt somit** Der Einsatz einer Verwahrstelle ermöglicht die getrennte Verwaltung und Verwahrung des Investmentvermögens (vgl. Bauderer und Coenenberg in Haase 2015, § 1 Rdn. 231). Dabei dient sie als Kontrollinstanz der Kapitalverwaltungsgesellschaft. Zwischen dem Anleger und der Verwahrstelle bestehen jedoch keine Rechtsbeziehungen. Allerdings ist die Verwahrstelle gesetzlich verpflichtet, in dessen Interesse zu handeln.

1.1.7 Steuerliche Grundkonzeption eines Investmentfonds

1.1.7.1 Überblick

Die Besteuerung von Investmentfonds vollzieht sich auf drei Ebenen (vgl. Haase 2015, Einleitung Rdn. 72): Erstens auf der Ebene der **Quelle des Investments**, zweitens auf Ebene des **Investmentfonds** und drittens beim **Anleger**. Die Darstellung der Besteuerung der Inhaber von Investmentanteilen ist das zentrale Anliegen dieses Buches.

Die vorgenannte 2. Ebene ist auch steuerlich noch einmal in die Besteuerung der KVG und die Besteuerung des Investmentfonds zu unterteilen, weil die **institutionelle und haftungsrechtliche Trennung** auch steuerlich nachvollzogen werden muss.

Beispiel

Als Beispiel für eine Besteuerung auf der 1. Ebene mögen in- oder ausländische **Quellensteuern** genannt werden. Nehmen wir an, ein inländischer Fonds investiert in ausländische zinstragende Wertpapiere. Hier wird der Schuldner der Zinsen ggf. nach dem ausländischen Recht gehalten sein, eine Quellensteuer auf die Bruttozinszahlung einzubehalten, so dass der Fonds die Zinsen nur netto vereinnahmen kann.

Abb. 1.2 verdeutlicht die Zusammenhänge.

Terminologisch unterscheidet man herkömmlich hinsichtlich der relevanten Ertragsströme die sog. **Fondseingangsseite** und die sog. **Fondsausgangsseite** (vgl. Haase 2015, Einleitung Rdn. 90). Bezogen auf die vorstehenden Ausführungen betrifft die Fondseingangsseite daher die Besteuerung an der Quelle des Investments und nunmehr die Besteuerung mit Körperschaft- und ggf. Gewerbesteuer auf Ebene des Investmentfonds, während die Fondsausgangsseite die Besteuerung beim Anleger erfasst. Siehe hierzu Abb. 1.3.

Abb. 1.2 „Ebenen" des Investmentfonds

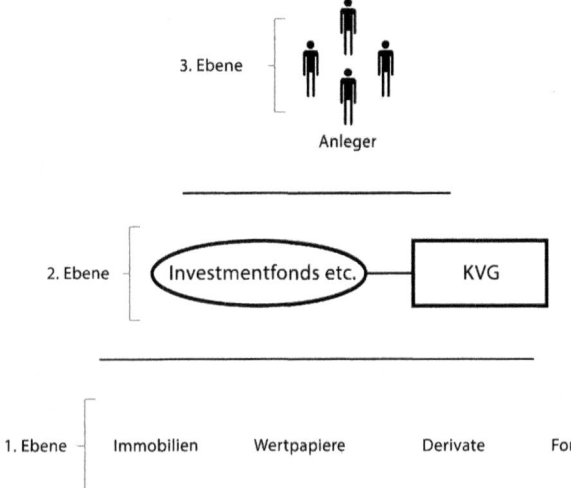

Abb. 1.3 Fondseingangs-/
Fondsausgangsseite

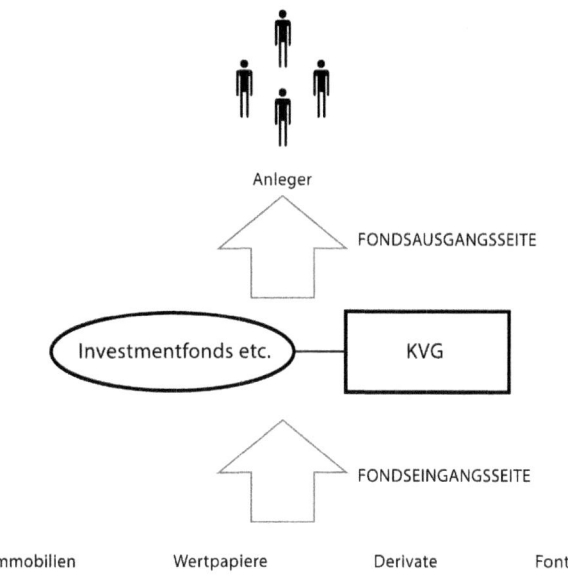

▶ **Es gilt somit** Für die Besteuerung muss strikt zwischen den Ebenen der KVG, des Investmentfonds und der Anleger getrennt werden. Zudem können Quellensteuern im Zusammenhang mit der Investition in unterschiedliche Anlageklassen anfallen (z. B. Quellensteuern auf Zinsen und Dividenden).

1.1.7.2 Besteuerung der Beteiligten

1.1.7.2.1 Kapitalverwaltungsgesellschaft

Da die KVG in der Praxis in den meisten Fällen als GmbH oder AG ausgestaltet sein wird, § 18 Abs. 1 KAGB, handelt es sich gemäß § 1 Abs. 1 Nr. 1 KStG um ein gewöhnliches Körperschaftsteuersubjekt. Die KVG unterliegt daher den Besteuerungsgrundsätzen für Kapitalgesellschaften (vgl. Haase 2015, Einleitung Rdn. 72). Aufgrund der **doppelten Inlandsverknüpfung** (Sitz und Hauptverwaltung der KVG müssen im Inland belegen sein, § 17 Abs. 1 Satz 1 KAGB) ist die KVG auch zwingend **Steuersubjekt für Zwecke der Gewerbesteuer**, weil es sich um einen inländischen Gewerbebetrieb handelt, § 2 GewStG.

Erträge aus dem Fonds allerdings, d. h. Erträge aus dem Investment in die jeweiligen Anlageklassen, generiert die KVG regelmäßig nicht. Sie kann und wird in der Praxis aber eine **Gebühr für die Verwaltung** des Fonds abrechnen. Im Gegensatz zum Ausgabeaufschlag wird die Verwaltungsvergütung regelmäßig direkt aus dem Fondsvermögen entnommen. Sie wird börsentäglich abgegrenzt und bereits in dem veröffentlichten Fondspreis berücksichtigt.

▶ **Praxishinweis** Außerdem besteht für die KVG die Möglichkeit, zusätzlich eine **erfolgsabhängige Vergütung** (Performance-Fee) zu erheben. Sie stellt eine leistungsabhängige Vergütung für ein erfolgreiches Fondsmanagement bzw. eine „Mehr-Leistung" dar. Hierbei gibt es verschiedene Arten. Die bekanntesten Varianten sind die **„High-Watermark-Methode"**, bei der ein definierter Höchststand des Anteilpreises (Rücknahmepreises) überschritten werden muss, sowie die **„Hurdle-Rate-Methode"**, bei der eine festgelegte Wertentwicklung, wie z. B. die Wertentwicklung eines Vergleichsindex, übertroffen werden muss, um eine erfolgsabhängige Vergütung zu beziehen. Der relevante Zeitraum kann sowohl das Kalenderjahr als auch das Geschäftsjahr des Fonds sein. Die Details der Berechnung einer erfolgsabhängigen Vergütung werden immer im Verkaufsprospekt des jeweiligen Fonds beschrieben. Die genannten Vergütungen unterliegen auf KVG-Ebene vollständig der Körperschaft- und Gewerbesteuer.

▶ **Es gilt somit** Die KVG wird im Fall der Ausgestaltung als AG oder GmbH wie eine gewöhnliche Kapitalgesellschaft besteuert. Ihre Erträge, z. B. aus der Fondsverwaltung, unterliegen der Körperschaft- und Gewerbesteuer. Wird die KVG als GmbH & Co. KG geführt, gelten die Grundsätze des steuerlichen Transparenzprinzips entsprechend.

1.1.7.2.2 Investmentfonds bzw. Spezial-Investmentfonds

Investmentfonds unterfallen dem Anwendungsbereich des Investmentsteuerrechts. Sie sind grundsätzlich körperschaft- und gewerbesteuerpflichtig. Dies stellen die in den §§ 6 und 15 InvStG enthaltenen Fiktionen klar. Danach gelten **inländische Investmentfonds** für Zwecke der Besteuerung vom Einkommen grundsätzlich als Zweckvermögen gemäß § 1 Abs. 1 Nr. 5 KStG und ausländische Investmentfonds als Vermögensmassen nach § 2 Nr. 1 KStG. Damit sind sie grundsätzlich körperschaftsteuerpflichtig. Sachlich umfasst diese Körperschaftsteuerpflicht nach § 6 Abs. 2 KStG ihre inländischen Beteiligungseinnahmen, inländischen Immobilienerträge und sonstigen inländische Einkünfte. Für Zwecke der Gewerbesteuer gelten sie gemäß § 15 Abs. 1 InvStG als sonstige juristische Personen des privaten Rechts nach § 2 Abs. 3 GewStG, wobei der Gewerbesteuer ausschließlich ihre gewerblichen Einkünfte unterliegen würden. Im Regelfall dürften Investmentfonds die Voraussetzungen für eine Befreiung von der Gewerbesteuer nach § 15 Abs. 2 und 3 InvStG erfüllen.

▶ **Es gilt somit** Investmentfonds sind aufgrund der in den §§ 6 Abs. 1 und 15 Abs. 1 InvStG enthaltenen Fiktionen grundsätzlich körperschaft- und gewerbesteuerpflichtig. Im Regelfall dürften sie die Voraussetzungen für eine Befreiung von der Gewerbesteuer erfüllen.

Im Ergebnis werden **Investmentfonds nicht länger aus steuerlicher Sicht transparent** behandelt. Das Investmentsteuerrecht basiert seit der Investmentsteuerreform 2018 gerade nicht mehr auf dem Transparenzprinzip, was auf eine Gleichstellung der Anlage

über einen Investmentfonds und der Direktanlage abstellte. Vielmehr werden Investmentfonds auf **Grundlage des Intransparenzprinzips** besteuert.

▶ **Es gilt somit** Seit der Investmentsteuerreform 2018 werden Investmentfonds steuerlich
nicht mehr transparent behandelt. Vielmehr findet auch auf diese Anlageform (wie bei
Kapitalgesellschaften) das Intransparenzprinzip Anwendung, so dass eine zunächst auf
Ebene des Fonds und anschließend auf Ebene der Anleger möglich ist. Eine Ausnahme
ist für Spezial-Investmentfonds möglich. Diese können weiterhin nach dem Transparenzprinzip besteuert werden.

Eine **Ausnahme gilt für die sog. Spezial-Investmentfonds.** Auch diese sind grundsätzlich mit den genannten Erträgen körperschaftsteuerpflichtig. Der Gewerbesteuer unterliegen sie jedoch nicht. Denn § 26 InvStG setzt für eine Qualifikation als Spezial-Investmentfonds voraus, dass sie die Voraussetzungen für die Befreiung von der Gewerbesteuer
nach §§ 15 Abs. 2 und 3 InvStG erfüllen. Sie können jedoch die sog. Transparenzoptionen
der §§ 30 und 33 InvStG mit der Folge ausüben, dass sie insoweit von der Körperschaftsteuer befreit werden. In diesen Fällen erfolgt die Besteuerung der Erträge ausschließlich
durch die Anleger, so dass in diesen Fällen also weiterhin das sog. **Transparenzprinzip**
Anwendung findet. Übt der Fonds die genannten Optionen hingegen nicht aus, verbleibt es
bei der partiellen Körperschaftsteuerpflicht des Fonds und damit bei der Besteuerung nach
dem Intransparenzprinzip. Im Ergebnis haben Spezial-Investmentfonds ein Wahlrecht, ob
ihre Besteuerung nach dem Transparenz- oder Intransparenzprinzip erfolgen soll.

▶ **Es gilt somit** Nach der **Investmentsteuerreform 2018** können lediglich Spezial-Investmentfonds unter Anwendung des Transparenzprinzips besteuert werden, indem sie die
sog. Transparenzoptionen der §§ 30 und 33 InvStG ausüben. In diesem Fall werden sie insoweit von der Körperschaft steuerbefreit. Andernfalls erfolgt ihre Besteuerung nach dem
Intransparenzprinzip. Der Gewerbesteuer unterfallen Spezial-Investmentfonds aufgrund
der in § 26 InvStG enthaltenen Legaldefinition nicht.

1.1.7.2.3 Anleger

Der **Anleger** versteuert die Erträge aus seinen Fondsanteilen unabhängig von deren Ausschüttung oder Thesaurierung. Grund hierfür ist, dass auch bei einer Direktanlage eine
Thesaurierung nicht möglich wäre.

▶ **Praxishinweis** Ausschüttende Fonds schütten die Erträge des Fonds, z. B. Dividenden und Zinsen oder auch realisierte Kursgewinne und realisierte Bezugs-
rechtserlöse, in der Regel jährlich an die Anleger aus. Der Anteilspreis des Investmentfonds vermindert sich am Tag der Ausschüttung rechnerisch um den Ausschüttungsbetrag. Je nach depotführender Stelle und Vereinbarung wird der

Ausschüttungsbetrag für den Anleger automatisch in neue Fondsanteile angelegt. Bei thesaurierenden Fonds fließen die Erträge wieder zurück ins Fondsvermögen und werden zum Erwerb weiterer Vermögenswerte genutzt. Der Anteilspreis verändert sich dadurch nicht. Ob ein Fonds ausschüttet oder thesauriert,
hängt von der Anlagepolitik ab und wird in den Fonds-Vertragsbedingungen
bzw. im offiziellen Verkaufsprospekt jedes Fonds festgehalten.

Für die Einzelheiten der Besteuerungsfolgen auf Ebene der Anleger ist zwischen **Anlegern**, die an einem **Investmentfonds** beteiligt sind, und Anlegern zu unterscheiden, die
Anteile an einem **Spezial-Investmentfonds** halten.

Bei **Beteiligung an einem Investmentfonds** haben die Anleger die sog. Investmenterträge i. S. d. § 16 InvStG zu besteuern. Zu diesen gehören die Ausschüttungen, Vorabpauschale und Veräußerungsgewinne aus den Investmentfondsanteilen. Dabei umfassen
die Vorabpauschale die thesaurierten Erträge und die Ausschüttungen die ausgeschütteten Erträge. Bei Beteiligung an einem Aktien-, Misch- oder Immobilienfonds sind diese
Investmenterträge teilweise von der Besteuerung freigestellt (sog. Teilfreistellung). Bei
Privatanlegern unterliegen die steuerpflichtigen Erträge als Einkünfte i. S. d. § 20 Abs. 1
Nr. 3 EStG der Abgeltungsteuer. Bei betrieblichen Anlegern gehören sie aufgrund des
Subsidiaritätsprinzips des § 20 Abs. 8 EStG zu den gewerblichen oder anderen Gewinn-
einkünften (§§ 13, 15 oder 18 EStG, § 8 KStG). Das Teileinkünfteverfahren des § 3 Nr. 40
EStG sowie das Schachtelprivileg des § 8b KStG finden keine Anwendung.

> **Beispiel**
>
> Diese **Regelungstechnik** sei exemplarisch wie folgt erläutert: Vermietet ein Steuer-
> pflichtiger in seinem Privatvermögen, sei es direkt oder über eine vermögensverwal-
> tende Personengesellschaft, eine Immobilie, erzielt der Steuerpflichtige Einkünfte aus
> Vermietung und Verpachtung gemäß § 21 Abs. 1 Satz 1 Nr. 1 EStG. Beteiligt sich
> hingegen der nämliche Steuerpflichtige an einem offenen Immobilienfonds und rech-
> net die nämliche Immobilie zu dessen Immobilien-Sondervermögen, dann erzielt der
> Steuerpflichtige Einkünfte aus Kapitalvermögen gemäß § 20 Abs. 1 Nr. 3 EStG. Für
> diesen Fall enthält das InvStG eine eindeutige besondere Bestimmung (im Beispiel
> § 16 Abs. 1 InvStG), die das allgemeine Ertragsteuerrecht überlagert.

Anleger, welche an einem **Spezial-Investmentfonds** i. S. d. §§ 26, ggf. i. V. m. 27
InvStG beteiligt sind, erzielen aus ihren Fondsanteilen die sog. Spezial-Investmenterträge
i. S. d. § 34 InvStG. Zu diesen gehören die ausgeschütteten Erträge, ausschüttungsgleichen
Erträge und Veräußerungsgewinne aus den Spezial-Investmentfondsanteilen. Sie führen
zu Einkünften i. S. d. § 20 Abs. 1 Nr. 3a EStG. Diese Spezial-Investmenterträge unterliegen auf Ebene des Spezial-Investmentfonds dem Kapitalertragsteuerabzug nach § 50
InvStG in Höhe von 15 %. Für **natürliche Personen**, die nur ausnahmsweise an Spezial-Investmentfonds beteiligt sein dürfen, entfaltet dieser Steuerabzug nach § 34 Abs. 2
Satz 1 InvStG keine abgeltende Wirkung. Auch findet der Abgeltungsteuersatz keine Anwendung. Die Einkünfte unterliegen der Besteuerung mit dem allgemeinen Steuersatz.

Dadurch ist der Verlustausgleich nicht beschränkt und ein Werbungskostenabzug möglich. Bei betrieblichen Anlegern gehören die Spezial-Investmenterträge aufgrund des Subsidiaritätsprinzips zu den gewerblichen oder anderen Gewinneinkünften. Die Anwendbarkeit des Teileinkünfteverfahrens und Schachtelprivilegs regelt § 42 InvStG für betriebliche Anleger.

Soweit der Spezial-Investmentfonds die **Transparenzoptionen der §§ 30 und 33 InvStG** ausübt, werden die Einnahmen bzw. Erträge des Fonds ausschließlich auf Ebene der Anleger besteuert. Sollte der Fonds z. B. inländische Beteiligungseinnahmen, wie Dividenden, erzielen und für diese Einnahmen die Transparenzoption des § 30 InvStG ausüben, so werden diese Einnahmen so besteuert, als hätten die Anleger diese direkt erzielt. In diesen Fällen erfolgt die Besteuerung nach dem Transparenzprinzip. Eine doppelte Besteuerung dieser Einnahmen wird verhindert, indem die von der Transparenzoption betroffenen Einnahmen als sog. Substanzbeträge steuerfrei an die Anleger ausgeschüttet werden können. Sollte der Fonds hingegen beispielsweise inländische Immobilienerträge erzielen und für diese die Transparenzoption des § 33 InvStG ausüben, werden diese ebenfalls ausschließlich auf Ebene der Anleger besteuert. Voraussetzung dafür ist, dass der Fonds Kapitalertragsteuer einbehält, diese abführt und entsprechende Steuerbescheinigungen ausstellt. Diese Steuer kann dann bei Veranlagung des Anlegers auf die persönliche Steuer des jeweiligen Anlegers angerechnet werden, soweit die weiteren Voraussetzungen vorliegen. Im Grundsatz steht dem Spezial-Investmentfonds auch die Möglichkeit offen, dass er nach dem Intransparenzprinzip besteuert wird. Sollte der Fonds davon abweichend seinen Status als Spezial-Investmentfonds[23] nicht geltend machen, unterliegt er ausnahmsweise dem Besteuerungsregime für (Publikums-)Investmentfonds (vgl. Wenzel in Blümich 2017, § 26 Rdn. 2), obwohl er grundsätzlich die Voraussetzungen der §§ 26 und 27 InvStG erfüllen würde.

► **Es gilt somit** Die Anleger von (Publikums-)Investmentfonds und Anleger von Spezial-Investmentfonds, sofern diese ihren steuerlichen Status als Spezial-Investmentfonds nicht geltend machen, haben gemäß § 16 InvStG die Ausschüttungen, die Vorabpauschale und Veräußerungsgewinne als Investmenterträge i. S. d. § 20 Abs. 1 Nr. 3 EStG zu versteuern. Anleger von Spezial-Investmentfonds haben als Spezial-Investmenterträge i. S. d. § 20 Abs. 1 Nr. 3a EStG die sog. Spezial-Investmenterträge i. S. d. § 34 InvStG zu versteuern, zu denen die ausgeschütteten Erträge, ausschüttungsgleichen Erträge und Veräußerungsgewinne aus Fondsanteilen gehören. Soweit der Spezial-Investmentfonds darüber hinaus die Transparenzoptionen der §§ 30 und 33 InvStG ausübt, werden die betroffenen Einnahmen bzw. Erträge des Fonds ausschließlich auf Ebene der Anleger besteuert. Die sich daraus ergebenden Besonderheiten sind zu berücksichtigen.

---

[23] Den Status macht der Fonds z. B. dadurch geltend, dass er die Ausstellung von Steuerbescheinigungen nach § 31 InvStG zugunsten der Anleger beantragt (so Gesetzesbegründung BT-Drs. 18/8045, S. 94).

1.1.7.3 Vergleich mit der Direktanlage

Aus Anlegersicht stellt sich naturgemäß die Frage, ob eine Anlage z. B. in Immobilien über einen Fonds **steuerlich günstiger ist als eine Direktanlage** ist. Diese Frage lässt sich nicht in dem Sinne beantworten, dass die Besteuerungskonsequenzen in beiden Fällen **identisch** sind. Vielmehr kommt es auf den **Einzelfall** an.[24]

Das InvStG sieht durchaus **Unterschiede** gegenüber den allgemeinen ertragsteuerlichen Regeln vor, die sich stichpunktartig wie folgt zusammenfassen lassen können: 1) Einkünftequalifikation bei Privatanlegern, 2) Unterschiede bei der Verlustnutzung, 3) abweichender Zufluss-/Abflusszeitpunkt, 4) Unterschiede hinsichtlich des Werbungskostenabzugs und 5) Abkommensberechtigung.

Diese Unterschiede lassen sich im Rahmen von **Fondsgestaltungen** nutzbar machen, um zu einem steuerlich günstigeren Ergebnis für die Anleger zu gelangen.

> **Beispiel**
>
> Bestimmte Gewinne werden z. B. im Fall der Thesaurierung erst bei **Veräußerung oder Rückgabe** des Fondsanteils besteuert, was langfristige **Steuerstundungseffekte** bzw. einen **Barwertvorteil** ermöglicht. Hieraus ergibt sich zudem ein Liquiditätsvorteil auf Ebene des Investmentfonds. **Verlustvorträge auf Fondsebene** können ferner beispielsweise im Folgejahr unbeschränkt verrechnet werden, während das allgemeine Ertragsteuerrecht eine sog. **Mindestbesteuerung** (§ 10 d Abs. 2 EStG) vorsieht.

Umgekehrt können sich die Regeln des InvStG **auch nachteilig gegenüber der Direktanlage** auswirken. Die Unterschiede gelten manchmal aber nur für bestimmte **Gruppen von Anlegern.**

> **Beispiel**
>
> So umfassen die Immobilienerträge, die auf Ebene des Investmentfonds nunmehr gem. § 6 Abs. 1 und 2 InvStG der Körperschaftsteuer unterliegen, nunmehr auch Gewinne aus der Veräußerung von Immobilie und zwar unabhängig von der Spekulationsfrist.

▶ **Es gilt somit** Ein steuerlicher Vergleich zwischen der Fondsanlage und der Direktanlage hat immer den Einzelfall zu betrachten. Insbesondere spielt die Anlegergruppe eine wesentliche Rolle.

1.2 Verhältnis zum KAGB

Seit dem 22.07.2013 ist das Kapitalanlagegesetzbuch (**KAGB**) die rechtliche Grundlage für Verwalter offener und geschlossener Fonds. Das KAGB löst das bis dahin geltende

---

[24] Zu den Unterschieden, die sich aus einem Vergleich der Direkt- und der Fondsanlage ergeben, vgl. ausführlich Elser/Stiegler IStR 2017, S. 567 ff. sowie Elser 2016, S. 141 ff.

Investmentgesetz (InvG) ab und ist das Ergebnis der Umsetzung der europäischen Richt-linie über Verwalter alternativer Investmentfonds (AIFM-Richtlinie). Es hat das Ziel, für den Schutz der Anleger einen einheitlichen Standard zu schaffen und den grauen Kapital-markt einzudämmen. Die Anforderungen des KAGB gelten sowohl für Verwalter offener als auch geschlossener Fonds. Damit müssen auch Verwalter geschlossener Fonds erstma-lig gesetzliche Vorgaben erfüllen, die für offene Fonds bereits seit langem gelten.

Das **KAGB** unterscheidet zwischen **Investmentvermögen**, die sog. „Organismen für gemeinsame Anlagen in Wertpapieren" (OGAWs) sind, und solchen, die als „alternative Investmentfonds" (AIFs) gelten. Viele Aktien- und Rentenfonds sind OGAWs. Als AIFs werden alle geschlossenen Fonds eingestuft. Darüber hinaus zählen zu den AIFs auch die investmentrechtlich regulierten offenen Investmentvermögen, die nicht als OGAWs gelten. Das sind insbesondere offene Spezialfonds und offene Immobilienvermögen. Für Verwalter von OGAWs und AIFs gelten unterschiedliche Zulassungsanforderungen und Berichtspflichten. Aus den bisherigen Kapitalanlagegesellschaften (KAG) wurden nach Inkrafttreten des KAGB sogenannte Kapitalverwaltungsgesellschaften (KVG). Diese un-terscheiden sich nach Art des verwalteten Investmentvermögens in OGAW-KVG und AIF-KVG.

Diese aufsichtsrechtlichen Regelungen werden in steuerlicher Hinsicht durch das **In-vestmentsteuergesetz (InvStG) ergänzt**. Mit Umsetzung der Investmentsteuerreform 2018 findet dieses Anwendung auf alle Investmentfonds, die Investmentvermögen nach § 1 Abs. 1 KAGB sind. Damit unterliegen dem Investmentsteuerrecht grundsätzlich alle Investitionsvehikel, die aufsichtsrechtlich durch das KAGB geregelt werden. Abweichun-gen ergeben sich durch die Erweiterungen des § 1 Abs. 2 InvStG und die Einschränkungen des § 1 Abs. 3 InvStG. Im Grundsatz können daher auch offene Investmentfonds dem Anwendungsbereich des InvStG unterfallen (siehe dazu ausführlich Kap. 2).

▶ **Es gilt somit** Das KAGB regelt das Aufsichtsrecht, das InvStG regelt das Steuerrecht. Die aufsichtsrechtlichen Begriffe sind jedoch auch für das Steuerrecht bindend, wenn und soweit das InvStG ausdrücklich oder implizit auf das KAGB Bezug nimmt. Während das KAGB ausschließlich „Investmentvermögen" kennt, wird im InvStG ausschließlich der Begriff der „Investmentfonds" verwendet.

1.3   Grundprinzipien des InvStG

Bis zur Investmentsteuerreform 2018 kennzeichnete das **Transparenzprinzip** das Invest-mentsteuergesetz, auch wenn dieses seit der Änderung des InvStG durch das AIFM-Steu-eranpassungsgesetz[25] lediglich auf Investmentfonds Anwendung fand. Nunmehr kenn-zeichnet das Transparenzprinzip nur noch ausnahmsweise das Investmentsteuerrecht, weil

---

[25] AIFM-Steueranpassungsgesetz v. 18.12.2013, BGBl. I 2013, 4318 ff.

es nur noch für Spezial-Investmentfonds zur Anwendung kommt, soweit diese die sog. Transparenzoptionen der §§ 30 und 33 InvStG ausüben. In allen anderen Fällen kennzeichnet das Investmentsteuergesetz nunmehr das **Intransparenzprinzip**. Die gewünschte Gleichbehandlung der kollektiven Geldanlage mit der Direktanlage wird hier nicht angestrebt. Nunmehr wird nicht länger das Ziel verfolgt, dass es für den Anleger keinen „steuerlichen" Unterschied machen soll, ob er beispielsweise eine Immobilie über einen Investmentfonds erwirbt, verwaltet und später verkauft oder dies auf direktem Wege erfolgt, weil die Besteuerung der damit verbundenen Erträge im Grundsatz identisch erfolgt. Vielmehr wird er aus steuerlicher Sicht im Regelfall so beteiligt, als würde er sich an einer Gesellschaft beteiligen, welche Erträge erzielt. Durch die Erfassung bereits ausgeschütteter und nicht ausgeschütteter Erträge werden die Besonderheiten der Anlage über einen Fonds berücksichtigt. Es erfolgt keine Gleichstellung der Anlage über einen Fonds mit der Beteiligung an einer Kapitalgesellschaft.

▶ **Es gilt somit** Das wichtigste Grundprinzip des Investmentsteuergesetzes ist nunmehr das Intransparenzprinzip. Das Transparenzprinzip findet nur noch ausnahmsweise Anwendung, soweit ein Spezial-Investmentfonds die Transparenzoptionen der §§ 30 und 33 InvStG ausübt.

1.4 Verhältnis zu anderen Normen

Das Investmentsteuergesetz regelt einheitlich die steuerrechtlichen Folgen der Anlage in inländische und ausländische offene und geschlossene Investmentfonds. Es gilt in diesem Zusammenhang als **lex specialis**, welches grundsätzlich Anwendungsvorrang vor den allgemeinen Regelungen der anderen Steuergesetze genießt. Enthält es selbst keine Sonderregelungen, so finden die allgemeinen Regelungen als **leges generales** Anwendung.

Dabei enthält das Investmentsteuergesetz **zahlreiche Verweise** auf die Einzelsteuergesetze, wodurch es diese Regelungen für entsprechend anwendbar erklärt. Dies gilt beispielsweise für die Regelungen zur Einkünftequalifikation, für die Begünstigungsregelungen des § 3 Nr. 40 EStG und § 8b KStG sowie für die Kapitalertragsteuer. Auch auf die Anwendbarkeit der jeweiligen Doppelbesteuerungsabkommen verweist das Investmentsteuergesetz, gleichwohl es dieser nicht bedurft hätte.

Andererseits enthält das Investmentgesetz **keine detaillierten Regelungen** zu bestimmten Einzelfragen und verweist auch nicht auf bestimmte Regelungen des Einkommen-, Körperschaft- oder Gewerbesteuergesetzes, sondern setzt deren Anwendung implizit voraus. So finden beispielsweise die Regelungen zur Abgeltungsteuer auch ohne Verweis auf § 32 d EStG für die Besteuerung privater Anleger Anwendung.

▶ **Es gilt somit** Das Investmentsteuergesetz regelt die Grundlagen der Besteuerung der Erträge aus Investmentanteilen selbst. So legt es fest, welche Erträge der Anleger wann erzielt, wie diese steuerlich zu qualifizieren sind, welche davon steuerpflichtig sind und wie das Besteuerungsverfahren zu verlaufen hat, und bedient sich erst anschließend der allgemeinen ertragsteuerlichen Regelungen.

1.5 Besteuerung im Überblick

Durch die **Investmentsteuerreform 2018** werden zwei voneinander unabhängige Besteuerungsregime eingeführt. Diese für die Besteuerung von Investmentfonds und die Besteuerung von Spezial-Investmentfonds eingeführten Regime umfassen die Kapitel 2 und 3 des insgesamt 6 Kapitel umfassenden Investmentsteuergesetzes.

(**Publikums-)Investmentfonds** werden auf Grundlage des **Intransparenzprinzips** besteuert. Danach findet, wie bei Kapitalgesellschaften auch, eine Besteuerung auf Ebene des Fonds und eine Besteuerung auf Ebene der Anleger statt. Einzelheiten über die Besteuerung der Investmentfonds enthält das Kapitel 2 des Investmentsteuergesetzes (§§ 6 bis 22 InvStG). Investmentfonds unterliegen mit ihren inländische Beteiligungseinnahmen, inländischen Immobilienerträgen und sonstigen inländischen Einkünften einer partiellen Körperschaftsteuerpflicht. Ihre Anleger erzielen Investmenterträge i. S. d. § 16 InvStG, welche die Ausschüttungen, die Vorabpauschale sowie Veräußerungsgewinne umfassen. Sie gehören zu den Einkünften i. S. d. § 20 Abs. 1 Nr. 3 EStG. Während Investmentfonds ausschließlich auf Grundlage des Intransparenzprinzips besteuert werden, haben **Spezial-Investmentfonds ein Wahlrecht**. Spezial-Investmentfonds sind dabei legal definiert als Investmentfonds i. S. d. § 1 Abs. 2 und Abs. 3 InvStG, welche in der Anlagepraxis nicht wesentlich gegen die Anlagebestimmungen des § 26 InvStG verstoßen und die Voraussetzungen für eine Befreiung von der Gewerbesteuer nach § 15 Abs. 2 und 3 InvStG erfüllen, wobei inländische Fonds darüber hinaus die Rechtsformvorgaben des § 27 InvStG erfüllen müssen.

▶ **Es gilt somit** Das Investmentsteuergesetz kennt zwei Besteuerungsregime. Das Intransparenzprinzip gilt für alle Investmentfonds, welche nicht ausnahmsweise als Spezial-Investmentfonds die Transparenzoptionen der §§ 30 und 33 InvStG ausüben. Im Ergebnis haben Spezial-Investmentfonds ein Wahlrecht, ob ihre Besteuerung nach dem Transparenz- oder Intransparenzprinzip erfolgen soll. Investmentfonds hingegen sind zwingend nach dem Intransparenzprinzip zu besteuern.

Soweit die **Spezial-Investmentfonds** die sog. Transparenzoptionen der §§ 30 und 33 InvStG ausüben, werden sie auf Grundlage des Transparenzprinzips besteuert. Die Besteuerung der Erträge des Fonds erfolgt dann ausschließlich auf Ebene der Anleger. Diese haben, wie bisher auch, ausgeschüttete Erträge, ausschüttungsgleiche Erträge und Veräußerungsgewinne aus ihren Fondsanteilen zu versteuern, während der Fonds von der Körperschaft- und Gewerbesteuer befreit ist. Insoweit sie diese Transparenzoptionen der §§ 30 und 33 InvStG nicht ausüben, unterliegt der Spezial-Investmentfonds insoweit mit seinen inländischen Beteiligungseinnahmen, inländischen Immobilienerträgen und sonstigen inländischen Einkünften selbst der Körperschaftsteuer. Die Anleger versteuern die erhaltenen Ausschüttungen, ausschüttungsgleichen Erträge sowie die Veräußerungsgewinne als sog. Spezial-Investmenterträge i. S. d. § 34 InvStG, welche bei ihnen zu den Einkünften aus Kapitalvermögen i. S. d. § 20 Abs. 1 Nr. 3a EStG gehören. Insoweit der Spezial-Investmentfonds für bestimmte Einnahmen bzw. Erträge die Transparenzoptionen der §§ 30 und 33 InvStG ausgeübt hat, wird dies bei der Besteuerung auf Ebene des Anlegers berücksichtigt. Da die genannten Transparenzoptionen getrennt voneinander ausgeübt werden können, kann die Besteuerung eines Spezial-Investmentfonds sowohl nach dem Intransparenz- als auch nach dem Transparenzprinzip erfolgen. Sollte das **Anlagevehikel seinen steuerlichen Status als Spezial-Investmentfonds nicht geltend machen**[26], wird dieser Fonds nach den Regelungen des Kapitel 2 über die Besteuerung von Investmentfonds (§§ 6 bis 22 InvStG) nach dem Intransparenzprinzip besteuert, so dass die Anleger Investmenterträge i. S. d. § 16 InvStG erzielen. Zu beachten ist, dass ein Wechsel von dem Besteuerungsregime „Investmentfonds" zu dem Besteuerungsregime „Spezial-Investmentfonds" gemäß § 24 InvStG nicht möglich ist. Unterliegt ein Anlagevehikel z. B. der Besteuerung als Investmentfonds, obwohl dieser alle Voraussetzungen der §§ 26 und 27 InvStG erfüllt und damit eine Besteuerung als Spezial-Investmentfonds möglich wäre, kann er danach nicht mehr als solcher besteuert werden. Sollte ein Fonds zunächst die Voraussetzungen an einen Spezial-Investmentfonds erfüllen und als solcher besteuert werden, jedoch zu einem späteren Zeitpunkt die Voraussetzungen nicht mehr erfüllen, gilt er als aufgelöst. Einzelheiten regelt § 52 InvStG. Soweit das Anlagevehikel gleichwohl die Voraussetzungen des § 1 InvStG an einen Investmentfonds erfüllt, unterliegt der Fonds ab dem Zeitpunkt, zu welchem die Voraussetzungen der §§ 26 und 27 InvStG nicht mehr erfüllt sind, der Besteuerung als „Investmentfonds".

▶ **Es gilt somit** Anlagevehikel, welche die Voraussetzungen der §§ 26 und 27 InvStG an einen Spezial-Investmentfonds erfüllen, haben ein Wahlrecht, ob sie nach dem Intransparenz- oder Transparenzprinzip besteuert werden wollen. Soweit sie die Transparenzoptionen der §§ 30 und 33 InvStG ausüben, kommt das Transparenzprinzip zur Anwendung. Da die genannten Optionen getrennt voneinander ausgeübt werden können, kann die Besteuerung eines Spezial-Investmentfonds sowohl nach dem Intransparenz- als auch nach dem Transparenzprinzip erfolgen. Darüber hinaus steht diesen Anlagevehikeln die Möglichkeit offen, ihren steuerlichen Status als Spezial-Investmentfonds nicht geltend zu machen, dann würden sie wie Investmentfonds nach den Regelungen des Kapitel 2 (§§ 6 bis 22 InvStG) besteuert.

---

[26] Zu weiteren Einzelheiten vgl. Abschn. 4.3.2.

Kapitel 1 enthält die für alle Investmentfonds und Spezial-Investmentfonds geltenden allgemeinen Regelungen. Dem **Anwendungsbereich des Investmentsteuergesetzes** unterliegen zukünftig dem Grundsatz nach alle Kapitalanlagevehikel, welchen den aufsichtsrechtlichen Regelungen des KAGB unterfallen. Dies führt zu einem grundsätzlichen Gleichlauf des Anwendungsbereiches des Steuer- und Aufsichtsrecht. Daher unterliegen nunmehr neben den offenen Investmentvermögen (Sondervermögen, Investmentaktiengesellschaft mit veränderlichem Kapital, offene Investmentkommanditgesellschaft) auch die geschlossenen Investmentvermögen und vergleichbare ausländische Rechtsformen dem Anwendungsbereich des InvStG. Lediglich Personengesellschaften unterfallen diesem Anwendungsbereich nur dann, wenn ihr Gesellschaftszweck unmittelbar und ausschließlich der Abdeckung von betrieblichen Altersvorsorgeverpflichtungen dient (sog. Pension-Asset-Pooling).

Kapitel 2 beinhaltet die Besteuerung der Investmentfonds und ihrer Anleger. Dabei basiert die Besteuerung des Investmentfonds auf dem Intransparenz- bzw. Trennungsprinzip.

▶ **Es gilt somit** Die Besteuerung der Investmentfonds nach dem Intransparenzprinzip stellt den Grundfall der Investmentbesteuerung dar. Es soll nach Auffassung des Gesetzgebers ein einfaches, leicht administrierbares und gestaltungssicheres „intransparentes" Besteuerungssystem für Investmentfonds darstellen, das wie bei anderen Körperschaften auf der getrennten Besteuerung von Investmentfonds und Anleger basiert.

Damit erfolgt eine Besteuerung der Erträge des Investmentfonds sowohl **auf Ebene der Gesellschaft**, d. h. des Investmentfonds, **und ihren Gesellschaftern**, d. h. den Anlegern.

Der Investmentfonds unterliegt grundsätzlich **der Körperschaft- und ausnahmsweise der Gewerbesteuer**. Im Grundsatz gilt, dass der Investmentfonds mit seinen Erträgen, für welche Deutschland nach völkerrechtlichen Grundsätzen ein Besteuerungsrecht zusteht, der Körperschaftsteuer unterliegt. Für Zwecke der Besteuerung mit Körperschaftsteuer gelten **inländische Investmentfonds** als Zweckvermögen i. S. d. § 1 Abs. 1 Nr. 5 KStG und ausländische Investmentfonds als Vermögensmassen i. S. d. § 2 Nr. 1 KStG. Diese Körperschaftsteuerpflicht umfasst nach § 6 Abs. 2 KStG ihre inländischen Beteiligungseinnahmen, inländischen Immobilienerträge und sonstigen inländischen Einkünfte. Darüber hinaus findet keine Körperschaftsbesteuerung statt, so dass die Investmentfonds lediglich partiell körperschaftsteuerpflichtig sind. Für Zwecke der Gewerbesteuer gelten sie gemäß § 15 Abs. 1 InvStG als sonstige juristische Personen des privaten Rechts nach § 2 Abs. 3 GewStG. Im Regelfall werden Investmentfonds die Voraussetzungen für eine Befreiung von der Gewerbesteuer nach § 15 Abs. 2 und 3 InvStG erfüllen, so dass ihre Erträge nicht der Gewerbesteuer unterliegen. Ansonsten unterfallen ausschließlich die gewerblichen Einkünfte des Fonds der Gewerbesteuer. Der Gewerbesteuer sollen nur solche Tätigkeiten unterfallen, die eine aktive unternehmerische Bewirtschaftung darstellen, die Bagatellgrenze i. S. d. § 15 Abs. 3 InvStG überschreiten und nicht unter die Ausnahmeregelung für Immobilienfonds fallen. Nach Auffassung der Finanzverwaltung ist für diese

Abgrenzung nicht die allgemeine Abgrenzung zwischen Vermögensverwaltung und Gewerblichkeit maßgeblich, sondern der engere Gewerblichkeitsbegriff unter Berücksichtigung der Besonderheiten der Investmentanlage. Sollte zum Beispiel ein Fonds Immobilien veräußern und durch diese Veräußerungen die Grenze eines gewerblichen Grundstückshandels i. S. d. BMF-Schreibens vom 26.03.2004 (BStBl. I 2004, S. 434) überschreiten, liegt keine gewerbliche Tätigkeit i. S. d. § 15 Abs. 4 Satz 1 InvStG vor, weil es an einer aktiven unternehmerischen Bewirtschaftung fehlt (BMF-Entwurf v. 24.03.2017, Rdn. 152).

▶ **Es gilt somit** Investmentfonds sind aufgrund der in den §§ 6 Abs. 1 und 15 Abs. 1 InvStG enthaltenen Fiktionen grundsätzlich körperschaft- und gewerbesteuerpflichtig. Die Körperschaftsteuerpflicht beschränkt sich auf die in § 6 Abs. 2 InvStG genannten Einkünfte, so dass die dort nicht genannten Einkünfte (insbesondere ausländische Einkünfte) nicht der Körperschaftsteuer unterfallen. Investmentfonds sind daher lediglich partiell körperschaftsteuerpflichtig. Im Regelfall dürften sie die Voraussetzungen für eine Befreiung von der Gewerbesteuer der §§ 15 Abs. 2 und 3 InvStG erfüllen. Daher werden die Erträge von Investmentfonds nur ausnahmsweise auch der Gewerbesteuer unterliegen.

Beteiligen sich an dem Investmentfonds **bestimmte steuerbefreite Anleger**, wie Kirchen und gemeinnützige Stiftungen, kann der Investmentfonds eine Befreiung von der Körperschaftsteuer nach § 10 InvStG erlangen. Ebenfalls steuerbefreit sind die Investmentfonds, soweit die Anteile im Rahmen von zertifizierten Altersvorsorge- und Basisrentenverträgen gehalten werden.

Die **Anleger des Investmentfonds** haben gemäß § 16 InvStG die Ausschüttungen des Investmentfonds, die Vorabpauschale sowie die Gewinne aus der Veräußerung, Rückgabe oder Entnahme von Investmentanteilen zu versteuern. Dabei umfasst die sog. Vorabpauschale die auf Ebene des Fonds thesaurierten Gewinne. Ihre Besteuerung soll eine zeitlich unbefristete Steuerstundungsmöglichkeit und damit verbundenes Gestaltungspotential verhindern. Die genannten Investmenterträge gehören bei den Anlegern zu den Einkünften auf Kapitalvermögen i. S. d. § 20 Abs. 1 Nr. 3 InvStG und unterliegen daher bei Privatanlegern der Abgeltungsteuer. Bei betrieblichen Anlegern gehören sie aufgrund des Subsidiaritätsprinzips zu den gewerblichen oder anderen Gewinneinkünften. Der Berücksichtigung der steuerlichen Vorausbelastung mit inländischer Steuer auf Ebene des Investmentfonds sowie der fehlenden Anrechnungsmöglichkeit ausländischer Steuer dient die sog. Teilfreistellung nach § 20 InvStG. Durch diese Teilfreistellung wird ein bestimmter Anteil bzw. Teil der Erträge von der Besteuerung freigestellt. Die Höhe des Teilfreistellungssatzes unterscheidet sich in Abhängigkeit von der Qualifikation des Investmentfonds als Aktien-, Misch- oder Immobilienfonds sowie von den anlegerbezogenen Merkmalen. Bei der Einkommen- und Körperschaftsteuer gelten die Teilfreistellungssätze in Tab. 1.1.

Diese Freistellungen basieren beispielsweise bei Aktienfonds darauf, dass auf Fondsebene nur die Dividenden, nicht aber die Veräußerungsgewinne aus Aktien besteuert werden, und bei Immobilienfonds auf Fondsebene sowohl die Mieten und Pachten als auch die Gewinne aus der Veräußerung der Immobilie besteuert werden und im Ergebnis die Be-

Tab. 1.1 Teilfreistellungssätze bei der Einkommen- und Körperschaftsteuer

	Privat-anleger	Betriebliche Anleger/EStG	Betriebliche Anleger/KStG	Anleger i. S. d. § 20 Abs. 1 Satz 4 InvStG
Aktienfonds	30 %	60 %	80 %	30 %
Mischfonds	15 %	30 %	40 %	15 %
Immobilienfonds	60 %	60 %	60 %	60 %
Immobilienfonds mit Fokus auf ausländischen Immobilien	80 %	80 %	80 %	80 %
Sonstige Fonds	0 %	0 %	0 %	0 %

steuerungslast der Immobilienfonds höher als die der Aktienfonds ist, mithin eine höhere Freistellung zu gewähren ist.

Die Steuererhebung gegenüber den Anlegern erfolgt im Wege des Kapitalertragsteuerabzugs. Auf Investmenterträge aus Investmentfonds sind § 3 Nr. 40 EStG und § 8b KStG nicht anzuwenden.

Kapitel 3 enthält die Besteuerungsregelungen für die **Spezial-Investmentfonds**. Die Voraussetzungen, unter denen ein Spezial-Investmentfonds vorliegt, enthalten die §§ 26 und 27 InvStG. Dabei gelten die Rechtsformvorgaben des § 27 InvStG nur für inländische Spezial-Investmentfonds. Danach müssen inländische Spezial-Investmentfonds als Sondervermögen oder als Investmentaktiengesellschaft mit veränderlichem Kapital aufgelegt werden. Eine Ausnahme gilt für die Bündelung von Altersvorsorgevermögen. Dieses kann nach § 53 InvStG als offene Investmentkommanditgesellschaft aufgelegt werden.

Ein Spezial-Investmentfonds liegt vor, wenn

- der Investmentfonds die Voraussetzungen für eine Befreiung von der Gewerbesteuer nach § 15 Abs. 2 und 3 InvStG erfüllt,
- in der Anlagepraxis nicht wesentlich gegen die Anlagebestimmungen des § 26 InvStG verstößt,
- sowie inländische Investmentfonds die Rechtsformvorgaben des § 27 InvStG beachten.

Die **Anlagebestimmungen des § 26 InvStG** umfassen folgende **10 Kriterien**: 1) Investmentfonds unterliegt der Investmentaufsicht, 2) Anleger haben ein jährliches Rückgaberecht, 3) die Geldanlage erfolgt nach dem Grundsatz der Risikomischung, 4) das Vermögen wird nur in die zulässigen Vermögensgegenstände (z. B. Spezial-Investmentanteile, Wertpapiere i. S. d. § 193 KAGB etc.) angelegt, wobei eine 10 %-tige Schutzgrenze berücksichtigt wird, 5) der Anteil an Unternehmensbeteiligungen übersteigt nicht 20 % des Wertes des Fonds, 6) die Beteiligungen an Kapitalgesellschaften ist grundsätzlich nur in Form von Streubesitzanteilen, d. h. Beteiligung von weniger als 10 %, möglich, 7) die Kreditaufnahme beschränkt sich auf kurzfristige Kredite mit einer Laufzeit von max. 1 Jahr, und nur bis zu einer Höhe von 30 % des Wertes des Investmentfonds, 8) an dem Fonds dürfen maximal 100 Anleger und dem Grundsatz nach keine Privatanleger beteiligt sein, 9) der Investmentfonds muss über bestimmte Sonderkündigungsrechte zur Herstellung dieser Voraussetzungen verfügen und 10) die Einhaltung der Anlagebestimmungen muss aus den Anlagebedingungen hervorgehen.

Im Grundsatz gilt, dass **geringfügige Verstöße gegen die Anlagebestimmungen** nicht zur Aberkennung des Status als Spezial-Investmentfonds führen sollen. Diese Rechtsfolge sollen nur wesentliche Verstöße auslösen können. Nach Auffassung des Gesetzgebers ist die Aberkennung des steuerlichen Status nur die Ultima Ratio bei besonderen Ausnahmefällen. Ein solcher Ausnahmefall liegt jedenfalls dann vor, wenn bewusst und zweckgerichtet auf missbräuchliche Gestaltungen gegen die Anlagebestimmungen verstoßen wird. Überschreitungen von Anlagegrenzen sind hingegen i. d. R. unschädlich, wenn diese nicht durch einen Geschäftsabschluss[27] herbeigeführt wurden, sondern durch bloße Wertveränderungen der Vermögensgegenstände (vgl. Wenzel in Blümich 2017, Rdn. 68 sowie Gesetzesbegründung BT-Drs. 18/8045, S. 95).

► **Es gilt somit** Erfüllt ein Investmentfonds i. S. d. § 1 InvStG auch die Voraussetzungen nach §§ 26 und 27 InvStG, handelt es sich um einen sog. Spezial-Investmentfonds, wenn er seinen steuerlichen Status als solcher geltend macht. Andernfalls liegt ein sog. (Publikums-)Investmentfonds vor.

Investmentfonds, die diese Voraussetzungen der §§ 26 und 27 InvStG erfüllen und ihren Status als Spezial-Investmentfonds geltend machen, haben grundsätzlich ein **Wahlrecht, ob sie unter Anwendung des Intransparenzprinzips oder nach dem Transparenzprinzip** besteuert werden. Der Gewerbesteuer unterliegen sie nicht. Darüber hinaus haben Spezial-Investmentfonds die Möglichkeit, dass die bestehende partielle Körperschaftsteuerpflicht entfällt, soweit sie die sog. Transparenzoptionen der §§ 30 und 33 InvStG wirksam ausüben. Diese zwei **Optionsmöglichkeiten** gelten hinsichtlich inländischer Beteiligungseinnahmen und anderer inländischer Einkünfte mit Steuerabzug (§ 30 InvStG) sowie hinsichtlich inländischer Immobilienerträge und sonstiger inländischer Einkünfte ohne Steuerabzug (33 InvStG) und können **unabhängig voneinander** genutzt werden. Eine Pflicht zur Ausübung der Optionen besteht weder für in- noch für ausländische Fonds.[28]

---

[27] Dabei ist unter einem Geschäftsabschluss jede aktive Transaktion, welche die Zusammensetzung des Investmentfondsvermögens verändert, zu verstehen (Gesetzesbegründung BT-Drs. 18/8045, S. 95).

[28] Im Zusammenhang mit der Ausübung der Transparenzoption des § 33 InvStG ist fraglich, ob inländische Spezial-Investmentfonds diese Option zwangsläufig ausüben, wenn sie inländische Immobilienerträge und sonstige inländische Erträge ohne Steuerabzug erzielen. Denn inländische Spezial-Investmentfonds sind zum Kapitalertragsteuerabzug nach § 50 InvStG auf Fondsausgangsseite verpflichtet. Durch diesen Kapitalertragsteuerabzug erfüllen sie jedoch zugleich die Voraussetzungen an die Ausübung der Transparenzoption des § 33 InvStG, so dass ihnen im Ergebnis kein echtes Wahlrecht zusteht. Für ausländische Spezial-Investmentfonds gilt diese Problematik nicht, weil sie nicht zum Kapitalertragsteuerabzug nach § 50 InvStG verpflichtet sind. Nehmen sie einen solchen Abzug vor, üben sie die Option des § 33 InvStG aus. Insoweit haben sie ein echtes Wahlrecht.

Die Wahlrechte müssen einheitlich in dem Sinne ausgeübt werden, dass sie für alle Anleger des Fonds gelten und jeweils für alle Erträge, welche unter die jeweilige Option fallen. Die Ausübung der Optionen führt jeweils dazu, dass die Besteuerung des Fonds insoweit auf dem Transparenzprinzip erfolgt. Die partielle Körperschaftsteuerpflicht des Fonds entfällt und die Einnahmen bzw. Erträge werden ausschließlich auf Ebene der Anleger besteuert. Im Ergebnis ist es möglich, dass ein Fonds sowohl nach dem Transparents- als auch dem Intransparenzprinzip besteuert wird.

Beispiel

Der ausländische Spezial-Investmentfonds A erhält eine Dividende von der im Inland ansässigen Kapitalgesellschaft B. Zudem erzielt er inländische Immobilienerträge. Der Spezial-Investmentfonds A übt die Transparenzoption des § 30 InvStG wirksam aus, indem er gegenüber der Kapitalgesellschaft B unwiderruflich erklärt, dass den Anlegern des Spezial-Investmentfonds Steuerbescheinigungen gemäß § 45a Abs. 2 EStG ausgestellt werden sollen. Die Dividende wird für Zwecke der Besteuerung nunmehr direkt den Anlegern des Spezial-Investmentfonds A zugerechnet. Sie gelten als Schuldner der Kapitalertragsteuer und haben diese zu versteuern. Die Steuerpflicht des Spezial-Investmentfonds A hingegen entfällt. Die Besteuerung erfolgt insoweit auf Grundlage des Transparenzprinzips. Sollte der Fonds die Transparenzoption des § 33 InvStG nicht ausüben, erfolgt die Besteuerung der inländischen Immobilienerträge auf Grundlage des Intransparenzprinzips.

Die Anleger erzielen aus ihren Anteilen die sog. **Spezial-Investmenterträge i. S. d. § 34 InvStG**, welche sie als Einkünfte i. S. d. § 20 Abs. 1 Nr. 3a EStG zu versteuern haben. Zu diesen gehören gemäß § 34 InvStG die ausgeschütteten Erträge, die ausschüttungsgleichen Erträge sowie die Veräußerungsgewinne aus den Anteilen an dem Fonds. Bei Privatanlegern, die nur ausnahmsweise an einem Spezial-Investmentfonds beteiligt sein dürfen, unterfallen diese Einkünfte nicht der Abgeltungsteuer. Daher entfaltet der Steuerabzug auf Ebene des Fonds nach § 50 InvStG in Höhe von 15 % keine abgeltende Wirkung. Darüber hinaus entfällt die Beschränkung des Verlustabzugs nach § 20 Abs. 6 EStG. Zudem ist ein Werbungskostenabzug möglich. Es findet der allgemeine Steuersatz Anwendung. Bei betrieblichen Anlegern gehören die Spezial-Investmenterträge zu den gewerblichen oder anderen Gewinneinkünften. Die Anwendung des Teileinkünfteverfahrens und Beteiligungsprivilegs des § 8b KStG regelt § 42 InvStG. Diese Steuerfolgen auf Ebene der Anleger gelten im Grundsatz unabhängig davon, ob der Spezial-Investmentfonds die **Transparenzoptionen der §§ 30 und 33 InvStG ausübt oder nicht**.

Sollte der Spezial-Investmentfonds die **Transparenzoption des § 30 InvStG** über inländische Beteiligungseinnahmen und sonstige inländische Einkünfte mit Steuerabzug ausüben, werden diese Einnahmen bzw. Einkünfte den Anlegern direkt zugerechnet. Die Anleger besteuern diese so, als hätten sie die Einnahmen bzw. Einkünften selbst erzielt. Gleichwohl sind diese Einnahmen bzw. Einkünften Bestandteil der sog. Spezial-Investmenterträge. Um eine erneute Besteuerung dieser Erträge als Spezial-Investmenterträge

i. S. d. § 34 InvStG zu verhindern, kann der Fonds die sog. Zurechnungsbeträge gemäß § 35 Abs. 2 und 3 InvStG steuerfrei an seine Anleger ausschütten. Die **Transparenzoption des § 33 InvStG** über inländische Immobilienerträge und sonstige inländische Einkünfte ohne Steuerabzug übt der Fonds durch einen entsprechenden Kapitalertragsteuerabzug aus. Diese Kapitalertragsteuer kann im Falle der Veranlagung auf die persönliche Steuer des Anlegers angerechnet werden.

Soweit der Spezial-Investmentfonds hingegen die **Transparenzoptionen der §§ 30 und 33 InvStG nicht ausgeübt** hat, kommt auf Ebene der Anleger eine **Teilfreistellung** nach § 42 Abs. 4 und 5 InvStG in Betracht. Diese beträgt für inländische Beteiligungseinnahmen 60 % und für inländische Immobilienerträge und sonstige inländische Einkünften 20 %. Für Anleger, die der Körperschaftsteuer unterliegen, beträgt der Freistellungssatz 100 %, wenn der Spezial-Investmentfonds einer Besteuerung mit dem vollen Körperschaftsteuersatz von 15 % unterlegen hat.

▶ **Es gilt somit** Die Anleger von Spezial-Investmentfonds erzielen grundsätzlich sog. Spezial-Investmenterträge i. S. d. § 34 InvStG. Diese gehören zu den Einkünften i. S. d. § 20 Abs. 1 Nr. 3a EStG. Diese Rechtsfolge gilt unabhängig davon, ob und inwieweit der Fonds die Transparenzoptionen der §§ 30 und 33 InvStG ausübt oder nicht. Insoweit der Spezial-Investmentfonds die Optionen ausübt, haben ausschließlich die Anleger die betroffenen Einnahmen bzw. Einkünfte zu versteuern. In diesen Fällen können die inländischen Beteiligungseinnahmen und sonstige inländischen Einkünfte mit Steuerabzug steuerfrei nach § 35 Abs. 3 InvStG als sog. Zurechnungsbeträge an die Anleger ausgeschüttet werden. Eine erneute Besteuerung dieser Erträge als Investmenterträge erfolgt nicht. Sollten die Erträge ausnahmsweise auf Ebene des Spezial-Investmentfonds der Körperschaftsteuer unterlegen haben, ist eine Teilfreistellung dieser Erträge auf Ebene der Anleger möglich. Diese richtet sich nach § 42 Abs. 4 und 5 InvStG. Bei Ausübung der Transparenzoption des § 33 InvStG kann die einbehaltene Kapitalertragsteuer im Falle der Veranlagung auf die persönliche Steuer des Anlegers angerechnet werden.

Kapitel 4 enthält Sonderregelungen für die offene Investmentkommanditgesellschaft zur Bündelung von Altersvorsorgevermögen (sog. Pension-Asset-Pooling), **Kapitel 5** regelt die Verschmelzung von Spezial-Investmentfonds und Altersvorsorgevermögenfonds. Dabei ist eine steuerneutrale Verschmelzung nur bei Fonds möglich, die dem Recht des gleichen Staates unterliegen. Das **Kapitel 6** und damit letzte Kapitel des Investmentsteuergesetzes beinhaltet die Anwendungs- und Übergangsvorschriften. Im Grundsatz gilt, dass die neuen Besteuerungsregelungen grundsätzlich ab dem 01.01.2018 zur Anwendung kommen. Dies gilt für alle Anteile an Investmentfonds, auch wenn diese vor Einführung dieser Regelung erworben wurden. Im Grundsatz gilt, dass die vor diesem Zeitpunkt angeschafften Anteile als veräußert gelten und neue Anteile, die dem neuen Recht unterliegen, als angeschafft gelten, der dabei ggf. entstehende fiktive Veräußerungsgewinn jedoch erst bei tatsächlicher Veräußerung der Anteile steuerlich berücksichtigt wird.

► **Es gilt somit** Die Investmentsteuerreform 2018 tritt zum 01.01.2018 in Kraft. Der einheitlichen Rechtsanwendung dient § 56 InvStG. Bis zu diesem Zeitpunkt gelten die bisherigen Regelungen uneingeschränkt, ab diesem Zeitpunkt richtet sich die Besteuerung nach dem Investmentsteuerrecht ausschließlich nach dem neuen Recht.

Literatur

Bartelsperger, S., Boutonnet, B., Loipfinger, S., Nickel, H., Nickel, L., und U. Richter. 2007. *Geschlossene Immobilienfonds*, 5. Aufl. Stuttgart: Schäffer-Poeschel Verlag.

Blümich, W. 2017. *Ertragsteuerliche Nebengesetze Kommentar. Loseblatt*. Stand: März 2018.

Brinkhaus, J., und P. Scherer. 2003. Gesetz über Kapitalanlagegesellschaften. *Auslandsinvestment-Gesetz: KAGG Aus/InvestmG*, 1. Aufl. München: C. H. Beck Verlag.

Bödecker, C., und A. Binger. 2009. BFH-Urteil zur Besteuerung von schwarzen Fonds. *Internationales Steuer- und Wirtschaftsrecht*, Heft 12.

Dembowski, A. 2012. *Profi-Handbuch Investmentfonds*. Regensburg: Walhalla Fachverlag.

Ebner, C., und M. Helios. 2010. Kritische Kommentierung ausgewählter Aspekte des aktuellen BMF-Schreibens zum InvStG vom 18.8.2009 (BStBl. 2009, 931) unter Berücksichtigung des JStG 2010. *Betriebs-Berater* 2010(26):1565–1578.

Elser, T., und T. Stiegler. 2017. Inbound-Investments in deutsche Vermögensgegenstände nach dem Investmentsteuerreformgesetz. *Internationales Steuerrecht* 14:567–572.

Feyerabend, H.-J., und T. Vollmer. 2008. Investmentfondsbesteuerung und Abgeltungsteuer. *Betriebsberater* 2008(21):1088–1097.

Haase, F. 2015. *Kommentar zum InvStG*, 2. Aufl. Stuttgart: Schäffer-Poeschel.

Helios, M., und M. Link. 2008. Zweifelsfragen der Abgeltungsteuer auf Kapitalerträge aus Finanzinnovationen und offenen Fonds. In *Deutsches Steuerrecht*, 386–392.

Luckner, M. 2007. Bestellung von Finanzprodukten vor und nach der Abgeltungsteuer: Investmentfonds. *BeraterBrief Erben und Vermögen* 2007(9):280–284.

Lüdecke, J. und H. Arndt. 2013. *Geschlossene Fonds*, 6. Aufl. München: C. H. Beck Verlag.

Raab, W. 2015. *Grundlagen des Investmentfondsgeschäftes*, 7. Aufl. Frankfurt: Frankfurt School Verlag.

Voigtmann, M. 2009. *Geschlossene Fonds*, 1. Aufl. München: Finanzbuch Verlag.

Wagner, K.-R., und K.-G. Loritz. 1997. *Konzeptionshandbuch der steuerorientierten Kapitalanlagen*, 2. Aufl. Heidelberg: C.F. Müller.

Weiterführende Literatur

Elser, T. 2016. Corporate Asset Management nach der Reform der Investmentbesteuerung. *Corporate Finance* 2016(5):141–145.

Patzner, P., und T. Wiese. 2013. Neuordnung der Investmentbesteuerung bei der Umsetzung der AIFM-Richtlinie durch das AIFM-Steueranpassungsgesetz. *Internationales Steuerrecht* 2013(3):73–76.

Schreiben betreffend Investmentsteuergesetz (InvStG), Zweifels- und Auslegungsfragen; Aktualisierung des BMF-Schreibens vom 2. Juni 2005 (BStBl. I S. 728) vom 18.08.2009, BStBl. I S. 931 (BMF-Schreiben InvStG).

Stadler, R., und E. Bindl. 2016. Das neue InvStG – Überblick und Korrekturbedarf. *Deutsches Steuerrecht* 2016(34):1953–1962.

Stadler, T., und R. Elser. 2014. Einschneidende Änderungen der Investmentbesteuerung nach dem nunmehr in Kraft getretenen AIFM-Steuer-Anpassungsgesetz. *Deutsches Steuerrecht* 2014(6):233–241.

Weitnauer, W., L. Boxberger, und D. Anders. 2017. *Kommentar zum Kapitalanlagegesetzbuch*, 2. Aufl. München: C. H. Beck Verlag.

2.1 Überblick

§ 1 InvStG bestimmt den Anwendungsbereich des Investmentsteuergesetzes (InvStG). Dieses findet gemäß § 1 Abs. 1 InvStG auf Investmentfonds und deren Anleger Anwendung. Den Begriff des Anlegers definiert § 2 Abs. 10 InvStG legal. Danach ist Anleger derjenige, dem der Investmentanteil oder Spezial-Investmentanteil nach § 39 AO zuzurechnen ist. Die Zurechnung erfolgt also nach dem wirtschaftlichen Eigentum. Was unter dem Begriff des „Investmentfonds" zu verstehen ist und welche Anlagevehikel nicht unter diesen Begriff zu subsumieren sind, bestimmen die folgenden Absätze 2 und 3. Dabei greifen diese Definitionen, wie bereits bislang, auf die Begrifflichkeiten des **Kapitalanlagegesetzbuches (KAGB)** zurück.

► **Es gilt somit** Nach § 1 Abs. 1 InvStG findet das Investmentsteuerrecht Anwendung auf die Investmentfonds und ihre Anleger. Die bisherige Unterteilung in OGAW und AIF entfällt. Für die Auslegung der Begrifflichkeit „Investmentfonds" verweist das InvStG, wie bislang auch, auf die Regelung des KAGB. Anleger definiert § 2 Abs. 10 InvStG legal.

Die Einführung des **KAGB** durch das Gesetz zur Umsetzung der Richtlinie 2011/61/EU über die Verwalter alternativer Investmentfonds (**AIFM-Umsetzungsgesetz**) vom 4. Juli 2013[1] diente der Umsetzung der Richtlinie 2011/6/EU des Europäischen Parlaments und des Rates vom 8. Juni 2011 über die Verwaltung alternativer Investmentfonds (AIFM-Richtlinie). Dadurch unterlagen erstmals auch „**geschlossene Fonds**" der deutschen Investmentaufsicht, die im Gegensatz zu den Investmentfonds im „bisherigen Sinne" in der Rechtsform der Personengesellschaft agieren und nicht durch das Element der „Offenheit" geprägt sind. Bei den „geschlossenen Fonds" verfügen die Anleger also nicht über

---

[1] BGBl. I 2013, 1981.

© Springer Fachmedien Wiesbaden GmbH, ein Teil von Springer Nature 2018
K. Dorn, *Investmentsteuerrecht*, https://doi.org/10.1007/978-3-658-21478-4_2

die Möglichkeit der jederzeitigen Anteilsrückgabe und der Realisation der Kapitalanlage. Dagegen sind Wesensmerkmale der Investmentfonds im „bisherigen Sinne" die kollektive Kapitalanlage, die Fremdverwaltung durch ein sachkundiges Management, die überwiegende Anlage in Finanzinstrumente, der Grundsatz der Risikomischung, die Offenheit sowie in Abgrenzung zur gewerblichen Tätigkeit die Vermögensverwaltung.[2]

► **Es gilt somit** Das **Kapitalanlagegesetzbuch (KAGB)** stellt ein in sich geschlossenes Regelungswerk im Investmentbereich dar, welches für sämtliche Fonds und deren Manager gilt.

U. a. aus den genannten und weiteren systematischen, verfahrenstechnischen und fiskalischen Gründen[3] sah es der Gesetzgeber als nicht gerechtfertigt an, das bislang geltende Investmentsteuerrecht entsprechend auf „geschlossene Fonds" anzuwenden[4]. Vielmehr enthielt das durch das AIFM-Steueranpassungsgesetz[5] geänderte Investmentsteuerrecht zwei Besteuerungsregime: das eine galt für Investmentfonds im „bisherigen Sinne" und das andere für die „geschlossenen Fonds". Es regelte einerseits die Besteuerung der **Investmentfonds** i. S. d. Investmentsteuergesetzes sowie andererseits der **Investitionsgesellschaften** (Personen-Investitionsgesellschaften und Kapital-Investitionsgesellschaften), wodurch es auf einem eigenständigen Anwendungsbereich basierte, der losgelöst von den Definitionen des KAGB war. Lediglich für die Auslegung steuerlicher Begriff knüpfte das Investmentsteuerrecht an die aufsichtsrechtlichen Begriffe an.

► **Es gilt somit** Bis zur Investmentsteuerreform 2018 fand das Investmentsteuergesetz Anwendung auf die Investmentfonds im bisherigen Sinne (d. h. vor Einführung des KAGB und Anpassung des InvStG an dieses) und die sog. Investitionsgesellschaften. Für die Begrifflichkeit des Investmentfonds bediente sich das Steuerrecht den aufsichtsrechtlichen Regelungen.

Auch nach der **Investmentsteuerreform 2018** knüpft der steuerliche Begriff des Investmentfonds an den aufsichtsrechtlichen Begriff des Investmentvermögens an. § 1 Abs. 2 Satz 1 InvStG bestimmt dazu, dass **Investmentfonds Investmentvermögen nach § 1 Abs. 1 KAGB** sind. Damit wird der steuerliche Begriff des Investmentfonds im Grundsatz mit dem des aufsichtsrechtlichen Begriffs des Investmentvermögens gleichgestellt. Die Einschränkungen und Erweiterungen der Absätze 2 und 3 sind zu beachten.

---

[2] Gesetzesbegründung zum AIFM-StAnpG, BT-Drs. 18/68 (neu), 41 f.

[3] Eine Übersicht der Gründe enthält die Gesetzesbegründung zum AIFM-StAnpG, BT-Drs. 18/68 (neu), 34. Zu den fiskalischen Gründen gehören die Steuervorteile, welche die Besteuerung der Investmentfonds nach dem bisherigen Investmentsteuerrecht bietet. Zu diesen gehören u. a. die Umsatzsteuerfreiheit der Fonds-Managementgebühren sowie die Gewerbesteuerfreiheit von Investmentfonds.

[4] Gesetzesbegründung zum AIFM-StAnpG, BT-Drs. 18/68 (neu), 41 f.

[5] BGBl. I 2013, 4318.

► **Es gilt somit** Im Grundsatz gilt, dass der steuerliche Begriff des Investmentfonds dem aufsichtsrechtlichen Begriff des Investmentvermögen nach § 1 Abs. 1 KAGB entspricht.

Dem **Anwendungsbereich des Investmentsteuergesetz** unterliegen gem. § 1 Abs. 1 Satz 1 InvStG Investmentfonds, wobei dieser Begriff im Grundsatz mit dem aufsichtsrechtlichen Begriff des Investmentvermögen gleichgesetzt wird. Somit unterfallen dem Anwendungsbereich des Investmentsteuerrecht grundsätzlich Organismen für gemeinsame Anlagen in Wertpapieren (**OGAW**) i. S. d. § 1 Abs. 2 KAGB[6] und Alternative Investmentfonds (**AIF**) i. S. d. § 1 Abs. 3 KAGB sowie die Anteile an einem OGAW und AIF. Dabei gelten Teilsondervermögen i. S. d. § 96 Abs. 2 Satz 1 KAGB, Teilgesellschaftsvermögen i. S. d. § 117, § 132 KAGB oder vergleichbare rechtlich getrennte Einheiten eines ausländischen OGAW oder AIF (**Teilfonds**) für die Zwecke dieses Gesetzes selbst als OGAW oder AIF.

Die **Erweiterungen des § 1 Abs. 2 InvStG** führen dazu, dass als Investmentfonds auch

- sog. „Ein-Anleger-Fonds", welche die übrigen Voraussetzungen eines Investmentvermögens i. S. d. § 1 Abs. 1 KAGB erfüllen,
- Kapitalgesellschaften, denen eine operative Tätigkeit untersagt ist und die keiner Ertragsbesteuerung unterliegen oder von ihr befreit sind, sowie
- konzernintern verwaltete Alternative Investmentfonds (AIF) i. S. d. § 2 Abs. 3 KAGB

gelten.

Dagegen gehören aufgrund der **Einschränkungen des § 1 Abs. 3 InvStG** nicht zu den Investmentfonds

- vor allem Investmentvermögen in der Rechtsform einer Personengesellschaft und einer vergleichbaren ausländischen Rechtsform (mit Ausnahme von OGAW i. S. d. § 1 Abs. 2 KAGB und Altersvorsorgevermögensfonds i. S. d. § 53 InvStG) wie beispielsweise Alternative Investmentfonds in Gestalt von Private Equity Fonds oder Infrastrukturfonds, die häufig in der Rechtsform einer Personengesellschaft wie GmbH & Co. KG, Luxemburger SCS oder Delaware Limited Partnership errichtet werden (Stadler und Bindl 2016, S. 1954),
- bestimmte Unternehmens- und Kapitalbeteiligungsgesellschaften sowie Einheiten i. S. d. § 2 Abs. 1 und 2 KAGB, sowie
- inländische und vergleichbare ausländische REIT-Gesellschaften.

Dabei gelten für die Anwendung des Investmentsteuerrechts nach § **1 Abs. 4 InvStG** haftungs- und vermögensrechtlich voneinander **getrennte Teile eines Investmentfonds** als eigenständige Investmentfonds.

---

[6] Die Regelungen zu den OGAW entsprechen im Wesentlichen den Regelungen des InvG zu dem richtlinienkonformen Sondervermögen.

► **Praxishinweis** Für die Praxis könnte die Herausnahme der Personengesellschaften aus dem Anwendungsbereich des InvStG problematisch sein, weil diese bislang in den Anwendungsbereich fielen und als sog. Personen-Investitionsgesellschaften besteuert wurden. Nunmehr unterfallen sie direkt den allgemeinen Regelungen. Dadurch gilt für sie die Regelung des § 1 Abs. 4 InvStG nicht direkt, so dass z. B. fraglich ist, ob die Teilfonds weiterhin als selbstständige Mitunternehmerschaften zu behandeln sind. Eine Klarstellung wäre wünschenswert (Stadler und Bindl 2016, S. 1954).

Für die Besteuerung unterscheidet des Investmentsteuerrecht lediglich zwischen **(Publikums-)Investmentfonds**[7] **und Spezial-Investmentfonds** (Abb. 2.1). Dabei sind Spezial-Investmentfonds Investmentfonds, welche nicht wesentlich gegen die Anlagebestimmungen des § 26 InvStG verstoßen. Dabei entsprechen diese Anlagebestimmungen im Wesentlichen dem Katalog des § 1 Abs. 1b Satz 2 InvStG a. F.

► **Es gilt somit** Nach der Investmentsteuerreform 2018 unterliegen der Besteuerung nach dem Investmentsteuergesetz grundsätzlich sämtliche Kapitalanlagevehikel, die auch aufsichtsrechtlich durch das Kapitalanlagegesetzbuch geregelt werden. Dadurch möchte der Gesetzgeber einen weitgehenden Gleichlauf zwischen Steuer- und Aufsichtsrecht herstellen und Abgrenzungsprobleme in der Praxis vermeiden. Damit ist die Investmentbesteuerung nicht mehr länger auf bestimmte Rechtsformen offener Investmentvermögen (Sondervermögen, Investmentaktiengesellschaft mit veränderlichem Kapital, offene Investmentkommanditgesellschaft) beschränkt. Zukünftig werden auch durch das Kapitalanlagegesetzbuch erfasste geschlossene Investmentvermögen (Investmentaktiengesellschaft mit fixem Kapital, geschlossene Investmentkommanditgesellschaft) oder vergleichbare ausländische Vehikel erfasst. Personengesellschaften fallen nur dann in den Anwendungsbereich des Investmentsteuergesetzes, wenn ihr Gesellschaftszweck unmittelbar und ausschließlich der Abdeckung von betrieblichen Altersvorsorgeverpflichtungen dient (sog. Pension-Asset-Pooling). Vgl. Gesetzesbegründung BT-Drs. 18/8045, S. 54.

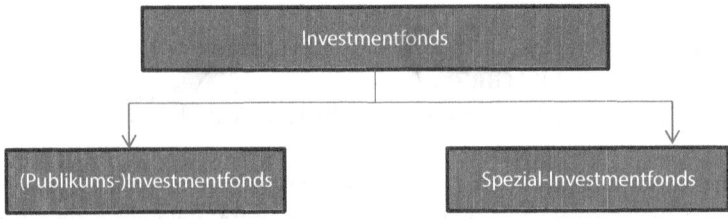

Abb. 2.1 Untergliederung der Investmentfonds für steuerliche Zwecke

---

[7] Aus Vereinfachungsgründen werden diese Fonds nachfolgend lediglich als „Investmentfonds" bezeichnet. Diese sind von den „Spezial-Investmentfonds" abzugrenzen.

2.2   Investmentvermögen i. S. d. KAGB

2.2.1   Überblick und Definitionen

Das **Kapitalanlagegesetzbuch** (KAGB) stellt ein Regelungswerk für die Investmentvermögen und deren Verwalter dar. Es findet gemäß § 1 KAGB für Investmentvermögen Anwendung, wenn keine **Ausnahmebestimmung** des § 2 KAGB vorliegt. So unterliegen beispielsweise Holdinggesellschaften, Verbriefungsgesellschaften und Joint Ventures nicht dem Aufsichtsrecht.

▶ **Es gilt somit** Das Investmentsteuerrecht findet grundsätzlich für alle Investmentvermögen i. S. d. § 1 Abs. 1 KAGB Anwendung. Liegt eine Ausnahmebestimmung des § 2 KAGB vor, kann das Anlagevehikel gleichwohl ausnahmsweise unter den Anwendungsbereich des InvStG fallen. Voraussetzung dafür ist, dass diese unter § 1 Abs. 2 InvStG fallen. Denn diese Regelung sieht Erweiterungen mit der Folge vor, dass die Anlagevehikel zwar nicht dem Anwendungsbereich des Aufsichtsrechts, gleichwohl aber dem Anwendungsbereich des Investmentsteuerrechtes als sog. fiktive Investmentfonds unterfallen. Dies betrifft zum Beispiel sog. konzerneigene Investmentvermögen i. S. d. § 2 Abs. 3 KAGB.

§ 1 Abs. 1 KAGB definiert den **Begriff des Investmentvermögen** sehr weitreichend als jeden Organismus für gemeinsame Anlagen, der von einer Anzahl von Anlegern Kapital einsammelt, um es gemäß einer festgelegten Anlagestrategie zum Nutzen dieser Anleger zu investieren und der kein operativ tätiges Unternehmen außerhalb des Finanzsektors ist.

Die **Bundesanstalt für Finanzen**[8] (BaFin) hat ein Auslegungsschreiben zum Anwendungsbereich des Kapitalanlagegesetzbuches veröffentlicht, das folgende Konkretisierung der 7 Tatbestandsmerkmale eines Investmentvermögens ermöglicht.[9]

Danach kann ein **Organismus** nur dann vorliegen, wenn mindestens ein rechtlich oder wirtschaftlich (z. B. durch einen getrennten Rechnungskreis) verselbständigtes gepooltes Vermögen aufgelegt wird. Dabei ist die Frage, ob ein Organismus vorliegt oder nicht, grundsätzlich von der Rechtsform unabhängig. Entsprechend den Vorgaben der AIFM-Richtlinie ist es unerheblich, ob das Investmentvermögen in Vertragsform, Satzungsform

---

[8] Die Bundesanstalt für Finanzdienstleistungsaufsicht übernimmt seit ihrer Gründung 2002 die Aufsicht über Banken und Finanzdienstleister, Versicherer und den Wertpapierhandel unter einem Dach. Als selbstständige Anstalt des öffentlichen Rechts, welche der Rechts- und Fachaufsicht des Bundesministeriums der Finanzen unterliegen, die sich aus Gebühren und Umlagen der beaufsichtigten Institute und Unternehmen finanziert, ist sie unabhängig vom Bundesetat. Ihre Tätigkeit dient dem öffentlichen Interesse und untersteht dem Ziel, ein funktionsfähiges, stabiles und integeres deutsches Finanzsystem zu gewährleisten. Für weitere Informationen, vgl. www.bafin.de.

[9] Die nachfolgenden Ausführungen zum Anwendungsbereich des KAGB basieren auf dieser Veröffentlichung der BaFin. Dieses Anwendungsschreiben kann unter http://www.bafin.de/ SharedDocs/Veroeffentlichungen/DE/Auslegungsentscheidung/WA/ae_130614_Anwendungsber_ KAGB_begriff_invvermoegen.html abgerufen werden.

oder einer anderen Rechtsform errichtet wird. Daher erfasst der Begriff des Organismus unabhängig von der Rechtsstruktur alle denkbaren Rechtsformen, wie beispielsweise Kapital- und Personengesellschaften. Für die Qualifizierung des Vehikels gleichfalls keine Bedeutung erlangt die Art der Beteiligung des einzelnen Anlegers. Diese kann gesellschaftsrechtlich, mitgliedschaftlich oder schuldrechtlicher Natur sein, so wie zum Beispiel als stiller Gesellschafter sowie in Gestalt von Genussrechten oder Schuldverschreibungen.

► **Es gilt somit** Grundsätzlich können alle Rechtsstrukturen als Organismen qualifiziert werden. Mindestvoraussetzung ist, dass die gesammelten Gelder in einem Vehikel gepoolt werden. Daher kommen insbesondere Kapital- und Personengesellschaften als solche in Betracht, wohingegen Joint-Venture-Vereinbarungen in der Regel nicht als Organismen qualifiziert werden, wenn zur Erfüllung dieser Vereinbarung kein Pooling der Gelder erfolgt. Die Art der Beteiligung des Anlegers erlangt ebenfalls keine Bedeutung.

Eine **gemeinsame Anlage** der gepoolten Gelder liegt nach Auffassung der BaFin vor, wenn die extern von den Anlegern eingesammelten Gelder zur Erzielung einer Rendite durch den Kauf, das Halten und Verkaufen bestimmter Vermögensgegenstände investiert und die damit verbundenen Risiken von den Anlegern gemeinschaftlich eingegangen werden. Die Anleger sind damit sowohl an den Gewinnen als auch den Verlusten aus der Wertentwicklung der Vermögensgegenstände beteiligt, in welche der Organismus investiert, wobei eine vertragliche Begrenzung der Gewinn- und Verlustbeteiligung generell möglich ist. Grundsätzlich muss die Gegenleistung für die Kapitalüberlassung erfolgsbezogen ausgestaltet sein. Daher liegt „eine gemeinsame Anlage" nicht vor, wenn eine betragsmäßige Fixierung des Entgeltes für die Kapitalüberlassung erfolgt oder der Anleger einen unbedingten Kapitalrückzahlungsanspruch hat. So erfüllen Darlehensverträge nicht die Voraussetzungen einer „gemeinsamen Anlage", weil es an einer Verlustbeteiligung fehlt. Dies gilt auch dann, wenn die Vertragsparteien einen qualifizierten Rangrücktritt vereinbaren. Denn in diesen Fällen entfällt der Rückzahlungsanspruch ausschließlich bei Insolvenz des Darlehensnehmers. Liegt ein sog. Garantiefonds vor, bei welchem die Anleger von dem Fonds eine Mindestzahlungszusage erhalten, sind die Anleger dennoch am Verlust beteiligt, so dass das Kriterium der gemeinsamen Anlage grundsätzlich erfüllt ist. Entsprechendes gilt, wenn der Fonds lediglich die Strategie verfolgt, dass der Anleger sein investiertes Geld zurückerhält, ohne diesem jedoch einen unbedingten Kapitalrückzahlungsanspruch zu garantieren. Denn die Verfolgung dieser Strategie allein steht der Verlustbeteiligung der Anleger nicht entgegen.

► **Es gilt somit** Eine gemeinsame Anlage liegt vor, wenn die Anleger die Chancen und Risiken der Geldanlage gemeinsam tragen, weil sie jeweils am Gewinn und Verlust aus der Investition an den Vermögensgegenständen erfolgsbezogen beteiligt sind.

Des Weiteren setzt die in § 1 Abs. 1 Satz 1 KAGB festgeschriebene Definition des Investmentvermögens voraus, dass das Kapital von einer Anzahl von Anlegern eingesammelt wird. Dabei liegt eine **Vielzahl der Anleger** in diesem Sinne gemäß Satz 2 der

Vorschrift vor, wenn die Anlagebedingungen, die Satzung oder der Gesellschaftsvertrag des Organismus für gemeinsame Anlagen die Anzahl möglicher Anleger nicht auf einen Anleger begrenzen. Die theoretische Möglichkeit genügt. Daher erlangt die Anzahl der tatsächlichen Anleger keine Bedeutung. Sollten sich mehrere Anleger über einen Treuhänder an dem Vehikel beteiligen, so ist das Kriterium der Vielzahl der Anleger auch dann erfüllt, wenn sich laut Anlagebedingungen, Satzung oder Gesellschaftsvertrag des Organismus ausschließlich der Treuhänder an dem Investmentvermögen beteiligen darf. In diesen Fällen wird durch den Treuhänder auf die Anleger durchgeschaut.

Eine **Einsammlung von Kapital** setzt voraus, dass der Organismus selbst, eine Person oder ein Unternehmen für dessen Rechnung direkte oder indirekte Maßnahmen zur gewerblichen Beschaffung von Geldern bei einem oder mehreren Anlegern unternimmt, damit diese gemäß der festgelegten Anlagestrategie angelegt werden. Vehikel, die, wie zum Beispiel Family-Office-Vehikels, keine externen Gelder einsammeln, sondern ausschließlich das Privatvermögen von Familienmitgliedern investieren, gelten daher nicht als Investmentvermögen i. S. d. KAGB. In derartigen Fällen liegt das geforderte Kriterium des gewerbsmäßigen Anwerbens von Kapital nicht vor. Erfüllen auch sog. Investmentclubs nicht dieses Merkmal, so gelten sie ebenfalls nicht als Investmentvermögen. Ein derartiger Ausnahmefall liegt vor, wenn eine solche Vereinigung natürlicher Personen zur gemeinsamen Anlage ihres privaten Vermögens in Wertpapieren oder anderen Finanzinstrumenten ohne gewerbliche Anwerbung zusammenfindet und auch weiterhin von einer gewerbsmäßigen Anwerbung neuer Mitglieder auf dem Markt absieht.

Gemäß einer **festgelegten Anlagestrategie** wird dieses eingesammelte Kapital investiert, wenn der Organismus über eine Strategie verfügt, die festlegt, wie das gemeinschaftliche Kapital verwaltet werden muss, damit es einen gemeinsamen Return für die Anleger generiert. Nach Auffassung der BaFin deuten folgende Merkmale auf das Vorliegen einer Strategie hin: die Strategie ist spätestens zu dem Zeitpunkt festgelegt, zu dem die Beteiligung des Anlegers bindend geworden ist, die Strategie ist in einem Dokument ausgeführt, das Teil der Anlagebedingungen oder der Satzung des Organismus ist oder auf das in den Anlagebedingungen oder der Satzung Bezug genommen wird; der Organismus hat eine rechtlich bindende und von den Anlegern durchsetzbare Verpflichtung, die Strategie den Anlegern gegenüber einzuhalten; die Strategie konkretisiert die Richtlinien, nach denen die Anlage zu erfolgen hat (z. B. Anlage in bestimmte Kategorien von Vermögensgegenständen, Beschränkungen bei der asset allocation, Verfolgung bestimmter Strategien, Anlage in bestimmte geographische Regionen, Beschränkungen des Leverage, bestimmte Haltefristen oder sonstige Risikodiversifikationsvorgaben). Nach der Gesetzesbegründung zum KAGB liegt eine Strategie vor, wenn die Anlagebedingungen genau bestimmt sind und die Anlagebedingungen, Satzung oder der Gesellschaftsvertrag den Handlungsspielraum des Investmentvermögens einschränken.

▶ **Es gilt somit** Im Gegensatz zur Unternehmensstrategie schränkt die Anlagestrategie den Handlungsspielraum des Investmentvermögens ein.

Dieser Anlagestrategie zur Folge investiert der Organismus die eingesammelten Gelder zum Nutzen **aller Anleger**. Dies setzt voraus, dass das Vehikel nicht zum Nutzen des eigenen Unternehmens oder lediglich aus eigener Gewinnerzielungsabsicht investiert. So dürfte nach Verlautbarung der BaFin diese Voraussetzung beispielsweise dann nicht erfüllt sein, wenn zum Beispiel eine Bank einen Teil der über die Zertifikate eingenommenen Gelder in das Referenzportfolio investiert oder über einen Swap mit einem Dritten abbildet, soweit die Investition bzw. Abbildung über den Swap ausschließlich die Absicherung der eigenen Verlustrisiken gegenüber dem Inhaber des Zertifikates (Hedging) verfolgt.

Als letztes Merkmal setzt die Begriffsdefinition des § 1 Abs. 1 KAGB voraus, dass es sich bei dem Organismus um **kein operativ tätiges Unternehmen außerhalb des Finanzsektors** handelt. Entwickelt oder errichtet das Vehikel selbst Immobilien oder produziert, kauft und verkauft oder tauscht es Güter oder Handelswaren oder bietet selbst Dienstleistungen außerhalb des Finanzsektors an, so ist dieses Merkmal folglich nicht erfüllt. Dabei stellen im Immobilienbereich der Ankauf, die Vermietung und Verwaltung der Immobilie keine operativen Tätigkeiten dar.

Das Auslegungsschreiben der BaFin zum Anwendungsbereich des Kapitalanlagegesetzbuches enthält neben der Konkretisierung der Merkmale des Begriffes „Investmentvermögen" einen **Fragenkatalog**. Dieser beinhaltet die Antworten auf Fragen, die im Zusammenhang mit dieser Begriffsdefinition stehen. So ist beispielsweise Gegenstand der ersten Frage die Qualifizierung (börsennotierter) Immobilienaktiengesellschaften als Investmentvermögen i. S. d. § 1 Abs. 1 KAGB. In diesem Zusammenhang verdeutlicht die BaFin nochmals, dass ein Investmentvermögen nur dann vorliegen kann, wenn alle Tatbestandsmerkmale der Vorschrift erfüllt sind. Bei Immobiliengesellschaften setzt dies dabei u. a. voraus, dass sie nicht operativ tätig sind, weil sie die Immobilien beispielsweise selbst bewirtschaften.

Zu einem solchen Investmentvermögen i. S. d. § 1 Abs. 1 Satz 1 KAGB gehören zum einen die sog. **Organismen für gemeinsame Anlagen in Wertpapieren** (OGAW), welche die Anforderungen der sog. OGAW-Richtlinie[10] erfüllen, sowie zum anderen die sog. **Alternativen Investmentfonds** (AIF), welche keine OGAW sind. Vereinfacht ausgedrückt sind OGAW Wertpapierfonds (vgl. Emde et al. 2013, S. 90).

▶ **Es gilt somit** Das KAGB enthält einen **materiellen Investmentfondsbegriff**, wonach Fonds entweder OGAW oder AIF sind. Entsprechen die Investmentvermögen den damit verbundenen Anforderungen nicht, so sind sie unzulässig. In diesen Fällen liegt ein unerlaubtes Investmentgeschäft vor (vgl. Weitnauer et al. 2017, Einleitung, 3).

Diese Investmentvermögen gelten als **offen**, wenn die Anleger oder Aktionäre mindestens einmal pro Jahr das Recht zur Rückgabe gegen Auszahlung ihrer Anteile oder Aktien aus dem AIF haben. Unberücksichtigt bleiben in diesem Zusammenhang Mindest-

---

[10] Richtlinie 2009/65/EG des Europäischen Parlamentes und des Rates vom 13. Juli 2009 zur Koordinierung der Rechts- und Verwaltungsvorschriften betreffend bestimmte Organismen für gemeinsame Anlagen in Wertpapieren (OGAW), ABl. L 302 vom 17.11.2009, S. 1.

haltefristen sowie die Möglichkeit der Aussetzung oder Beschränkung der Rücknahme der Anteile oder Aktien. Alle anderen Investmentvermögen gelten als **geschlossen**. Dürfen die Anteile an dem AIF nur aufgrund schriftlicher Vereinbarungen mit der Verwaltungsgesellschaft oder auf Grund konstituierender Dokumente des AIF von professionellen Anlegern i. S. d. § 1 Abs. 19 Nr. 32 KAGB sowie von semiprofessionellen Anlegern i. S. d. § 1 Abs. 19 Nr. 33 KAGB erworben werden,[11] so liegt ein sog. **Spezial-Investmentvermögen**, andernfalls ein sog. **Publikums-Investmentvermögen** vor.

▶ **Es gilt somit** Das KAGB findet für das sog. Investmentvermögen Anwendung, also für alle Organismen, welche von einer Vielzahl von Anlegern Kapital zur gemeinsamen Anlage einsammeln. Zu diesen gehören die OGAW sowie die Alternativen Investmentfonds (AIF), die sowohl offen als auch geschlossen agieren können. Dürfen die Anteile nur von bestimmten Anlegern erworben werden, so liegt ein sog. **Spezial-Investmentvermögen**, andernfalls ein **Publikums-Investmentvermögen** vor. OGAWs dürfen lediglich als offene Fonds aufgelegt werden.

Unterliegen diese Investmentvermögen dem inländischen Recht, stellen sie **inländische Investmentvermögen** dar. Unterliegen sie dem Recht eines anderen Mitgliedstaates der Europäischen Union oder eines anderen Vertragsstaates des Abkommens über den Europäischen Wirtschaftsraum, so gelten sie als **EU-Investmentvermögen**. Unterliegen sie dem Recht eines Drittstaates, so sind sie als **ausländische Investmentvermögen** definiert.

Die für **Publikums-Investmentvermögen** maßgeblichen Regelungen über zulässige Vermögensgegenstände, Anlagegrenzen und geltende sonstige Produktregeln enthalten die §§ 162 bis 272 KAGB. Offenes Publikums-Investmentvermögen, welches gemäß der OGAW-Richtlinie agiert, unterliegt den Regelungen der §§ 192 bis 213 KAGB. Nach diesen darf ein **inländischer OGAW** nur die in den §§ 193 bis 198 KAGB genannten Vermögensgegenstände, nicht aber Edelmetalle und Zertifikate über Edelmetalle erwerben. Zu den zulässigen Vermögenswerten gehören Finanzinstrumente, wie zum Beispiel Wertpapiere, Bankguthaben und Geldmarktinstrumente. Kurzfristige Kredite dürfen gemäß § 199 KAGB für gemeinschaftliche Rechnung der Anleger nur bis zur Höhe von 10 % des Wertes des inländischen OGAW und nur dann aufgenommen werden, wenn die Bedingungen der Kreditaufnahme marktüblich sind und dies in den Anlagebedingungen vorgesehen ist (sog. Leverage).

Offene Publikums-AIF müssen gemäß § 214 KAGB nach dem Grundsatz der Risikomischung angelegt sein und dürfen entweder als Gemischte Investmentvermögen i. S. d. §§ 218 und 219 KAGB, Sonstige Investmentvermögen i. S. d. §§ 220 bis 224 KAGB, Dach-Hedgefonds i. S. d. §§ 225 bis 229 KAGB oder Immobilien-Sondervermögen i. S. d. §§ 230 bis 260 KAGB aufgelegt werden. Infrastrukturfonds können seit der Einführung des KAGB aufgrund ihrer Illiquidität lediglich als geschlossene Fonds aufgelegt werden. Darüber hinaus wurden die im bisherigen Investmentgesetz enthaltenen Sonderregelungen

---

[11] Zu diesen Begriffen vgl. unter Abschn. 2.2.2.1.

zu offenen Publikumssondervermögen in Form von Mitarbeiterbeteiligungs-Sondervermögen sowie Altersvorsorge-Sondervermögen ersatzlos abgeschafft.[12]

Gemischte Investmentvermögen i. S. d. §§ 218 KAGB und 219 KAGB legen ihre Mittel, wie ein OGAW, nach dem Grundsatz der Risikomischung in Finanzmarktinstrumente i. S. d. § 193 KAGB sowie Anteile oder Aktien an inländischen gemischten Investmentvermögen nach Maßgabe der §§ 218, 219 KAGB und Anteile an vergleichbaren EU- oder ausländischen AIF oder an inländischen sonstigen Investmentvermögen nach Maßgabe der §§ 220 bis 224 KAGB sowie Anteile an vergleichbaren EU- oder ausländischen AIF an. Der Erwerb der Anteile bzw. Aktien unterliegt den Beschränkungen der § 218 Abs. 2 bis Abs. 6 KAGB. So dürfen beispielsweise letztgenannte Anteile nicht mehr als 10 % des Vermögens des Investmentvermögens ausmachen. Ein Erwerb von Anteilen an Immobiliengesellschaften sowie Hedgefonds oder Unternehmen ist ihnen nicht erlaubt.

Sonstige Investmentvermögen i. S. d. §§ 220 bis 224 KAGB dürfen darüber hinaus ihr Geld auch in Edelmetalle und unverbriefte Darlehensforderungen anlegen. Verschiedene Anlagegrenzen sind dabei zu beachten. So dürfen die Mittel nur bis zu 30 % des Wertes des Sonstigen Investmentvermögens in Anteile oder Aktien an anderen Sonstigen Investmentvermögen sowie an entsprechenden EU-AIF oder ausländischen AIF oder nur bis zu 20 % des Wertes des Sonstigen Investmentvermögens in Vermögensgegenstände i. S. d. § 198 KAGB, d. h. in sonstige Anlageinstrumente, angelegt werden.

Zum Schutz der Anleger dürfen Anteile an Hedgefonds nur noch von professionellen oder semi-professionellen Anlegern gehalten werden. Privatanleger können sich daher nur noch an **Dach-Hedgefonds** i. S. d. §§ 225 bis 229 KAGB beteiligen, also an Investmentvermögen, welche die eingesammelten Mittel in Anteile oder Aktien von Zielfonds anlegen. Daneben dürfen diese Investmentvermögen auch in Bankguthaben und Geldmarktinstrumente investieren. Die Anlagegrenze des § 225 KAGB ist zu beachten. Danach dürfen die Mittel nur bis zu 49 % des Wertes des Dach-Hedgefonds in Bankguthaben, Geldmarktinstrumente und Anteile an Investmentvermögen i. S. d. § 196 KAGB, die ausschließlich in Bankguthaben und Geldmarktinstrumente anlegen dürfen, sowie Anteile an entsprechenden EU-AIF oder ausländischen AIF anlegen. Kurzfristige Kredite für gemeinschaftliche Rechnung dürfen nur bis zu einer Höhe von 10 % des Wertes des Investmentvermögens aufgenommen werden (sog. Leverage).

Immobilien-Sondervermögen regeln die §§ 230 bis 260 KAGB. Typische Vermögensgegenstände, welche ein solches Investmentvermögen erwerben darf, sind Mietwohngrundstücke, Geschäftsgrundstücke und gemischt genutzte Grundstücke sowie unter bestimmten Voraussetzungen Grundstücke im Zustand der Bebauung und unbebaute Grundstücke, die für eine alsbaldige eigene Bebauung zur Nutzung als Mietwohngrundstücke, Geschäftsgrundstücke oder gemischt genutzte Grundstücke bestimmt und geeignet sind. Beteiligungen an anderen Immobiliengesellschaften sind unter bestimmten Voraussetzun-

---

[12] Vgl. Gesetzesbegründung zum Entwurf eines Gesetzes zur Umsetzung der Richtlinie 2011/61/EU über die Verwalter alternativer Investmentfonds (AIFM-Umsetzungsgesetz – AIFM-UmsG), BT-Drs. 791/12, 352.

gen zulässig, wenn die Anlagebedingungen dies vorsehen. Verschiedene Anlagegrenzen sind zu beachten. So darf beispielsweise der Wert aller Beteiligungen 49 % des Wertes des Immobilien-Sondervermögens nicht übersteigen. Kredite dürfen für gemeinschaftliche Rechnung der Anleger nur bis zur Höhe von 30 % des Verkehrswertes der Immobilien, die zum Sondervermögen gehören, unter bestimmten Voraussetzungen aufgenommen werden. Darüber hinaus können die Anlagebedingungen von Immobilien-Sondervermögen vorsehen, dass die Rücknahme von Anteilen nur zu bestimmten Rücknahmeterminen, jedoch mindestens alle zwölf Monate erfolgt.

Geschlossene inländische Publikums-AIF unterliegen ebenfalls bestimmten Anlagebegrenzungen. So dürfen diese gemäß § 261 KAGB insbesondere in Sachwerte wie Immobilien, Wald, Schiffe, Flugzeuge und Container, aber auch Unternehmensbeteiligungen z. B. an Private Equity-Fonds, Anteile an geschlossenen AIF, Wertpapiere, Geldmarktinstrumente sowie Bankguthaben investieren. Diese Mittelanlage unterliegt den Einschränkungen des § 265 KAGB. Danach darf u. a. der Leverage lediglich 60 % betragen, d. h. für das Investmentvermögen dürfen Kredite nur bis zur Höhe von 60 % des Verkehrswertes der im geschlossenen Publikums-AIF befindlichen Vermögensgegenstände und nur dann aufgenommen werden, wenn die Bedingungen der Kreditaufnahme marktüblich sind und dies in den Anlagebedingungen vorgesehen ist. Darüber hinaus hat der geschlossene inländische Publikums-AIF den Grundsatz der Risikomischung zu erfüllen, indem er entweder in mindestens drei Sachwerte i. S. d. § 261 Abs. 2 KAGB investiert und die Anteile jedes einzelnen Sachwertes am Wert des gesamten AIF im Wesentlichen gleichmäßig verteilt sind oder bei wirtschaftlicher Betrachtungsweise eine Streuung des Ausfallrisikos gewährleistet ist.

Spezial-Investmentvermögen dürfen lediglich von semi-professionellen oder professionellen Anlegern, wie zum Beispiel Banken und Versicherungen, erworben werden. Die für **Spezial-Investmentvermögen** maßgeblichen Regelungen über zulässige Vermögensgegenstände, Anlagegrenzen und geltende sonstige Produktregeln enthalten die §§ 162 bis 272 KAGB.

Offene Spezial-Investmentvermögen können in **allgemeine offene Spezial-AIF**, besondere offene Spezial-AIF sowie Hedgefonds unterschieden werden. Allgemeine offene inländische Spezial-AIF müssen gemäß § 282 KAGB die eingesammelten Gelder nach dem Grundsatz der Risikomischung anlegen. Sie dürfen ausschließlich bewertbare Vermögensgegenstände erwerben. **Hedgefonds** zählen gemäß § 283 KAGB zu diesen allgemeinen offenen Spezial-Investmentvermögen. Wesensmerkmal der Hedgefonds sind Leerverkäufe, bei welchem Vermögensgegenstände für gemeinschaftliche Rechnung der Anleger verkauft werden, die im Zeitpunkt des Geschäftsabschlusses nicht zum AIF gehören, oder der Einsatz von Leverage in beträchtlichem Umfang. Ein solcher Umfang ist gegeben, wenn das Engagement den Nettoinventarwert des AIF um das Dreifache übersteigt (vgl. van Kann et al. 2013, S. 1486). Daher unterliegen sie den besonderen Informationspflichten gegenüber der BaFin i. S. d. § 35 Abs. 4 KAGB.

Bei den **besonderen offenen inländischen Spezial-Investmentvermögen mit festen Anlagebedingungen** ist gemäß § 284 KAGB die Aufnahme von Leverage auf 30 % des

Fondswertes begrenzt und bei Immobilienkrediten beträgt die Wertgrenze 50 % des Verkehrswertes der Immobilien. Darüber hinaus dürfen lediglich 20 % des Fondsvolumens in (Minderheits-)Unternehmensbeteiligungen angelegt werden.

Geschlossene Spezial-Investmentvermögen sind die allgemeinen Spezial-AIF sowie Private Equity AIF, welche seit der Einführung des KAGB erstmals einer Regulierung unterworfen sind. Ausschließlich letztgenannte Fondstypen dürfen nach dem KAGB ausdrücklich die Kontrolle, d. h. mehr als 50 % der Stimmrechte, an nicht börsennotierten Unternehmen erwerben. Daher unterliegen sie besonderen Meldepflichten und haben Ausschüttungssperren zu beachten. Im Gegensatz zu den offenen Investmentvermögen unterliegen sie nicht dem Grundsatz der Risikomischung und keiner Begrenzung des Leverage. Leerverkäufe dürfen auch sie nicht tätigen (vgl. van Kann et al. 2013, S. 1486).

Inländische Investmentvermögen können ausschließlich in der **Rechtsform** einer Investmentgesellschaft, die entweder als Investmentaktiengesellschaft mit veränderlichem Kapital oder als offene Investmentkommanditgesellschaft (zu Einzelheiten der Rechtsformen vgl. Fischer und Friedrich 2013, S. 153) agiert, oder als Sondervermögen eingerichtet werden. Dabei definiert das KAGB Sondervermögen als offene Investmentvermögen in Vertragsform, die von einer Verwaltungsgesellschaft für Rechnung der Anleger nach Maßgabe des Kapitalanlagegesetzbuches und den Anlagebedingungen, nach denen sich das Rechtsverhältnis der Verwaltungsgesellschaft zu den Anlegern bestimmt, verwaltet werden.

▶ **Es gilt somit OGAW** legen ihre Mittel in Finanzinstrumente i. S. d. § 192 KAGB an. Als offene Investmentvermögen dürfen sie lediglich als Sondervermögen oder Investmentaktiengesellschaft mit variablem Kapital agieren. Sie können lediglich als Publikums-Investmentvermögen für alle Anleger aufgelegt werden.

AIF können sowohl offene als auch geschlossene Investmentvermögen sein. Als Publikums-Investmentvermögen können sie als offene AIF in der Rechtsform des Sondervermögen oder Investmentaktiengesellschaft mit variablem Kapital und als Spezial-AIF darüber hinaus auch als Investmentkommanditgesellschaft mit variablem Kapital aufgelegt werden. Dagegen können geschlossene AIF nicht als Sondervermögen aufgelegt werden. Geschlossene Publikums- und Spezial-Investmentvermögen dürfen lediglich in der Rechtsform der Investmentaktiengesellschaft mit fixem Kapital oder Investmentkommanditgesellschaft mit fixem Kapital aufgelegt werden.

Während Investmentgesellschaften auch intern verwaltet werden können, dürfen Sondervermögen ausschließlich extern verwaltet werden. Bestellt die Investmentgesellschaft keine externe Verwaltungsgesellschaft, so liegt eine intern verwaltete Investmentgesellschaft vor. Die Verwaltung der extern verwalteten Investmentgesellschaften und Sondervermögen ist Aufgabe der sog. **Verwaltungsgesellschaften**. Das KAGB unterscheidet in diesem Zusammenhang zwischen AIF-Verwaltungsgesellschaften und OGAW-Verwaltungsgesellschaften, die weiter in AIF-Kapitalverwaltungsgesellschaften, EU-AIF-Verwaltungsgesellschaften und ausländische AIF-Verwaltungsgesellschaften sowie in

OGAW-Kapitalverwaltungsgesellschaften und EU-OGAW-Verwaltungsgesellschaften
untergliedert werden. Dem KAGB unterliegen die **Kapitalverwaltungsgesellschaften**
(KVG) gemäß § 17 KAGB, die mindestens einen OGAW bzw. AIF verwalten oder zu
verwalten beabsichtigen. Bislang erfolgte die Verwaltung der Investmentvermögen durch
sog. Kapitalanlagegesellschaften.

▶ **Es gilt somit** Die **Verwaltung** der Investmentvermögen übernehmen in der Regel die
sog. Kapitalverwaltungsgesellschaften (KVG). Agiert das inländische Investmentvermögen nicht als Sondervermögen, sondern als Investmentgesellschaft, so kann diese auch
intern verwaltet werden. In diesen Fällen übernimmt die Investmentaktien- bzw. Investmentkommanditgesellschaft die Verwaltung des Investmentvermögens, sie gilt selbst als
Kapitalverwaltungsgesellschaft.

Interne Kapitalverwaltungsgesellschalten liegen vor, wenn sich der Vorstand oder
die Geschäftsführung der Investmentgesellschaft gegen die Bestellung einer externen Verwaltungsstelle entscheiden und die Investmentgesellschaft als Verwaltungsstelle zugelassen wird. **Externe Kapitalverwaltungsgesellschaften** werden vom Investmentvermögen
oder im Namen des Investmentvermögens bestellt und auf Grund dieser Bestellung für
die Verwaltung des Investmentvermögens verantwortlich. Sie dürfen ausschließlich in der
Rechtsform einer Aktiengesellschaft, Gesellschaft mit beschränkter Haftung oder Kommanditgesellschaft, bei der persönlich haftender Gesellschafter ausschließlich eine Gesellschaft mit beschränkter Haftung ist, betrieben werden.

Kapitalverwaltungsgesellschaften (KVG) sind Unternehmen, die ihren satzungsmäßigen Sitz und ihre Hauptverwaltung im Inland haben und deren Geschäftsbetrieb auf
die Verwaltung inländischer Investmentvermögen, EU-Investmentvermögen oder ausländische Investmentvermögen gerichtet ist. Dabei gilt als Verwaltung, wenn mindestens die
Portfolioverwaltung oder das Risikomanagement für ein oder mehrere Investmentvermögen erbracht wird. Zur Aufnahme ihres Geschäftsbetriebes bedürfen sie der schriftlichen
Erlaubnis der BaFin. Neben der kollektiven Vermögensverwaltung dürfen sie ausschließlich die in § 20 Abs. 2 bzw. 3 KAGB genannten Dienstleistungen und Nebenleistungen
ausüben. Davon abweichend dürfen interne Kapitalverwaltungsgesellschaften ausschließlich die Verwaltung des eigenen OGAW bzw. AIF ausüben. Eine Auslagerung der Tätigkeiten an externe Dienstleister ist grundsätzlich möglich.[13] Bei Ausübung ihrer Tätigkeit muss die KVG insbesondere die allgemeinen Verhaltens- und Organisationspflichten
beachten. Zu diesen zählen u. a. die Vermeidung von Interessenskonflikten, die Pflicht
zur ordnungsgemäßen Geschäftsorganisation, Einrichtung einer dauerhaften Risikocon-
trollingfunktion (Risikomanagement) sowie eines Liquidationsmanagementsystems. Für

---

[13] Die Auslagerung der Tätigkeiten ist von der Bestellung einer externen Kapitalverwaltungsgesell-
schaft zu unterscheiden. Sie führt insbesondere nicht dazu, dass die zivil- und aufsichtsrechtliche
Verantwortung und Haftung gegenüber dem AIF und den Anlegern auf den Dienstleister übergeht.
Diese verbleibt bei der Kapitalverwaltungsgesellschaft. Einzelheiten der Auslagerung sind in § 36
KAGB geregelt. Siehe dazu auch Weiser und Hüwel 2013, 1094 ff.

interne KVG beträgt gemäß § 25 KAGB das **Mindestkapital** 300.000 € und für externe KVGs 125.000 €. Ab einem Schwellenwert von einem Vermögen i. H. v. 250 Mio. € benötigt die KVG zusätzliche Eigenmittel i. H. v. 0,02 % des Betrages, um den der Wert der verwalteten Investmentvermögen 250 Mio. € übersteigt, wobei der maximale Geldbedarf auf 10 Mio. € begrenzt ist.

Jedes Investmentvermögen darf nur von einer Kapitalverwaltungsgesellschaft verwaltet werden, die für die Einhaltung der Anforderungen dieses Gesetzes verantwortlich ist.

Die Kapitalverwaltungsgesellschaft muss zur Ausübung der Verwahr- und Kontrollfunktion über die Vermögensgegenstände, die zum Investmentvermögen gehören, für jedes von ihr verwaltete offene oder geschlossene Investmentvermögen eine sog. **Verwahrstelle** berufen (bisherige Depotbank). Unter bestimmten Voraussetzungen kann diese Aufgabe nicht nur von Kredit-, sondern auch von Finanzdienstleistungsinstituten übernommen werden.

2.2.2 Überblick zum Investmentdreieck bzw. -viereck

Ein Investmentfonds ist zivilrechtlich regelmäßig wie folgt aufgebaut: **Anleger** sind als Investoren an einem **Investmentvermögen** beteiligt, das von einer **Kapitalverwaltungsgesellschaft** verwaltet und organisatorisch getrennt von einer **Verwahrstelle** gehalten wird. So bilden die Anleger, die Kapitalverwaltungsgesellschaft und die Verwahrstelle das **Investmentdreieck**. Sollte eine Investmentgesellschaft extern verwaltet werden, so bilden die Anleger, die Investmentgesellschaft, die externe Kapitalverwaltungsgesellschaft und die Verwahrstelle ein **Investmentviereck**.[14]

Nachfolgend werden die **Anleger** kurz sowie die **Kapitalverwaltungsgesellschaft** und **Verwahrstelle** ausführlich dargestellt. Einzelheiten zur Rechtsform der Investmentgesellschaft enthalten die Darstellungen über die Rechtsformen inländischer Investitionsfonds sowie über die der Investitionsgesellschaften.[15]

2.2.2.1 Anleger

Als Anleger eines Investmentvermögens kommen grundsätzlich Privatanleger, semiprofessionelle sowie professionelle Anleger in Betracht. Dabei definiert das Aufsichtsrecht gemäß § 1 Abs. 19 Nr. 31, 32 und 33 KAGB **Privatanleger** als alle Anleger, die weder professionelle noch semiprofessionelle Anleger sind, sowie **professioneller Anleger** als jeden Anleger, der im Sinne von Anhang II der Richtlinie 2004/39/EG als professioneller Kunde angesehen wird oder auf Antrag als ein professioneller Kunde behandelt werden kann. Zu dieser Anlegergruppe gehören die sog. geborenen professionellen Kunden, wie z. B. regulierte Unternehmen wie Kreditinstitute, Wertpapierfirmen und Versicherungsun-

---

[14] Siehe dazu bereits unter Abschn. 1.1.2.
[15] Weitere Einzelheiten unter Abschn. 2.2.1.

ternehmen, aber auch nicht regulierte Unternehmen, wenn diese bestimmte Finanzkennzahlen erfüllen oder deren Haupttätigkeit in der Anlage von Finanzinstrumenten besteht, sowie gekorene professionelle Kunden, welche nur auf Antrag als professionelle Anleger behandelt werden. Voraussetzung für einen solchen Antrag ist, dass sie bestimmte Kennzahlen erfüllen (vgl. Volhard und Jang in Weitnauer et al. 2017, § 1 KAGB Rdn. 108 f.).

Semiprofessioneller Anleger ist nach den Regelungen derjenige Anleger, der sich verpflichtet, mindestens 200.000 € zu investieren, schriftlich in einem vom Vertrag über die Investitionsverpflichtung getrennten Dokument angibt, dass er sich der Risiken im Zusammenhang mit der beabsichtigten Verpflichtung oder Investition bewusst ist sowie über den erforderlichen Sachverstand, Erfahrungen und Kenntnisse verfügt. Auf Grundlage dieser Erklärung und Angaben (sog. Kompetenzerklärung) (vgl. Volhard und Jang in Weitnauer et al. 2017, § 1 KAGB Rdn. 114) bewertet die AIF-Verwaltungsgesellschaft bzw. die von ihr beauftragte Vertriebsgesellschaft unter Berücksichtigung der Art der beabsichtigten Verpflichtung oder Investition, ob der Anleger als semiprofessioneller Anleger qualifiziert ist. Voraussetzung dafür ist, dass sie hinreichend davon überzeugt ist, dass der Anleger in der Lage ist, seine Anlageentscheidungen selbst zu treffen und die damit einhergehenden Risiken versteht und dass eine solche Verpflichtung für den betreffenden Anleger angemessen ist, und dem die AIF-Verwaltungsgesellschaft oder die von ihr beauftragte Vertriebsgesellschaft schriftlich bestätigt, dass sie die genannte Bewertung vorgenommen hat und die genannten Voraussetzungen gegeben sind. Darüber hinaus kommt als ein semiprofessioneller Anleger ein in § 37 Abs. 1 KAGB genannter Geschäftsleiter oder Mitarbeiter der AIF-Verwaltungsgesellschaft, sofern er in von der AIF-Verwaltungsgesellschaft verwaltete AIF investiert, oder ein Mitglied der Geschäftsführung oder des Vorstands einer extern verwalteten Investmentgesellschaft, sofern es in die extern verwaltete Investmentgesellschaft investiert, sowie jeder Anleger in Betracht, der sich verpflichtet, mindestens 10 Mio. € in ein Investmentvermögen zu investieren.

Dürfen die Anteile an dem AIF nur aufgrund schriftlicher Vereinbarungen mit der Verwaltungsgesellschaft oder auf Grund konstituierender Dokumente des AIF von professionellen Anlegern i. S. d. § 1 Abs. 19 Nr. 32 KAGB sowie von semiprofessionellen Anlegern i. S. d. § 1 Abs. 19 Nr. 33 KAGB erworben werden, so liegt ein sog. **Spezial-Investmentvermögen**, andernfalls ein sog. **Publikums-Investmentvermögen** vor.

2.2.2.2 Kapitalverwaltungsgesellschaft

Die **Kapitalverwaltungsgesellschaft** (KVG) ist der Fondsmanager des Investmentvermögens, der ohne Erlaubnis oder Registrierung der BaFin keine Geschäfte betreiben darf. Dabei folgt das KAGB einem **materiellen Ansatz**, wonach die Eigenschaft als Fondsmanager zwingend aus der Verwaltung eines Investmentvermögens folgt. Erfüllt ein Investitionsvehikel also die Voraussetzungen, welche das Aufsichtsrecht an ein Investmentvermögen stellt, so muss dieses zwangsläufig als OGAW oder AIF organisiert sein und von einer KVG verwaltet werden. Letztgenannte untersteht zwangläufig den Regelungen des KAGB. Dabei enthalten die §§ **17 bis 25 KAGB** die allgemeinen Bestimmungen über Kapitalverwaltungsgesellschaften in Form der Regelungen zur Zulassung der KVG.

§ 17 KAGB definiert Kapitalverwaltungsgesellschaften legal als Unternehmen mit satzungsmäßigem Sitz und Hauptverwaltung im Inland, deren Geschäftsbetrieb darauf gerichtet ist, inländische Investmentvermögen, EU-Investmentvermögen oder ausländische AIF zu verwalten. Nach Absatz 2 der Regelung ist die KVG entweder eine externe KVG, wenn sie vom Investmentvermögen oder im Namen des Investmentvermögens bestellt ist und auf Grund dieser Bestellung für die Verwaltung des Investmentvermögens verantwortlich ist, oder eine interne KVG, d. h. das Investmentvermögen selbst, wenn die Rechtsform des Investmentvermögens eine interne Verwaltung zulässt und der Vorstand oder die Geschäftsführung des Investmentvermögens entscheidet, keine externe Kapitalverwaltungsgesellschaft zu bestellen.

Darüber hinaus definiert § 1 Abs. 12 KAGB **intern verwaltete Investmentgesellschaften** als Investmentgesellschaften, die keine externe Verwaltungsgesellschaft bestellt haben, sowie § 1 Abs. 13 KAGB extern verwaltete Investmentgesellschaften als Investmentgesellschaften, die eine **externe Verwaltungsgesellschaft** bestellt haben. Für die Anwendung des Aufsichtsrechts wird zwischen AIF- und OGAW-KVGs unterschieden. Dabei umfasst der Begriff der AIF-Verwaltungsgesellschaften die AIF-Kapitalverwaltungsgesellschaften, EU-AIF-Verwaltungsgesellschaften und ausländische AIF-Verwaltungsgesellschaften sowie der Begriff der OGAW-Verwaltungsgesellschaften OGAW-Kapitalverwaltungsgesellschaften und EU-OGAW-Verwaltungsgesellschaften, wenn sie die Voraussetzungen des § 17 KAGB erfüllen und mindestens einen AIF bzw. OGAW verwalten oder zu verwalten beabsichtigen. Dabei darf gemäß § 17 Abs. 2 KAGB für jedes Investmentvermögen nur eine Kapitalverwaltungsgesellschaft zuständig sein, die für die Einhaltung der Anforderungen des KAGB verantwortlich ist. Die KVG kann jedoch mehrere OGAWs und/oder AIF verwalten.

▶ **Es gilt somit** Der Begriff der Kapitalverwaltungsgesellschaft umfasst sowohl interne als auch externe KVGs, also die Fremd- und Selbstverwaltung des Investmentvermögens.

§ 18 Abs. 1 KAGB enthält einen **Rechtstypenzwang** für KVG (vgl. Winterhalder in Weitnauer et al. 2017, § 17 KAGB Rdn. 7). So dürfen externe KVG ausschließlich in der Rechtsform der AG, GmbH und GmbH & Co. KG agieren. Darüber hinaus können Investmentvermögen nur dann intern verwaltet werden, wenn diese als Investmentgesellschaften entweder in der Rechtsform einer Investmentaktiengesellschaft oder Investmentkommanditgesellschaft gekleidet sind. In diesen Fällen gilt die Gesellschaft selbst als KVG. Dagegen müssen Sondervermögen stets extern von einer KVG verwaltet werden.

▶ **Praxishinweis** Diese Rechtsformerfordernisse stellen jedoch nur eine Voraussetzung dar, die für die Genehmigung des Geschäftsbetriebs erforderlich ist. Ein Unternehmen gilt auch dann als KVG, wenn es einen Geschäftsbetrieb i. S. d. § 17 KAGB ausübt. Die Rechtsform ist kein Bestandteil der Legaldefinition (vgl. Winterhalder in Weitnauer et al. 2017, § 17 KAGB Rdn. 8).

Wesensmerkmal einer KVG ist der Geschäftsbetrieb, der auf die Verwaltung von **inländischen Investmentvermögen, EU-Investmentvermögen oder ausländische AIF**
gerichtet ist. Die Begriffsdefinitionen der zu verwaltenden Begriffe enthält ebenfalls § 1
KAGB, wonach inländische Investmentvermögen definiert sind als Investmentvermögen,
die dem inländischen Recht unterliegen, EU-Investmentvermögen als Investmentvermögen, die dem Recht eines anderen Mitgliedstaates der Europäischen Union oder eines
anderen Vertragsstaates des Abkommens über den Europäischen Wirtschaftsraum unterliegen, sowie ausländische AIF als AIF, die dem Recht eines Drittstaates unterliegen.
Den Begriff der Verwaltung definiert § 17 Abs. 1 Satz 2 KAGB über eine Mindestmaß-
Definition. So liegt eine Verwaltung vor, wenn von dem Unternehmen mindestens die
Portfolioverwaltung oder das **Risikomanagement** für ein oder mehrere Investmentvermögen erbracht wird.

Erbringt eine Gesellschaft eine der beiden Tätigkeiten in eigener Verantwortung, so
ist ihr Geschäftsbetrieb bereits erlaubnispflichtig. Dabei gehört diese **Erlaubnispflicht**
zu den wesentlichen **Rechtsfolgen**, welche die §§ 18 ff. KAGB für Unternehmen vorsehen, die diese Tätigkeiten der Verwaltung eines Investmentvermögens ausüben, also die
Definition der KVG des § 17 KAGB erfüllen. Zu beachten ist dabei, dass die Erlaubnis
jedoch erst dann erteilt werden kann, wenn die KVG **beide Tätigkeiten** erbringt. Voraussetzung für die Erlaubniserteilung ist also, dass die KVG sowohl die Portfolioverwaltung
als auch das Risikomanagement in eigener Verantwortung erbringen muss. Der Gesetzgeber versteht dabei unter dem Begriff des „Erbringens" auch das „ausüben können". Für
die Erlaubniserteilung genügt es somit, wenn die KVG die Tätigkeit ausüben könnte, jedoch nicht tatsächlich ausübt. In diesen Fällen setzt die Erlaubnis voraus, dass sie nach
den Regelungen über die Auslagerung des § 36 KAGB auf ein anderes Unternehmen unter Verantwortung der KVG ausgelagert wird. Mit dieser Regelung wird auch § 17 Abs. 3
KAGB Rechnung getragen, wonach für die Verwaltung eines Investmentvermögens nur
eine KVG zuständig sein kann. Eine Aufteilung der beiden Tätigkeitsbereiche auf zwei
unterschiedliche Verwalter scheidet nach den Regelungen des KAGB aus.[16]

▶ **Es gilt somit** Die Verwaltung eines Investmentvermögens umfasst mindestens die
Portfolioverwaltung oder das Risikomanagement. Übt eine Gesellschaft bereits eine der
beiden Tätigkeiten aus, so ist ihr Geschäftsbetrieb erlaubnispflichtig. Erlaubnisfähig ist
dieser jedoch erst dann, wenn die Gesellschaft beide Tätigkeiten erbringen könnte.

Über das Mindestmaß der Portfolioverwaltung und des Risikomanagements als Kern-
anlageverwaltungsfunktionen hinaus umfasst der Begriff der Verwaltung im Sinne einer
kollektiven Vermögensverwaltung auch administrative Tätigkeiten, den Vertrieb von
eigenen Investmentanteilen sowie bei AIF Tätigkeiten im Zusammenhang mit den Vermögensgegenständen des AIF. Dabei gehören diese Aufgaben zwar zu den originären

---

[16] Vgl. dazu auch Gesetzesbegründung zum Entwurf eines Gesetzes zur Umsetzung der Richtlinie
2011/61/EU über die Verwalter alternativer Investmentfonds (AIFM-Umsetzungsgesetz – AIFM-
UmsG), BT-Drs. 791/12, 385.

Aufgaben einer KVG, können diese jedoch von der Gesellschaft freiwillig ausgeübt oder ausgelagert werden. Sie sind nicht konstituierend für das Vorliegen einer KVG und auch keine Voraussetzung für die Erlaubnis i. S. d. § 20 KAGB (vgl. Winterhalder in Weitnauer et al. 2017, § 17 KAGB Rdn. 14 ff.).

Unter Beachtung der Rechtsformerfordernisse kann ein Investmentvermögen sowohl intern als auch extern verwaltet werden. So können Investmentgesellschaften in der Rechtsform einer Investmentaktiengesellschaft oder Investmentkommanditgesellschaft sowohl von der Investmentgesellschaft selbst als auch von einer externen KVG fremdverwaltet werden, dagegen Sondervermögen ausschließlich fremdverwaltet agieren. Wesensmerkmal der **Fremdverwaltung** ist dabei, dass die Verantwortung für die Verwaltung des Investmentvermögens übertragen wird. Dagegen verbleibt bei der **Auslagerung** einer Tätigkeit nach § 36 KAGB die Verantwortung beim auslagernden Unternehmen. Die externe Verwaltung setzt die Bestellung einer KVG voraus. Bei einer internen Verwaltung gilt die Investmentgesellschaft selbst als KVG.

Die **externe KVG** unterliegt strengeren Anforderungen. Diese enthält § 18 KAGB. Sie zielen auf die Rechtsform sowie die interne Kontrolle der Gesellschaft ab. KVG, die lediglich registriert sind, müssen diese Anforderungen nicht erfüllen (vgl. Winterhalder in Weitnauer et al. 2017, § 18 KAGB Rdn. 2).

Sowohl interne als auch externe KVGs benötigen vor Aufnahme ihres Geschäftsbetriebs eine **Zulassung durch die BaFin**. Durch diese Regelung soll sichergestellt werden, dass die Verwaltung des Investmentvermögens nur von Unternehmen ausgeübt wird, die über die dafür notwendige fachliche und personelle Ausstattung verfügen (vgl. Winterhalder/Weitnauer in Weitnauer et al. 2017, § 20 KAGB Rdn. 3). Einzelheiten über die Voraussetzungen für die Erlaubnis des Geschäftsbetriebes enthält § 20 KAGB.

▶ **Praxishinweis** Sollte Gegenstand einer **Auslagerung** i. S. d. § 36 KAGB bei einer OGAW-KVG die Portfolioverwaltung und bei einer AIF-KVG die Portfolioverwaltung oder das Risikomanagement sein, so unterliegen auch diese Unternehmen einer Erlaubnispflicht. Eine entsprechende Pflicht sieht § 36 Abs. 1 Satz 1 Nr. 3 KAGB vor. Es sollte jedoch eine MiFid-Erlaubnis genügen, so dass eine KAGB-Erlaubnis nicht notwendig erscheint (vgl. Winterhalder/Weitnauer in Weitnauer et al. 2017, § 20 KAGB Rdn. 10).

Die **Erlaubnis zum Geschäftsbetrieb** setzt einen schriftlichen Erlaubnisantrag der KVG bei der BaFin **vor** Aufnahme der Tätigkeit voraus. Es wird zwischen der Zulassung einer OGAW und AIF-KVG unterschieden. Dabei sind die Erlaubnisvoraussetzungen für die Verwaltung eines AIF deutlich höher. Sollte eine KVG sowohl einen OGAW als auch einen AIF verwalten, benötigt sie beide Zulassungen (vgl. Emde et al. 2013, S. 91). Die entsprechenden Erlaubnisverfahren enthalten die §§ 21 und 22 KAGB. Liegen die Voraussetzungen für einen Antrag vor, so hat die BaFin die Erlaubnis zum Geschäftsbetrieb zu erteilen. Eine Ausnahme gilt nur, wenn eine Versagung des Geschäftsbetriebs nach § 23 KAGB in Betracht kommt. Mit Erfüllung der Voraussetzungen hat der Antragsteller einen

Rechtsanspruch auf Erteilung der Erlaubnis, die bei Erteilung einen begünstigenden Verwaltungsakt darstellt (vgl. Winterhalder/Weitnauer in Weitnauer et al. 2017, § 20 KAGB Rdn. 16). Die BaFin kann die Erlaubnis jedoch auf die Verwaltung bestimmter Arten von Investmentvermögen beschränken und sie mit Nebenbestimmungen verbinden.

Die **BaFin** hat zum **Erlaubnisverfahren** am 22.03.2013 ein Merkblatt veröffentlicht.[17] Dieses gibt u. a. ausführlich Auskunft über die Unterlagen und Angaben, die der Erlaubnisantrag enthalten muss. Dazu gehören insbesondere ein geeigneter Nachweis über die zum Geschäftsbetrieb erforderlichen Mittel i. S. d. § 25 KAGB,[18] die Angabe der Geschäftsleiter sowie Unterlagen zur Beurteilung deren Zuverlässigkeit sowie fachlicher Eignungen, die Angabe der bedeutenden Beteiligungen an der KVG und enge Verbindungen zu Dritten, die Geschäftspolitik, die Anlagestrategien sowie Anlagebedingungen, Satzungen oder Gesellschaftsverträge aller AIF, welche die KVG verwalten möchte, sowie die der externen KVG selbst. Darüber hinaus sind Angaben über das Vergütungssystem der KVG, zur Beauftragung der Verwahrstelle sowie über die Auslagerung von Tätigkeiten auf Dritte notwendig. Über den schriftlichen Antrag hat die BaFin innerhalb von drei Monaten nach Einreichung des vollständigen Antrages zu entscheiden. Im Einzelfall ist eine Verlängerung um weitere drei Monate möglich, wenn besondere Umstände dies rechtfertigen. Die KVG kann erst nach Erteilung der Erlaubnis, frühestens jedoch einen Monat nach Einreichung des vollständigen Antrages, ihre Tätigkeit aufnehmen.

Eine **Versagung der Erlaubnis** einer KVG kommt nach § 23 KAGB insbesondere dann in Betracht, wenn der KVG das Anfangskapital und die zusätzlichen Eigenmittel nach § 25 KAGB nicht zur Verfügung stehen, die Kapitalverwaltungsgesellschaft nicht mindestens zwei Geschäftsleiter hat, die KVG ausschließlich administrative Tätigkeiten, den Vertrieb von eigenen Investmentanteilen oder Tätigkeiten im Zusammenhang mit den Vermögensgegenständen des AIF erbringt, ohne auch die Portfolioverwaltung und das Risikomanagement zu erbringen oder die KVG die Portfolioverwaltung erbringt, ohne auch das Risikomanagement zu erbringen sowie im umgekehrten Fall.

Die Regelung über die **Kapitalanforderungen** des § 25 KAGB sieht vor, dass die KVG bestimmte liquide Mittel vorhält. Diese Regelung hat vornehmlich eine Haftungs- und Garantiefunktion. So sehen die Mindestkapitalanforderungen des Abs. 1 vor, dass eine externe KVG über ein Anfangsvermögen i. H. v. 125.000 € und eine interne KVG i. H. v. 300.000 € verfügen muss. Darüber hinaus haben sie zusätzliche Eigenmittel i. H. v. wenigstens 0,02 % des Betrages, um den der Wert der verwalteten Investmentvermögen 250 Mio. € übersteigt, vorzuhalten, wenn der Wert der von der AIF-Kapitalverwaltungsgesellschaft oder von der externen OGAW-Kapitalverwaltungsgesellschaft verwalteten Investmentvermögen 250 Mio. € überschreitet. Damit enthält das Mindestkapital einen fixen und einen dynamischen Bestandteil, deren geforderte Summe jedoch 10 Mio. €

---

[17] Das Merkblatt ist auf der Internetseite der BaFin veröffentlicht.
[18] § 25 KAGB regelt die sog. Kapitalanforderungen. Danach muss eine interne KVG mit einem Anfangskapital von mind. Euro 300.000 und externe KVG mit mindestens EUR 125.000 ausgestattet sein. Darüber hinaus richten sich die weiteren Kapitalanforderungen nach dem verwalteten bzw. zu verwaltenden Vermögen.

nicht überschreiten darf. Nach § 20 Abs. 2 KAGB ist jedoch eine Abdeckung der zusätzlichen Eigenmittel durch Garantien bis zu 50 % der geforderten Eigenmittel möglich.
Unabhängig von der jeweiligen Höhe des geforderten Eigenkapitals und der zusätzlichen
Eigenmittel müssen gemäß § 25 Abs. 4 KAGB jeder KVG mindestens Eigenmittel i. H. v.
25 % der fixen Kosten des Vorjahres zur Verfügung stehen.

▶ **Es gilt somit** Die Höhe der geforderten Eigenmittel richtet sich also nach § 25 Abs. 1
und 4 KAGB. Sie entspricht dem Betrag der Beträge nach Absatz 1, d. h. Anfangskapital
nach Nr. 1 zuzüglich zusätzlichen Eigenmitteln nach Nr. 2, oder Absatz 4.[19]

Eine Vielzahl inländischer KVG, die ausschließlich AIF im Small und Mid-Cap-Seg-
ment verwalten, unterliegen nicht diesem Erlaubnisverfahren. Für sie kommt als Alternative das kostengünstigere **Registrierungsverfahren** in Betracht, dessen Einzelheiten § 44
KAGB regelt. Es findet Anwendung für alle AIF-KVG, welche die Voraussetzungen des
§ 2 Abs. 4, 4a oder 5 KAGB erfüllen. Damit kommt das Registrierungsverfahren insbesondere für KVG in Betracht, welche ausschließlich Spezial-AIF verwalten, sofern die
verwalteten Vermögensgegenstände nicht die im § 2 Abs. 4 KAGB genannten Schwellenwerte überschreiten, oder z. B. ausschließlich Publikums-AIF und die verwalteten Vermögensgegenstände nicht den in § 2 Abs. 5 KAGB genannten Schwellenwert i. H. v.
100 Mio. € übersteigen (vgl. Boxberger in Weitnauer et al. 2017, § 44 KAGB Rdn. 5 ff.).

2.2.2.3 Verwahrstelle

Verwahrstellen sind Unternehmen, welche die **Verwahrung** und **Überwachung von Investmentvermögen** ausführen. Bei der Ausübung ihrer Tätigkeit handeln sie unabhängig
von der KVG und ausschließlich im Interesse der Anleger. Da Kapitalanlagegesellschaften
das Fondsvermögen nicht selbst verwahren dürfen, ist der Einsatz unabhängiger **Verwahrstellen** notwendig. So verwahren sie beispielsweise Wertpapiere.

▶ **Es gilt somit** Der Einsatz einer Verwahrstelle ermöglicht die getrennte Verwaltung und
Verwahrung des Investmentvermögens (vgl. Bauderer und Coenenberg in Haase 2015,
§ 1 Rdn. 231). Dabei dient sie als Kontrollinstanz der Kapitalverwaltungsgesellschaft.
Zwischen dem Anleger und der Verwahrstelle bestehen jedoch keine Rechtsbeziehungen.
Allerdings ist die Verwahrstelle gesetzlich verpflichtet, in dessen Interesse zu handeln.

▶ **Praxishinweis** In der Regel bestehen zwischen der Kapitalverwaltungsgesellschaft und der Verwahrstelle enge wirtschaftliche Beziehungen, die regelmäßig
konzernrechtlich begründet sind. Insoweit handelt es sich bei der Verwahrstelle
nur bedingt um eine unabhängige Institution. In diesem Zusammenhang führt

---

[19] Vgl. Gesetzesbegründung zum Entwurf eines Gesetzes zur Umsetzung der Richtlinie 2011/61/EU
über die Verwalter alternativer Investmentfonds (AIFM-Umsetzungsgesetz – AIFM-UmsG), BT-
Drs. 791/12, 395.

u. a. die Weisungsbefolgungspflicht der Verwahrstelle zu schwierigen Rechtsfragen (vgl. Köndgen in Berger et al. 2010, Vor § 20 InvG Rdn. 1). Der Vermeidung von Interessenskonflikten dient § 70 Abs. 2 KAGB.

Einzelheiten bezüglich der Verwahrstelle regelt der dritte Abschnitt des ersten Kapitels des Kapitalanlagegegesetzbuches (**§§ 46 bis 90 KAGB**). Es unterscheidet zwischen OGAW-Verwahrstellen und AIF-Verwahrstellen.

Die Verwahrstelle wird auf Grundlage ihrer **Bestellung** tätig. Dabei bedürfen die Beauftragung sowie der Wechsel einer Verwahrstelle gemäß § 69 KAGB der **Genehmigung der BaFin**, welche ihre Erlaubnis mit Nebenbestimmungen versehen kann. Die Bestellung einer Verwahrstelle hat gemäß § 68 Abs. 1 KAGB die OGAW-Verwaltungsgesellschaft und zwar für jeden von ihr verwalteten OGAW sicherzustellen. Dies gilt auch für die Fälle, in denen die Verwahrstelle nicht von der OGAW-Kapitalverwaltungsgesellschaft selbst, sondern von der extern verwalteten Investmentaktiengesellschaft mit veränderlichem Kapital beauftragt wird. In allen Fällen liegt die Verantwortung für eine Beauftragung bei der KVG.[20]

Als Verwahrstellen kommen dabei ausschließlich **Kreditinstitute** i. S. d. § 68 Abs. 2 KAGB in Betracht, deren Tätigkeit darin besteht, Einlagen oder andere rückzahlbare Güter des Publikums entgegenzunehmen und Kredite für eigene Rechnung zu gewähren. Als Verwahrstelle kommen demnach ausschließlich CRR-Kreditinstitute i. S. d. § 1 Abs. 3 d KWG in Betracht, die zum Betreiben des Depotgeschäfts nach § 1 Abs. 1 Satz 2 Nr. 5 KWG zugelassen sind.[21] Sie müssen über ein Anfangskapital von 5 Mio. € verfügen.

Die **Bestellung** erfolgt auf Grundlage eines Verwahrstellenvertrages, dessen Mindestinhalt § 68 Abs. 6 KAGB regelt. Kern des Vertrages ist der Austausch derjenigen Informationen zwischen den Parteien, die sowohl die KVG als auch die Verwahrstelle zur Erfüllung ihrer Aufgaben und zur Kontrolle der anderen Partei benötigen. Zwischen dem Anleger und der Verwahrstelle selbst entstehen dadurch keine Rechtsbeziehungen (vgl. Köndgen in Berger et al. 2010, Vor § 20 InvG, Rdn. 1).

Die ordnungsgemäße Erfüllung der gesetzlichen oder vertraglichen Pflichten ist durch einen geeigneten **Abschlussprüfer** einmal im Jahr zu prüfen. Spätestens zwei Monate nach Ablauf des Kalenderjahrs hat die Verwahrstelle dafür einen geeigneten Prüfer zu bestellen. I. S. d. Gesetzes ist insbesondere ein Wirtschaftsprüfer mit mehrjähriger Berufserfahrung geeignet. Dieser hat seinen Prüfungsbericht der BaFin vorzulegen.

Damit der **Grundsatz der Unabhängigkeit** sichergestellt werden kann, ist die Verwahrstelle verpflichtet, die Weisungen der Kapitalverwaltungsgesellschaft auszuführen, wenn diese nicht gegen das Gesetz oder die Vertragsbedingungen verstoßen, jedoch die-

---

[20] Vgl. Gesetzesbegründung zum Entwurf eines Gesetzes zur Umsetzung der Richtlinie 2011/61/EU über die Verwalter alternativer Investmentfonds (AIFM-Umsetzungsgesetz – AIFM-UmsG), BT-Drs. 791/12, 418.

[21] Vgl. Gesetzesbegründung zum Entwurf eines Gesetzes zur Umsetzung der Richtlinie 2011/61/EU über die Verwalter alternativer Investmentfonds (AIFM-Umsetzungsgesetz – AIFM-UmsG), BT-Drs. 791/12, 418.

se unabhängig von der Kapitalverwaltungsgesellschaft ausschließlich im Interesse des Anlegers auszuführen. Gleichzeitig dürfen die Geschäftsleiter, Prokuristen und die zum gesamten Geschäftsbetrieb Bevollmächtigten der Verwahrstelle nicht gleichzeitig bei der Kapitalverwaltungsgesellschaft und umgekehrt Angestellte sein.

Wesentliche Aufgaben der Verwahrstelle sind nach § 71 KAGB die Ausgaben und Rücknahme von Anteilen oder Aktien eines inländischen OGAW, die Verwahrung der zum inländischen OGAW gehörenden Wertpapiere, Einlagezertifikate und Guthaben sowie die Überwachung der nicht verwahrfähigen Vermögensgegenstände nach § 72 KAGB, wie zum Beispiel von nicht verbrieften Forderungen, die Zahlung und Lieferung bestimmter Geldbeträge nach § 74 KAGB, welche mit dem An- und Verkauf der Vermögensgegenstände des Investmentvermögens sowie den daraus resultierenden Erträgen einhergehen. Für bestimmte Geschäfte, welche abschließend in § 75 KAGB aufgelistet sind, bedarf die Kapitalanlagegesellschaft der Zustimmung der Verwaltungsgesellschaft. Dafür hat sie zu überprüfen, ob die dort genannten Anforderungen vorliegen und sodann die Zustimmung zu erteilen. Auf Anweisung der Kapitalverwaltungsgesellschaft führt sie zudem die **Ausschüttung** der Gewinnanteile an die Anleger durch.

Darüber hinaus nimmt sie gemäß §§ 76, 77 KAGB bestimmte **Kontrollfunktionen** wahr, zu denen beispielsweise die Kontrolle der Ausgabe und Rücknahme von Anteilen sowie die Ermittlung des Wertes der Anteile entsprechend den Vorgaben des KAGB und den Anlagebedingungen gehören. gehören.

Gleichzeitig ist die Verwahrstelle gemäß § 78 KAGB berechtigt und verpflichtet, in eigenem Namen **Ansprüche des Anlegers** geltend zu machen. Zu diesen gehören beispielsweise Ansprüche der Anleger wegen Verletzung der Vorschriften dieses Gesetzes oder der Vertragsbedingungen gegen die Kapitalverwaltungsgesellschaft.

Als **Vergütung** darf die Verwahrstelle gem. § 79 KAGB ausschließlich die für die Verwaltung des inländischen OGAW zustehende Vergütung sowie einen Ersatz ihrer Aufwendungen erhalten. Eine Auszahlung dieser Vergütung bedarf der vorherigen Zustimmung der Kapitalverwaltungsgesellschaft. Die Höhe der Vergütung ist Gegenstand des Verwahrvertrages.

Für die **AIF-Verwahrstelle** gelten die aufgeführten Grundsätze zur OGAW-Verwahrstelle grundsätzlich sinngemäß. So hat auch die AIF-KVG gemäß § 80 KAGB sicherzustellen, dass für jeden von ihr verwalteten AIF eine Verwahrstelle beauftragt wird. Dies gilt auch dann, wenn diese von der extern verwalteten Investmentgesellschaft beauftragt wird. Eine Ausnahme besteht lediglich für EU-AIF, die Nicht-EU-AIF verwalten, die nicht in der Europäischen Union vertrieben werden. Sie müssen keine Verwahrstelle für die von ihnen verwalteten Nicht-EU-AIF beauftragen. Die Beauftragung erfolgt durch einen schriftlichen Verwahrstellenvertrag. Als Verwahrstelle kommen nach Absatz 2 der Regelung CRR-Kreditinstitute i. S. d. § 1 Abs. 3 d KWG[22] sowie bestimmte Wertpapierfirmen und sonstige beaufsichtigte Einrichtung in Betracht (zu den Voraussetzungen im Einzelnen vgl. Boxberger in Weitnauer et al. 2017, § 80 KAGB Rdn. 10 ff.). Für

---

[22] Die konkreten Anforderungen an die Institute enthält § 80 Abs. 7 KAGB.

bestimmte geschlossene AIF kommen nach Absatz 3 darüber hinaus auch sog. Treuhänder-Verwahrstellen in Frage. Die Anforderungen an den Treuhänder können dem BaFin-Treuhänder-Merkblatt entnommen werden (vgl. Boxberger in Weitnauer et al. 2017, § 80 KAGB Rdn. 14 ff.). Die Voraussetzungen an den Sitz der Verwahrstelle enthält § 80 Abs. 6 KAGB. Absatz 8 schreibt darüber hinaus die Anforderungen vor, welche eine Verwahrstelle mit Sitz in einem Drittstaat erfüllen muss.

Beispiel

Bei Verwaltung eines inländischen AIF muss die Verwahrstelle ebenfalls ihren satzungsmäßigen Sitz oder Zweigniederlassung im Inland haben. Darüber hinaus kommt auch die inländische Zweigniederlassung eines CRR-Kreditinstitutes mit Sitz in einem EWR-Mitgliedsstaat und einem Drittstaat in Betracht.

Die **Aufgaben der Verwahrung** konkretisiert § 81 KAGB sowie die **der Kontrolle** **§ 82 KAGB**. So hat die Verwahrstelle nach § 82 Abs. 4 KAGB bei Publikums-AIF, die in Immobilien investieren, beispielsweise die Eintragung der Verfügungsbeschränkung in das Grundbuch oder bei ausländischen Immobilien die Sicherstellung der Wirksamkeit der Verfügungsbeschränkung zu überwachen. Darüber hinaus darf auch die AIF-KVG bestimmte Geschäfte nur mit Zustimmung der Verwahrstelle ausüben, wenn es sich um einen Publikums-AIF handelt. Die Einzelheiten regelt § 84 KAGB. Dem Zustimmungsvorbehalt kommt vor allem bei Immobilien-Sondervermögen eine hohe Bedeutung zu. Bei der Wahrnehmung ihrer Tätigkeit hat die Verwahrstelle ehrlich, redlich, professionell, unabhängig und im Interesse der inländischen AIF sowie seiner Anleger zu agieren. Für Verwahrstellen, welche mit der Verwahrung von Publikums-AIF beauftragt werden, finden darüber hinaus die Regelungen der §§ 69 Abs. 1, 2 und 4 KAGB Anwendung. Danach unterliegt jede Beauftragung und jeder Wechsel der Verwahrstelle der Genehmigung durch die BaFin.

2.2.3 Vertrieb eines Investmentvermögens

Die allgemeinen Vorschriften über den **Vertrieb von Investmentvermögen** enthalten die §§ 293 ff. KAGB. Danach gilt als Vertrieb das direkte oder indirekte Anbieten oder Platzieren von Anteilen oder Aktien eines Investmentvermögens. Dagegen gehören nicht zum Vertrieb die in § 293 Abs. 1 Satz 2 KAGB genannten Tätigkeiten, wie beispielsweise wenn das Investmentvermögen nur namentlich benannt wird, nur die Nettoinventarwerte und die an einem organisierten Markt ermittelten Kurse oder die Ausgabe- und Rücknahmepreise von Anteilen oder Aktien eines Investmentvermögens genannt oder veröffentlicht werden oder die Verkaufsunterlagen eines Investmentvermögens mit mindestens einem Teilinvestmentvermögen, dessen Anteile oder Aktien im Geltungsbereich dieses Gesetzes an eine, mehrere oder alle Anlegergruppen i. S. d. § 1 Abs. 19 Nr. 31 bis 33 KAGB vertrieben werden dürfen, verwendet werden und diese Verkaufsunterlagen auch Informationen über weitere Teilinvestmentvermögen enthalten, die im Geltungsbereich dieses Gesetzes nicht oder nur an eine oder mehrere andere Anlegergruppen vertrieben werden dürfen, sofern in den Verkaufsunterlagen jeweils drucktechnisch herausgestellt an hervorgehobener Stelle darauf hingewiesen wird, dass die Anteile oder Aktien der weiteren Teilinvestmentvermögen im Geltungsbereich dieses Gesetzes nicht vertrieben werden dürfen oder, sofern sie an einzelne Anlegergruppen vertrieben werden dürfen, an welche Anlegergruppe i. S. d. § 1 Abs. 19 Nr. 31 bis 33 KAGB sie nicht vertrieben werden dürfen, die Besteuerungsgrundlagen nach § 5 InvStG a. F. genannt oder bekannt gemacht werden. Dagegen liegt ein Vertrieb an semiprofessionelle und professionelle Anleger nur dann vor, wenn dieser auf Initiative der Verwaltungsgesellschaft oder in deren Auftrag erfolgt und sich an semiprofessionelle oder professionelle Anleger mit Wohnsitz oder Sitz im Inland oder einem anderen Mitgliedstaat der Europäischen Union oder Vertragsstaat des Abkommens über den Europäischen Wirtschaftsraum richtet. So liegt beispielsweise kein Vertrieb vor, wenn der Verkauf eigener Investmentanteile durch einen Anleger erfolgt, soweit die Vertriebsvorschriften des KAGB dadurch nicht umgangen werden.

Welche **Regelungen** auf den Vertrieb und Erwerb von Anteilen an OGAW und AIF anwendbar sind, regeln die §§ 294 und 295 KAGB. So finden für den Vertrieb und den Erwerb von AIF in Bezug auf Privatanleger und für den Vertrieb und den Erwerb von OGAW die §§ 297 bis 306 KAGB Anwendung. Den Vertrieb und Erwerb von Anteilen an AIF in Bezug auf semiprofessionelle und professionelle Anleger regeln die §§ 307 und 308 KAGB.

▶ **Es gilt somit** Die Regelungen über den Vertrieb von Investmentvermögen unterscheiden sich nach der Art der Anleger, d. h. ob der Fonds an Privatanleger, semiprofessionelle oder professionelle Anleger vertrieben wird.

Vor Vertrieb der Anteile ist zwingend ein **Anzeigeverfahren vor** Vertriebsbeginn durchzuführen. Für den Vertrieb eines AIF ist dabei zu unterscheiden, ob diese Anteile an private Anleger oder an semiprofessionelle und professionelle Anleger vertrieben werden sollen. Wesentliches Element des Vertriebs an die beiden letztgenannten Anleger stellt dabei der sog. **EU-Pass** dar, welcher die in einem Mitgliedstaat zugelassenen Fondsmanager zum EU-weiten Vertrieb von AIF an professionelle sowie semiprofessionelle Anleger berechtigt.[23] Dabei unterscheidet die AIFM-RL hinsichtlich des EU-Passes, ob es sich um einen reinen EU-Bezug oder einen Drittstaatenbezug handelt. Ein reiner EU-bezug liegt dabei vor, wenn die AIF-KVG oder die EU-AIF-Verwaltungsgesellschaft, die in einem Mitgliedstaat der EU oder des EWR zugelassen ist, nach den erforderlichen Anzeigeverfahren inländische AIF oder EU-AIF innerhalb der Europäischen Union an professionelle Anleger vertreiben dürfen. Dagegen liegt ein Drittstaatenbezug vor, wenn entweder eine AIF-Verwaltungsgesellschaft oder eine EU-Verwaltungsgesellschaft von ihr verwaltete

---

[23] Vgl. Gesetzesbegründung zum Entwurf eines Gesetzes zur Umsetzung der Richtlinie 2011/61/EU über die Verwalter alternativer Investmentfonds (AIFM-Umsetzungsgesetz – AIFM-UmsG), BT-Drs. 791/12, 354.

ausländische AIF vertreibt oder eine ausländische AIF-KVG von ihr verwaltete inländische AIF, EU-AIF oder ausländische AIF innerhalb der Europäischen Union vertreibt. Voraussetzung ist, dass letztgenannte Gesellschaften in einem Mitgliedstaat der EU oder EWR zugelassen sind. Während die Regelungen über den EU-Pass mit reinem EU-Bezug bereits mit Einführung des KAGB umgesetzt worden sind, steht die richtlinienkonforme Umsetzung des EU-Passes mit Drittstaatenbezug noch aus. Das KAGB enthält dazu bereits Regelungen, die über den Mindestumfang der AIFM-RL hinausgehen (Weitnauer et al. 2017, Einleitung, 12).

2.2.4 Hinweise zur Erstellung der Anlagebedingungen, des Verkaufsprospektes und der wesentlichen Anlegerinformationen

Nach den allgemeinen Vorschriften über offene **Publikums-Investmentvermögen** hat die Kapitalverwaltungsgesellschaft dem Publikum für die von ihr verwalteten Investmentvermögen die wesentlichen Anlegerinformationen und einen Verkaufsprospekt zugänglich zu machen. Eine entsprechende Regelung enthielt § 42 InvG, die fast wortgleich in § 165 KAGB übernommen wurde (vgl. Patz 2014, S. 277). Die Regelung des § 165 KAGB erweitert die Mindestangaben des § 42 InvG um einige Angaben.[24] Darüber hinaus müssen die **Anlagebedingungen** zur Genehmigung der BaFin vorgelegt werden.

▶ **Es gilt** Die Anlagebedingungen, die wesentlichen Anlegerinformationen sowie der Verkaufsprospekt sind Gegenstand des Anzeigeverfahrens vom Vertrieb von Investmentvermögen.

Der **Verkaufsprospekt** muss zwingend ein Datum enthalten, redlich und eindeutig und darf nicht irreführend sein. Er muss alle Angaben enthalten, welche erforderlich sind, damit sich die Anleger über die ihnen angebotene Anlage und insbesondere über die damit verbundenen Risiken ein begründetes Urteil bilden können. Der Verkaufsprospekt muss neben dem Namen des Investmentvermögens, auf das er sich bezieht, mindestens diejenigen Angaben enthalten, welche **§ 165 Abs. 2 KAGB in den Nummern 1 bis 39** vorschreibt. Zu diesen Mindestangaben gehören insbesondere der Zeitpunkt der Auflegung des Investmentvermögens sowie die Angabe der Laufzeit, an hervorgehobener Stelle eine Beschreibung der Anlageziele des Investmentvermögens, einschließlich der finanziellen Ziele und Beschreibung der Anlagepolitik und -strategie, eindeutige und leicht verständliche Erläuterung des Risikoprofils des Investmentvermögens, Angaben zu den Kosten einschließlich Ausgabeaufschlag und Rückgabeabschlag, Profil des typischen Anlegers, für den das Investmentvermögen konzipiert ist, Kurzangaben über die für die Anleger bedeutsamen Steuervorschriften einschließlich der Angabe, ob ausgeschüttete Erträge des Investmentvermögens einem Quellensteuerabzug unterliegen, Regeln für die

---

[24] Eine detaillierte Gegenüberstellung enthält der Aufsatz von Patz (2014, S. 273).

Vermögensbewertung, Verfahren und Bedingungen für die Ausgabe und die Rücknahme sowie gegebenenfalls den Umtausch von Anteilen oder Aktien, Firma, Rechtsform, Sitz und, wenn sich die Hauptverwaltung nicht am Sitz befindet, Ort der Hauptverwaltung der Verwaltungsgesellschaft sowie den Zeitpunkt ihrer Gründung. Nach § 297 InvG sind der Prospekt sowie der letzte veröffentlichten Jahres- und Halbjahresbericht dem am Erwerb eines Anteils interessierten Anleger auf Verlangen in der geltenden Fassung kostenlos zur Verfügung zu stellen. In jedem Fall sind dem interessierten Anleger rechtzeitig vor Vertragsschluss die wesentlichen Anlegerinformationen in der geltenden Fassung kostenlos zur Verfügung zu stellen.

Über die Mindestangaben des § 165 Abs. 2 KAGB enthalten die weiteren Absätze des § 165 KAGB weitere Vorgaben. So enthält beispielsweise Absatz 3 der Regelung eine ausführliche Auflistung der Angaben, welche der Verkaufsprospekt über die Kosten einschließlich Ausgabeaufschlag und Rücknahmeabschlag enthalten muss. Nach § 165 Abs. 7 KAGB muss der **Verkaufsprospekt von AIF** zusätzlich mindestens weitere Angaben über die Identität des Primebrokers, eine Beschreibung jeder wesentlichen Vereinbarung zwischen dem Investmentvermögen und seinen Primebrokern sowie die Art und Weise der Beilegung diesbezüglicher Interessenkonflikte und Angaben über jede eventuell bestehende Haftungsübertragung auf den Primebroker enthalten.

Die **Anlagebedingungen** regeln das Rechtsverhältnis zwischen der KVG und den Anlegern. Sie sind vor Ausgabe der Anteile oder der Aktien schriftlich festzuhalten. Die Mindestangaben für offene inländische Publikums-Investmentvermögen enthält die Regelung des § 162 Abs. 2 KAGB. Zu diesen Angaben gehören insbesondere die Grundsätze zur Auswahl der Vermögensgegenstände, die Rücknahmemodalitäten der Anteile sowie die Ausschüttung oder Wiederanlage der Erträge. Die Anlagebedingungen offener inländischer Publikums-Investmentvermögens sind genehmigungspflichtig. Sie sind daher der BaFin zur Genehmigung vorzulegen.

Die **wesentlichen Anlegerinformationen** sollen einen beschränkten Umfang haben und sich durch gestalterische und sprachliche Einfachheit auszeichnen. Zudem sollen sie ein hohes Maß an Vergleichbarkeit haben (vgl. Paul in Weitnauer et al. 2017, § 268 KAGB Rdn. 4). Der Mindestumfang der wesentlichen Anlegerinformationen richtet sich nach der Qualifikation des Investmentvermögens. Für offene inländische Publikums-Investmentvermögen findet so zum Beispiel die Regelung des § 166 KAGB Anwendung.

▶ **Es gilt** Die wesentlichen Anlegerinformationen ersetzen seit Einführung des KAGB den vereinfachten Verkaufsprospekt. Sie sind, wie der Verkaufsprospekt, den Anleger auf der Internetseite zugänglich zu machen.

Die Informationspflichten gegenüber **semiprofessionellen und professionellen Anlegern** und Haftung enthält die Regelung des § 307 KAGB. Sie enthält keine ausdrückliche Prospektpflicht für **offene Spezial-Investmentvermögen**. Der Vergleich der Mindestangaben des § 165 Abs. 2 KAGB mit den Informationspflichten des § 307 KAGB zeigt jedoch, dass eine Prospektpflicht zwar nicht besteht, jedoch die Erfüllung der Angaben des § 307 KAGB zur Erstellung eines „Quasi-Prospektes" führen (zu weiteren Einzelheiten vgl. Patz 2014, S. 275). Die Angaben enthalten insbesondere eine Beschreibung der Anlagestrategie und Ziele sowie der Anlagetechniken, der Art der Vermögenswerte und deren Risiken, des Leverageeinsatzes und Änderung der Anlagestrategie, Angaben zur Identität der AIF-Verwaltungsgesellschaft, zur Verwahrstelle, zu Rechnungsprüfern und zu übertragenen Verwaltungsfunktionen, zu Bewertungsverfahren und Kalkulationsmethoden, zum Liquiditätsmanagement, Rückgaberechten und Entgelten, über das Ausgabeverfahren und Bedingungen, Angaben über Wertentwicklungen, zum Primebrokern sowie zur Offenlegung (vgl. Patz 2014, S. 275). Darüber hinaus haben auch Spezial-AIF die **Anlagebedingungen** der BaFin vorzulegen.

Diese Regelungen zur Prospekterstellung und Veröffentlichung dienen dem **Kapitalanlegerschutz**. § 306 KAGB sieht für die Fälle, in denen der Verkaufsprospekt Angaben enthält, welche für die Beurteilung der Anteile von wesentlicher Bedeutung sind, eine Haftung der Kapitalverwaltungsgesellschaft oder derjenigen Person vor, welche die Anteile im eigenen Namen verkauft hat. Sollte ein Anleger die Anteile auf Grundlage der falschen oder unrichtigen Angaben in dem ausführlichen oder vereinfachten Prospekt gekauft haben, so kann er Schadensersatz verlangen. Dieser Vorschrift kommt besondere Bedeutung zu, weil die Prospekte nicht durch die BaFin genehmigungspflichtig sind (vgl. Buck-Heeb 2009, § 127 Rdn. 657). § 307 Abs. 3 KAGB sieht eine entsprechende Regelung für die Informationen vor, welche **offene Spezial-Investmentvermögen** gemäß § 307 Abs. 1 und 2 KAGB den am Erwerb eines Anteils oder einer Aktie interessierten professionellen Anleger oder semiprofessionellen Anleger zur Verfügung stellen müssen.

2.3   Investmentfonds i. S. d. InvStG

Das **Investmentsteuerrecht** findet gemäß § 1 Abs. 1 InvStG auf **Investmentfonds** und **deren Anleger** Anwendung. Die Definition der Investmentfonds richtet sich nach § 1 Abs. 1 KAGB, die Erweiterungen des § 1 Abs. 2 InvStG und Ausnahmen des § 1 Abs. 3 InvStG sind zu beachten. Die bisherige Unterscheidung zwischen OGAW und AIF entfällt.

Darüber hinaus unterscheidet das Investmentsteuerrecht für Zwecke der Besteuerung lediglich zwischen **(Publikums-)Investmentfonds und Spezial-Investmentfonds**. Die Unterscheidung zwischen Investmentfonds und Investitionsgesellschaften wird aufgegeben. Die investmentsteuerliche Einordnung als Investmentfonds wird dabei nicht länger von der Einhaltung bestimmter Voraussetzungen abhängig gemacht. Lediglich die Spezial-Investmentfonds müssen diese Anlagebestimmungen, nunmehr in § 26 InvStG geregelt, die Voraussetzungen für eine Gewerbesteuerbefreiung nach § 15 Abs. 2 und 3 InvStG sowie ggf. die Rechtsformerfordernisse des § 27 InvStG erfüllen. So dürfen inländische Spezial-Investmentfonds lediglich als Sondervermögen i. S. d. § 1 Abs. 10 KAGB, in Form einer Investmentaktiengesellschaft mit veränderlichem Kapital nach § 108 KAGB und zur

Bündelung von Altersvorsorgevermögen nach § 53 InvStG ausnahmsweise als offene Investmentkommanditgesellschaft aufgelegt werden.

Im Ergebnis entfällt damit für die Finanzbehörden und Kapitalverwaltungsgesellschaften die aufwändige Prüfung und Überwachung der Anlagebestimmungen für alle Investmentfonds.

Zu berücksichtigen gilt, dass ein **Wechsel von dem Besteuerungsregime** „Investmentfonds" zur Besteuerung als „Spezial-Investmentfonds" gemäß § 24 InvStG ausgeschlossen
ist. Sollte ein Fonds zunächst als „Spezial-Investmentfonds" der Besteuerung unterliegen
und sodann die Anlagebestimmungen des § 26 InvStG oder Voraussetzungen für eine Befreiung von der Gewerbesteuer nach § 15 Abs. 2 und 3 InvStG nicht mehr erfüllen, gilt er
gemäß § 52 InvStG als aufgelöst. Er wird nunmehr als Investmentfonds besteuert, wenn
er die Voraussetzungen des § 1 Abs. 1 InvStG weiterhin erfüllt.

▶ **Praxishinweis** In der Praxis ist zunächst zu prüfen, ob ein Investmentvermögen i. S. d. KAGB vorliegt. Liegt ein solches vor, unterfällt dieses grundsätzlich –
vorbehaltlich der Ausnahmen des § 1 Abs. 3 InvStG – der Anwendung des Investmentsteuerrechts. Andernfalls ist zu prüfen, ob das Anlagevehikel unter
§ 1 Abs. 2 InvStG fällt. Sollte der Investmentfonds in der Anlagepraxis nicht wesentlich gegen die Anlagebestimmungen des § 26 InvStG verstoßen sowie die
Voraussetzungen für eine Steuerbefreiung von der Gewerbesteuer nach § 15
Abs. 2 und 3 InvStG und, sofern notwendig, die Rechtsformerfordernisse des
§ 27 InvStG erfüllen, erfolgt seine Besteuerung nach den Regeln über ein Spezial-Investmentfonds[25] , ansonsten nach denen für (Publikums-)Investmentfonds.
Ein Wechsel von der Besteuerung als „Investmentfonds" zur Besteuerung als
„Spezial-Investmentfonds" ist nicht möglich.

2.3.1 (Publikums-)Investmentfonds

Das Investmentsteuerrecht findet Anwendung auf die **Investmentfonds** und **deren Anleger**.

Die **Definition der Investmentfonds** beinhaltet § 1 Abs. 2 Satz 1 KAGB, wobei die
Erweiterungen nach § 1 Abs. 2 Satz 2 InvStG sowie die Einschränkungen nach § 1 Abs. 3
InvStG zu berücksichtigen sind. Nach dieser Definition sind Investmentfonds Investment-
vermögen i. S. d. § 1 Abs. 1 KAGB.

▶ **Es gilt somit** Investmentfonds sind definiert als Investmentvermögen i. S. d. § 1 Abs. 1
KAGB. Die Erweiterungen des § 1 Abs. 2 Satz 2 InvStG sowie Einschränkungen des § 1
Abs. 3 InvStG sind zu beachten.

---

[25] Voraussetzung ist, dass er seinen steuerlichen Status als Spezial-Investmentfonds geltend macht.

Investmentvermögen i. S. d. § 1 Abs. 1 Satz 1 KAGB ist jeder **Organismus für gemeinsame Anlagen**, der von einer Anzahl von Anlegern Kapital einsammelt, um es gemäß einer festgelegten Anlagestrategie zum Nutzen dieser Anleger zu investieren und der kein operativ tätiges Unternehmen außerhalb des Finanzsektors ist (siehe dazu bereits ausführlich Abschn. 2.2). Dabei setzt der Begriff „Organismus für gemeinsame Anlagen" ein Anlagevehikel, in welchem das von den Investoren gesammelte Kapital gepoolt wird, voraus. Dies verlangt ein rechtlich oder wirtschaftlich von den Anlegern verselbständigtes Vermögen, was nicht vorliegen kann, wenn die Anlagegegenstände dem Anleger zuzurechnen sind. Folglich können Vermögensverwaltungsmandate, bei denen einem Verwalter lediglich die Verfügungsmacht eingeräumt wird, aber bei denen der Anleger Eigentümer der Wertpapiere und sonstigen Anlagegegenstände ist, keine Organismen für gemeinsame Kapitalanlagen sein. Entsprechendes gilt, wenn das hingegebene Kapital der Anleger ohne jede rechtliche oder wirtschaftliche Trennung Teil des Gesamtvermögens eines Dritten wird, der mit dem Kapital eigene wirtschaftliche Interessen verfolgt. Die Kapitalüberlassung im Rahmen von Schuldverschreibungen fällt daher ebenfalls nicht in den Anwendungsbereich, auch wenn die Höhe der Rückzahlungs- oder Ertragszahlungspflicht von der Wertentwicklung anderer Finanzprodukte abhängt. Mithin sind Zertifikate keine Investmentfonds i. S. d. Investmentsteuergesetzes (vgl. Gesetzesbegründung BT-Drs. 18/8045, S. 67 sowie BMF-Entwurf v. 24.03.2017 Rdn. 3 f.).

Aufgrund der **grundsätzlichen Gleichsetzung** des Begriffs „Investmentfonds" mit dem aufsichtsrechtlichen Begriff des „Investmentvermögen" kann zur Auslegung des steuerlichen Begriffs „Investmentfonds" auf **die aufsichtsrechtlichen Verwaltungsverlautbarungen** zurückgegriffen werden. Dafür kann insbesondere das Auslegungsschreiben der Bundesanstalt für Finanzdienstleistungsaufsicht (BaFin) vom 14. Juni 2013, zuletzt geändert am 9. Juni 2015 – Q 31-Wp 2137-2013/0006 – herangezogen werden. Eine Bindung an die aufsichtsrechtlichen Entscheidungen besteht jedoch nicht (vgl. BMF-Entwurf v. 24.03.2017 Rdn. 2).

▶ **Es gilt somit** Investmentfonds werden mit dem aufsichtsrechtlichen Begriff des Investmentvermögens gleichgesetzt. Daher kann die Prüfung, ob aus steuerlicher Sicht ein solcher vorliegt, grundsätzlich nach den aufsichtsrechtlichen Regelungen erfolgen. Ein formaler Zwang besteht jedoch nicht. Zu den aufsichtsrechtlichen Anforderungen im Einzelnen vgl. unter Abschn. 2.2.

§ 1 Abs. 2 Satz 2 InvStG enthält **Erweiterungen**, welche den Anwendungsbereich des Investmentsteuergesetzes über das Aufsichtsrecht hinaus eröffnen. Danach gelten als Investmentfonds auch:

- Organismen für gemeinsame Anlagen, bei denen die Zahl der möglichen Anleger auf einen Anleger begrenzt ist, wenn die übrigen Voraussetzungen des § 1 Abs. 1 KAGB erfüllt sind. Mit der Erfassung der sog. „**Ein-Anleger-Fonds**" soll verhindert werden, dass sich Investmentvermögen der Besteuerung nach dem Investmentsteuerrecht entziehen, indem sie die Anzahl ihrer möglichen Anleger begrenzen.

- Des Weiteren gelten auch Kapitalgesellschaften, denen nach dem Recht des Staates, in dem sie ihren Sitz oder ihre Geschäftsleitung haben, eine operative unternehmerische Tätigkeit untersagt ist und die keiner Ertragsbesteuerung unterliegen oder die von der Ertragsbesteuerung befreit sind, als Investmentfonds. Mit ihrer Erfassung soll sichergestellt werden, dass nunmehr auch bislang nicht erfasst Anlagevehikel, wie beispielsweise die Luxemburger Verwaltungsgesellschaft für Familienvermögen SPF (société de gestion patrimoine familial) zukünftig dem Anwendungsbereich des Investmentsteuergesetzes unterfallen. Bislang schied eine solche Subsumierung aus, weil die SPF in Luxemburg weder der Körperschaftsteuer noch der kommunalen Gewerbesteuer unterliegt. Nicht unter diese Erweiterung fallen gemeinnützige Gesellschaften mit beschränkter Haftung (gGmbH) i. S. d. § 5 Abs. 1 Nr. 9 KStG, da diesen unternehmerische Tätigkeiten erlaubt sind und diese partiell als wirtschaftlicher Geschäftsbetrieb oder im Rahmen von Zweckbetrieben steuerpflichtig sind (§§ 64 ff. AO) (vgl. Gesetzesbegründung BT-Drs. 18/8045, S. 67).
- Abschließend erfasst die Erweiterung auch die von AIF-Kapitalverwaltungsgesellschaften verwalteten Investmentvermögen nach § 2 Abs. 3 KAGB. Auch diese unterfallen weiterhin dem Anwendungsbereich des Investmentsteuerrecht. Sie können auch als Spezial-Investmentfonds betrieben werden (vgl. § 26 Nr. 1 Satz 2 InvStG).

▶ **Es gilt somit** Die von den Erweiterungen des § 1 Abs. 2 Satz 2 InvStG erfassten Anlagevehikel bezeichnet man auch als **fiktive Investmentfonds** (vgl. Wenzel in Blümich 2017, § 1 Rdn. 1). Denn diese Anlagevehikel erfüllen nicht die Voraussetzungen an ein Investmentvermögen i. S. d. § 1 Abs. 1 KAGB, gelten aber gleichwohl als Investmentfonds i. S. d. InvStG. Ursache dafür ist, dass der Gesetzgeber auch diese Anlagevehikel dem Anwendungsbereich des InvStG unterstellen möchte.

Ergänzend zu dieser Definition **sieht § 1 Abs. 3 InvStG folgende Ausnahmen** vom Anwendungsbereich des Investmentsteuerrechts vor. Folgende Anlagevehikel unterfallen somit nicht dem Anwendungsbereich des Investmentsteuergesetzes:

- Die in § 2 Abs. 1 und 2 KAGB enthaltenen Ausnahmen vom Anwendungsbereich des Aufsichtsrecht gelten, wie bereits bislang, auch für das Investmentsteuergesetz.
- Des Weiteren werden nunmehr Investmentvermögen in der **Rechtsform einer Personengesellschaft** oder einer vergleichbaren ausländischen Rechtsform vom Anwendungsbereich des Investmentsteuergesetzes ausgenommen. Bei ausländischen Rechtsformen ist ein Rechtstypenvergleich mit den möglichen inländischen Rechtsformen einer Personengesellschaft anhand der Kriterien des BMF-Schreibens vom 19.03.2004 (BStBl. I 2004, S. 411) zu führen. Die Tabellen 1 und 2 des BMF-Schreibens vom 24.12.1999 (BStBl. I 1999, S. 1076) sind zu berücksichtigten (BMF-Entwurf v. 24.03.2017 Rdn. 12). Der Gesetzgeber begründet diese Ausnahme damit, dass Perso-

nengesellschaften im Steuerrecht zahlreicher Staaten vielfach nicht als eigenständige Besteuerungssubjekte behandelt, sondern die Besteuerung auf die jeweiligen Anteilseigner verlagert wird. Doch gerade dieser transparente Ansatz widerspricht dem zukünftigen Besteuerungssystem für Investmentfonds, das zwischen der Besteuerung des Investmentfonds und der Anleger unterscheidet.

▶ **Es gilt somit** Die Besteuerung der Investmentvermögen in der Rechtsform einer Personengesellschaft richtet sich nach den allgemeinen Regelungen, weil diese Anlagevehikel aufgrund der Ausnahme des § 1 Abs. 3 InvStG nicht als Investmentfonds i. S. d. § 1 InvStG gelten. Eine Anwendung der investmentsteuerlichen Regelungen ist folglich nicht möglich. Die Rückausnahme des Satzes 2 ist zu beachten.

- Eine Rückausnahme ist vorgesehen für OGAW in Wertpapieren nach § 1 Abs. 2 KAGB und für Altersvorsorgevermögenfonds nach § 53 InvStG. OGAW sind infolge der Rechtsgrundverweisung auf § 1 Abs. 2 KAGB ausschließlich inländische OGAW (§§ 192 ff. KAGB) sowie EU-OGAW (§ 1 Abs. 2 KAGB i. V. m. Artikel 1 Absatz 1 Rl 2009/65/EG). In einem Drittstaat aufgelegte Investmentvermögen in einer der Personengesellschaft entsprechenden Rechtsform sind nicht von der Rückausnahme erfasst (BMF-Entwurf v. 24.03.2017 Rdn. 13).
- Zudem stellt § 1 Abs. 3 Satz 2 InvStG klar, dass Sondervermögen und vergleichbare ausländische Rechtsformen keine Personengesellschaften im Sinne dieser Regelung sind. Dabei sind einem Sondervermögen ausländische Investmentvermögen der Vertragsform vergleichbar (BMF-Entwurf v. 24.03.2017 Rdn. 12). Daher unterfallen ausländische OGAW in der Rechtsform einer Personengesellschaft unverändert als Investmentfonds dem Investmentsteuerrecht.
- Ebenfalls nicht in den Anwendungsbereich des Investmentsteuerrechts fallen die bisher in § 1 Abs. 1a Nr. 2 InvStG a. F. enthaltene Ausnahme für **Unternehmensbeteiligungsgesellschaften** sowie in § 1 Abs. 1a Nr. 3 InvStG für mittelständische Beteiligungsgesellschaften.
- Zudem unterfallen **REIT**-Aktiengesellschaften und andere REIT-Körperschaften, -Personenvereinigungen oder -Vermögensmassen aufgrund ihrer ausdrücklichen Regelung im REIT-Gesetz spezialgesetzlich nicht dem Investmentsteuerrecht.

Zu beachten ist, dass nach **§ 1 Abs. 4 InvStG** haftungs- und vermögensrechtlich voneinander getrennte Teile eines Investmentfonds für Zwecke dieses Gesetzes als eigenständige Investmentfonds fingiert werden. Von dieser Fiktion betroffen sind insbesondere Teilsondervermögen i. S. d. § 96 Abs. 2 Satz 1 KAGB und Teilgesellschaftsvermögen i. S. d. §§ 117 oder § 132 KAGB oder vergleichbare rechtlich getrennte Einheiten eines ausländischen Investmentvermögens. In einer **Umbrella-Konstruktion zusammengefasste Teilsondervermögen** i. S. d. § 96 Abs. 2 Satz 1 KAGB bestehen aus einzelnen Sondervermögen i. S. d. § 1 Abs. 10 KAGB. Da diese bereits selbst unmittelbar die Voraussetzungen des § 1 Abs. 1 InvStG erfüllen, bedarf es daher keiner Anwendung des § 1 Abs. 4

InvStG. Sollte hingegen bei einem ausländischen Investmentfonds der Vertragsform eine haftungs- und vermögensrechtliche Trennung einzelner Teile des Investmentfonds vorliegen, findet nach Auffassung der Finanzverwaltung die Fiktion des § 1 Abs. 4 InvStG hingegen Anwendung (BMF-Entwurf v. 24.03.2017 Rdn. 15).

▶ **Es gilt somit** Dem Investmentsteuerrecht unterfallen grundsätzlich **Investmentfonds**, welche die Voraussetzungen an ein **Investmentvermögen i. S. d. § 1 Abs. 1 KAGB** erfüllen. Von diesem Grundsatz sind die in § 1 InvStG genannten Ausnahmen zu beachten. So unterfallen z. B. „Ein-Anleger-Fonds" dem Anwendungsbereich des § 1 InvStG, hingegen Investmentvermögen in der Rechtsform einer Personengesellschaft oder einer vergleichbaren ausländischen Rechtsform ausdrücklich nicht, auch wenn diese die Voraussetzungen des § 1 Abs. 1 KAGB erfüllen.

Abb. 2.2 zeigt die einzelnen Schritte der **Prüfung des Anwendungsbereiches des Investmentsteuerrechts** zusammen (Wenzel in Blümich 2017, § 1 Rdn. 11).

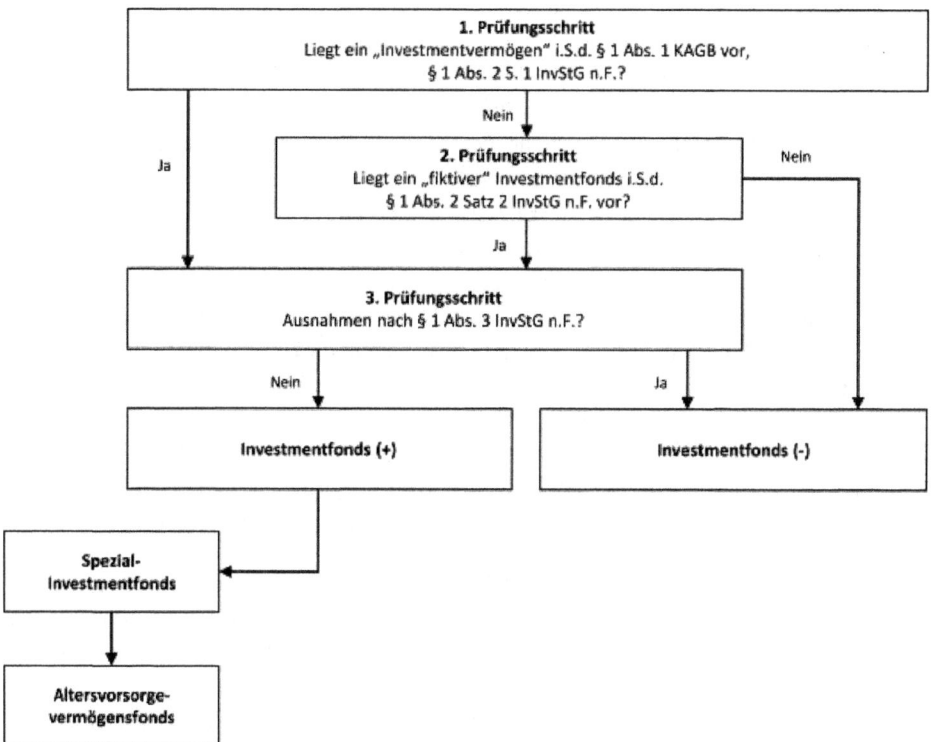

Abb. 2.2 Prüfungsschritte zur Anwendung des Investmentsteuerrechts

2.3.2 Spezial-Investmentfonds

2.3.2.1 Überblick

Ein **Investmentfonds i. S. d. § 1 InvStG** wird entweder als (Publikums-)Investmentfonds oder als Spezial-Investmentfonds besteuert. Unter welchen Voraussetzungen ein Spezial-Investmentfonds vorliegt, regelt § 26 InvStG. Diese Regelung **definiert** einen **Spezial-Investmentfonds** als einen Investmentfonds, der die Voraussetzungen für eine Gewerbesteuerbefreiung nach § 15 Abs. 2 und 3 InvStG erfüllt und in der Anlagepraxis nicht wesentlich gegen die nachfolgenden weiteren Voraussetzungen, die sog. Anlagebestimmungen, verstößt. Ergänzend sind für inländische Investmentfonds die Rechtsformerfordernisse des § 27 InvStG zu beachten.

▶ **Es gilt somit** Die bislang in § 1 Abs. 1b Satz 2 InvStG a. F. enthaltenen Anlagebestimmungen über die Anforderungen an einen Investmentfonds dienen nunmehr der Definition von Spezial-Investmentfonds. Dafür wurden sie weitestgehend unverändert in § 26 InvStG übernommen, der nunmehr die Definition in- und ausländischer Spezial-Investmentfonds enthält. Folglich können die zum bisherigen Recht veröffentlichten BMF-Schreiben weiterhin herangezogen werden. Zu denken ist insbesondere an das BMF-Schreiben v. 23.10.2014 (DStR 2014, S. 2346) sowie die Schreiben der BaFin, insbesondere an das Rundschreiben zum Anwendungsbereich des Investmentgesetzes nach § 1 S. 1 Nr. 3 InvG, BaFin v. 22.12.2008, WA 41-Wp 2136 – 2008/0001 (vgl. Wenzel in Blümich 2017, § 26 Rdn. 18).

Wesentliche Änderungen ergeben sich durch die **Investmentsteuerreform 2018** im Hinblick auf die Beteiligung **natürlicher Personen**. Natürliche Personen dürfen als Privatanleger weder mittel- noch unmittelbar an einem Spezial-Investmentfonds beteiligt sein. Dafür werden mittelbare Beteiligungen gemäß § 26 Nr. 8 InvStG unmittelbaren Beteiligungen gleichgestellt. Zur Überwachung dieser Beschränkung müssen die mittelbar über eine Personengesellschaft beteiligten Anleger gemäß § 28 InvStG in ein Anteilsregister aufgenommen werden. Personengesellschaften sind dem Fonds gegenüber zur Angabe über ihrer Gesellschafter und Änderung ihres Gesellschafterbestands verpflichtet. Sollten natürliche Personen unzulässiger Weise an einem Fonds beteiligt sein, hat der Fonds ein Sonderkündigungsrecht (vgl. Böcker 2016x, S. 2794).

Für natürliche Personen, die bislang mittelbar über eine Personengesellschaften an einem Spezial-Investmentfonds beteiligt waren, gilt ein **Bestandsschutz**. Danach darf die Beteiligung in Abhängigkeit von ihrem Erwerbszeitpunkt gemäß § 26 Nr. 8 Satz 2 InvStG bis zu den Zeitpunkten in Tab. 2.1 weiterhin bestehen bleiben (Böcker 2016, S. 2794).

Zu den Ausnahmen zur Beteiligung natürlicher Personen an Spezial-Investmentfonds siehe ausführlich unter Abschn. 2.3.2.2.8.

Des Weiteren wurde die **Anlagebestimmung „passive Vermögensverwaltung"** aus dem Katalog der Anlagebestimmungen entfernt. Dies liegt darin begründet, dass ein Spezial-Investmentfonds nur vorliegen kann, wenn dieser die Voraussetzungen für eine Be-

Tab. 2.1 Bestandsschutz für mittelbare Beteiligungen an einem Spezial-Investmentfonds

Erwerbszeitpunkt der Beteiligung	Beteiligung darf bestehen bleiben bis zum
Vor dem 24.02.2016	01.01.2030
Nach dem 24.02.2016 bis zum 09.06.2016[a]	01.01.2020
Nach dem 09.06.2016	01.01.2018

[a] Am 09.06.2016 wurde die Investmentsteuerreform vom Bundestag beschlossen

freiung von der Gewerbesteuer nach § 15 Abs. 2 und 3 InvStG erfüllt, was nur dann sein kann, wenn sich der objektive Geschäftszweck der Gesellschaft auf die passive Vermögensverwaltung beschränkt. Damit ist weiterhin sichergestellt, dass der Investmentfonds der gemeinschaftlichen Kapitalanlage dient und dem Grundsatz der passiven Vermögensverwaltung folgt. Dabei dient das letztgenannte Kriterium der Abgrenzung der Vermögensverwaltung von der gewerblichen Tätigkeit, welche für Spezial-Investmentfonds ausdrücklich ausgeschlossen ist. Eine aktive unternehmerische Tätigkeit, welche dem Wesen der gewerblichen Tätigkeit entspricht, ist diesen nicht erlaubt. Dabei resultiert dieses Verbot bereits aus der aufsichtsrechtlichen Definition von Investmentvermögen, bei denen es sich gemäß § 1 Abs. 1 KAGB gerade nicht um ein operativ tätiges operativ tätiges Unternehmen außerhalb des Finanzsektors handeln darf. Typische operative Tätigkeiten sind beispielsweise die Entwicklung und Errichtung von Immobilien, die Produktion, der Ankauf, Verkauf oder Tausch von Gütern und Handelswaren sowie das Anbieten von Dienstleistungen (vgl. Simonis et al. 2014, S. 18). So dürfen Investmentfonds lediglich die eingesammelten Mittel anlegen und verwalten.[26]

2.3.2.2 Überblick über die Voraussetzungen der §§ 26 und 27 InvStG an einen Spezial-Investmentfonds

Eine **Spezial-Investmentfonds** liegt vor, wenn der Investmentfonds

1. die Voraussetzungen für die **Gewerbesteuerbefreiung nach § 15 Abs. 2 und 3 InvStG** erfüllt und
2. nicht wesentlich gegen die **Anlagebestimmungen des § 26 InvStG** verstößt.
3. Für inländische Spezial-Investmentfonds gelten darüber hinaus die **Rechtsformvorgaben des § 27 InvStG**. Danach müssen inländische Spezial-Investmentfonds als Sondervermögen oder als Investmentaktiengesellschaft mit veränderlichem Kapital aufgelegt werden. Eine Ausnahme gilt für die Bündelung von Altersvorsorgevermögen. Dieses kann nach § 53 InvStG als offene Investmentkommanditgesellschaft aufgelegt werden.

Das Vorliegen oder nicht Vorliegen der genannten Voraussetzungen wird **nicht förmlich festgestellt**. Insbesondere kommt keine gesonderte Feststellung der Grundlagen in Betracht. Die zuständige Finanzbehörde hat jedoch gemäß § 5 Abs. 1 und 2 Satz 1 Nr. 2

---

[26] Vgl. Gesetzesbegründung zum AIFM-StAnpG, BT-Drs. 18/68 (neu), S. 40.

InvStG die Befugnis zu einer Überprüfung dieser Voraussetzungen für eine Besteuerung als Spezial-Investmentfonds (vgl. Wenzel in Blümich 2017, § 26 Rdn. 1 f.).

▶ **Es gilt somit** Ein Spezial-Investmentfonds kann nur dann vorliegen, wenn die Voraussetzungen für eine Gewerbesteuerbefreiung erfüllt sind. Diese Voraussetzungen sind nunmehr in § 15 Abs. 2 und 3 InvStG geregelt. Darüber hinaus müssen die Anlagebestimmungen des § 26 InvStG erfüllt sein. Im Grundsatz gilt, dass die Voraussetzungen eines Spezial-Investmentfonds nur bei einem wesentlichen Verstoß gegen diese Bestimmungen nicht erfüllt sind. Für inländische Investmentfonds sind darüber hinaus die Rechtsformvorgaben des § 27 InvStG zu beachten.

§ 26 InvStG definiert den Spezial-Investmentfonds als ein Investmentfonds, der die Voraussetzungen für eine Gewerbesteuerbefreiung nach § 15 Abs. 2 und 3 InvStG erfüllt und in der Anlagepraxis nicht wesentlich gegen die nachfolgenden weiteren Voraussetzungen verstößt. Damit beinhaltet § 26 InvStG die folgenden **10 Anlagebestimmungen**:

1. **Investmentaufsicht**: Der Investmentfonds oder dessen Verwalter ist in seinem Sitzstaat einer Aufsicht über Vermögen zur gemeinschaftlichen Kapitalanlage unterstellt. Diese Bestimmung gilt für Investmentfonds, die nach § 2 Abs. 3 KAGB von AIF-Kapitalverwaltungsgesellschaften verwaltet werden, als erfüllt.
2. **Jährliches Rückgaberecht**: Die Anleger können mindestens einmal pro Jahr das Recht zur Rückgabe oder Kündigung ihrer Anteile, Aktien oder Beteiligung ausüben.
3. **Grundsatz der Risikomischung**: Das Vermögen wird nach dem Grundsatz der Risikomischung angelegt. Dabei liegt eine Risikomischung regelmäßig dann vor, wenn das Vermögen in mehr als drei Vermögensgegenstände mit unterschiedlichen Anlagerisiken angelegt ist. Der Grundsatz der Risikomischung gilt als gewahrt, wenn der Investmentfonds in nicht nur unerheblichem Umfang Anteile an einem oder mehreren anderen Investmentfonds hält und diese anderen Investmentfonds unmittelbar oder mittelbar nach dem Grundsatz der Risikomischung angelegt sind.
4. **Zulässige** Vermögensgegenstände:
   Das Vermögen muss **zu mindestens 90 % des Wertes des Investmentfonds** in die bestimmte, in § 26 Nr. 4 Buchst. a bis m InvStG genannte **Vermögensgegenstände** angelegt werden. Für den verbleibenden Anteil i. H. v. bis zu 10 % des Werts des Investmentfonds gilt diese Einschränkung nicht. Es kommt somit eine Schmutzgrenze zur Anwendung, die sicherstellt, dass geringe Abweichungen nicht bereits zu einem Verstoß gegen die Anlagebestimmungen führen und damit den Status als Spezial-Investmentfonds gefährden.
   Zu den zulässigen Vermögensgegenständen gehören:
   - Wertpapiere i. S. d. § 193 KAGB und sonstige Anlageinstrumente i. S. d. § 198 KAGB,
   - Geldmarktinstrumente, Derivate, Bankguthaben,

- Grundstücke, grundstücksgleiche Rechte und vergleichbare Rechte nach dem Recht anderer Staaten,
- Beteiligungen an Immobilien-Gesellschaften nach § 1 Abs. 19 Nr. 22 KAGB,
- Betriebsvorrichtungen und andere Bewirtschaftungsgegenstände nach § 231 Absatz 3 KAGB,
- Investmentanteile an in- und ausländischen Organismen für gemeinsame Kapitalanlagen in Wertpapieren sowie an inländischen und ausländischen Investmentfonds, welche die Voraussetzungen der Nrn. 1 bis 7 erfüllen,
- Spezial-Investmentanteile,
- Beteiligungen an ÖPP-Projektgesellschaften nach § 1 Abs. 19 Nr. 28 KAGB, wenn der Verkehrswert dieser Beteiligungen ermittelt werden kann,
- Edelmetalle,
- unverbriefte Darlehensforderungen und
- Beteiligungen an Kapitalgesellschaften, wenn der Verkehrswert dieser Beteiligungen ermittelt werden kann.

   Für die Begriffsdefinitionen ist auf die Regelung des § 1 Abs. 2 KAGB zurückzugreifen.

5. **Unternehmensbeteiligungen**: Investmentfonds dürfen lediglich 20 % ihres Wertes in Beteiligungen an Kapitalgesellschaften investiert, die weder zum Handel an einer Börse noch in einem anderen organisierten Markt zugelassen oder in diesen einbezogen sind. Eine Ausnahme gilt für Investmentfonds, die nach ihren Anlagebedingungen mindestens 51 % ihres Wertes in Immobilien oder Immobilien-Gesellschaften anlegen (Immobilienfonds). Diese dürfen bis zu 100 % ihres Wertes in Immobilien-Gesellschaften investieren. Innerhalb der genannten Grenzen des Satzes 1 dürfen auch Unternehmensbeteiligungen gehalten werden, die vor dem 28. November 2013 erworben wurden. Diese Ausnahmeregelung ist notwendig, weil Beteiligungen an Personengesellschaften nicht mehr zu den zulässigen Vermögensgegenständen i. S. d. § 26 Nr. 4 InvStG gehören.

6. **Beteiligung an einer Kapitalgesellschaft**: Investmentfonds dürfen sowohl unmittelbar als auch mittelbar über eine Personengesellschaft zu weniger als 10 % am Kapital einer Kapitalgesellschaft beteiligt sein. Diese Einschränkung gilt nicht für Beteiligungen eines Investmentfonds an Immobilien-Gesellschaften, ÖPP-Projektgesellschaften und Gesellschaften, deren Unternehmensgegenstand auf die Erzeugung erneuerbarer Energien nach § 5 Nr. 14 des Erneuerbare-Energien-Gesetzes gerichtet ist.

7. **Kreditaufnahme**: Investmentfonds dürfen nur kurzfristige Kredite, d. h. mit einer Laufzeit von max. 1 Jahr, und nur bis zu einer Höhe von 30 % des Wertes des Investmentfonds aufnehmen. Eine Ausnahme gilt wiederum für Immobilienfonds i. S. d. § 2 Abs. 9 Satz 1 InvStG. Sie dürfen, wenn sie nach ihren Anlagebedingungen das bei ihnen eingelegte Geld in Immobilien anlegen, kurzfristige Kredite bis zu einer Höhe von 30 % des Wertes des Investmentfonds und im Übrigen Kredite bis zu einer Höhe von 50 % des Verkehrswertes der unmittelbar oder mittelbar gehaltenen Immobilien aufnehmen.

8. **Anlegerbezogene Voraussetzungen**: An dem Investmentfonds dürfen sich unmittelbar und mittelbar über Personengesellschaften insgesamt nicht mehr als 100 Anleger beteiligen. Diese Höchstgrenze gilt zeitpunktbezogen. Zudem dürfen sich an dem Investmentfonds nur ausnahmsweise natürliche Personen beteiligen. Eine Ausnahme ist möglich, wenn

   • die natürlichen Personen ihre Spezial-Investmentanteile im Betriebsvermögen halten,

   • die Beteiligung natürlicher Personen aufgrund aufsichtsrechtlicher Regelungen erforderlich ist oder

   • die mittelbare Beteiligung von natürlichen Personen an einem Spezial-Investmentfonds vor dem 9. Juni 2016 erworben wurde (sog. Bestandsschutz[27]). Dieser Bestandsschutz ist notwendig, weil nach bisherigem Recht eine mittelbare Beteiligung natürlicher Personen zulässig war.

Sollten ausnahmsweise natürliche Personen an dem Investmentfonds beteiligt sein dürfen, sind die **Einschränkungen des § 34 InvStG** zu berücksichtigen. Dieser suspendiert die Anwendung einzelner Vorschriften des EStG. Dadurch unterliegen die Spezial-Investmenterträge zum Beispiel nicht der Abgeltungsteuer, sondern werden nach dem allgemeinen Steuersatz besteuert.

Der **Gesetzgeber begründet die ausnahmsweise Beteiligung von natürlichen Personen**, die ihre Anteile am Investmentfonds im Betriebsvermögen halten, damit, dass Personenunternehmen, insbesondere große in der Rechtsform einer Personengesellschaft geführte Familienunternehmen, ihre betrieblichen Altersvorsorgeverpflichtungen durch Spezial-Investmentanteile abdecken. Darüber hinaus verwenden die Personenunternehmen die Anlage in Spezial-Investmentfonds auch dazu, größere Geldbeträge, die z. B. für spätere Investitionen oder Entwicklungsvorhaben zurückgestellt werden, zwischenzeitlich bis zu ihrer tatsächlichen Nutzung rentierlich anzulegen. Ein Ausschluss dieser Personengruppe würde zu einer nicht sachgerechten Beeinträchtigung der betrieblichen Altersvorsorge und der Anlagemöglichkeiten führen. Die zweite Ausnahme der zwingenden Beteiligung natürlicher Personen an einem in- oder ausländischen Investmentfonds aufgrund aufsichtsrechtlicher Regelungen unterliegt beispielsweise der Fall, wenn eine Regelung vorsieht, dass eine Vergütung der Fondsverwalter zumindest teilweise zwingend in Anteilen an dem Spezial-Investmentfonds zu erfolgen hat. Die dritte Ausnahme ist aufgrund der bisherigen Verwaltungsauffassung notwendig. Eine Bestandsschutzregelung ist erforderlich, weil die bisherige Verwaltungspraxis eine mittelbare Beteiligung über Personengesellschaften zugelassen hat. Dem Bestandsschutz unterfallen mittelbare Beteiligungen, wenn sowohl die Personengesellschaft den Spezial-Investmentanteil vor dem Stichtag (9. Juni 2016) er-

---

[27] Siehe dazu bereits Tab. 2.1. In Abhängigkeit von dem Erwerbszeitpunkt der Anteile ist der Bestandsschutz für Beteiligungen, die ab dem 24. Februar 2016 erworben wurden, bis zum 1. Januar 2020 und bei Beteiligungen, die vor dem 24. Februar 2016 erworben wurden, bis zum 1. Januar 2030 anzuwenden.

worben hat als auch die natürliche Person bereits vor diesem Stichtag Gesellschafter der Personengesellschaft war. Nicht als bestandsgeschützte Anteile gelten damit Anteile, welche natürliche Personen nach der Beschlussfassung des Deutschen Bundestags über die Investmentsteuerreform 2018 an einer Personengesellschaft erwerben, auch wenn die Personengesellschaft bereits vor diesem Zeitpunkt Anleger des Spezial-Investmentfonds geworden ist (vgl. Gesetzesbegründung BT-Drs. 18/8045, S. 96).

▶ **Es gilt somit** An einem Spezial-Investmentfonds dürfen maximal 100 Anleger beteiligt sein und nur in Ausnahmefällen natürliche Personen. Mittelbare Beteiligungen werden gesetzlich den unmittelbaren Beteiligungen gleichgestellt. Personengesellschaften haben daher als Anleger von Spezial-Investmentfonds § 28 InvStG zu beachten. Nach dieser Vorschrift muss die Personengesellschaft dem Fonds u. a. ihre Gesellschafter und Änderungen hinsichtlich ihres Gesellschafterbestands mitteilen.

9. **Sonderkündigungsrecht des Investmentfonds**: Für den Fall, dass die zulässige Anlegerzahl von 100 überschritten wird oder Personen beteiligt sind, die nicht die Voraussetzungen der § 26 Nr. 8 Satz 2 InvStG erfüllen, d. h. insbesondere natürliche Personen, steht dem Investmentfonds ein Sonderkündigungsrecht gegenüber den Anlegern zu. Dieses Sonderkündigungsrecht wird vorausgesetzt, damit der Investmentfonds insbesondere die anlegerbezogenen Voraussetzungen wieder erfüllen kann und es nicht zu einem wesentlichen Verstoß gegen die Anlagebestimmungen kommen muss.

10. **Anlagebedingungen**: Die steuerlichen Anlagebestimmungen gehen aus den Anlagebedingungen hervor. Dabei genügt es, wenn die Anlagebedingungen sinngemäße Vorgaben für den Verwalter des Investmentfonds enthalten (vgl. Gesetzesbegründung BT-Drs. 18/8045, S. 96).

Im Grundsatz gilt, dass geringfügige Verstöße gegen die Anlagebestimmungen nicht zur Aberkennung des Status als Spezial-Investmentfonds führen sollen. Diese Rechtsfolge sollen nur **wesentliche Verstöße** auslösen können. Nach Auffassung des Gesetzgebers ist die Aberkennung des steuerlichen Status nur die Ultima Ratio bei besonderen Ausnahmefällen (vgl. Gesetzesbegründung BT-Drs. 18/8045, S. 94). Ein solcher Ausnahmefall liegt jedenfalls dann vor, wenn bewusst und zweckgerichtet auf missbräuchliche Gestaltungen gegen die Anlagebestimmungen verstoßen wird. Überschreitungen von Anlagegrenzen sind hingegen i. d. R. unschädlich, wenn diese nicht durch einen Geschäftsabschluss[28] herbeigeführt wurden, sondern durch bloße Wertveränderungen der Vermögensgegenstände (vgl. Wenzel in Blümich 2017, Rdn. 68 sowie Gesetzesbegründung BT-Drs. 18/8045, S. 95).

---

[28] Dabei ist unter einem Geschäftsabschluss jede aktive Transaktion, welche die Zusammensetzung des Investmentfondsvermögens verändert, zu verstehen (Gesetzesbegründung BT-Drs. 18/8045, S. 95).

▶ **Es gilt somit** Überschreitungen der Anlagegrenzen, die auf bloßen Wertveränderungen der Vermögensgegenstände basieren, führen grundsätzlich nicht zum Verlust des Rechtsstatus als Spezial-Investmentfonds. Einzelne aktive Überschreitungen von Anlagegrenzen sind regelmäßig unwesentlich, wenn die Überschreitungen kurzfristig zurückgeführt werden (Gesetzesbegründung BT-Drs. 18/8045, S. 95). Damit liegen auch in diesen Fällen keine wesentlichen Verstöße gegen die Anlagebestimmungen des § 26 InvStG vor.

Diese **Regelung über die Unbeachtlichkeit geringfügiger Verstöße** gegen die Anlagebestimmungen des § 26 InvStG gilt nicht automatisch auch für die weiteren Voraussetzungen, die ein Investmentfonds erfüllen muss, damit es als Spezial-Investmentfonds i. S. d. InvStG gilt. Dies gilt insbesondere für einen Verstoß gegen die Rechtsformvorgaben des § 27 InvStG und die Erfüllung der Voraussetzungen über eine Gewerbesteuerbefreiung nach § 15 InvStG. Geringfügige Verstöße gegen die Bagatellgrenze des § 15 Abs. 3 InvStG können damit zum Verlust des Status als Spezial-Investmentfonds führen (vgl. Wenzel in Blümich 2017, Rdn. 70). Sollten die **Voraussetzungen für einen Spezial-Investmentfonds entfallen**, richten sich die Steuerfolgen nach § **52 InvStG**. Zu den Einzelheiten siehe Abschn. 4.5.4.

Zu den Voraussetzungen, die ein Investmentfonds erfüllen muss, um aus steuerlicher Sicht als Spezial-Investmentfonds i. S. d. § 26 InvStG zu gelten, im Einzelnen:

2.3.2.2.1   Investmentaufsicht

Die erste Anlagebestimmung setzt voraus, dass der OGAW, AIF oder Verwalter des AIF in dessen Sitzstaat einer **Aufsicht über Vermögen zur gemeinschaftlichen Kapitalanlage** unterstellt ist. Ob diese Voraussetzung erfüllt ist, ist anhand der gesetzlich vorgesehenen Art und Umfangs der Aufsicht zu entscheiden. Dabei kommt als Investmentaufsicht neben der staatlichen Aufsicht auch eine privatrechtliche Aufsicht in Betracht, wenn sich diese in öffentlicher Hand befindet. Dabei dient die Investmentaufsicht dem Schutz der Anleger, weswegen sie vorliegen sollte, wenn die Aufsicht selbst nicht nur der Integrität und Funktionsfähigkeit des Marktes dient, sondern zum Beispiel vor Auflegung des Fonds die Anlagebedingungen, Bonität der Investmentgesellschaft, die fachliche Eignung der Geschäftsleiter etc. überprüft werden (Wenzel in Blümich 2017, § 26 Rdn. 23).

Diese Voraussetzung gilt gemäß § 26 Nr. 1 Satz 2 InvStG für **konzerneigene AIF** als erfüllt.

2.3.2.2.2   Jährliches Rückgaberecht

Die zweite Anlagebestimmung sieht ein **jährliches Rückgaberecht** für die Anleger vor. So ist diese Bedingung erfüllt, wenn die Anleger mindestens einmal pro Jahr das Recht zur Rückgabe oder Kündigung ihrer Anteile, Aktien oder Beteiligung ausüben können. Werden der OGAW oder AIF an einer Börse i. S. d. § 2 Abs. 1 des Börsengesetzes oder einer vergleichbaren ausländischen Börse gehandelt (sog. Exchange-Traded-Funds „ETFs"), so gilt die Anlagebestimmung als erfüllt.

▶ **Es gilt somit** Da die Anleger geschlossener Fonds i. d. R. über kein jährliches Rückgaberecht verfügen, können diese Fonds nicht als Spezial-Investmentfonds qualifiziert werden.

Für diese Beurteilung dieser Anlagebestimmung ist nicht die individuelle Vereinbarung mit einzelnen Anlegern, sondern das für die **Mehrheit der Anleger vorgesehene Rückgaberecht** entscheidend. So genügt es, wenn diese Mehrheit der Anleger, d. h. gemessen an deren Anteile, über ein solches Recht verfügt. Nicht entscheidend ist, dass die Anleger die Rücknahme ihrer Anteile jederzeit verlangen können. Vielmehr genügt es, wenn die Rückgabe zu einem bestimmten Zeitpunkt, mindestens einmal im Jahr möglich ist (Wenzel in Blümich 2017, § 26 Rdn. 26). Dabei sind gesetzliche Mindesthaltefristen zu berücksichtigen. Sollten die gesetzlichen Mindesthaltefristen ein Recht auf jährliche Rückgabe der Anteile einschränken, so liegt ungeachtet davon kein Verstoß gegen diese Anlagebestimmung vor.[29]

▶ **Praxishinweis** Bei Aussetzung der Anteilsrückgabe oder Abwicklung der Investmentfonds wird die Finanzverwaltung das Fehlen dieser Anlagebestimmung nicht beanstanden, wenn die Aussetzung der Rücknahme- oder Kündigungsmöglichkeit auf einem außergewöhnlichen Umstand i. S. d. § 98 Abs. 2 KAGB basiert und die Aussetzung nicht länger als 36 Monate dauert. Das Gleiche gilt während einer auf höchstens 60 Monate begrenzten Abwicklungsphase des Spezial-Investmentfonds. Sollte das Aufsichtsrecht längere Fristen vorsehen, so wird die Finanzverwaltung diese berücksichtigen.[30]
Nach Auffassung von Wenzel liegt ein solches Rückgaberecht auch dann vor, wenn die Anleger im Anschluss an die Ausgabe der Anteile für einen bestimmten Zeitraum bei Rückgabe der Anteile keine Auszahlung des Vermögenanteils verlangen können (sog. Lock-up-Perioden). Entsprechendes gilt auch bei Vereinbarung von Rückgabefristen, welche eine Auszahlung des Vermögensanteils erst zu einem bestimmten Zeitpunkt nach Rückgabe des Anteils oder Abgabe der Rückgabeerklärung vorsehen (Wenzel in Blümich 2017, § 26 Rdn. 29).
Ein Rückgaberecht liegt grundsätzlich nur dann vor, wenn dem Anleger bei Rückgabe der Vermögensanteil vollständig ausbezahlt wird. Abschläge bzw. Abzüge von bis zu 15 % des Nettoinventarwertes bleiben dabei unberücksichtigt (Wenzel in Blümich 2017, § 26 Rdn. 28).

2.3.2.2.3 Grundsatz der Risikomischung

Nach dem **Grundsatz der Risikomischung** muss das Vermögen in mehrere Vermögensgegenstände investiert werden, die einem unterschiedlichen Anlagerisiko unterliegen. So ist dieser Grundsatz regelmäßig dann erfüllt, wenn das Vermögen in mehr als drei Vermögensgegenstände mit unterschiedlichen Anlagerisiken angelegt ist. Die Nichteinhaltung

---

[29] Vgl. Gesetzesbegründung zum AIFM-StAnpG, BT-Drs. 18/68 (neu), S. 40.
[30] Vgl. BMF-Schreiben vom 04.06.2014, Az.: IV C 1 – S 1980-1/13/10007:002, DStR 2014, S. 1169 (Punkt 2.1).

dieser Anlagebestimmung ist innerhalb der sechsmonatigen Anfangs- sowie Liquidationsphase unschädlich. Das Gleiche gilt nach Auffassung der Finanzverwaltung in den nachfolgend aufgeführten Fällen, wenn der Grundsatz der Risikomischung während einer Übergangsphase nicht eingehalten, aber anschließend unverzüglich wieder eingehalten wird.[31]

Beispiel

- Ein Anleger gibt mehr als 49 % der Anteile an einem Spezial-Investmentfonds zurück.
- Ein Investmentfonds wird auf einen anderen Investmentfonds verschmolzen und zur Vereinfachung der technischen Abwicklung der Verschmelzung werden die Vermögensgegenstände des übertragenden Investmentfonds vor dem Verschmelzungsstichtag veräußert, so dass der übernehmende Investmentfonds lediglich Bankguthaben aus der Übertragung erhält.
- Ein Investmentfonds ändert so grundlegend seine Anlagestrategie (z. B. ein Rentenfonds wird in einen Aktienfonds umgewandelt), dass es zu einer weitgehenden Veräußerung der bisherigen Vermögensgegenstände und zeitnah zu Neuanschaffungen entsprechend der neuen Strategie kommt.

Bei **Immobilienfonds** erachtet es die Finanzverwaltung darüber hinaus als ausreichend, wenn dieser Grundsatz innerhalb der vierjährigen Frist des § 244 KAGB eingehalten wird. In begründeten Ausnahmefällen ist eine Nichteinhaltung dieser Fristen unschädlich, wenn der Fonds die Nichteinhaltung dieses Grundsatzes aus von ihm nicht zu vertretenden Gründen nachweisen kann.[32]

▶ **Praxishinweis** Die Finanzverwaltung vertritt die Auffassung, dass bei OGAWs grundsätzlich davon ausgegangen werden kann, dass diese den Grundsatz der Risikomischung erfüllen.[33]

Nach § 26 Nr. 3 Satz 2 InvStG gilt der Grundsatz der Risikomischung als gewahrt, wenn der OGAW oder AIF in „nicht nur unerheblichem Umfang" Anteile an einem oder mehreren anderen Vermögen hält und diese anderen Vermögen unmittelbar oder mittelbar nach dem Grundsatz der Risikomischung angelegt sind.

---

[31] BMF-Schreiben vom 23.10.2014, Az.: IV C 1 – S 1980-1/13/10007:00, DStR 2014, S. 2346 (Punkt 2).
[32] Vgl. BMF-Schreiben vom 04.06.2014, Az.: IV C 1 – S 1980-1/13/10007:002, DStR 2014, S. 1169 (Punkt 2.2).
[33] Vgl. BMF-Schreiben vom 04.06.2014, Az.: IV C 1 – S 1980-1/13/10007:002, DStR 2014, S. 1169 (Punkt 2.3).

▶   **Praxishinweis** Die Finanzverwaltung geht davon aus, dass ein „nicht nur un-
erheblicher Umfang" jedenfalls dann vorliegt, wenn entweder bei weniger als
vier Vermögensgegenständen oder bei Nichterfüllung der quantitativen Risikomischung das Vermögen wenigstens zu 50 % in einem oder mehreren anderen
risikodiversifizierten Vermögen investiert ist.[34]

Für die Anwendung dieser Anlagebestimmung gelten die bereits von der **BaFin** entwi-
ckelten Grundsätze fort,[35] die bislang für die Definition eines ausländischen Investmentanteils i. S. d. § 2 Abs. 9 InvG zur Anwendung kamen.[36]

Danach ist der Grundsatz der Risikomischung erfüllt, wenn der **objektive Geschäftszweck** eine entsprechende Ausgestaltung des Vermögens vorsieht. Davon ist nach Auffassung der BaFin regelmäßig dann auszugehen, wenn das Vermögen zu diesem Zweck in
mindestens drei unterschiedliche Vermögensgegenstände mit unterschiedlichen Anlagerisiken investiert wird.[37] Eine zufällige Herbeiführung reicht dafür nicht. Vielmehr muss
das Halten der qualifizierten Vermögensgegenstände dem Anlagezweck selbst dienen. Der
objektive Geschäftszweck ergibt sich aus den Vertragsbedingungen, der Satzung oder
vergleichbaren Bestimmungen.[38]

Es ist ausreichend, wenn das Vermögen nach dem **Grundsatz der Risikomischung**
angelegt werden **soll**. Ein Verstoß gegen diese Anlagebestimmung ist jedoch anzunehmen,
wenn das spätere tatsächliche Anlageverhalten dem nicht entspricht.

Entscheidendes Merkmal ist danach das **unterschiedliche Anlagerisiko**. Denn auf die
Art der Vermögensgegenstände selbst kommt es nach Auffassung der BaFin nicht an.
Damit verbunden ist natürlich die Frage, wann Vermögensgegenstände unterschiedliche
Anlagerisiken haben. Dazu nimmt das Schreiben keine Stellung. Unterschiedliche Anla-
gerisiken könnten nach der Art der Wertpapiere, wirtschaftlichen Bonität der Emittenten,
Marktrisiken, Absatzmärkten, nationalen, internationalen oder sonstigen regionalen Ge-
gebenheiten, Währungsrisiken oder nach Ertragschancen und Laufzeiten unterschieden
werden.[39]

Darüber hinaus ist **fraglich**, ob die Vermögensgegenstände mit unterschiedlichem Anlagerisiko zur Wahrung des Grundsatzes der Risikomischung in einem **bestimmten Grö-
ßenverhältnis** zueinander stehen müssen. In diesem Zusammenhang kommt Wenzel zu
dem Ergebnis, dass ein Sondervermögen, welches 97 % seines Vermögens in eine einzelne Unternehmung und die restlichen % zu gleichen Teilen in je ein anderes investiert,
wohl nicht den Grundsatz der Risikomischung erfüllt (vgl. Wenzel in Blümich 2017,

---

[34] Vgl. BMF-Schreiben vom 04.06.2014, Az.: IV C 1 – S 1980-1/13/10007:002, DStR 2014, S. 1169
(Punkt 2.4).

[35] Vgl. Gesetzesbegründung zum AIFM-StAnpG, BT-Drs. 18/68 (neu), S. 41.

[36] Vgl. Rundschreiben 14/2008 (WA) zum Anwendungsbereich des Investmentgesetzes nach § 1
Satz 1 Nr. 3 InvG vom 22. Dezember 2008 (WA 41–Wp 2136–2008/0001).

[37] Zu Inhalt und Reichweite des Grundsatzes der Risikomischung im Hinblick auf die investmentrechtliche Qualifizierung ausländischer Immobilienvermögen, vgl. Panzer 2005, S. 426 ff.

[38] Fragenkatalog, Frage 6.

[39] Vgl. Patzner et al. 2015, InvG, § 1 Rdn. 3 unter Verweis auf ein BaFin-Scheiben vom 28.07.2009.

§ 1 Rdn. 15). Gleiches gilt nach Auffassung von Bauderer und Coenenberg, wenn ein Aktienfonds zu 50 % in Aktien einer deutschen Bank, zu 48 % in Aktien einer Großunternehmung und zu jeweils 1 % in Aktien anderer Großunternehmen investiert, weil das Risiko der Wertentwicklung des Fonds im Wesentlichen von nur zwei Vermögensgegenständen abhängig ist und keine Risikostreuung vorliegt (vgl. Bauderer und Coenenberg in Haase 2015, § 1 Rdn. 91).

Diese Argumentation berücksichtigt das von der BaFin eingeführte **„negative Abgrenzungskriterium"**. Nach diesem ist der Grundsatz der Risikomischung nicht erfüllt, wenn die Anlage in einen Vermögensgegenstand oder ein Anlagerisiko 50 bis 60 % des Werts des Investmentfonds ausmacht. Dabei sind für diese Berechnung die Anteile der Vermögensgegenstände, welche demselben Risiko unterliegen, zu addieren (vgl. Elser und Gütle-Kunz 2010, S. 416).[40]

Der **Verzicht auf die Einführung konkreter Anlage- und Bestandsgrenzen** wurde ebenso wie eine bestimmte Rechtsform aus Gründen des Schutzes des Anlegers bewusst nicht eingeführt.

► **Es gilt somit** Der **Grundsatz der Risikomischung** bedeutet im Allgemeinen die Mischung von Gewinnchancen und Gewinnrisiken. Seine Beurteilung enthält ein quantitatives und ein qualitatives Element (vgl. Bauderer und Coenenberg in Haase 2015, § 1 Rdn. 89). Das quantitative Element verkörpert die Anzahl der Vermögensgegenstände, in welches ein Investmentfonds investiert, und das qualitative, in welche unterschiedlichen Anlagerisiken investiert wird. In Ausnahmefällen ist der Grundsatz der Risikomischung nicht erfüllt, obwohl die Anlage in mehr als drei Vermögensgegenstände erfolgt.

Beispiel

Ein Investmentfonds investiert zu 50 % in D-Aktien, zu 49 % in P-Aktien und zu jeweils 0,5 % in T- und E-Aktien. Obwohl die Anlage in mehr als drei Vermögensgegenstände erfolgt, ist der Grundsatz der Risikomischung nicht erfüllt.[41]

Nach **§ 26 Nr. 3 Satz 3 InvStG** gilt der Grundsatz der Risikomischung auch dann als gewahrt, wenn der Investmentfonds in einem nicht nur unerheblichen Umfang Anteile eines oder mehrerer anderer Vermögen hält, die selbst den Grundsatz der Risikomischung mittel- oder unmittelbar erfüllen.

Diese Auffassung der **mittelbaren Risikomischung** ist insoweit problematisch, weil die BaFin nicht auf die Eigenschaft des Vermögens, an welchem sich der Fonds beteiligt, sondern allein auf den Grundsatz der Risikomischung abstellt. **Die deutsche Finanzverwaltung** wird allerdings nur dann durch Gesellschaften durchschauen, wenn es sich bei der einzelnen Kapital- oder Personengesellschaft entweder um eine Immobilien-Gesellschaft, eine ÖPP-Projektgesellschaft oder um ein Investmentvermögen i. S. d. KAGB

---

[40] Unter Verweis auf das sog. Goldschreiben der BaFin v. 28.07.2009 – WA 41–Wp2136-2008/001 an den BVI.

[41] Vgl. Patzner et al. 2015, InvG, § 1 Rdn. 3 unter Verweis auf ein BaFin-Scheiben vom 28.07.2009.

handelt.[42] Die BaFin hat diese Auffassung in ihren Fragenkatalog v. 21.01.2010 aufgenommen und sich ihr dadurch angeschlossen. Eine „Durchschau" i. S. d. § 26 Nr. 3 Satz 3 InvStG kommt daher nur noch unter den genannten Bedingungen in Betracht.[43] Sie erfolgt insbesondere dann nicht, wenn die Beteiligung an dem beherrschten Unternehmen lediglich als Unternehmensbeteiligung einzustufen ist. Nach Auffassung Simonis/Grabbe/Faller sollte eine Durchschau darüber hinaus konsequenterweise auch bei vermögensverwaltenden Personengesellschaften erfolgen (Simonis et al. 2014, S. 20).

> **Beispiel**
>
> Eine Investmentgesellschaft hält als einzigen Vermögensgegenstand eine Beteiligung an einer ausländischen Kapitalgesellschaft. Dass diese in eine Vielzahl von Vermögensgegenständen investiert, ist für die Beurteilung der Investmentgesellschaft irrelevant. Eine mittelbare Risikomischung ist vorliegend nicht gegeben, weil keine Durchschau durch die Kapitalgesellschaft erfolgen kann (vgl. Elser und Gütle-Kunz 2010, S. 416).

2.3.2.2.4 Zulässige Vermögensgegenstände

Die vierte Anlagebestimmung sieht vor, dass die eingesammelten Mittel zu mindestens 90 % in genau definierte, sog. **zulässige Vermögensgegenstände**, investiert werden. Dabei verhindert die verbleibende „Schmutzgrenze" i. H. v. 10 %, dass geringfügige Abweichungen zu keinem Verstoß gegen diese Anlagebestimmung führen. So berücksichtigt die Schmutzgrenze beispielsweise, dass der Verwalter eines Investmentfonds bei mittelbaren Beteiligungen über Dach- oder Zielfondskonstruktionen gehaltenen Anlagegegenständen nicht immer in hinreichendem Maße über deren Zusammensetzung informiert sein kann. Darüber hinaus könnten sonst auch Wertschwankungen zu einer Überschreitung der Anlagebestimmungen führen. Die 90 %-Grenze hat der Fonds permanent einzuhalten. Kommt es zu temporären Verstößen, so hat die Finanzverwaltung im Rahmen einer Einzelfallprüfung unter Berücksichtigung der Gesamtumstände zu beurteilen, ob die Verletzung der Anlagebestimmung einen wesentlichen Verstoß i. S. d. § 26 InvStG darstellt.

Der **Katalog der zulässigen Vermögensgegenstände** umfasst Wertpapiere, Geldmarktinstrumente, Derivate, Bankguthaben, Grundstücke, grundstücksgleiche Rechte und vergleichbare Rechte nach dem Recht anderer Staaten, Beteiligungen an Immobilien-Gesellschaften i. S. d. § 1 Abs. 19 Nr. 22 KAGB, Betriebsvorrichtungen und andere Bewirtschaftungsgegenstände i. S. d. § 231 Abs. 3 KAGB, Investmentanteile an inländischen und ausländischen Organismen für gemeinsame Kapitalanlagen in Wertpapieren sowie an inländischen und ausländischen Investmentfonds, die die Voraussetzungen der Nummern 1 bis 7 erfüllen, Spezial-Investmentanteile, Beteiligungen an ÖPP-Projektgesellschaften i. S. d. § 1 Abs. 19 Nr. 28 KAGB, wenn der Verkehrswert dieser Beteiligungen ermittelt werden kann, sowie Edelmetalle, unverbriefte Darlehensforderungen und Beteiligungen an Kapitalgesellschaften, wenn der Verkehrswert dieser Beteiligungen ermittelt

---

[42] Vgl. BMF-Schreiben v. 18.08.2009, Az.: IV C 1 – S 1980 – 1/08/10019, BStBl. I 2009, 931 ff., Rdn. 8. sowie Gesetzesbegründung zum AIFM-StAnpG, BT-Drs. 18/68 (neu), S. 41.

[43] Fragenkatalog, Frage 7.

werden kann. Für die Definition der Vermögensgegenstände kann auf die Definitionen des KAGB zurückgegriffen werden.

▶ **Praxishinweise** Neben Beteiligungen an Kapitalgesellschaften sind auch **Beteiligungen an vermögensverwaltenden Personengesellschaften** möglich.[44] Bei den Beteiligungen an vermögensverwaltenden Personengesellschaften wird nach Auffassung der Finanzverwaltung durch diese Gesellschaften hindurchgeschaut. Es erfolgt eine anteilige Zurechnung der zulässigen und nicht zulässigen Vermögensgegenstände zugunsten bzw. zulasten des beteiligten OGAW bzw. AIF.[45] **Anteile an gewerblichen Personengesellschaften** gehören zu den nicht zulässigen Vermögensgegenständen. Sie gehen also in voller Höhe in die Schmutzgrenze i. H. v. 10 % ein.[46]

2.3.2.2.5 Höchstgrenze für Unternehmensbeteiligungen

Zur besseren Abgrenzung der Investmentfonds von den geschlossenen Investmentfonds, so wie beispielsweise von Private Equity Fonds, erachtet es der Gesetzgeber für notwendig, eine **Höchstgrenze** für die Beteiligung eines Investmentfonds an nicht börsennotierten Kapitalgesellschaften gesetzlich zu normieren. Dabei orientiert sich diese Höchstgrenze an dem aufsichtsrechtlichen Status quo für Spezialfonds. So beträgt die Höchstgrenze grundsätzlich 20 % des Wertes des Investmentfonds. Dagegen dürfen Immobiliengesellschaften, also OGAW und AIF, welche nach ihren Anlagebedingungen das bei ihnen eingelegte Geld in Immobilien anlegen, bis zu 100 % ihres Wertes in Immobilien-Gesellschaften investieren. § 26 Nr. 5 Satz 2 InvStG stellt dies klar.

▶ **Es gilt somit** Investmentfonds dürfen **Unternehmensbeteiligungen** in Form von Anteilen an Kapitalgesellschaften erwerben.[47] Die gesetzliche Höchstgrenze ist grundsätzlich für Beteiligungen an Kapitalgesellschaften zu beachten, wenn diese weder zum Handel an einer Börse zugelassen noch in einem anderen organisierten Markt zugelassen oder in diesen einbezogen sind. Beteiligungen an gewerblichen oder gewerblich geprägten Personengesellschaften sind ihnen lediglich im Rahmen der Schmutzgrenze i. H. v. 10 % gestattet, weil sie als nicht qualifizierende Anlagegegenstände i. S. d. § 26 Nr. 5 InvStG gelten. Eine Ausnahme gilt nach § 26 Nr. 5 Satz 3 InvStG, wenn diese Beteiligungen

---

[44] Gesetzesbegründung zum AIFM-StAnpG, BT-Drs. 18/68 (neu), S. 41.

[45] Vgl. BMF-Schreiben vom 04.06.2014, Az.: IV C 1 – S 1980-1/13/10007:002, DStR 2014, S. 1169 (Punkt 2.4).

[46] Vgl. BMF-Schreiben vom 04.06.2014, Az.: IV C 1 – S 1980-1/13/10007:002, DStR 2014, S. 1169 (Punkt 2.4).

[47] Diese Änderung wurde durch das AIFM-StAnpG vollzogen. Für Beteiligungen an gewerblichen Personengesellschaften gilt daher ein partieller Bestandsschutz nach § 1 Abs. 1b Satz 2 Nr. 6 Satz 3 InvStG. Danach ist das Halten dieser Beteiligungen unschädlich, wenn diese Unternehmensbeteiligungen vor dem Tag des Gesetzesbeschlusses des Deutschen Bundestages erworben wurden. Die Höchstgrenze von 20 % findet auch in diesen Fällen Anwendung.

vor dem 28.11.2013 erworben wurden. In diesen Fällen sind sie in die Höchstgrenze für Unternehmensbeteiligungen i. H. v. 20 % einzubeziehen.[48]

▶ **Praxishinweis** **Anteile an Investmentfonds** unterliegen nach Auffassung der Finanzverwaltung nicht der Höchstgrenze für Unternehmensbeteiligungen. Sie gelten unabhängig von der tatsächlichen Rechtsform des Investitionsvehikels als zulässige Vermögensgegenstände i. S. d. § 26 Nr. 4 InvStG. Im Ergebnis kann der Investmentfonds also Anteile an anderen Investmentfonds in unbegrenzter Höhe erwerben.[49]

Der **Wert des Investmentfonds** berechnet sich aus den aktuellen (Kurs-)Werten der Vermögensgegenstände abzüglich der aufgenommen Kredite und sonstigen Verbindlichkeiten. Sollte es durch diese Wertveränderungen zu einem Überschreiten der Höchstgrenze kommen, so liegt in der Regel kein wesentlicher Verstoß gegen die Anlagebestimmungen mit der Folge vor, dass der Fonds nicht mehr als Spezial-Investmentfonds gilt. Denn nach Auffassung des Gesetzgebers führen Überschreitungen der Anlagegrenzen, die auf bloßen Wertveränderungen der Vermögensgegenstände basieren, grundsätzlich nicht zum Verlust des Rechtsstatus als Investmentfonds (vgl. Gesetzesbegründung BT-Drs. 18/8045, S. 95).

2.3.2.2.6   Höchstgrenze für Beteiligung an einer Kapitalgesellschaft

Neben der **Begrenzung der Höhe der Unternehmensbeteiligungen** an Kapitalgesellschaften auf maximal 20 % des Wertes des Investmentfonds sehen die Anlagebestimmungen des § 26 Nr. 5 InvStG eine **weitere Begrenzung für Beteiligungen an einer Kapitalgesellschaft** vor. Nach Nr. 6 muss die jeweilige Beteiligung an einer Kapitalgesellschaft 10 % des Kapitals der Kapitalgesellschaft unterschreiten. Durch diese Regelung möchte der Gesetzgeber eine unternehmerische Einflussnahme des Investmentfonds ausschließen. Zugleich verhindert diese Regelung die Anwendung des Schachtelprivilegs nach einem Doppelbesteuerungsabkommen (DBA) sowie die der Mutter-Tochter-Richtlinie und des Schachtelprivilegs des § 8b KStG.[50]

▶ **Es gilt somit** In der Regel dürfen Investmentfonds lediglich Schachtelbeteiligungen, die weniger als 10 % des Kapitals an einer Kapitalgesellschaft umfassen, erwerben. Dies gilt auch, wenn die Beteiligungen lediglich mittelbar über eine Personengesellschaft gehalten werden.

Diese **beteiligungsbezogene Höchstgrenze** gilt für alle mittel- und unmittelbaren Beteiligungen an Kapitalgesellschaften. Sie gilt also sowohl für die Anteile an börsennotier-

---

[48] Vgl. BMF-Schreiben vom 04.06.2014, Az.: IV C 1 – S 1980-1/13/10007:002, DStR 2014, S. 1169 (Punkt 2.4).
[49] Vgl. BMF-Schreiben vom 04.06.2014, Az.: IV C 1 – S 1980-1/13/10007:002, DStR 2014, S. 1169 (Punkt 2.5 und 2.6).
[50] Vgl. Gesetzesbegründung zum AIFM-StAnpG, BT-Drs. 18/68 (neu), S. 42.

ten als auch für die Anteile an nicht börsennotierte Kapitalgesellschaften. Sie gilt auch dann, wenn die Beteiligung mittelbar über eine Personengesellschaft gehalten wird.

Eine **Ausnahme** von der 10-prozentigen Beteiligungshöchstgrenze gilt für die Beteiligungen eines OGAW oder AIF an Immobilien-Gesellschaften, ÖPP-Projektgesellschaften und an Gesellschaften, deren Unternehmensgegenstand auf die Erzeugung von erneuerbaren Energien gerichtet ist.

Bei **Überschreiten** der zulässigen Beteiligungshöhe an Kapitalgesellschaften von weniger als 10 % dürfen gemäß § 29 Abs. 3 InvStG für den Investmentfonds oder dessen Anleger keine Besteuerungsregelungen angewendet werden, die eine über dieser Grenze liegende Beteiligungshöhe voraussetzen. Diese Regelung verhindert beispielsweise eine Reduzierung der Quellensteuern aufgrund der Regelung eines Doppelbesteuerungsabkommens (siehe dazu Abschn. 4.3.1).

2.3.2.2.7   Kreditaufnahme

Nach der Anlagebestimmung des § 26 Nr. 7 InvStG dürfen Investmentfonds **kurzfristige Kredite** mit einer Laufzeit von bis zu einem Jahr nur bis zur Höhe von 30 % des Wertes des OGAW oder des AIF aufnehmen. Eine Ausnahme gilt wiederum für Immobilien-Gesellschaften, welche kurzfristige Kredite bis zu einer Höhe von 30 % des Wertes des Investmentfonds und im Übrigen Kredite bis zu einer Höhe von 50 % des Verkehrswertes der im AIF unmittelbar oder mittelbar gehaltenen Immobilien aufnehmen dürfen. Auch diese Regelung dient der Abgrenzung der vermögensverwaltenden von der gewerblichen Tätigkeit.

2.3.2.2.8   Zulässige Anleger eines Spezial-Investmentfonds

Die Anlagebestimmung des § 26 Nr. 8 InvStG regelt die Beteiligung natürlicher Personen an dem Investmentfonds. Nach dieser Regelung wird die Anlegerzahl von Spezial-Investmentfonds auf höchstens **100 Anleger** begrenzt und **die Beteiligung natürlicher Personen als Privatanleger ausgeschlossen.**

▶ **Es gilt somit** An einem Spezial-Investmentfonds dürfen maximal 100 Anleger beteiligt sein. Natürliche Personen sind als Anleger ausgeschlossen. Ausnahmen sind lediglich nach § 26 Nr. 8 Satz 2 InvStG zulässig.

Diese Regelung galt bereits bislang für Spezial-Investmentfonds (§ 15 Abs. 1 InvStG a. F.). Allerdings wird nunmehr klargestellt, dass auch **mittelbare Beteiligungen natürlicher Personen nicht zulässig sind.** Die Ausnahmen von diesem Grundsatz enthält Satz 2. Nach dieser Regelung dürfen sich an einem Spezial-Investmentfonds lediglich natürliche Personen beteiligt, die ihre Anteile an dem Spezial-Investmentfonds im Betriebsvermögen halten. Der Gesetzgeber begründet diese **Ausnahme** damit, dass insbesondere große, als Personengesellschaften geführte Familienunternehmen ihre betrieblichen Altersvorsorgeverpflichtungen durch Spezial-Investmentanteile abdecken und Personenunternehmen die Anlage in Spezial-Investmentfonds auch dazu verwenden, größere Geldbeträge, die z. B.

für spätere Investitionen oder Entwicklungsvorhaben zurückgestellt werden, zwischenzeitlich bis zu ihrer tatsächlichen Nutzung rentierlich anzulegen. Eine weitere Ausnahme ist vorgesehen, wenn inländische oder ausländische aufsichtsrechtliche Regelungen zwingend eine Beteiligung einer natürlichen Person am Spezial-Investmentfonds voraussetzen. Hierunter fällt z. B. eine Regelung, nach der eine Vergütung der Fondsverwalter zumindest teilweise zwingend in Anteilen an dem Spezial-Investmentfonds zu erfolgen hat. Abschließend ist eine Beteiligung natürlicher Personen zulässig, wenn deren Beteiligung bestandsgeschützt ist, weil diese ihre mittelbare Beteiligung an einem Spezial-Investmentfonds vor dem 09.06.2016 erworben haben. Diese Regelung ist notwendig, weil bis zur Investmentsteuerreform 2018 eine mittelbare Beteiligung natürlicher Personen an einem Spezial-Investmentfonds zulässig war. Einzelheiten über den Bestandsschutz enthält § 26 Nr. 8 Satz 3 InvStG. Der Bestandsschutz ist zeitlich beschränkt. Nicht unter den Bestandsschutz fallen natürliche Personen, die sich nach der Beschlussfassung des Deutschen Bundestags über dieses Gesetz an einer Personengesellschaft beteiligen, auch wenn die Personengesellschaft bereits vor diesem Zeitpunkt Anleger des Spezial-Investmentfonds geworden ist. Zu weiteren Einzelheiten siehe bereits unter Abschn. 2.3.2.1. Sollten ausnahmsweise an dem Spezial-Investmentfonds natürliche Personen beteiligt sein, unterliegen deren Einkünfte dem allgemeinen progressiven Einkommensteuertarif und nicht dem ggf. niedrigeren Abgeltungsteuertarif (vgl. Gesetzesbegründung BT-Drs. 18/8045, S. 95 f.).

Der Überwachung der zulässigen Höchstzahl der Anleger und fehlender Beteiligung von Privatanlegern dient u. a. **§ 28 InvStG** für den Fall, dass an einem Spezial-Investmentfonds als **Anleger Personengesellschaften mittel- oder unmittelbar** beteiligt sind. Diese Regelung enthält sowohl für die Personengesellschaft als auch den gesetzlichen Vertreter des Spezial-Investmentfonds Verpflichtungen.

Zum einen verpflichtet die Regelung die Personengesellschaft zur **Mitteilung der Namen bzw. Firma sowie Anschriften ihrer Gesellschafter** an den Spezial-Investmentfonds, wenn sie sich an diesem beteiligt. Für den Fall, dass sich ihre Gesellschafterzusammensetzung ändert, ist die Personengesellschaft zur Mitteilung auch dieser Änderung gegenüber dem Spezial-Investmentfonds verpflichtet. Die Mitteilung hat innerhalb von drei Monaten nach Rechtswirksamkeit der Änderung zu erfolgen.

Zum anderen ist der Spezial-Investmentfonds zur **Erstellung eines Anteilsregisters** verpflichtet, in das sämtliche Anleger aufzunehmen sind, auch die, die über eine Personengesellschaft beteiligt sind. Damit umfasst das Anteilsregister auch mittelbare Anleger. Bei dem Anteilsregister handelt es sich lediglich um ein internes Dokument, das nicht öffentlich zugänglich ist. Es dient vornehmlich dem Zweck, dass die Finanzverwaltung eine leichtere Überprüfung der zulässigen Anlegerzahl und Anlegerzusammensetzung durchführen kann. Die Verpflichtung trifft den gesetzlichen Vertreter des Spezial-Investmentfonds und damit im Regelfall die **Kapitalverwaltungsgesellschaft** i. S. d. § 17 KAGB (zur gesetzlichen Vertretung nach § 3 InvStG siehe unter Abschn. 2.3.3). Dieser hat die unmittelbar und mittelbar über Personengesellschaften beteiligten Anleger spätestens sechs Monate nach dem Erwerb eines Spezial-Investmentanteils in ein Anteilsregister einzutragen. Des Weiteren ist der Spezial-Investmentfonds zur Ausübung seines Sonder-kündigungsrechts verpflichtet, wenn er Kenntnis von einer Überschreitung der zulässigen Anlegerzahl oder von der Beteiligung natürlicher Personen, die nicht die Voraussetzungen des § 26 Nr. 8 InvStG erfüllen, erlangt. In diesem Fall hat er unverzüglich sein Sonder-kündigungsrecht (siehe dazu sogleich unter Abschn. 2.3.2.2.9) auszüüben oder sonstige Maßnahmen zu ergreifen, um die zulässige Anlegerzahl und Anlegerzusammensetzung wiederherzustellen. Entsprechendes gilt, wenn er Kenntnis davon erlangt, dass über eine Personengesellschaft natürliche Personen mittelbar beteiligt sind, die nicht unter die Aus-nahmeregelung des § 26 Nr. 8 Satz 2 InvStG fallen.

2.3.2.2.9 Sonderkündigungsrecht des Investmentfonds

Weitere Voraussetzung für die Annahme eines Spezial-Investmentfonds ist nach § 26 Nr. 9 InvStG, dass der Investmentfonds ein **Sonderkündigungsrecht** für den Fall hat, wenn die zulässige Anlegerzahl überschritten ist oder Anleger beteiligt sind, die nach den Regelun-gen der § 28 Nr. 8 Satz 2 InvStG nicht beteiligt sein dürfen. Letztgenannte Alternative soll insbesondere sicherstellen, dass – außer in den gesetzlich vorgesehenen Fällen, wenn be-standsgeschützte Anteile vorliegen – keine natürliche Personen als Privatanleger an dem Anlagevehikel beteiligt sind. Sollte der Investmentfonds also erkennen, dass unzulässiger Weise eine natürliche Person an diesem beteiligt oder die zulässige Anlegerzahl von 100 Anlegern überschritten sein, hat der Investmentfonds ein Sonderkündigungsrecht. Durch die Ausübung dieses Rechts sollen die Anlagebestimmungen des § 26 InvStG wieder er-füllt werden.

2.3.2.2.10 Anlagebedingungen

Die letzte Anlagebestimmung des § 26 Nr. 10 InvStG erfordert, dass die vorstehenden An-lagebestimmungen aus den **Anlagebedingungen** hervorgehen. Aus den Anlagebedingun-gen muss also hervorgehen, dass sich der Investmentfonds verpflichtet, die aufgeführten Anlagebestimmungen einzuhalten. Dabei gelten als Anlagebedingungen im Sinne die-ses Gesetzes gemäß § 2 Abs. 12 InvStG auch die Satzung, der Gesellschaftsvertrag oder vergleichbare konstituierende Rechtsakte eines Investmentfonds. Entscheidend ist, dass es sich um **schriftliche Vereinbarungen** zur Regelung der Rechtsverhältnisse des An-legers in Bezug auf den Investmentfonds handelt. Folglich können auch Nebenabreden (sog. „Side Letter") zu den Anlagebedingungen gehören. Demgegenüber gehören Anga-ben in den Verkaufsprospekten, Jahresberichten oder ähnliche Dokumente grundsätzlich nicht dazu, weil diese keine Rechtsverhältnisse regeln. Sollten die Anlagebedingungen hingegen explizit die Festlegung der Anlagepolitik eines Investmentfonds im Verkaufspro-spekt vorsehen, gehört der Verkaufsprospekt insoweit ebenfalls zu den Anlagebedingun-gen (BMF-Entwurf v. 24.03.2017 Rdn. 40 f.).

▶ **Es gilt somit** Die Einhaltung der Anlagebestimmungen der § 26 Nr. 1 bis Nr. 9 InvStG ist zwingend zu dokumentieren. Eine Einhaltung der Bestimmungen allein genügt nicht für eine Qualifikation als Spezial-Investmentfonds.

2.3.2.2.11 Befreiung von der Gewerbesteuer nach § 15 Abs. 2 und 3 InvStG

Neben der Erfüllung der sog. Anlagebestimmungen des § 26 InvStG liegt ein Spezial-Investmentfonds nur dann vor, wenn die Voraussetzungen für eine Gewerbesteuerbefreiung nach § 15 Abs. 2 und 3 InvStG erfüllt sind.

Für Zwecke der Gewerbesteuer gelten Investmentfonds nach § 15 Abs. 1 InvStG als sonstige juristische Personen des öffentlichen Rechts nach § 2 Abs. 3 GewStG, deren gewerbliche Tätigkeit nach § 15 Abs. 4 InvStG einen **wirtschaftlichen Geschäftsbetrieb** bildet. Aufgrund dieser Fiktionen sind die Investmentfonds grundsätzlich mit ihren gewerblichen Einkünften **gewerbesteuerpflichtig**.

Eine Befreiung von der Gewerbesteuer setzt nach § 15 Abs. 2 und 3 InvStG voraus, dass

- sich der objektive Geschäftszweck des Investmentfonds auf die Anlage und Verwaltung seiner Mittel für gemeinschaftliche Rechnung beschränkt und
- er seine Vermögensgegenstände nicht in wesentlichem Umfang aktiv unternehmerisch bewirtschaftet.

▶ **Es gilt somit** Obwohl Investmentfonds grundsätzlich gewerbesteuerpflichtig sind, unterfallen sie im Regelfall der Steuerbefreiung des § 15 Abs. 2 und 3 InvStG. Ein Spezial-Investmentfonds kann aus steuerlicher Sicht nur dann vorliegen, wenn diese Voraussetzungen für eine Steuerbefreiung von der Gewerbesteuer erfüllt sind.

Nach Auffassung des Gesetzgebers ist das erste Kriterium nicht bereits dann erfüllt, wenn die Anlagebedingungen einen solchen Zweck beschreiben, sondern erst dann, wenn die Geschäfte tatsächlich in diesem Sinne durchgeführt werden. Die Erfüllung dieser Voraussetzung setzt damit voraus, dass sowohl objektive als auch subjektive Merkmale für eine **Vermögensverwaltung** sprechen, d. h. für das Ziehen der Früchte aus den angeschafften Vermögensgegenständen. Das zweite Kriterium stellt nach Auffassung des Gesetzgebers im Wesentlichen darauf ab, dass **Investmentfonds nicht in das operative Geschäft der Unternehmen** eingreifen, an welchen sie sich beteiligen. Denn eine solche Tätigkeit würde eine gewerbliche und gerade keine vermögensverwaltende Tätigkeit darstellen. Eine **Ausnahme sieht die Regelung für Immobilienfonds** vor (vgl. Gesetzesbegründung BT-Drs. 18/8045, S. 84). Sollte zum Beispiel ein Fonds Immobilien veräußern und durch diese Veräußerungen die Grenze eines gewerblichen Grundstückshandels i. S. d. BMF-Schreibens vom 26.03.2004 (BStBl. I 2004, S. 434) überschreiten, liegt keine gewerbliche Tätigkeit i. S. d. § 15 Abs. 4 Satz 1 InvStG vor, weil es an einer aktiven unternehmerischen Bewirtschaftung fehlt (BMF-Entwurf v. 24.03.2017, Rdn. 152).

Auf eine Prüfung dieser beiden Kriterien kann verzichtet werden, wenn die **Bagatellgrenze des § 15 Abs. 3 InvStG** nicht überschritten wird. Nach dieser Vorschrift gelten die Voraussetzungen des § 15 Abs. 2 InvStG als erfüllt, wenn die Einnahmen aus einer aktiven unternehmerischen Bewirtschaftung in einem Geschäftsjahr weniger als 5 % der gesamten Einnahmen des Fonds betragen. Damit ist eine geringfügige unternehmerische

Bewirtschaftung für die Befreiung von der Gewerbesteuer unschädlich. Bei Überschreiten dieser Bagatellgrenze unterliegen alle gewerblichen Einkünfte der Gewerbesteuer. Ein Spezial-Investmentfonds kann nicht vorliegen.

▶ **Praxishinweis** Die Voraussetzungen für eine Gewerbesteuerbefreiung entsprechen den bisherigen Voraussetzungen an einen Investmentfonds nach § 1 Abs. 1b Satz 2 Nr. 3 InvStG i. d. F. des AIFM-StAnpG, so dass die Grundsätze des BMF-Schreibens vom 3. März 2015, BStBl. I 2015, S. 227 weiterhin ergänzend herangezogen werden können.[51]

2.3.2.3 Rechtsformerfordernisse nach § 27 InvStG für inländische Investmentfonds

Über die Einhaltung der Anlagebestimmungen des § 26 InvStG und die Erfüllung der Voraussetzung für die Gewerbesteuerbefreiung nach § 15 InvStG hinaus haben **inländische Investmentfonds die Rechtsformvorgaben des § 27 InvStG** zu erfüllen. Nach dieser Regelung können inländische Spezial-Investmentfonds ausschließlich in der Rechtsform eines Sondervermögens nach § 1 Abs. 10 KAGB oder einer Investmentaktiengesellschaft mit veränderlichem Kapital nach § 108 KAGB aufgelegt werden. Den Sonderfall der offenen Investmentkommanditgesellschaft, die nur für die Bündelung von Altersvorsorgevermögen zugelassen ist, regelt § 53 InvStG.

Als **mögliche Rechtsformen** inländischer Investmentfonds sieht das Investmentsteuerrecht das Sondervermögen, die Investmentaktiengesellschaft mit veränderlichem Kapital sowie die offene Investmentkommanditgesellschaft vor. Letztgenannte Rechtsform kann nur dann den Rechtsstatus eines Spezial-Investmentfonds erlangen, wenn ihr Zweck auf die Bündelung von betrieblichem Altersvorsorgevermögen (sog. **Pension Asset Pooling**) beschränkt ist. Für die Definition dieser Begriffe verweist das Steuerrecht auf die Vorschriften des Aufsichtsrechts, die seit der Umsetzung der sog. AIFM-Richtlinie ins deutsche Recht im Kapitalanlagegesetzbuch enthalten sind.

Nach dem **Aufsichtsrecht** dürfen offene AIF ausschließlich als Sondervermögen, Investmentaktiengesellschaft mit veränderlichem Kapital oder offene Investmentkommanditgesellschaft (mit einer Beschränkung auf professionelle und semi-professionelle Anleger) aufgelegt werden. Dagegen dürfen geschlossene Fonds lediglich als Investmentaktiengesellschaften mit fixem Kapital und geschlossene Investmentkommanditgesellschaften aufgelegt werden. Offene Immobilien-Gesellschaften dürfen nur als Sondervermögen gebildet werden (vgl. van Kann et al. 2013, S. 1483).

▶ **Es gilt somit** Damit kennt das Aufsichtsrecht neben dem Sondervermögen, das selbst nicht rechtsfähig ist, als Organisationsformen für Investmentvermögen **vier unterschiedliche Gesellschaftsformen.** Zu diesen gehören die Investmentaktiengesellschaft mit veränderlichem Kapital, die Investmentaktiengesellschaft mit fixem Kapital, die offene sowie

---

[51] Bislang wurden alle Anlagevehikel, welche die genannten Kriterien nicht erfüllt haben, als Investitionsgesellschaften der Besteuerung unterworfen.

die geschlossene Investmentkommanditgesellschaft. Da Wesensmerkmal eines Spezial-Investmentfonds die Offenheit des Fonds ist, also die Anleger ein Rückgaberecht für ihre Anteile haben, kommen als Organisationsformen für einen Spezial-Investmentfonds weder die Rechtsform der Investmentaktiengesellschaft mit fixem Kapital noch die der geschlossenen Investmentkommanditgesellschaft in Betracht.

2.3.2.3.1 Sondervermögen

Für die Definition des **Sondervermögens** verweist § 27 InvStG auf § 1 Abs. 10 KAGB. Nach dieser Regelung des Aufsichtsrecht sind Sondervermögen inländische **offene Investmentvermögen** in Vertragsform, die von einer Verwaltungsgesellschaft für Rechnung der Anleger nach Maßgabe dieses Gesetzes und den Anlagebedingungen, nach denen sich das Rechtsverhältnis der Verwaltungsgesellschaft zu den Anlegern bestimmt, verwaltet werden. Als mögliche Verwaltungsformen sieht das Investmentrecht die Verwaltung durch eine externe **Kapitalverwaltungsgesellschaft** i. S. d. § 17 Abs. 2 Nr. 1 KAGB, eine inländische Zweigniederlassung einer **EU-Verwaltungsgesellschaft** i. S. d. § 1 Abs. 17 KAGB und eine EU-Verwaltungsgesellschaft i. S. d. § 1 Abs. 17 Nr. 1 KAGB mittels grenzüberschreitender Dienstleistung vor.

Zivilrechtlich ist das Sondervermögen **nicht rechtsfähig**. Steuerrechtlich ist der Investmentfonds rechtsfähig (vgl. §§ 6 und 15 InvStG), so dass dieser steuerlich erfasst werden kann.

Eine detaillierte gesetzliche Regelung des Sondervermögens enthält der vierte Abschnitt des ersten Kapitel des Kapitalanlagegesetzbuches (**§§ 92 bis 107 KAGB**). Es kommt insbesondere als Rechtsform für ein **offenes inländisches Investmentvermögen** in Betracht, welches gemäß § 91 KAGB alternativ auch in der Rechtsform einer Investmentaktiengesellschaft mit veränderlichem Kapital aufgelegt werden kann. Darüber hinaus dürfen offene inländische Investmentvermögen, die nicht inländische OGAW sind und deren Anteile nach dem Gesellschaftsvertrag ausschließlich von professionellen und semiprofessionellen Anlegern erworben werden dürfen, zusätzlich als offene Investmentkommanditgesellschaft gemäß den Vorschriften des Unterabschnitts 4 aufgelegt werden. Dagegen dürfen offene inländische Investmentvermögen, die nach den Anlagebedingungen das bei ihnen eingelegte Geld in Immobilien anlegen, nur als Sondervermögen aufgelegt werden.

Die zum Sondervermögen gehörenden Vermögensgegenstände können sich entweder im **Miteigentum der Anleger oder im Eigentum der Kapitalverwaltungsgesellschaft** selbst befinden, sog. Treuhandlösung. Sollte die KVG auch über eigenes Vermögen verfügen oder mehrere Sondervermögen bilden, so hat sie diese strikt voneinander zu trennen. Dabei haftet das Sondervermögen nicht für die Verbindlichkeiten der Kapitalverwaltungsgesellschaft. Auch darf das Sondervermögen nicht verpfändet oder sonst belastet, zur Sicherung übereignet oder abgetreten werden. Die Kapitalverwaltungsgesellschaft darf ihre Ansprüche auf Vergütung und Ersatz ihrer Ausgaben nur aus dem Sondervermögen befriedigen, weil die Anleger ihr gegenüber nicht persönlich haften.

Die **Anteile an dem Sondervermögen** werden gem. § 95 KAGB in Anteilsscheinen verbrieft, die entweder auf den Namen oder auf den Inhaber lauten und von der Verwahrstelle sowie der Kapitalverwaltungsgesellschaft zu unterzeichnen sind. Diese Wertpapiere[52] verkörpern die Rechte des Anlegers an dem Sondervermögen. Er kann durch sie jedoch keine Gesellschafterrechte bei der Kapitalverwaltungsgesellschaft ausüben.

▶ **Es gilt somit** Die Anleger erhalten entweder Inhaber- oder Namensanteilsscheine an dem Fonds.

Dabei können die Fonds unterschiedliche **Anteilsklassen** enthalten. Sie können sich nach § 96 Abs. 1 KAGB insbesondere hinsichtlich der Ertragsverwendung, des Ausgabeaufschlages, des Rücknahmeabschlages und der Währung des Anteilswertes unterscheiden. Anteile einer Klasse gewähren dieselben Rechte. Im Gegensatz dazu sind **Teilfonds** eigenständige Sondervermögen, die sich hinsichtlich ihrer Anlagepolitik und eines anderen Ausstattungsmerkmals unterscheiden. Sie können gem. § 96 Abs. 2 KAGB zusammengefasst werden, sog. **Umbrella-Konstruktion**.

Jeder Anleger kann gemäß § 98 KAGB mindestens zweimal im Monat eine **Rücknahme seines Anteils** verlangen. Die Einzelheiten sind in den Anlagebedingungen festzulegen. Für Spezialsondervermögen kann abweichend davon vereinbart werden, dass die Rücknahme von Anteilen nur zu bestimmten Rücknahmeterminen erfolgt. Unter außergewöhnlichen Umständen, die eine Aussetzung unter Berücksichtigung der Interessen der Anleger erforderlich erscheinen lassen, kann die Kapitalverwaltungsgesellschaft eine Rücknahme aussetzen, wenn dies vertraglich vorgesehen ist. Allerdings darf sie während dieser Zeit auch keine Anteile ausgeben.

2.3.2.3.2 Investmentaktiengesellschaft mit veränderlichem Kapital
Bereits mit dem Investmentmodernisierungsgesetz vom 15.12.2003 wurden erstmals Regelungen über eine **Investmentaktiengesellschaft** mit veränderlichem Kapital eingeführt. Die Besonderheit dieser Rechtsform ist, dass die Gesellschaft, wie ein offener Fonds, jederzeit Aktien ausgeben und diese von den Investoren zurücknehmen darf (Fock in Spindler und Stilz, § 1 AktG Rdn. 90). Mit Einführung des Kapitalanlagegesetzbuches enthält das Aufsichtsrecht erstmal Regelungen über eine Investmentaktiengesellschaft mit fixem Kapital, welche als Gesellschaftsform ausschließlich für geschlossene Investmentvermögen in Betracht kommt. Spezial-Investmentfonds können lediglich in der Rechtsform der Investmentaktiengesellschaft **mit veränderlichem Kapital** aufgelegt werden, weil die Anleger das Recht zur Rückgabe ihrer Anteile haben.

---

[52] Da sie keiner herkömmlichen Wertpapierart zugeordnet werden können, werden sie als Wertpapiere sui generis betrachtet (so Schmitz in Berger et al. 2010, § 33 InvG, Rdn. 9).

▶ **Es gilt somit** Durch die Einführung der Investmentaktiengesellschaft steht dem Anleger neben dem Sondervermögen eine zweite Anlageform für seine Beteiligung an einem Spezial-Investmentfonds zur Verfügung. Es ist zwischen der Investmentaktiengesellschaft mit fixem und veränderlichem Kapital zu unterscheiden.

Investmentaktiengesellschaften mit veränderlichem Kapital sind Unternehmen, die nach ihrer Satzung auf die Anlage und Verwaltung ihrer Mittel nach einer festen Anlagestrategie und dem Grundsatz der Risikomischung zur gemeinschaftlichen Kapitalanlage zum Nutzen der Aktionäre beschränkt sind, und bei denen die Anleger das Recht zur Rückgabe ihrer Anteile haben. Sind an dieser ausschließlich juristische Personen beteiligt, so liegt eine **Spezial-Investmentgesellschaft** vor.

Die Investmentaktiengesellschaft mit veränderlichem Kapital ist neben der Anlageform der Sondervermögen ohne eigene Rechtspersönlichkeit **eine weitere Rechtsform für die offene Spezial-Investmentanlage**. Sie zählt mit der Investmentkommanditgesellschaft zu den Investmentgesellschaften i. S. d. § 1 Abs. 11 KAGB.

Durch sie werden die Anleger mittelbar direkt an dem Gesellschaftsvermögen der Gesellschaft beteiligt, welche ausschließlich in der Rechtsform einer Aktiengesellschaft gegründet werden darf. Sie unterliegt daher dem **Anwendungsbereich des Aktiengesetzes** mit Ausnahme bestimmter, in § 108 Abs. 2 KAGB genannter Vorschriften, sofern sich aus den Regelungen der **§§ 108 bis 123 KAGB** nichts anderes ergibt.

Die Aktien einer solchen Investmentaktiengesellschaft bestehen grundsätzlich aus **Unternehmens-** und **Anlageaktien**, es sei denn, es handelt sich um eine Spezial-Investmentaktiengesellschaft, welche auf die Begebung von Letzteren verzichten kann. Die Aktien dürfen nicht auf einen bestimmten Nennbetrag lauten, sondern müssen als **Stückaktien** ausgegeben werden. Die Unternehmensaktionäre, welche entweder bei Gründung der Gesellschaft die Unternehmensaktien gegen Einlage oder nach Gründung sie im Zuge der Übernahme aller Rechte und Pflichten übernehmen, erhalten Namensaktien und sind der BaFin zu melden. Anlageaktien hingegen können erst nach Gründung ausgegeben werden und berechtigen den Inhaber nicht zur Teilnahme an der Hauptversammlung und gewähren auch keine Stimmrechte, es sei denn, die Satzung sieht dies vor.

Besonderheit dieser Aktiengesellschaft ist die Ermächtigung des Vorstandes, das Gesellschaftskapital wiederholt durch die Ausgabe neuer Anlageaktien gegen Einlagen zu erhöhen. Im Zuge der **Kapitalerhöhung** steht den Unternehmens- und den Anlageaktionären, soweit sie über ein Stimmrecht verfügen, ein Bezugsrecht zu. Darüber hinaus ist die Gesellschaft berechtigt, jederzeit ihre Aktien auszugeben und zurückzunehmen, solange die in der Satzung festgelegten Grenzen des Mindest- und Höchstkapitals dies gestatten.

Die Investmentaktiengesellschaft kann eine Kapitalanlagegesellschaft mit der **Verwaltung des Investmentvermögens beauftragen**, welche für sie die Ausführung allgemeiner Verwaltungsaufgaben sowie die Anlage und Verwaltung der Mittel übernimmt. Eine gesetzliche Verpflichtung besteht jedoch für die Investmentaktiengesellschaft nicht. Sie kann auch als **selbstverwaltete Gesellschaft** agieren. Für die intern verwaltete Investmentaktiengesellschaft mit veränderlichem Kapital gelten die Kapitalanforderungen des

§ 25 KAGB entsprechend. Daher muss das Anfangskapital der Gesellschaft gemäß § 114 KAGB **mindestens 300.000 €** betragen. Darüber hinaus sind die Regelungen über den Wert der erforderlichen Eigenmittel zu beachten. Ein Unterschreiten dieser Grenzen hat die Gesellschaft unverzüglich hat der Bundesanstalt und den Aktionären anzuzeigen.

Die Gesellschafter können als Aktionäre verlangen, dass ihnen gegen **Rückgabe ihrer Aktien** ihr Anteil am Gesellschaftsvermögen ausgezahlt wird. Bei einer Publikums-Investmentaktiengesellschaft besteht dieses Recht zweimal pro Monat. Eine Verpflichtung zur Rücknahme besteht für die Gesellschaft jedoch nur dann, wenn durch die Erfüllung des Rücknahmeanspruchs das Gesellschaftsvermögen den Betrag des Anfangskapitals und der zusätzlich erforderlichen Eigenmittel gemäß § 25 KAGB nicht unterschreitet. Mit der Rücknahme gilt das Gesellschaftskapital als herabgesetzt. Dagegen können Unternehmensaktionäre die Rücknahme ihrer Aktien nur verlangen, wenn alle Unternehmensaktionäre zustimmen und bezogen auf alle Einlagen der Unternehmensaktionäre der Betrag des Anfangskapitals und der zusätzlich erforderlichen Eigenmittel gemäß § 25 KAGB nicht unterschritten wird.

Zur Aufnahme des Geschäftsbetriebs bedarf auch die **extern verwaltete Investmentaktiengesellschaft** der schriftlichen Erlaubnis der BaFin. Eine Erlaubnis darf sie nur dann erteilen, wenn die Investmentaktiengesellschaft eine externe OGAW-Kapitalverwaltungsgesellschaft benannt hat, die Geschäftsleiter der OGAW-Investmentaktiengesellschaft zuverlässig sind und die zur Leitung der OGAW-Investmentaktiengesellschaft erforderliche fachliche Eignung haben, auch in Bezug auf die Art des Unternehmensgegenstandes der OGAW-Investmentaktiengesellschaft, und die Satzung der OGAW-Investmentaktiengesellschaft den Anforderungen dieses Gesetzes entspricht. Die BaFin hat über den Antrag innerhalb von sechs Monaten zu entscheiden. Eine Ablehnung hat sie zu begründen.

Die **Firma** der Gesellschaft muss die Bezeichnung „Investmentaktiengesellschaft" oder eine allgemein verständliche Abkürzung enthalten.

▶ **Praxishinweis** Die Anlage über eine Investmentkapitalgesellschaft führt im Vergleich zur Anlage über ein Sondervermögen zu keinen steuerlichen Konsequenzen, wenn die weiteren Voraussetzungen an einen Spezial-Investmentfonds i. S. d. InvStG vorliegen. In diesen Fällen ist die Investmentkapitalgesellschaft die erste Kapitalgesellschaft deutschen Rechts, die nach dem Transparenzprinzip besteuert werden kann (vgl. Fischer und Steck in Berger et al. 2010, Vor § 96 bis 111a InvG Rdn. 2).

2.3.2.3.3 Offene Investmentkommanditgesellschaft

Das Aufsichtsrecht kennt als mögliche Organisationsformen für offene und geschlossene Investmentvermögen auch die **offene und geschlossene Investmentkommanditgesellschaft**. In ihrem Kern ist diese Gesellschaft eine Kommanditgesellschaft, auf welche die Regelungen des Handelsgesetzbuches Anwendung findet, sofern das KAGB keine abweichenden Regelungen vorsieht (vgl. Böhme 2014, S. 2380). Die allgemeinen Regelung für die offene Gesellschaftsform enthalten die §§ 124 bis 138 KAGB sowie für die geschlossene Kommanditgesellschaft die §§ 149 bis 161 KAGB.[53]

Aufgrund des Wesensmerkmals der Offenheit kommt als Rechtsform für einen Spezial-Investmentfonds lediglich die **offene Investmentkommanditgesellschaft** in Betracht. Diese darf ausschließlich in der Rechtsform einer Kommanditgesellschaft gegründet werden. Dabei muss der gesellschaftsvertraglich festgelegte **Unternehmensgegenstand** der offenen Investmentkommanditgesellschaft ausschließlich die Anlage und Verwaltung ihrer Mittel nach einer festgelegten Anlagestrategie und dem Grundsatz der Risikomischung zur gemeinschaftlichen Kapitalanlage nach den §§ 273 bis 284 KAGB zum Nutzen ihrer Anleger sein. Darüber hinaus muss der Gesellschaftsvertrag festlegen, dass die **Kommanditisten das Recht zur Rückgabe ihrer Anteile** im Wege der Kündigung nach § 133 KAGB haben und dass die Anteile der Gesellschaft ausschließlich von professionellen Anlegern und semiprofessionellen Anlegern erworben werden dürfen. Zusätzlich zum Gesellschaftsvertrag sind die **Anlagebedingungen** zu erstellen. Sie sind kein Bestandteil des Gesellschaftsvertrages.

Anleger der offenen Investmentkommanditgesellschaft können ausschließlich professionelle und semiprofessionelle Anleger sein, welche sich nur unmittelbar als Kommanditisten beteiligen können. Der Eintritt in die Gesellschaft wird mit Eintragung der Beteiligung in Handelsregister wirksam. Der Anspruch der Gesellschaft gegen einen Kommanditisten auf Leistung der Einlage erlischt, sobald er seine Kommanditeinlage erbracht hat. Kommanditisten sind nicht verpflichtet, entstandene Verluste auszugleichen. Auch eine Nachschusspflicht besteht nicht.

Die Kommanditisten können ihre Beteiligung in voller Höhe oder zu einem Teilbetrag kündigen, wobei die Einzelheiten über die **Kündigung** grundsätzlich der Gesellschaftsvertrag regelt. Bei Kündigung erhalten die Anleger gegenüber der Gesellschaft einen Abfindungsanspruch in Höhe des gekündigten Anteils am Wert des Gesellschaftsvermögens, gegebenenfalls abzüglich der Aufwendungen, welche der Gesellschaft entstanden sind. Mit dem Austritt aus der Gesellschaft haftet der ausgeschiedene Kommanditist nicht mehr für Verbindlichkeiten der Gesellschaft. Die Erfüllung des Anspruches gilt nicht als Rückzahlung seiner Einlage.

Die **Geschäftsführung** der offenen Investmentgesellschaft müssen **mindestens zwei Personen übernehmen**. Dabei gilt die Voraussetzung als erfüllt, wenn die Geschäftsführung aus einer juristischen Person besteht, deren Geschäftsführung wiederum von zwei Personen wahrgenommen wird. Die Mitglieder der Geschäftsführung müssen zuverlässig sowie über die für die Leitung der offenen Investmentkommanditgesellschaft erforderlichen fachliche Eignung verfügen und zwar auch in Bezug auf die Art ihres Unternehmensgegenstandes. Zudem dürfen sie Vermögensgegenstände weder an die offene Investmentkommanditgesellschaft veräußern noch von dieser erwerben. In Ausnahmefällen kann die BaFin die Abberufung der Geschäftsführung oder von Mitgliedern der Geschäftsführung verlangen und ihnen die Ausübung ihrer Tätigkeit untersagen.

---

[53] Zu Einzelheiten dieser Gesellschaftsformen vgl. z. B. Wiedemann 2013, S. 1041 ff.

Die Investmentkommanditgesellschaft darf eine **Kapitalverwaltungsgesellschaft** bestellen, welche im Wesentlichen die Anlage und Verwaltung des Kommanditanlagevermögens entsprechend dem Unternehmensgegenstand der Gesellschaft übernimmt. Ansonsten agiert sie als intern verwaltete Gesellschaft. In diesen Fällen bedarf die Investmentkommanditgesellschaft selbst eine Zulassung als Kapitalverwaltungsgesellschaft gemäß § 20 KAGB. Nach Erlaubnis ihres Geschäftsbetriebes darf die **intern verwaltete offene Investmentkommanditgesellschaft** bewegliches und unbewegliches Vermögen erwerben, das für den Betrieb der Investmentkommanditgesellschaft notwendig ist. Dafür hat sie Betriebsvermögen zu bilden, welches rechnerisch bei den Kapitalanteilen der geschäftsführenden Gesellschafter erfasst wird. Davon getrennt werden die Einlagen der Anleger, also der Kommanditisten, sowie die im Zusammenhang mit der Anlagetätigkeit erhaltenen und verwalteten Vermögensgegenstände, für die Vermögensgegenstände erhaltene Sicherheiten sowie liquide Mittel rechnerisch dem Kommanditkapital zugeordnet. Sollte das Gesellschaftsvermögen den Wert des Anfangskapitals oder den Wert der zusätzlich erforderlichen Eigenmittel gemäß § 25 KAGB unterschreiten, so hat die intern verwaltete offene Investmentkommanditgesellschaft dies der Bundesanstalt und den Anlegern unverzüglich anzuzeigen und die Geschäftsführung eine Gesellschafterversammlung einzuberufen.

Die offene Investmentkommanditgesellschaft kann nur dann den **Status eines Spezial-Investmentfonds** i. S. d. InvStG erlangen, wenn sie die Voraussetzungen der §§ 53 i. V. m. 26 InvStG erfüllt. Nach diesen Regelungen gilt sie nur dann als Spezial-Investmentfonds, wenn sie nach ihrem Gesellschaftsvertrag u. a. nicht mehr als 100 Anleger hat, die nicht natürliche Personen sind und sich ihr Gesellschaftszweck deren Gesellschaftszweck unmittelbar und ausschließlich der Abdeckung von betrieblichen **Altersvorsorgeverpflichtungen** dient. Voraussetzung ist also, dass sich der Zweck der Gesellschaft auf die Bündelung von betrieblichem Altersversorgevermögen, das sog. **Pension Asset Pooling**, beschränkt. Zur leichteren Überprüfung dieser Voraussetzung haben die Anleger gegenüber der Gesellschaft eine schriftliche Erklärung nach amtlichem Muster abzugeben und in dieser zu erläutern, um welche Art von betrieblicher Altersvorsorge es sich bei ihnen handelt. Zudem müssen sie angeben, bei welcher Finanzbehörde sie unter welcher Steuer- oder Steueridentifikationsnummer geführt werden.[54] Darüber hinaus stellt § 53 Abs. 2 Satz 3 InvStG sicher, dass die Anleger nur in dem Umfang eine Beteiligung an der Gesellschaft erwerben, in welchen dies zur Abdeckung ihrer Altersvorsorgeverpflichtungen notwendig ist. Bezugspunkt ist dabei der Zeitpunkt des Erwerbs. Dies gilt auch für den Erwerb weiterer Anteile. Wertveränderungen der Beteiligungen sind für diese Betrachtung nicht entscheidend.

---

[54] Vgl. Gesetzesbegründung zum AIFM-StAnpG, BT-Drs. 18/68 (neu), S. 44.

Bei Gründung einer offenen Investmentkommanditgesellschaft im Jahr 1 hat der Anleger A Pensionsverpflichtungen gegenüber seinen Arbeitnehmern i. H. v. 1 Mio. €. A darf im Jahr 1 nur im Wert von 1 Mio. € Anteile erwerben. Im Jahr 2 kommen neue Pensionsverpflichtungen im Umfang von 200.000 € hinzu. Gleichzeitig ist aufgrund günstiger Marktentwicklungen der Wert der Kommanditbeteiligung auf 1,3 Mio. € gestiegen. A darf neue Anteile nur in dem Umfang erwerben, in dem Pensionsverpflichtungen neu hinzugekommen sind, also i. H. v. 200.000 €. Gleiches gilt, wenn sich der Markt negativ entwickelt hätte und der Wert der bereits gehaltenen Anteile sich auf 800.000 € reduziert hätte.[55]

2.3.2.4   Folgen bei Verstoß gegen die Anlagebestimmungen und Voraussetzungen der §§ 26 und 27 InvStG

§ 26 InvStG enthält die investmentsteuerlichen Anforderungen an einen sog. **Spezial-Investmentfonds**. Verstößt der Investmentfonds in der Anlagepraxis nicht wesentlich gegen die dort genannten Anlagebestimmungen und erfüllt die Voraussetzungen für eine Befreiung von der Gewerbesteuer nach § 15 Abs. 2 und 3 InvStG, so wird das Investitionsvehikel für die Anwendung des InvStG grundsätzlich als Spezial-Investmentfonds charakterisiert. Für inländische Investmentfonds gilt dies nur, wenn sie darüber hinaus die **Rechtsformerfordernisse** des § 27 InvStG erfüllen.

Erfüllt ein Spezial-Investmentfonds diese Voraussetzungen nicht mehr, richten sich die Steuerfolgen nach **§ 52 InvStG**. In einem solchen Fall gilt der Spezial-Investmentfonds grundsätzlich als **aufgelöst**. Diese Rechtsfolge tritt ein, wenn

- der Spezial-Investmentfonds seine Anlagebedingungen in der Weise ändert, dass die Voraussetzungen des § 26 InvStG nicht mehr erfüllt sind, oder
- ein wesentlicher Verstoß gegen die Anlagebestimmungen des § 26 vorliegt.

Sollten in diesem Fall die Voraussetzungen an einen Investmentfonds i. S. d. § 1 InvStG weiterhin vorliegen, so gilt der Investmentfonds als mit der Auflösung neu aufgelegt. Auf Ebene der Anleger wird diese steuerliche Folge durch eine Veräußerungs- und ggf. durch eine Anschaffungsfiktion nachvollzogen:

- In jedem Fall gelten die Anteile der Anleger an dem Spezial-Investmentfonds zu dem Zeitpunkt als veräußert, zu dem die Voraussetzungen nach § 26 InvStG entweder aufgrund der Änderung der Anlagebedingungen oder aufgrund eines wesentlichen Verstoßes gegen die Anlagebestimmungen des § 26 InvStG entfallen (sog. **Veräußerungsfiktion**). Als Veräußerungserlös ist der jeweilige Rücknahmepreis am Ende des Geschäftsjahres oder Rumpfgeschäftsjahres anzusetzen oder, sofern ein solcher nicht vorhanden ist, der Börsen- oder Marktpreis an dessen Stelle.

---

[55] Der Gesetzesbegründung zum AIFM-StAnpG, BT-Drs. 18/68 (neu), S. 45 entnommen.

- Sollte der Fonds gleichwohl die Voraussetzungen an einen Investmentfonds i. S. d. § 1 InvStG erfüllen, so wird auf Ebene der Anleger zugleich eine Anschaffung der Investmentanteile an dem Investmentfonds fingiert (sog. **Anschaffungsfiktion**). Als Anschaffungskosten der Investmentanteile kommt der fingierte Veräußerungserlös zum Ansatz. Die Besteuerung der Fondsanlage erfolgt nun nach den §§ 6 bis 22 InvStG über die Besteuerung von Investmentfonds. Sollte der Fonds auch diese Voraussetzungen nicht mehr erfüllen, unterfällt die Anlage über dieses Vehikel nicht mehr dem Anwendungsbereich des Investmentsteuerrechts.

▶ **Es gilt somit** Die Änderung der Anlagebedingungen oder ein wesentlicher Verstoß gegen die Anlagebestimmungen führen zu einem Verlust des Rechtsstatus als Spezial-Investmentfonds. In diesen Fällen gilt der Fonds als aufgelöst. Sollten die Voraussetzungen eines Investmentfonds i. S. d. § 1 InvStG weiterhin vorliegen, so gilt dieser als aufgelegt. Auf Ebene der Anleger wird diese Rechtsfolge nachvollzogen, indem deren Anteile an dem Spezial-Investmentfonds als veräußert gelten und ggf. Anteile an dem Investmentfonds als neu angeschafft.

Wie nach der bisherigen Rechtslage (vgl. § 15 Abs. 3 InvStG a. F.) auch, sollen nur **wesentliche Verstöße** gegen die Anlagenbestimmungen zu einem Verlust des Steuerstatus als Spezial-Investmentfonds führen, so dass nicht jede geringfügige Abweichung von den Anlagebestimmungen die einschneidenden Folgen der Veräußerungsfiktion nach § 52 InvStG auslösen kann. Vielmehr betrachtet der Gesetzgeber die Aberkennung des Status als Spezial-Investmentfonds als **Ultima Ratio** für besondere Ausnahmefälle. Ein derartiger Ausnahmefall wäre beispielsweise gegeben, wenn ein Verstoß bewusst und zweckgerichtet für missbräuchliche Steuergestaltungen herbeigeführt wurde.

Dagegen liegt in der Regel kein wesentlicher Verstoß vor, wenn die Überschreitung von Anlagegrenzen **nicht durch einen Geschäftsabschluss** verursacht wurde, als welcher jede aktive Transaktion zu verstehen ist, welche die Zusammensetzung des Investmentfondsvermögens verändert. Demzufolge führen Überschreitungen der Anlagegrenzen, die auf bloßen Wertveränderungen der Vermögensgegenstände basieren, nicht zum Verlust des Rechtsstatus als Spezial-Investmentfonds (Gesetzesbegründung BT-Drs. 18/8045, S. 95). Ein solcher Anwendungsfall ist zum Beispiel dann gegeben, wenn aufgrund der Wertentwicklung des Investmentvermögens die Höchstgrenze für Beteiligungen an Kapitalgesellschaften überschritten wird, weil sich beispielsweise die Fremdkapitalhöhe oder der gemeine Wert anderer Vermögensgegenstände verringert.

▶ **Es gilt somit** Nach Auffassung des Gesetzgebers führen Überschreitungen der Anlagegrenzen, die aus bloßen Wertveränderungen der Vermögensgegenstände resultieren, grundsätzlich nicht zum Verlust des Rechtsstatus als Spezial-Investmentfonds. Gegenteiliges gilt, wenn die Überschreitungen auf Geschäftsabschlüssen basieren.[56]

---

[56] Vgl. Gesetzesbegründung zum AIFM-StAnpG, BT-Drs. 18/68 (neu), S. 43.

Führt der Investmentfonds eine **aktive Transaktion** durch, welche die Zusammensetzung des Investmentfondsvermögens mit der Folge verändert, dass es beispielsweise zu einem Überschreiten der Höchstgrenze für die Beteiligungen an Kapitalgesellschaften kommt, so könnte ein wesentlicher Verstoß gegen die Anlagebestimmungen vorliegen, der zu einem Verlust des Rechtsstatus als Spezial-Investmentfonds führt.[57] Werden die Überschreitungen kurzfristig zurückgeführt, so sind sie jedoch regelmäßig unwesentlich (Gesetzesbegründung BT-Drs. 18/8045, S. 95).

▶ **Es gilt somit** Auch einzelne aktive Überschreitungen von Anlagegrenzen sind regelmäßig unwesentlich, wenn die Überschreitungen kurzfristig zurückgeführt werden (Gesetzesbegründung BT-Drs. 18/8045, S. 95). Damit liegen auch in diesen Fällen keine wesentlichen Verstöße gegen die Anlagebestimmungen des § 26 InvStG vor.

Diese **Regelung über die Unbeachtlichkeit geringfügiger Verstöße** gegen die Anlagebestimmungen des § 26 InvStG gilt nicht automatisch auch für die weiteren Voraussetzungen, die ein Investmentfonds erfüllen muss, damit er als Spezial-Investmentfonds i. S. d. InvStG gilt. Dies gilt insbesondere für einen Verstoß gegen die Rechtsformvorgaben des § 27 InvStG und die Erfüllung der Voraussetzungen über eine Gewerbesteuerbefreiung nach § 15 Abs. 2 und 3 InvStG. Geringfügige Verstöße gegen die Bagatellgrenze des § 15 Abs. 3 InvStG können damit zum Verlust des Status als Spezial-Investmentfonds führen (vgl. Wenzel in Blümich 2017, Rdn. 70).

2.3.3 Für die Besteuerung maßgebliche Definitionen der §§ 2 und 3 InvStG

§ 2 InvStG enthält weitere **Begriffsbestimmungen**, die für die Anwendung des InvStG notwendig sind. Im Grundsatz gilt nach § 2 Abs. 1 InvStG, dass für die Investmentbesteuerung die Begriffsbestimmungen des KAGB grundsätzlich entsprechend gelten. Eine Ausnahme gilt jedoch stets dann, wenn das Investmentsteuerrecht die Begrifflichkeit für Zwecke dieses Gesetzes eigenständig definiert. In diesen Fällen sind die spezial-gesetzlichen Definitionen vorrangig gegenüber den allgemeinen Bestimmungen des KAGB. Die Begrifflichkeiten gelten sowohl für die Besteuerungsregelungen für Investmentfonds als auch für Spezial-Investmentfonds und Altersvorsorgevermögensfonds.
    Zu den Begrifflichkeiten im Einzelnen:

1. Unter welchen Voraussetzungen ein Investmentfonds als **in- oder ausländischer Investmentfonds** gilt, regeln § 2 Abs. 2 und 3 InvStG. Die Einordnung richtet sich dabei grundsätzlich nach dem Recht, welchem der Investmentfonds unterliegt. Die maßgebliche Rechtsordnung bestimmt sich unter Beachtung des Rechts desjenigen Staats

---

[57] Vgl. Gesetzesbegründung zum AIFM-StAnpG, BT-Drs. 18/68 (neu), S. 43.

unter dem der Investmentfonds aufgelegt wurde und nach dessen Bestimmungen sich die Ausgestaltung und die Anlagebedingungen des Investmentfonds richten. Maßgeblich ist somit das jeweilige Privatrecht (BMF-Entwurf v. 24.03.2017 Rdn. 18).

2. § 2 Abs. 4 InvStG definiert die Begriffe des **Investmentanteils** als den Anteil an einem Investmentfonds und den des **Spezial-Investmentanteils** als den Anteil an einem Spezial-Investmentfonds. Auf die rechtliche Ausgestaltung des Anteils oder des Fonds kommt es dafür nicht an. Folglich können die Anteile mitgliedschaftliche Rechte wie beispielsweise Aktien einer Investmentaktiengesellschaft mit veränderlichem Kapital i. S. d. § 96 KAGB verkörpern oder auf einer rein vertraglichen Beziehung wie beispielsweise Anteile an einem Sondervermögen i. S. d. § 92 KAGB beruhen (BMF-Entwurf v. 24.03.2017 Rdn. 19). So gelten auch „Aktien" einer Investmentaktiengesellschaft als Investmentanteile oder Spezial-Investmentanteile, wenn die Investmentaktiengesellschaft die Voraussetzungen eines Investmentfonds nach § 1 Abs. 2 InvStG oder eines Spezial-Investmentfonds nach § 26 InvStG erfüllt (Gesetzesbegründung BT-Drs. 18/8045, S. 69).

3. § 2 Abs. 5 InvStG definiert einen **Dach-Investmentfonds** als einen Investmentfonds, der Investmentanteile an einem anderen Investmentfonds, dem sog. Ziel-Investmentfonds, hält. Dementsprechend definiert Satz 2 einen Dach-Spezial-Investmentfonds als einen Spezial-Investmentfonds, der Spezial-Investmentanteile an einem anderen Spezial-Investmentfonds, dem sog. Ziel-Spezial-Investmentfonds, hält. Nicht unter den Begriff des Spezial-Investmentfonds fällt ein Fonds, der Anteile an einem Investmentfonds hält (Gesetzesbegründung BT-Drs. 18/8045, S. 69).

4. § 2 Abs. 6 bis 9 InvStG sind der Definition der Begrifflichkeiten **der Aktien-, Misch- und Immobilienfonds** gewidmet, die für die Anwendung der Teilfreistellungen des § 20 InvStG maßgeblich sind. Denn die Höhe des Freistellungssatzes ist davon abhängig, in welche Vermögensgegenstände der Fonds hauptsächlich investiert. Legt der Investmentfonds nach seinen Anlagebedingungen fortlaufend mindestens 51 % seines Wertes in Kapitalbeteiligungen an, liegt ein sog. **Aktienfonds** vor. Sollte der Fonds hingegen gemäß den Anlagebedingungen fortlaufend zu mindestens 25 % seines Wertes in Kapitalbeteiligungen anlegen, wird er als sog. **Mischfonds** definiert. Für die Einordnung des Fonds als Aktien- oder Mischfonds ist gemäß § 2 Abs. 8 InvStG der **Begriff der Kapitalbeteiligungen** wie folgt zu verstehen:

- zum amtlichen Handel an einer Börse zugelassene oder auf einem organisierten Markt notierte Anteile an einer Kapitalgesellschaft,
- Anteile an einer Kapitalgesellschaft, die keine Immobilien-Gesellschaft ist und die entweder in einem Mitgliedstaat der Europäischen Union oder in einem anderen Vertragsstaat des Abkommens über den Europäischen Wirtschaftsraum ansässig ist und dort der Ertragsbesteuerung für Kapitalgesellschaften unterliegt und nicht von ihr befreit ist, oder in einem Drittstaat ansässig ist und dort einer Ertragsbesteuerung für Kapitalgesellschaften i. H. v. mindestens 15 % unterliegt und nicht von ihr befreit ist,

- Investmentanteile an Aktienfonds i. H. v. 51 % des Wertes des Investmentanteils oder
- Investmentanteile an Mischfonds i. H. v. 25 % des Wertes des Investmentanteils.

Zu beachten ist, dass **Investmentanteile grundsätzlich nicht als Kapitalbeteiligungen** gelten. Einzige Ausnahme sind die in § 2 Abs. 8 Satz 1 Nr. 3 und 4 InvStG genannten Fällen.

Bei der Ermittlung der **sog. Aktienquote** werden also nach Nummer 2 nur Anteile an nicht börsennotierten Kapitalgesellschaften berücksichtigt, wenn die Kapitalgesellschaft in ihrem Ansässigkeitsstaat einer bestimmten Ertragsbesteuerung unterliegt und nicht persönlich von der Ertragsbesteuerung befreit ist. Mit dieser Regelung soll eine ungerechtfertigte Inanspruchnahme der Teilfreistellung, d. h. einer Steuerfreistellung der Erträge auf Ebene der Anleger des Investmentfonds, verhindert werden (vgl. Gesetzesbegründung BT-Drs. 18/8045, S. 69). Zugleich werden auch Anteile berücksichtigt, die mittelbar über eine Personengesellschaft gehalten werden, es sei denn, diese Personengesellschaften erfüllen selbst die Voraussetzungen einer Immobilien-Gesellschaft nach § 1 Abs. 19 Nr. 22 InvStG. In diesen Fällen ist die Zuordnung nach § 2 Abs. 9 InvStG vorrangig (BMF-Entwurf v. 24.03.2017 Rdn. 34).

Bei der **Ermittlung der Aktienquote** (bzw. Kapitalbeteiligungsquote) umfasst das anteilig auf die Kapitalbeteiligungen entfallende Vermögen eines Investmentfonds nach Auffassung der Finanzverwaltung dessen Aktivvermögen (ohne Berücksichtigung von Verbindlichkeiten und Rückstellungen), wobei Ziel-(Spezial-)Investmentanteile mit ihrem Nettoinventarwert in das Aktivvermögen eingehen. Die Bezugnahme auf das Aktivvermögen begründet die Finanzverwaltung mit der systematischen Verknüpfung mit § 20 Abs. 1 und 2 InvStG, weil die dort vorgesehene Teilfreistellung von Investmenterträgen auf Anlegerebene berücksichtigt typisierend eine steuerliche Vorbelastung von zumindest 25 % (bei Mischfonds) und 51 % (bei Aktienfonds) des Aktivvermögens (BMF-Entwurf v. 24.03.2017 Rdn. 26).

Eine Ausnahme gewährt die Finanzverwaltung u. a. für OGAW i. S. d. § 1 Abs. 2 KAGB, die nach § 199 KAGB für gemeinschaftliche Rechnung der Anleger kurzfristige Kredite nur bis zur Höhe von 10 % des Wertes des OGAW aufnehmen dürfen. Bei diesen ist es nicht zu beanstanden, wenn der Nettoinventarwert berücksichtigt wird (BMF-Entwurf v. 24.03.2017 Rdn. 27).

Bei **Dach-Investmentfonds** ist für die Ermittlung der Kapitalbeteiligungsquote grundsätzlich auf die in den Anlagebedingungen der Ziel-Investmentfonds vorgesehenen Aktien- oder Kapitalbeteiligungs-Mindestquoten abzustellen. Davon abweichend erkennt es die Finanzverwaltung an, wenn der Dach-Investmentfonds alternativ auf die bewertungstäglich von den Ziel-Investmentfonds veröffentlichten tatsächlichen Kapitalbeteiligungsquoten abstellt und diese für die Berechnung heranzieht (BMF-Entwurf v. 24.03.2017 Rdn. 28).

Legt der Investmentfonds gemäß den Anlagebedingungen fortlaufend mindestens 51 % seines Wertes in Immobilien und Immobilien-Gesellschaften (definiert in § 1 Abs. 19 Nr. 22 KAGB) an, handelt es sich um einen sog. **Immobilienfonds**. Bei der

Prüfung dieser Voraussetzung gelten Investmentanteile an Immobilienfonds i. H. v. 51 % des Wertes des Investmentanteils als Immobilien. Die Definition der Immobiliengesellschaften erfolgt in Anlehnung an die Kategorisierung der Bundesanstalt für Finanzdienstleistungsaufsicht (vgl. Fondskategorien-Richtlinie vom 22. Juli 2013). Die Ermittlung der Immobilienquote erfolgt ebenfalls auf Grundlage des Aktivvermögens.

Zu beachten ist, dass für die Einordnung grundsätzlich die in den **Anlagebedingungen vorgesehenen Anlagevorgaben** maßgeblich sind. Nach Auffassung der Finanzverwaltung hat der Investmentfonds die durchgehende Erfüllung dieser Vermögenszusammensetzung anzustreben. Eine **nachhaltige Verletzung** dieser Vorgaben für die Vermögenszusammensetzung führt folglich zum Verlust des Status als Aktien-, Misch- oder Immobilienfonds. Unbeachtlich ist hingegen ein kurzfristiges Unterschreiten der Vermögensgrenzen auf Grund von Wertveränderungen der gehaltenen Vermögensgegenstände oder einer fehlerhaften Einstufung eines Vermögensgegenstands als Kapitalbeteiligung. Des Weiteren soll auch eine passive Grenzverletzung nicht zum Verlust des Status eines Aktien- oder Mischfonds führen, wenn der Investmentfonds unverzüglich nach Kenntnis der Grenzverletzung ihm mögliche und zumutbare Maßnahmen unternimmt, um die erforderliche Aktienquote wieder herzustellen. Eine passive Grenzverletzung liegt vor, wenn das Unterschreiten der Aktienquote auf äußeren vom Investmentfonds nicht beeinflussbaren Umständen (z. B. Börsencrash) beruht und kein aktives Handeln des Investmentfonds mitursächlich war (BMF-Entwurf v. 24.03.2017 Rdn. 23).

Für die Dauer von **6 Monaten** nach Auflage und vor Liquidation des Investmentfonds gilt eine **Schonfrist**. Nach Auffassung der Finanzverwaltung wird die gesetzlich vorgegebene Zielsetzung der „fortlaufenden Anlage" in Kapitalbeteiligungen auch innerhalb von sechs Monaten nach Neuauflage oder während der Liquidation eines Investmentfonds erfüllt, sofern der Investmentfonds noch nicht oder nicht mehr die vorausgesetzte tatsächliche Vermögenszusammensetzung des § 2 Abs. 6 oder 7 InvStG erreicht (BMF-Entwurf v. 24.03.2017 Rdn. 24).

▶ **Praxishinweis** Die Finanzverwaltung wird es bei der Ermittlung der Kapitalbeteiligungsquote bei Dachfonds nicht beanstanden, wenn der Dach-Investmentfonds auf die in den Anlagebedingungen der Ziel-Investmentfonds vorgesehenen Kapitalbeteiligungs-Mindestquoten abstellt. Damit genügt es für die Aktienfonds-Kapitalbeteiligungsquote des Dach-Investmentfonds, wenn der Dach-Investmentfonds nach seinen Anlagebedingungen verpflichtet ist, derart in Ziel-Investmentfonds zu investieren, dass fortlaufend die Aktienfonds-Kapitalbeteiligungsquote erreicht wird. Entsprechendes gilt für die Mischfonds-Kapitalbeteiligungsquote eines Dach-Investmentfonds.
Bei der fortlaufenden Überwachung dieser Voraussetzung darf der Dach-Investmentfonds abweichend von § 2 Abs. 8 Satz 1 Nr. 3 und 4 InvStG bei Ziel-Aktienfonds oder Ziel-Mischfonds mit einer höheren Kapitalbeteiligungs-Mindestquote als 51 oder 25 % auf die in den Anlagebedingungen der Ziel-In-

vestmentfonds geregelten höheren Mindestquoten abstellen. Ebenfalls nicht
zu beanstanden ist es, wenn der Dach-Investmentfonds zur Ermittlung seiner
Kapitalbeteiligungsquote auf die bewertungstäglich von den Ziel-Investmentfonds veröffentlichten tatsächlichen Kapitalbeteiligungsquoten abstellt und
darauf aufbauend eine fortlaufende Einhaltung der in den Anlagebedingungen
des Dach-Investmentfonds vorgesehenen Kapitalbeteiligungsquote sicherstellt
(Schreiben betreffend Anwendungsfragen zum Investmentsteuergesetz in der
am 1. Januar 2018 geltenden Fassung (InvStG 2018); Dringliche Fragen der Deutschen Kreditwirtschaft (DK) und des Bundesverbandes Investment und Asset
Management e. V. (BVI) vom 8. November 2017 BMF IV C 1 – S 1980 – 1/16/10010:010,
Tz. 2. („BMF-Schreiben vom 08.11.2017") DStR 2017, S. 2736).
Zur Auslegung der Begriffe der §§ 2 Abs. 6, 7, 8 und 9 InvStG zur Bestimmung
des anwendbaren Teilfreistellungssatzes vgl. auch das BMF-Schreiben vom
14.06.2017 DB 2017, S. 1485.

5. **Anleger** definiert § 2 Abs. 10 InvStG als denjenigen, dem nach § 39 AO das wirtschaftliche Eigentum an dem Anteil an dem Investmentfonds zuzurechnen ist. Dies ist
im Regelfall der rechtliche Eigentümer.

6. **§ 2 Abs. 11 InvStG** definiert **Ausschüttungen** als die dem Anleger gezahlten oder
gutgeschriebenen Beträge einschließlich des Steuerabzugs auf den Kapitalertrag. Diese Definition ist für die Steuerfolgen auf Ebene der Anleger entscheidend. Nach dem
Schreiben der Finanzverwaltung umfassen die Steuerabzüge die inländische Kapitalertragsteuer sowie die hierauf etwaig entfallenden Annexsteuern, d. h. den Solidaritätszuschlag und ggf. die Kirchensteuer. Sollte die Ausschüttung darüber hinaus in einem
ausländischen Staat dem Steuerabzug unterliegen, mindern die betreffenden Ertragsteuern ebenfalls nicht die zuzurechnende Ausschüttung. Die auf die Einkünfte des
Investmentfonds entfallenden Ertragsteuern (z. B. Kapitalertragsteuer nach § 7 Abs. 1
InvStG) hat demgegenüber nach § 2 Abs. 11 InvStG keine Auswirkung auf die Höhe
der Ausschüttung (BMF-Entwurf v. 24.03.2017 Rdn. 39).

7. Nach **§ 2 Abs. 12 InvStG** gelten als **Anlagebedingungen** auch die Satzung, der
Gesellschaftsvertrag oder vergleichbare konstituierende Rechtsakte eines Investmentfonds. Entscheidend ist, dass es sich um schriftliche Vereinbarungen zur Regelung der
Rechtsverhältnisse des Anlegers in Bezug auf den Investmentfonds handelt. Folglich
können auch Nebenabreden (sog. „Side Letter") zu den Anlagebedingungen gehören. Demgegenüber gehören Angaben in den Verkaufsprospekten, Jahresberichten
oder ähnliche Dokumente grundsätzlich nicht dazu, weil diese keine Rechtsverhältnisse regeln. Sollten die Anlagebedingungen hingegen explizit die Festlegung
der Anlagepolitik eines Investmentfonds im Verkaufsprospekt vorsehen, gehört
der Verkaufsprospekt insoweit ebenfalls zu den Anlagebedingungen (BMF-Entwurf
v. 24.03.2017 Rdn. 40 f.).

8. **§ 2 Abs. 13 InvStG** bestimmt, dass als **Veräußerung** von Investmentanteilen und Spezial-Investmentanteilen auch deren Rückgabe, Abtretung, Entnahme oder verdeckte
Einlage in eine Kapitalgesellschaft gilt. Diese Definition ist für die Besteuerung auf

Ebene der Anleger entscheidend, wenn diese ihre Anteile nicht veräußern, sondern beispielsweise zurückgeben oder abtreten. Aufgrund der Gleichsetzung dieser Vorgänge mit der Veräußerung führen auch diese Fälle zu steuerpflichtigen Vorgängen. Im Ergebnis sollen alle Realisationstatbestände erfasst und einheitlich behandelt werden (Gesetzesbegründung BT-Drs. 18/8045, S. 70).

9. **§ 2 Abs. 14 InvStG** stellt klar, dass der im Investmentsteuergesetz verwendete Begriff der **Gewinne auch Verluste** umfasst. So können Anleger beispielsweise aus der Veräußerung ihrer Investmentanteile auch einen negativen Veräußerungsgewinn erzielen.

10. **§ 2 Abs. 15 InvStG** definiert den **Begriff der Amts- und Beitreibungshilfe** leistenden ausländischen Staaten. Zu diesen gehören grundsätzlich alle Mitgliedstaaten der Europäischen Union sowie darüber hinaus diejenigen Drittstaaten, die der Bundesrepublik Deutschland Amtshilfe und Unterstützung in Beitreibungsverfahren aufgrund völkerrechtlicher Vereinbarungen leisten, die mit der Amts- und Beitreibungsrichtlinie vergleichbar sind. Diese Definition ist notwendig, weil bestimmte Steuervergünstigungen des InvStG nur gewährt werden, wenn ein Investmentfonds, ein Spezial-Investmentfonds oder ein Anleger dem Recht eines Amts- und Beitreibungshilfe leistenden ausländischen Staates unterliegt oder dort ansässig ist (Gesetzesbegründung BT-Drs. 18/8045, S. 70 f.).

§ 3 InvStG definiert **den gesetzlichen Vertreter des Investmentfonds** und dessen Rechte und Pflichten. Die Regelung bestimmt zunächst, dass die Wahrnehmung und Erfüllung der rechtlichen Pflichten und der sich ergebenen Rechte dem gesetzlichen Vertreter des Investmentfonds obliegen. Es gelten folgende Grundsätze:

1. Absatz 2 bestimmt als gesetzlichen Vertreter bei **inländischen Investmentfonds** die inländische **Kapitalverwaltungsgesellschaft** i. S. d. § 17 KAGB, die wiederum durch ihren gesetzlichen Vertreter nach § 34 AO vertreten wird. Sollte ein inländisches Sondervermögens durch eine inländische Zweigniederlassung oder Betriebstätte einer ausländischen Verwaltungsgesellschaft verwaltet werden, erfolgt die Vertretung durch die Zweigniederlassung oder Betriebstätte. Verfügt die ausländische Verwaltungsgesellschaft über keine inländische Betriebsstätte oder Zweigniederlassung, gilt die inländische Verwahrstelle des Investmentfonds als dessen gesetzlicher Vertreter. Da bei interner Kapitalverwaltung nach § 17 Abs. 2 Nr. 2 KAGB das Investmentvermögen zugleich selbst Kapitalverwaltungsgesellschaft selbst, ist sie selbst zur Wahrnehmung und Erfüllung von Rechten und Pflichten berechtigt bzw. verpflichtet.

2. Bei **Abwicklung** eines inländischen Investmentfonds gilt nach Absatz 3 die inländische Verwahrstelle oder der an ihrer Stelle bestellte Liquidator als gesetzlicher Vertreter des Investmentfonds.

3. Als gesetzlicher Vertreter eines **ausländischen Investmentfonds** gilt nach Absatz 4 grundsätzlich die Verwaltungsgesellschaft. Abweichend davon obliegt die gesetzliche Vertretung einer anderen Person, wenn sie nach den maßgeblichen Rechtsvorschriften eine Vertretungsmacht besitzt.

Der **gesetzliche Vertreter ist beispielsweise** zur Stellung von Anträgen für den Investmentfonds gegenüber der zuständigen Finanzbehörde berechtigt, aber auch zur Abgabe von Steuererklärungen verpflichtet. Zugleich sieht § 3 Abs. 1 InvStG vor, dass die sich aus dem Gesetz gegenüber dem Investmentfonds ergebende Rechte und Pflichten auch gegenüber dem gesetzlichen Vertreten auszuüben sind. Inhaltsadressat von Verwaltungsakten, wie beispielsweise des Steuerbescheides, bleibt jedoch der Investmentfonds (Gesetzesbegründung BT-Drs. 18/8045, S. 70 f., BMF-Entwurf v. 24.03.2017 Rdn. 42, 43).

▶ **Es gilt somit** Die Rechte und Pflichten des inländischen Investmentfonds hat im Regelfall die Kapitalverwaltungsgesellschaft als dessen gesetzlicher Vertreter wahrzunehmen. Einzelheiten über die gesetzliche Vertretung bestimmt § 3 InvStG. Die Zuständigkeit der Finanzbehörden richtet sich nach § 4 InvStG.

Literatur

Berger, H., Steck, K.-U., und Dieter Lübbehüsen. 2010. *Investmentgesetz, Investmentsteuergesetz*, 1. Aufl. München: Beck Verlag.

Blümich, W. 2017. *Ertragsteuerliche Nebengesetze Kommentar. Loseblatt (Stand: April)*

Böcker, T. 2016. Die neue Fondsbesteuerung im Zuge der Investmentsteuerreform. *Neue Wirtschaftsbriefe* 2016(37):2789–2798.

Böhme, A. 2014. Die Vertretung der extern verwalteten Investmentkommanditgesellschaft. *Betriebsberater* 2014(46):2380–2385.

Buck-Heeb, P. 2009. *Kapitalmarktrecht*, 3. Aufl. Heidelberg: C. F. Müller.

Elser, T., und J. Gütle-Kunz. 2010. Anwendung des InvStG bei Beteiligung an ausländischen Fonds unter Berücksichtigung des neuen Investmentsteuererlasses. *Betriebsberater* 2010(8):414–420.

Emde, T., Dornseifer, F., Dreibus, A., und Luise Hölscher. 2013. *Investmentgesetz*. München: C. H. Beck Verlag.

Fischer, C., und T. Friedrich. 2013. Investmentaktiengesellschaft und Investmentkommanditgesellschaft unter dem Kapitalanlagegesetzbuch. *Zeitschrift für Bankrecht und Bankwirtschaft* 2013(3):153–163.

Haase, F. 2015. *Kommentar zum InvStG*, 2. Aufl. Stuttgart: Schäffer-Poeschel.

van Kann, J., R. Redeker, und A. Keiluweit. 2013. Überblick über das Kapitalanlagegesetzbuch (KAGB). *Deutsches Steuerrecht* 2013(29):1483–1489.

Panzer, A. 2005. Inhalt und Reichweite des Grundsatzes der Risikomischung im Hinblick auf die investmentrechtliche Qualifizierung ausländischer Immobilienvermögen. *Internationales Steuerrecht* 2005:426–432.

Patz, A. 2014. Verkaufsprospektpflicht für offene inländische Investmentvermögen – De facto eine gesetzliche Prospektpflicht für offene Spezial-Investmentfonds aufgrund der Vertriebsvorschriften des KAGB. *Zeitschrift für Bank- und Kapitalmarktrecht* 2014(4):271–277.

Patzner, A., A. Döser, und L.J. Kempf. 2015. *Investmentrecht*, 2. Aufl. Baden-Baden: Nomos.

Simonis, M., J. Grabbe, und P. Faller. 2014. Neuregelung der Fondsbesteuerung durch das AIFM-StAnpG. *Der Betrieb* 2014(1):16–22.

Stadler, R., und E. Bindl. 2016. Das neue InvStG – Überblick und Korrekturbedarf. *Deutsches Steuerrecht* 2016(34):1953–1962.

Weiser, B., und M. Hüwel. 2013. Verwaltung alternativer Investmentfonds und Auslagerung nach dem KAGB-E. *Betriebsberater* 2013(19):1091–1097.

Weitnauer, W., L. Boxberger, und D. Anders. 2017. *Kommentar zum Kapitalanlagegesetzbuch und zur Verordnung über Europäische Risikokapitalfonds mit Bezügen zum AIFM-StAnpG*, 2. Aufl. München: C. H. Beck.

Wiedemann, H. 2013. Alte und neue Kommanditgesellschaften. *GR* 2013(27):1041–1046.

Weiterführende Literatur

BMF-Schreiben vom 14. Juni 2017 über die Anwendungsfragen zum InvStG in der am 1. Jan. 2018 geltenden Fassung. Der Betrieb. 1485–1487.

Entwurf eines Jahressteuergesetzes 2010 (JStG 2010) vom 22.06.2010, DS 17/2249.

Haase, F. 2010. § 4 Abs. 1 InvStG und ausländische Einkünfte. *Internationales Steuerrecht* 2010(5):170–171.

Schreiben betreffend Investmentsteuergesetz (InvStG), Zweifels- und Auslegungsfragen; Aktualisierung des BMF-Schreibens vom 2. Juni 2005 (BStBl. I S. 728) vom 18.08.2009, BStBl. I S. 931 (BMF-Schreiben InvStG).

Spindler, G., und E. Stilz. 2010. *Aktiengesetz*, 2. Aufl. München: C. H. Beck.

Intransparente Besteuerung der (Publikums-)Investmentfonds

3

3.1 Einleitung

Das Investmentsteuerrecht unterscheidet hinsichtlich der Besteuerung von Investmentfonds zwischen (Publikums-)Investmentfonds[1] und Spezial-Investmentfonds. Für diese beiden Fondsarten sieht es unterschiedliche Besteuerungsregime vor. Bis zur Änderung des Investmentsteuergesetzes im Zuge der Investmentsteuerreform 2018 kennzeichnete das Transparenzprinzip die Besteuerung von Investmentfonds. Für die Durchführung der Besteuerung wurde auf der einen Seite eine Einkünfteermittlung auf Ebene des Fonds durchgeführt, die sodann auf der anderen Seite der Anleger besteuert werden konnten, soweit der Fonds seinen Veröffentlichungspflichten nachgekommen ist. Nunmehr erfolgt die Besteuerung der (Publikums-)Investmentfonds grundsätzlich nach dem **Intransparenzprinzip**. Dies bedeutet, dass zunächst eine Besteuerung bestimmter inländischer Einkünfte auf Ebene des Investmentfonds (Fondsebene) selbst und danach eine Besteuerung der sog. Investmenterträge auf Ebene der Anleger (Anlegerebene) stattfindet. Abb. 3.1 bildet die Besteuerung von Investmentfonds nach dem Intransparenzprinzip ab.

Die Besteuerung der von dem Fonds erzielten Erträge auf diesen beiden Ebenen wird steuerlich gewürdigt, indem auf Ebene der Anleger eine **sog. Teilfreistellung** der Erträge nach **§ 20 InvStG** erfolgt. Die Höhe der Steuerfreistellung ist von der Kategorisierung des Fonds als Aktien-, Immobilien-, Misch- oder sonstigen Fonds sowie den Eigenschaften der Anleger (Privatanleger oder betrieblicher Anleger und natürliche oder juristische Person) abhängig.

---

[1] Der Begriff Investmentfonds wird als Synonym für den Begriff des Publikum-Investmentfonds verwendet. Er ist von den Spezial-Investmentfonds zu unterscheiden.

© Springer Fachmedien Wiesbaden GmbH, ein Teil von Springer Nature 2018
K. Dorn, *Investmentsteuerrecht*, https://doi.org/10.1007/978-3-658-21478-4_3

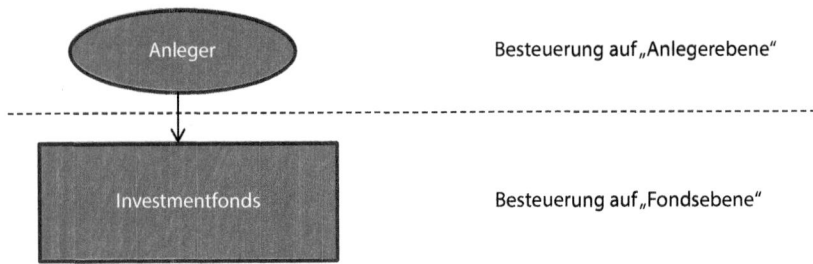

Abb. 3.1 Besteuerung der Investmentfonds nach dem Intransparenzprinzip

▶ **Es gilt somit** Die Besteuerung der **Investmentfonds** erfolgt nach dem **Intranspa-renzprinzip**. Die Erträge, die ein Investmentfonds erzielt, werden steuerlich sowohl auf Fondsebene als auch auf Anlegerebene besteuert. Auf Ebene der Anleger wird die steuer-liche Vorbelastung der Erträge auf Fondsebene durch die sog. Teilfreistellung der Erträge nach § 20 InvStG gewürdigt.

Das **Transparenzprinzip** findet lediglich für die Besteuerung der **Spezial-Investment-fonds** Anwendung, soweit diese die Transparenzoptionen der §§ 30 und 33 InvStG aus-üben. Die Besteuerung der Spezial-Investmentfonds regelt Kapitel 3 des Investmentsteu-ergesetzes (§§ 25 bis 52 InvStG). § 25 InvStG stellt klar, dass für Investmentfonds und Spezial-Investmentfonds im Grundsatz getrennte Besteuerungsregelungen gelten.

▶ **Es gilt somit** Zu beachten ist, dass das Investmentsteuerrecht für Investmentfonds und Spezial-Investmentfonds unterschiedliche Besteuerungsregime vorsieht. Während Invest-mentfonds grundsätzlich unter Anwendung des Intransparenzprinzips besteuert werden, können Spezial-Investmentfonds auch nach der Investmentsteuerreform 2018 nach dem Transparenzprinzip besteuert werden. Zu beachten ist, dass ein Wechsel zwischen den Besteuerungsregimen grundsätzlich nicht möglich ist. Einzelheiten regeln §§ 24 und 52 InvStG.

§ 24 InvStG stellt klar, dass Investmentfonds nicht zum **Besteuerungsregime wech-seln** können, dass ausschließlich für Spezial-Investmentfonds gilt. Ein Wechsel kann nicht stattfinden, wenn der (Publikums-)Investmentfonds selbst oder deren Anleger den Be-steuerungsregelungen des Kapitels 2 des Investmentsteuergesetzes (§§ 6 bis 23 InvStG) für Investmentfonds unterlegen haben. Diese Voraussetzung ist erfüllt, wenn beispiels-weise Einkünfte i. S. des § 6 Abs. 2 InvStG formell bestandskräftig veranlagt wurden oder Kapitalertragsteuer nach § 7 Abs. 5 InvStG oder nach § 11 InvStG erstattet wur-de. Sodann ist es steuerlich unbeachtlich, wenn die Voraussetzungen für einen Spezial-Investmentfonds zu einem späteren Zeitpunkt erfüllt werden. Entsprechendes gilt, wenn die Voraussetzungen für einen Spezial-Investmentfonds zwar zunächst vorlagen, dies aber nicht von dem Spezial-Investmentfonds und den Anlegern geltend gemacht wurde. Der umgekehrte Fall ist ebenfalls ausgeschlossen. Ein Wechsel vom Besteuerungsregime eines Spezial-Investmentfonds zum Besteuerungsregime für Investmentfonds ist ebenfalls nicht möglich, wenn die Spezial-Investmentfonds der für diese Fonds maßgeblichen Besteuerung nach dem 3. Kapitel des Investmentsteuergesetzes (§§ 25 bis 51 InvStG) unterlegen haben. Diese Voraussetzung ist erfüllt, wenn der Spezial-Investmentfonds z. B. nach § 31 InvStG Steuerbescheinigungen zugunsten der Anleger ausstellen lässt (vgl. Gesetzesbegründung BT-Drs. 18/8045, S. 94). Dieses Wechselverbot leitet sich aus **§ 52 InvStG** ab (vgl. Mann in Blümich 2017, § 24 Rdn. 2). Sollte der Spezial-Investmentfonds die Voraussetzungen an einen solchen nicht mehr erfüllen, richten sich die Steuerfolgen nach § 52 InvStG. In diesen Fällen gilt er als aufgelöst. Erfüllt er zu diesem Zeitpunkt die Voraussetzungen an einen Investmentfonds i. S. d. § 1 InvStG, gilt er als solcher aufgelegt. Seine Besteuerung richtet sich dann nach Kapitel 2 des Investmentsteuergesetzes. Auf Ebene des Anlegers gelten die Anteile an dem Spezial-Investmentfonds als veräußert und ggf. Anteile an einem Investmentfonds als angeschafft. Zu weiteren Einzelheiten siehe Abschn. 4.5.4.

3.2   Besteuerung auf Fondsebene

Investmentfonds unterfallen grundsätzlich der Körperschaft- und Gewerbesteuer. Dazu im Einzelnen:

3.2.1   Besteuerung von Investmentfonds mit Körperschaftsteuer

Die für die Besteuerung der **Investmentfonds** mit Körperschaftsteuer maßgebliche Norm ist **§ 6 InvStG**. Absatz 1 regelt die Steuersubjekteigenschaft der Fonds, Absatz 2 die sachliche Körperschaftsteuerpflicht, die Absätze 3 bis 5 enthalten die für den Umfang der Besteuerung notwendigen Begriffsdefinitionen, Absatz 6 schließt die Anwendung des § 8b KStG aus. Absatz 7 beinhaltet die Grundsätze über die Einkünfteermittlung und Absatz 8 über die Verlustverrechnung. Dazu im Einzelnen:

3.2.1.1   Körperschaftsteuerpflicht der Investmentfonds

Wesensmerkmal der Besteuerung von Investmentfonds ist, dass diese als **selbstständige Steuersubjekte der Körperschaftsteuerpflicht** unterliegen. Dafür gelten inländische Investmentfonds gemäß § 6 InvStG als Zweckvermögen i. S. d. § 1 Abs. 1 Nr. 5 KStG und ausländische Investmentfonds als Vermögensmassen i. S. d. § 2 Nr. 1 KStG. Dabei gelten die genannten gesetzlichen Fiktionen für alle in- und ausländischen Investmentfonds und zwar unabhängig von ihrer rechtlichen Ausgestaltung. Für den Umfang der Körperschaftsteuerpflicht ist allein entscheidend, ob ein in- oder ausländischer Investmentfonds vorliegt. Für diese Einordnung nicht maßgeblich ist, wo der Investmentfonds seinen Sitz oder Geschäftsleitung hat (BMF-Entwurf v. 24.03.2017 Rdn. 59). Maßgeblich ist allein die Definition nach § 2 InvStG. So liegt nach der gesetzlichen Definition des § 2 Abs. 2 InvStG ein inländischer Investmentfonds vor, wenn dieser dem inländischen Recht unterliegt, und nach § 2 Abs. 3 InvStG ein ausländischer Fonds, wenn dieser ausländischem Recht unterliegt. Entscheidend ist allein das Investmentrecht, d. h. nach welcher Rechtsordnung der Investmentfonds aufgelegt wurde und nach deren Bestimmungen sich die Ausgestaltung des Investmentfonds richtet (vgl. Gesetzesbegründung BT-Drs. 18/8045, S. 68).

▶ **Es gilt somit** Investmentfonds sind körperschaftsteuerpflichtig. Inländische Investmentfonds sind persönlich unbeschränkt und ausländische Investmentfonds beschränkt körperschaftsteuerpflichtig.

▶ **Praxishinweis** Die gesetzlichen Fiktionen gelten unabhängig von der rechtlichen Ausgestaltung des Investmentfonds. So greift die gesetzliche Fiktion auch für das Teilgesellschaftsvermögen einer inländischen Investmentaktiengesellschaft, das ein (separates) Zweckvermögen darstellt (vgl. Gesetzesbegründung BT-Drs. 18/8045, S. 72). Nach Auffassung der Finanzverwaltung greift die Fiktion für haftungs- und vermögensrechtlich **getrennte Teile eines Investmentfonds i. S. d. § 1 Abs. 4 InvStG**, jedoch nicht für Anteilklassen eines Investmentfonds. Eine Verlustverrechnung zwischen den rechtlich selbstständigen Teilen eines Fonds ist daher nicht möglich (BMF-Entwurf v. 24.03.2017, Rdn. 60).

3.2.1.2   Umfang der Körperschaftsteuerpflicht

Die **sachliche Körperschaftsteuerpflicht** erstreckt sich dabei einheitlich für in- und ausländische Investmentfonds lediglich auf bestimmte Einkünfte, welche in **§ 6 Abs. 2 InvStG** abschließend genannt sind.

Dazu gehören

- inländische Beteiligungseinnahmen,
- inländische Immobilienerträge und
- sonstige inländische Einkünfte,

welche in den folgenden Absätzen der Regelung 3 bis 5 definiert werden. Im Übrigen unterfallen die Einkünfte der Investmentfonds nicht der Körperschaftsteuer. Somit können Investmentfonds, wie bislang auch, beispielsweise Zinsen, Veräußerungsgewinne aus Wertpapieren, Gewinne aus Termingeschäften, ausländische Dividenden und ausländische Immobilienerträge steuerfrei vereinnahmen.

▶ **Es gilt somit** Die Körperschaftsteuerpflicht der Investmentfonds erstreckt sich nur auf bestimmte inländische Einkünfte. Daher sind Investmentfonds lediglich **partiell körperschaftsteuerpflichtig**. Steuerpflichtig sind gemäß § 6 Abs. 2 InvStG auf Fondsebene inländische Beteiligungseinnahmen, inländische Immobilienerträge und sonstige inländischen Einkünfte.

Die steuerpflichtigen Einnahmen bzw. Einkünfte gelten nach § 6 Abs. 2 Satz 2 InvStG als Einkünfte i. S. d. **§ 2 Nr. 1 KStG**. Diese Regelung stellt sicher, dass die steuerpflichtigen Einnahmen bzw. Einkünfte im Rahmen der beschränkten Körperschaftsteuerpflicht ausländischer Investmentfonds erfasst werden können.

▶ **Praxishinweis** Die Einkünfte, welche nicht in § 6 Abs. 2 InvStG genannt sind, unterliegen nicht der Investmentbesteuerung auf Ebene des Investmentfonds. Dazu gehören insbesondere ausländischen Einkünfte.

3.2.1.2.1 Inländische Beteiligungseinnahmen i. S. d. § 6 Abs. 3 InvStG
Inländische Beteiligungseinnahmen definiert **§ 6 Abs. 3 InvStG**.[2]
Zu diesen gehören

- Einnahmen i. S. d. § 43 Abs. 1 Satz 1 Nr. 1 EStG (also Dividenden, Ausbeuten und sonstige Bezüge, sofern mit diesen das Recht am Gewinn oder Liquidationserlös einer Kapitalgesellschaft verbunden ist, aus Wandelanleihen, Gewinnobligationen sowie GmbH-Anteilen) und i. S. d. § 43 Abs. 1 Satz 1 Nr. 1a EStG (also insbesondere Dividenden aus girosammel- oder streifbandverwahrten inländischen Aktien, einschließlich der Anteile an REIT-AG) sowie nach Auffassung der Finanzverwaltung auch Einnahmen aus Hinterlegungsscheinen auf inländische Aktien (vgl. BMF-Entwurf v. 24.03.2017, Rdn. 63 unter Verweis auf das BMF-Schreiben vom 24. Mai 2013, BStBl. I 2013, S. 718).
- sowie Entgelte, Einnahmen und Bezüge nach § 2 Nr. 2 Buchst. a bis c KStG (Ausgleichszahlungen aus Wertpapierleihgeschäften, echten Wertpapierpensionsgeschäften i. S. d. § 340 Abs. 2 HGB und Einnahmen und Bezüge aus entsprechenden Umgehungsgestaltungen[3]). Durch diese Regelung sollen auch Strukturen steuerlich erfasst werden, die auf die Umgehung der Steuerpflicht von Dividenden abstellen. Im Ergebnis unterliegen auch sog. Dividenden-Kompensationszahlungen bei Wertpapierleihgeschäften sowohl bei inländischen als auch bei ausländischen Investmentfonds der Körperschaftsteuerpflicht. Durch den in § 6 Abs. 3 Satz 2 InvStG enthaltenen Rechtsfolgenverweis auf § 32 Abs. 3 KStG wird ein Steuerabzug bei diesen Entgelten, Einnahmen und Bezügen angeordnet. Damit wird derjenige zum Steuerabzug verpflichtet, der sich von einem Investmentfonds Aktien leiht und dafür eine Wertpapierleihgebühr an den Investmentfonds zahlt (Gesetzesbegründung BT-Drs. 18/8045, S. 73).

Damit zählen zu den inländischen Beteiligungseinnahmen also insbesondere **Dividenden** und andere Einnahmen i. S. d. § 20 Abs. 1 Nr. 1 EStG, die von einer im Inland ansässigen Kapitalgesellschaft ausgeschüttet werden, sowie **Dividenden-Kompensationszahlungen**. Ausdrücklich nicht zu den Einnahmen gehören Gewinne aus der Veräußerung der Anteile an den Kapitalgesellschaften.

---

[2] Zu weiteren Einzelheiten vgl. Hahne 2017, S. 2310 ff.
[3] Mann in Blümich 2017, § 6 Rdn. 35.

Keine Definition enthält die Regelung des § 6 Abs. 3 InvStG hinsichtlich des **Begriffes „inländisch"**. Daher ist dieser Begriff nach den allgemeinen steuerlichen Regelungen auszulegen (so Mann in Blümich 2017, § 6 Rdn. 30). Der Gesetzesbegründung ist jedenfalls zu entnehmen, dass inländische Dividenden dann vorliegen, wenn die ausschüttende Kapitalgesellschaft im Inland ansässig ist (vgl. Gesetzesbegründung BT-Drs. 18/8045, S. 73).

▶ **Es gilt somit** Laufende Einnahmen aus Anteilen an im Inland ansässigen Kapitalgesellschaften werden auf Ebene des Fonds besteuert, während Veräußerungsgewinne aus diesen Anteilen von der Besteuerung auf Fondsebene ausgenommen sind.

▶ **Praxishinweis** Mit der Steuerfreistellung von Veräußerungsgewinnen soll eine Schlechterstellung inländischer Anteilseigner im Vergleich zu im Ausland ansässigen Anteilseignern verhindert werden, weil Anteile an Kapitalgesellschaften nach den Regelungen der Doppelbesteuerungsabkommen regelmäßig im Ansässigkeitsstaat des Anteilseigners und nicht im Ansässigkeitsstaat der Kapitalgesellschaft besteuert werden dürfen.

Das **Beteiligungsprivileg des § 8b KStG** findet jedoch auf Fondsebene **keine Anwendung**. § 6 Abs. 6 InvStG schließt dessen Anwendung aus. Das bedeutet, dass eine Steuerbefreiung von Dividenden und Dividenden-Kompensationszahlungen auf Ebene des Investmentfonds ausgeschlossen ist. Die Dividenden unterliegen daher unabhängig von der Höhe der jeweiligen Beteiligung in voller Höhe der Besteuerung mit Körperschaftsteuer und Solidaritätszuschlag. Damit werden Investmentfonds Anlegern mit Streubesitzbeteiligung gleichgestellt (vgl. Gesetzesbegründung BT-Drs. 18/8045, S. 75).

Die inländischen Beteiligungseinnahmen i. S. d. § 6 Abs. 2 InvStG unterliegen einem **Steuerabzug**, der abgeltende Wirkung entfaltet. Eine Berücksichtigung der Werbungskosten ist ausgeschlossen (vgl. §§ 6 Abs. 3 und 7 InvStG, dazu sogleich weitere Ausführungen unter „Durchführung der Besteuerung"), so dass eine **Bruttobesteuerung dieser Erträge** stattfindet. Der Steuersatz beträgt 15 % und beinhaltet bereits den Solidaritätszuschlag. Sollte der Steuerabzug unterbleiben, muss der Investmentfonds diese Einkünfte ausnahmsweise in seine Körperschaftsteuererklärung einbeziehen.

Für die **Durchführung des Kapitalertragsteuerabzugs** ist zwischen den inländischen Beteiligungseinnahmen i. S. d. § 6 Abs. 3 Nr. 1 InvStG und § 6 Abs. 3 Nr. 2 InvStG zu unterscheiden. Ausschließlich für erstgenannte inländische Beteiligungseinnahmen gelten die allgemeinen Grundsätze der §§ 43 ff. EStG, während für die letztgenannten aufgrund des Rechtsfolgenverweises gemäß § 6 Abs. 3 Satz 2 InvStG die Regelungen des § 32 Abs. 3 KStG[4] entsprechende Anwendung finden.[5]

▶ **Es gilt somit** Inländische Beteiligungseinnahmen i. S. d. § 6 Abs. 3 InvStG unterliegen einem **Steuerabzug**, der **abgeltende Wirkung** entfaltet. Der Steuerabzug erfolgt mit einem Steuersatz **von 15 %**, wobei dieser den Solidaritätszuschlag bereits beinhaltet. Ein Abzug von Werbungskosten ist aufgrund der Begrifflichkeit „Beteiligungseinnahmen" nicht vorgesehen, so dass diese Einkünfte einer **Bruttobesteuerung** unterliegen. **§ 8b KStG** findet auf diese Einnahmen **keine Anwendung**.

3.2.1.2.2 Inländische Immobilienerträge i. S. d. § 6 Abs. 4 InvStG

Inländische Immobilienerträge definiert **§ 6 Abs. 4 InvStG**. Als solche unterliegen der Investmentbesteuerung

- Einkünfte aus der Vermietung und Verpachtung von im Inland belegenen Grundstücken oder grundstücksgleichen Rechten sowie
- Gewinne aus der Veräußerung von im Inland belegenen Grundstücken oder grundstücksgleichen Rechten (wie zum Beispiel Erbbaurechte, Wohnungseigentum oder Bergbaurechte).

Voraussetzung dieser Steuerpflicht ist, dass die Grundstücke oder grundstücksgleichen Rechte **im Inland** belegen sind.

▶ **Es gilt somit** Inländische Immobilienerträge i. S. d. § 6 Abs. 4 InvStG umfassen die Erträge aus der Vermietung und Verpachtung sowie der Veräußerung im Inland belegener Grundstücke oder grundstücksgleicher Rechte.

Die **Auslegung des Begriffes Vermietung und Verpachtung** erfolgt nicht nach § 21 EStG, sondern nach allgemeinen steuerlichen Grundsätzen. Abzustellen ist auf den allgemeinen Ertragstypus, wonach Vermietung und Verpachtung als zeitlich begrenzte Überlassung zur Nutzung zu verstehen ist, die insbesondere von Veräußerungen und veräußerungsähnlichen Vorgängen abzugrenzen ist, weil diese dauerhaft auf das Recht einwirken.

---

[4] Durch diesen Rechtsfolgenverweis besteht auch bei diesen Geschäften, eine Verpflichtung zum Steuerabzug. Die Verpflichtung besteht dabei für denjenigen, der sich die Aktien von dem Investmentfonds leiht und dafür als Entgelt eine Wertpapierleihgebühr an den Investmentfonds entrichtet. Die §§ 43 Abs. 1 Satz 1 Nr. 1 und 1a EStG gelten entsprechend (Boxberger in Weitnauer et al. 2017, § 6 InvStG 2018 Rdn. 16).

[5] Zu weiteren Einzelheiten über die Durchführung des Steuerabzugs vgl. Abschn. 3.2.1.3.2 und BMF-Entwurf v. 24.03.2017, Rdn. 64. Zu beachten ist, dass der Steuersatz 15 % inklusive Solidaritätszuschlag beträgt. Dieser bestimmt sich nicht nach den allgemeinen Regelungen des EStG, sondern nach § 7 InvStG.

Da § 21 EStG nicht entsprechend zur Anwendung kommt, gehören beispielsweise Einkünfte aus der Veräußerung von Miet- und Pachtzinsforderungen nicht zu den Einkünften aus Vermietung und Verpachtung i. S. d. § 6 Abs. 4 InvStG, weil diese Regelung keine § 21 Abs. 1 Nr. 4 EStG vergleichbare Vorschrift enthält (Mann in Blümich 2017, § 6 Rdn. 47).

Für die **Ermittlung der Veräußerungsgewinne** ist aufgrund eines ausdrücklichen Verweises § 23 Abs. 3 Satz 1 bis 4 EStG entsprechend anzuwenden. Damit berechnet sich dieser Gewinn aus der Differenz zwischen dem erzielten Veräußerungserlös einerseits und den Anschaffungs- oder Herstellungskosten sowie Werbungskosten andererseits, so dass auch negative Gewinne, d. h. **Verluste**, entstehen können. Dabei ist eine Verlustverrechnung innerhalb eines Investmentfonds grundsätzlich möglich, während eine Verlustverrechnung zwischen verschiedenen Fonds ausscheidet. Sollte ein Fonds zum Beispiel Verluste aus einer Immobilienanlage erzielen, kann dieser beispielsweise mit Gewinnen aus einer anderen Immobilie ausgeglichen werden (Gesetzesbegründung BT-Drs. 18/8045, S. 75). Zu beachten ist, dass die Steuerpflicht der Veräußerungsgewinne **unabhängig von der Spekulationsfrist** gilt.

▶ **Es gilt somit** Die Körperschaftsteuerpflicht der Investmentfonds erstreckt sich sowohl auf laufende Einkünfte als auch auf die Gewinne aus der Veräußerung inländischer Grundstücke bzw. grundstücksgleicher Rechte. Die Spekulationsfrist hat keinen Einfluss auf die Steuerpflicht der Veräußerungsgewinne. Für Privatanleger kommt es damit in Zukunft zu einer Schlechterstellung der Fondsanlage im Vergleich zur Direktanlage.

▶ **Praxishinweis** Die **Gewinne aus der Veräußerung** im Inland belegener Grundstücke und grundstücksgleicher Rechte sind nunmehr auf Ebene des Fonds unabhängig von der für Privatanleger sonst geltenden 10jährigen Spekulationsfrist körperschaftsteuerpflichtig. Durch diese Regelung kommt es zukünftig zu einer Schlechterstellung privater Anleger, wenn diese in Grundstücke über einen Fonds investieren und nicht direkt. Für Wertsteigerungen, die bis zu dieser gesetzlichen Änderung und damit bis zum 1. Januar 2018 eingetreten sind, gewährt der Gesetzgeber einen **partiellen Bestandsschutz** für Grundstücke, die vor dem 1. Januar 2018 angeschafft wurden. Gemäß § 6 Abs. 4 Satz 2 InvStG bleiben die vor dem Inkrafttreten des InvStRefG entstandenen Wertveränderungen steuerfrei, sofern zwischen der Anschaffung und dem Verkauf mehr als zehn Jahre vergangen sind. Zu beachten ist, dass diese Steuerfreistellung lediglich für die Besteuerung auf Ebene des Investmentfonds, nicht aber auf Ebene der Anleger gilt. Die bis zum 31.12.2017 eingetretene Wertsteigerung ist nach den tatsächlichen Verhältnissen zu ermitteln. Zu weiteren Einzelheiten vgl. auch BMF-Entwurf v. 24.03.2017, Rdn. 68. In bestimmten Fällen erkennt die Finanzverwaltung aus Vereinfachungsgründen auch eine lineare Aufteilung des erzielten Veräußerungsgewinnes an (BMF-Entwurf v. 24.03.2017, Rdn. 69).

Die **inländischen Immobilienerträge** unterliegen keinem Steuerabzug. Die Erträge sind im Rahmen der **Veranlagung** zu erklären. Der Steuersatz beträgt **15 % zuzüglich**

Solidaritätszuschlag. Eine Bruttobesteuerung findet nicht statt. Vielmehr sind die Erträge durch Gegenüberstellung der Einnahmen und Werbungskosten, welche insbesondere auch die Abschreibungen umfassen, zu ermitteln. Der in- bzw. ausländische Fonds muss bei dem für seine Besteuerung zuständigen Finanzamt (§ 4 InvStG) eine **Körperschaftsteuererklärung** abgeben.

3.2.1.2.3   Sonstige inländische Einkünfte

Zum einen gehören zu den **sonstigen inländischen Einkünften** i. S. d. **§ 6 Abs. 5 Nr. 1 InvStG** Einkünfte i. S. d. § 49 Abs. 1 EStG mit Ausnahme der Einkünfte gemäß § 49 Abs. 1 Nr. 2 Buchst. e EStG, soweit sie nicht bereits zu den inländischen Beteiligungseinnahmen oder inländischen Immobilienerträgen i. S. d. § 6 Abs. 3 oder 4 InvStG gehören. Im Grundsatz unterliegen damit der Besteuerung auf Ebene des Investmentfonds Einkünfte, die ihre **Quelle im Inland** haben. Zu diesen **Einkünften i. S. d. § 49 Abs. 1 EStG gehören beispielsweise** Zinsen auf Fremdkapital, wenn dieses durch inländischen Grundbesitz gesichert ist, oder Einkünfte aus **gewerblicher Tätigkeiten** im Inland, welche Investmentfonds lediglich in Ausnahmefällen erzielen dürften. Von diesen Einkünften **ausgenommen** werden explizit die **Einkünfte aus der Veräußerung wesentlicher Beteiligungen i. S. d. § 17 EStG** (Einkünfte i. S. d. § 49 Abs. 1 Buchst. e EStG), auch wenn die Kapitalgesellschaft im Inland ansässig ist. Maßgeblich dafür ist, dass das Besteuerungsrecht an diesen Einkünften nach den Regelungen des anzuwendenden Doppelbesteuerungsabkommens im Regelfall dem Wohnsitzstaat des Anteilseigners und nicht dem Ansässigkeitsstaat der Kapitalgesellschaft als Quellenstaat zugewiesen wird. Daher werden die Einkünfte aus der Veräußerung wesentlicher Beteiligungen i. S. d. § 17 EStG nicht als sonstige inländische Einkünfte erfasst, sondern als Einkünfte i. S. d. § 49 Abs. 1 Nr. 2 Buchst. e EStG von der Steuerpflicht ausgenommen.

▶   **Praxishinweis** Nach Auffassung der Finanzverwaltung findet die **isolierende Betrachtungsweise** des § 49 Abs. 2 EStG bei der Prüfung der Voraussetzungen Anwendung. Die Abgrenzung, ob eine gewerbliche Tätigkeit vorliegt oder nicht, hat dabei nach ertragsteuerlichen Grundsätzen und nicht nach der investmentsteuerlichen Regelung des § 15 InvStG zu erfolgen, welche für die Frage der Gewerbesteuerpflicht des Investmentfonds maßgeblich ist (vgl. BMF-Entwurf v. 24.03.2017, Rdn. 72). Danach können bei dieser Prüfung die Grundsätze über eine „aktive unternehmerische Bewirtschaftung" und damit insbesondere die Bagatellregelung des § 15 Abs. 3 InvStG keine Berücksichtigung finden.

Zum anderen gehören bei inländischen Investmentfonds in der Rechtsform einer **Investmentaktiengesellschaft** zu den sonstigen inländischen Einkünften i. S. d. § 6 Abs. 5 Nr. 2 InvStG darüber hinaus

• Einkünfte, welche die Investmentaktiengesellschaft oder eines ihrer Teilgesellschaftsvermögen aus der Verwaltung ihres Vermögens erzielt, und

- Einkünfte, welche die Investmentaktiengesellschaft oder eines ihrer Teilgesellschafts-
  vermögens aus der Nutzung ihres Investmentbetriebsvermögens nach § 112 Abs. 2
  Satz 1 KAGB erzielt.

Durch diese Regelung wird die Körperschaftsteuerpflicht ausschließlich für **inländische** Investmentfonds in der Rechtsform einer Investmentaktiengesellschaft mit veränderlichem Kapital i. S. d. § 108 KAGB um die Einkünfte aus der Verwaltung ihres Vermögens
erweitert. Der Körperschaftsteuer unterliegen die Einkünfte **der internen Kapitalverwaltungsgesellschaft** einer (selbstverwaltenden) Investmentaktiengesellschaft, welche diese
entweder in Gestalt von Verwaltungsvergütungen oder aus der Nutzung des Investmentbetriebsvermögens erzielt (vgl. Mann in Blümich 2017, § 6 Rdn. 65).

Auch diese Einkünfte unterliegen keinem Steuerabzug mit abgeltender Wirkung. Die
Einkünfte sind als **Überschuss der Einnahmen über die Werbungskosten** zu ermitteln.
Der Steuersatz beträgt **15 % zuzüglich Solidaritätszuschlag**. Eine Erklärung der Ein-
künfte im Rahmen der Veranlagung des Fonds ist notwendig.

3.2.1.3 Durchführung der Besteuerung

Die **partielle Körperschaftsteuerpflicht** des Fonds beschränkt sich auf die inländischen
Beteiligungseinnahmen, die inländischen Immobilienerträge und die sonstigen inländischen Einkünfte. Für die Durchführung der Besteuerung ist zwischen den Einkünften
zu unterscheiden, welche in die **Veranlagung des Fonds** einzubeziehen sind, und denen, die grundsätzlich einem **Steuerabzug mit abgeltender Wirkung** unterliegen und
folglich nicht in der Körperschaftsteuererklärung des Fonds anzugeben sind. Das Investmentsteuerrecht sieht lediglich für inländische Beteiligungseinnahmen i. S. d. § 6 Abs. 3
InvStG einen Steuerabzug mit abgeltender Wirkung vor, so dass ausschließlich diese Erträge nicht in die Veranlagung einzuziehen sind. Alle anderen Erträge sind im Rahmen
der Veranlagung zu ermitteln und zu erklären. Dies betrifft die inländischen Immobilienerträge und sonstigen inländischen Einkünfte und die inländischen Beteiligungseinnahmen, wenn diese ausnahmsweise keinem Steuerabzug unterlegen haben. Diese beiden
Formen der Einkünfte unterliegen einer **Schedulenbesteuerung**, so dass eine Verlustverrechnung zwischen diesen beiden Einkunftsformen nicht in Betracht kommt (BMF-
Entwurf v. 24.03.2017, Rdn. 76). Möglich ist eine Verlustverrechnung jedoch zwischen
nicht dem Steuerabzug unterliegenden Einkünften.

3.2.1.3.1 Ermittlung und Besteuerung der Einkünfte des Investmentfonds
         durch Veranlagung

Die Einkünfte des Investmentfonds sind grundsätzlich im Rahmen der **Veranlagung** zu
ermitteln. Eine **Ausnahme** gilt lediglich für die Einnahmen, die als inländische Beteiligungseinnahmen i. S. d. § 6 Abs. 3 InvStG dem **Steuerabzug** mit abgeltender Wirkung
unterliegen. Diese Einnahmen sind nicht in die Veranlagung einzubeziehen.

▶ **Es gilt somit** In die Veranlagung sind folglich die inländischen Immobilienerträge sowie die sonstigen inländischen Einkünfte einzubeziehen.

Die **Ermittlung der Einkünfte des Investmentfonds** regelt § 6 Abs. 7 InvStG. Nach dieser Vorschrift sind die Einkünfte des Investmentfonds als **Überschuss der Einnahmen über die Werbungskosten** zu ermitteln.

Dabei können die **Werbungskosten** berücksichtigt werden, die in einem wirtschaftlichen Zusammenhang mit den Einnahmen stehen. Für die Abgrenzung, ob und inwieweit ein solcher Zusammenhang besteht, ist unter Berücksichtigung der Gründe zu beurteilen, aus denen der Steuerpflichtige die Aufwendungen vornimmt. Diese stellen das „auslösende Moment" dar, welche den Steuerpflichtigen zum Tragen der Kosten veranlasst haben. Sollte ein solcher wirtschaftlicher Zusammenhang zu mehreren Einkunftsarten bestehen, so sind die Aufwendungen dort zu berücksichtigen, wo der engere und wirtschaftlich vorrangige Veranlassungszusammenhang besteht (Gesetzesbegründung BT-Drs. 18/8045, S. 75). Sollten die Werbungskosten sowohl mit steuerpflichtigen als auch mit anderen, zum Beispiel nicht steuerbaren oder dem Steuerabzug unterliegenden, Einkünften im wirtschaftlichen Zusammenhang stehen, sind die Werbungskosten nach Auffassung der Finanzverwaltung aufzuteilen. Dies betrifft insbesondere die für das gesamte Fondsvermögen anfallende **Verwaltungsgebühr**. Dabei kommt ein Werbungskostenabzug grundsätzlich nicht in Betracht, wenn die Werbungskosten in wirtschaftlichem Zusammenhang mit nicht steuerbaren Einkünften (wie beispielsweise ausländischen Immobilienerträge) stehen. Eine Aufteilung der Werbungskosten ist ausnahmsweise dann nicht notwendig, wenn der Veranlassungszusammenhang zu bestimmten Einkünften nach den Umständen des Einzelfalls zurücktritt. In diesen Fällen können die Werbungskosten ausnahmsweise bei den Einkünften zu berücksichtigen sein, zu denen ein vorrangiger Veranlassungszusammenhang besteht (BMF-Entwurf v. 24.03.2017, Rdn. 79).

▶ **Praxishinweis** Bei den **Einkünften aus Vermietung und Verpachtung** sind als Werbungskosten insbesondere die Abschreibungen gemäß §§ 7 ff. EStG zu berücksichtigen. Da Investmentfonds Überschusseinkünfte erzielen, kommt ausschließlich der Abschreibungssatz zur Anwendung, der auch für die Abnutzung von Privatvermögen gilt (BMF-Entwurf v. 24.03.2017, Rdn. 80).

Bei dem Werbungskostenabzug sind nach § 6 Abs. 7 Satz 2 InvStG die **Einschränkungen der § 4 Abs. 5 bis 7 EStG** zu berücksichtigen. Dadurch wird insbesondere sichergestellt, dass bei einem gewerbesteuerpflichtigen Investmentfonds ein Abzug der Gewerbesteuer sowie der hierauf entfallenden Nebenkosten aufgrund der entsprechenden Anwendung des § 4 Abs. 5b EStG nicht möglich ist. Zudem hat der Investmentfonds dadurch die Aufzeichnungspflichten des § 4 Abs. 7 EStG für den Werbungskostenabzug von Aufwendungen nach § 4 Abs. 5 Satz 1 Nr. 1 bis 4, 6b und 7 EStG zu beachten. Zur Erfüllung der Aufzeichnungspflichten des § 4 Abs. 7 EStG erachtet die Finanzverwaltung eine separate Aufzeichnung der betreffenden Aufwendungen auf den für die aufsichtsrechtliche Ertragsermittlung vorgehaltenen Konten für ausreichend (BMF-Entwurf v. 24.03.2017, Rdn. 81, 82).

Die Ermittlung der **Einkünfte als Überschuss der Einnahmen über die Werbungskosten** findet jedoch **keine Anwendung** für Einkünfte, welche auf Ebene des Investmentfonds dem **Steuerabzug** unterliegen. Diese Einkünfte unterliegen gemäß § 6 Abs. 7 Satz 3 InvStG einer Bruttobesteuerung, weil bei ihrer Ermittlung ein Ansatz der Werbungskosten ausgeschlossen ist. Damit entsprechen die Einkünfte den Einnahmen. Die Werbungskosten, die auf Ebene des Investmentfonds also steuerlich nicht berücksichtigt werden dürfen, reduzieren jedoch den Wert des Investmentanteils und mindern dadurch die steuerliche Bemessungsgrundlage bei einer späteren Veräußerung des Investmentanteils. Dadurch gehen sie aus Sicht des Anlegers nicht ganz „verloren" (Gesetzesbegründung BT-Drs. 18/8045, S. 75). Zugleich stellt § 6 Abs. 7 Satz 3 InvStG sicher, dass eine Verrechnung dieser Einkünfte, die einem Steuerabzug unterliegen, mit negativen Einkünften ausscheidet. Folglich ist eine Verrechnung von Einnahmen, die einer Bruttobesteuerung unterliegen, mit negativen Einkünften des Investmentfonds, die keiner Bruttobesteuerung nicht möglich. Die Regelung schließt jedoch nicht aus, dass Einkünfte, die keinem Steuerabzug unterliegen, nicht verrechnet werden können, so dass diese Einkünfte verrechnet werden dürfen.

Beispiel

Der Investmentfonds erzielt Dividenden und zugleich Verluste aus der Veräußerung eines im Inland belegenen Grundstückes. Da die Dividenden dem Steuerabzug mit abgeltender Wirkung unterfallen und einer Bruttobesteuerung unterliegen, können sie gemäß § 6 Abs. 7 Satz 3 InvStG nicht mit den negativen Veräußerungsgewinnen verrechnet werden. Würde der Fonds hingegen beispielsweise positive Einkünfte aus der Vermietung einer inländischen Immobilie erzielen, könnten diese Einkünfte mit den negativen Einkünften aus der Veräußerung verrechnet werden.

▶ **Es gilt somit** Die Einkünfte des Investmentfonds werden als **Überschuss der Einnahmen über die Werbungskosten** im Rahmen der Veranlagung ermittelt. Eine Ausnahme gilt für Einkünfte, welche gemäß § 6 Abs. 3 InvStG und § 7 InvStG dem Steuerabzug unterliegen. Dies betrifft ausschließlich die inländischen Beteiligungseinnahmen. Da dieser Steuerabzug i. H. v. 15 % inklusive Solidaritätszuschlag abgeltende Wirkung entfaltet, sind diese Erträge nicht in der Körperschaftsteuererklärung des Investmentfonds anzugeben. Für diese Einkünfte können die Werbungskosten steuerlich nicht berücksichtigt werden. Auch können diese Einkünfte nicht mit anderen negativen Einkünften verrechnet werden, die im Rahmen der Körperschaftsteuerveranlagung zu erklären sind.

Sollte eine Verrechnung der Verluste im jeweiligen Veranlagungszeitraum nicht möglich sein, so ist gemäß § 6 Abs. 8 InvStG ein **Verlustvortrag** möglich. Folglich können die negativen Einkünfte in einem der folgenden Veranlagungszeiträume steuerlich berücksichtigt werden. Ein Verlustrücktrag ist jedoch nicht möglich. Gemäß § 6 Abs. 8 Satz 2

InvStG finden die verfahrensrechtlichen Regelungen des § 10d Abs. 4 EStG über die Durchführung des Verlustvortrags entsprechende Anwendung. Folglich ist der Verlustvortrag gegenüber dem Investmentfonds gesondert festzustellen.

Beispiel-Fortsetzung

Übersteigen die Erträge aus der Vermietung der Immobilie in einem Veranlagungszeitraum nicht die Verluste aus der Veräußerung, können die nicht ausgeglichen negativen Einkünfte in einem folgenden Veranlagungszeitraum steuerlich berücksichtigt werden. Dafür wird der Verlust gesondert festgestellt. Erzielt der Fonds im folgenden Veranlagungszeitraum wieder positive Einkünfte aus der Vermietung, ist eine Verrechnung möglich. Eine Verrechnung mit Dividenden würde wiederum aufgrund des § 6 Abs. 7 Satz 3 InvStG ausscheiden.

Veranlagungszeitraum ist grundsätzlich das Kalenderjahr, wobei ein abweichendes Wirtschafts- bzw. Geschäftsjahr möglich ist. In diesen Fällen gelten die Einkünfte des Geschäftsjahres in demjenigen Kalenderjahr als bezogen, in dem das Geschäftsjahr endet (BMF-Entwurf v. 24.03.2017, Rdn. 78).

Der Investmentfonds ist grundsätzlich zur Abgabe einer **Körperschaftsteuererklärung** verpflichtet. Eine Ausnahme besteht nur dann, wenn der Investmentfonds ausschließlich Einkünfte erzielt, welche dem Steuerabzug unterliegen. In diesem Ausnahmefall ist er nicht zur Abgabe einer Steuererklärung verpflichtet (BMF-Entwurf v. 24.03.2017, Rdn. 83). In allen anderen Fällen besteht jedoch eine solche Verpflichtung zur Veranlagung. Die Einkünfte unterliegen einem **Körperschaftsteuersatz** von 15 % zuzüglich Solidaritätszuschlag. Davon abweichend beträgt der Steuersatz für die Einkünfte, welche dem Steuerabzug mit abgeltender Wirkung unterliegen, 15 % inklusive Solidaritätszuschlag (siehe dazu sogleich ausführlich unter Abschn. 3.2.1.3.2).

3.2.1.3.2 Der Steuerabzug für inländische Beteiligungseinnahmen mit abgeltender Wirkung

§ 7 InvStG ist die maßgebliche Regelung über den Steuerabzug für Einkünfte, welche der Investmentfonds erzielt. Diese Regelung bestimmt den sachlichen Umfang und die Höhe des Kapitalertragsteuerabzugs. Zudem schließt sie eine Erstattung der Kapitalertragsteuer nach § 44a Abs. 9 EStG an einen ausländischen Investmentfonds aus.

Dem Kapitalertragsteuerabzug unterliegen grundsätzlich die Einkünfte i.S.d. § 6 Abs. 2 InvStG. Ein Steuerabzug ist dabei im Wesentlichen für die **inländischen Beteiligungseinnahmen** i.S.d. § 6 Abs. 3 InvStG vorgesehen. Für die dort in Nr. 1 aufgeführten Einkünfte, d.h. insbesondere für Dividenden, finden die allgemeinen Regelungen der §§ 43 ff. EStG über den Kapitalertragsteuerabzug Anwendung. Für die in Nr. 2 genannten Einkünfte, also insbesondere die Einkünfte aus Wertpapierleihgeschäften, findet aufgrund des in Satz 2 der Regelung enthaltenen Verweises § 32 Abs. 3 KStG entsprechende Anwendung. Durch diesen Rechtsfolgenverweis besteht auch bei diesen Geschäften, eine Verpflichtung zum Steuerabzug. Die Verpflichtung besteht dabei für denjenigen, der sich die Aktien von dem Investmentfonds leiht und dafür als Entgelt eine Wertpapierleihge-bühr an den Investmentfonds entrichtet. Die §§ 43 Abs. 1 Satz 1 Nr. 1 und 1a EStG gelten entsprechend (Boxberger in Weitnauer et al. 2017, § 6 InvStG 2018 Rdn. 16).

Bemessungsgrundlage für den Steuerabzug sind die gesamten Einnahmen, weil eine Berücksichtigung der Werbungskosten gemäß § 6 Abs. 7 Satz 3 InvStG ausgeschlossen ist.

▶ **Praxishinweis** Nach Auffassung der Finanzverwaltung kann ein Investment-fonds keine negativen Einnahmen aus Beteiligungseinnahmen erzielen, da der Werbungskostenabzug ausgeschlossen ist (BMF-Entwurf v. 24.03.2017, Rdn. 84). In Ausnahmefällen könnten sie jedoch entstehen, wenn der Steuerpflichtige negative Einnahmen erzielt.

Damit unterliegen diese Einkünfte einer **Bruttobesteuerung**, auch können sie nicht mit Einkünften verrechnet werden, die nicht dem Steuerabzug unterstehen.

Beispiel

Der Investmentfonds erzielt Dividenden und zugleich Verluste aus der Vermietung einer inländischen Immobilie. Da die Dividenden dem Steuerabzug mit abgeltender Wirkung unterfallen, können die Werbungskosten, die durch die Erzielung der Dividen-den veranlasst sind, steuerlich nicht berücksichtigt werden. Vielmehr unterliegen die Dividenden einer Bruttobesteuerung, weil die Einkünfte den Einnahmen entsprechen. Zudem können die Dividenden nicht mit den negativen Einkünften aus der Vermietung verrechnet werden.

Der **Steuersatz** für diese Einnahmen beträgt **15 %** und entfaltet abgeltende Wirkung. Eine Veranlagung dieser Einkünfte ist also nicht notwendig. Eine Ausnahme gilt nur dann, wenn diese Einkünfte keinem Steuerabzug unterlegen haben. Dann ist eine Erklä-rung dieser Einkünfte im Rahmen der Körperschaftsteuerveranlagung notwendig. Sollte für diese Einnahmen auch Solidaritätszuschlag zu entrichten sein, beträgt der Körper-schaftsteuersatz für diese Einkünfte 14,218 %. Auf diese Körperschaftsteuer entfällt der Solidaritätszuschlag i. H. v. 5,5 %, so dass sich insgesamt eine Steuerbelastung von 15 % ergibt.[6]

---

[6] Auch diese Regelung stellt wiederum darauf ab, dass inländische gegenüber ausländischen In-vestmentfonds nicht dadurch benachteiligt werden, wenn durch die anzuwendenden Regelungen eines Doppelbesteuerungsabkommens der Steuersatz auf diese Einkünfte auf 15 % begrenzt wür-de, aber inländische Investmentfonds aufgrund des Solidaritätszuschlags einen Steuerbelastung von 15,825 % unterliegen würden.

▶ **Es gilt somit** Inländische Beteiligungseinnahmen unterliegen einem Steuerabzug, der abgeltende Wirkung entfaltet. Der Steuersatz beträgt in diesen Fällen **15 % inklusive Solidaritätszuschlag**. Die inländischen Immobilienerträge und sonstigen inländischen Einkünfte unterliegen dagegen dem Körperschaftsteuersatz von **15 % zuzüglich Solidaritätszuschlag**.

Voraussetzung für die Anwendung der besonderen Regelungen über den Steuerabzug bei Investmentfonds ist, dass der Investmentfonds dem Entrichtungspflichtigen eine **Statusbescheinigung** (§§ 7 Abs. 3 und 4 InvStG) vorgelegt, welche die für den Fonds zuständige Finanzbehörde ausgestellt hat. Damit hat die Vorlage entweder gegenüber dem Schuldner der Kapitalerträge nach § 44 Abs. 1 Satz 3 EStG, d. h. beispielsweise gegenüber einer Kapitalgesellschaft, welche Dividenden an den Investmentfonds ausschüttet, oder der auszahlenden Stelle nach § 44 Abs. 1 Satz 4 EStG, wie zum Beispiel gegenüber der Verwahrstelle des Investmentfonds, die Dividenden aus girosammelverwahrten Aktien auszahlt, zu erfolgen. Zu beachten ist, dass diese Statusbescheinigung zeitlich befristet ist und bei Bedarf von der Finanzbehörde zurückverlangt werden kann. Auch eine Vorlage nach Kapitalertragsteuerabzug ist möglich. In diesen Fällen hat der Entrichtungspflichtige den Unterschiedsbetrag zu erstatten. Eine Erstattung der Kapitalertragsteuer ist auch in den Fällen möglich, soweit der Investmentfonds die Voraussetzungen für eine Steuerbefreiung nach § 8 InvStG nachweist, oder nachträglich belegt, dass er die Voraussetzungen für eine Steuerbefreiung nach § 10 InvStG erfüllt (vgl. Gesetzesbegründung BT-Drs. 18/8045, S. 76).

▶ **Es gilt somit** Inländische Beteiligungseinnahmen unterliegen einem Steuerabzug, der abgeltende Wirkung entfaltet. Der Steuersatz beträgt in diesen Fällen 15 % inklusive Solidaritätszuschlag. Damit beim Kapitalertragsteuerabzug dieser Steuersatz und nicht der Steuersatz von 25 % zuzüglich Solidaritätszuschlag zur Anwendung kommt, muss der Investmentfonds dem für den Kapitalertragsteuerabzug Entrichtungspflichtigen eine gültige Statusbescheinigung vorlegen, welche das für die Besteuerung des Investmentfonds zuständige Finanzamt auszustellen hat. Eine Erstattung des Unterschiedsbetrags ist bei nachträglicher Vorlage möglich. Legt der in- oder ausländische Investmentfonds keine Statusbescheinigung nach § 7 Abs. 3 Satz 1 InvStG vor, hat der Entrichtungspflichtige den Kapitalertragsteuerabzug nach den allgemeinen Regelungen der §§ 43 ff. EStG durchzuführen (vgl. BMF-Schreiben v. 08.11.2017, Tz. 6).

3.2.1.4 Besonderheiten bei Beteiligung steuerbegünstigter Anleger nach §§ 8 ff. InvStG

Das **intransparente Besteuerungssystem** basiert auf der Idee, dass eine Besteuerung der Einkünfte sowohl auf Ebene des Investmentfonds als auch auf Ebene der Anleger stattfindet. Die steuerliche Vorbelastung der Einkünfte auf Ebene des Fonds soll auf Ebene der Anleger durch die sog. Teilfreistellung berücksichtigt werden. Die Teilfreistellung regelt § 20 InvStG. Ihre Anwendung führt zu einer teilweisen Freistellung der Erträge aus den Fondsanteilen auf Ebene der Anleger. Die Höhe der Freistellung, der sog. Freistellungssatz, hängt sowohl von der Kategorisierung des Fonds als Aktien-, Misch-, Immobilien- oder sonstiger Fonds als auch von den Eigenschaften des Anlegers ab. Die Höhe der Freistellung variiert zwischen 30 bis 80 %. Zu Einzelheiten siehe ausführlich unter Abschn. 3.3.3.

Beispiel

Der Anleger A ist an einem Aktienfonds beteiligt. Dieser Aktienfonds erzielt Dividenden, die er an seine Anleger ausschüttet.

Dieser Sachverhalt führt zu folgenden steuerlichen Konsequenzen: Die Dividenden unterliegen als inländische Beteiligungseinnahmen auf Fondsebene einer Bruttobesteuerung. Sie unterliegen einem Steuerabzug mit abgeltender Wirkung i. H. v. 15 % inklusive Solidaritätszuschlag. Bei ihrer Ausschüttung unterliegen sie auf Ebene der Anleger erneut der Besteuerung. Die steuerliche Vorbelastung auf Fondsebene wird durch eine Teilfreistellung berücksichtigt. Die Teilfreistellung führt dazu, dass die Ausschüttungen zum Teil steuerfrei bleiben und nur der steuerpflichtige Anteil der Besteuerung auf Ebene der Anleger unterliegt. Die Höhe der Freistellung hängt von weiteren Einzelheiten ab, ob der Anleger eine natürliche Person ist, die ihre Anteile im Privat- oder Betriebsvermögen hält oder eine juristische Person. Wäre der Anleger A z. B. ein Privatanleger würde die Freistellung 30 % betragen.

Die in dem Beispiel aufgezeigte Wirkung der Teilfreistellung nach § 20 InvStG geht auf Anlegerebene jedoch verloren, wenn an dem Investmentfonds **steuerbefreite Anleger** (insbesondere Kirchen und gemeinnützige Stiftungen) beteiligt sind. Denn in diesen Fällen kann die steuerliche Vorbelastung durch Teilfreistellung der Erträge aus dem Investmentfonds auf Anlegerebene nicht greifen, weil die Erträge bei diesen Anlegern grundsätzlich steuerfrei bleiben. Die Teilfreistellung geht in diesen Fällen ins Leere.

Damit in diesen Fällen keine steuerliche Benachteiligung der steuerbefreiten Anleger droht, ermöglicht **§ 8 InvStG** für diese **Sonderfälle eine Steuerbefreiung der Einkünfte i. S. d. § 6 Abs. 2 InvStG**, die bereits auf Ebene des Investmentfonds greift. Die Steuerbefreiung setzt einen Antrag des Investmentfonds voraus. Eine Verpflichtung zur Antragstellung besteht nicht. Der Antrag soll durch Vorlage der notwendigen Nachweise gestellt werden.

► **Es gilt somit** Bei steuerbefreiten Anlegern eines Investmentfonds, wie Kirchen und gemeinnützigen Stiftungen, wirkt sich die Teilfreistellung nach § 20 InvStG nicht aus, weil die Erträge aus ihren Anteilen an dem Investmentfonds bei diesen Anlegern auch ohne Teilfreistellung steuerfrei sind. § 8 InvStG sieht daher eine Steuerbefreiung auf Ebene des Fonds vor, soweit an diesem steuerbefreite Anleger beteiligt sind. Dadurch wird die steuerliche Vorbelastung der Erträge auf Ebene des Fonds verhindert, welche die Teilfreistellung durch eine Steuerbefreiung der Erträge ausgleichen soll. Die Steuerbefreiung

setzt einen Antrag des Fonds voraus. Im Falle einer Steuerbefreiung wird die Kapitalertragsteuer nach § 7 Abs. 1 InvStG nicht erhoben oder nach § 7 Abs. 5 InvStG erstattet,
soweit die Voraussetzungen für eine Steuerbefreiung aufgrund steuerbegünstigter Anleger
vorliegen. Die erstattete Kapitalertragsteuer darf der Investmentfonds jedoch nicht in sein
Vermögen überführen, sondern muss sie gemäß § 12 Abs. 1 InvStG an die steuerbegünstigten Anleger auszahlen. Bei inländischen Immobilienerträgen und sonstigen inländischen
Einkünften des Investmentfonds wird die Steuerbefreiung im Rahmen der Veranlagung
des Investmentfonds angewendet.

Eine Steuerbefreiung kommt gemäß **§ 8 Abs. 1 InvStG** grundsätzlich für alle Einkünfte i. S. d. § 6 Abs. 2 InvStG in Betracht, welche der Investmentfonds erzielt. Eine
Ausnahme davon enthält § 8 Abs. 2 InvStG. **§ 8 Abs. 2 InvStG** enthält eine Sonderregelung für Investmentfonds, an welchen Körperschaften, Personenvereinigungen oder
Vermögensmassen beteiligt sind, die nicht vollständig von der Körperschaftsteuer befreit
sind, sondern die nach § 5 Abs. 2 KStG einem abgeltenden Steuerabzug unterliegen. In
diesen Fällen beschränkt sich die Steuerbefreiung auf Ebene des Investmentfonds auf die
inländischen Immobilienerträge, weil diese bereits bislang hinsichtlich inländischer Beteiligungseinnahmen steuerpflichtig sind. Zu beachten ist, dass von dieser Steuerbefreiung
sonstige inländische Einkünfte, welche dem Steuerabzug unterliegen, nicht erfasst sind.

Beispiel

An einem inländischen Investmentfonds ist ein sonstiger steuerbefreiter Anleger i. S. d.
§ 44a Abs. 8 EStG, wie beispielsweise ein Versorgungswerk i. S. d. § 5 Abs. 1 Nr. 8
KStG oder eine Pensionskasse i. S. d. § 5 Abs. 1 Nr. 3 KStG, beteiligt. Der Fonds erzielt sowohl Dividenden als auch inländische Vermietungserträge. Da die inländischen
Beteiligungseinnahmen bereits bislang auf Ebene dieser Anleger der Besteuerung mit
abgeltender Wirkung i. H. v. 15 % zuzüglich Solidaritätszuschlag unterlagen und dieser Status quo beibehalten bleiben soll (vgl. Brandl in Blümich 2017, § 8 Rdn. 12),
beschränkt sich die Steuerbefreiung nach § 8 Abs. 2 InvStG ausschließlich auf die inländischen Immobilienerträge.

Die **Höhe der Steuerbefreiung** richtet sich grundsätzlich nach dem Anteil am Gesamt-
bestand der Investmentanteile, der auf steuerbegünstigte Anleger entfällt. Dabei kommen
als **steuerbegünstigte Anleger** in Betracht sowohl gemeinnützige, mildtätige oder kirchliche Anleger i. S. d. § 44a Abs. 7 Satz 1 EStG und vergleichbare ausländische Anleger
mit Sitz und Geschäftsleitung in einem Amts- und Beitreibungshilfe leistenden ausländischen Staat als auch Anleger, die sich im Rahmen von zertifizierten Altersvorsorge- oder
Basisrentenverträgen an dem Investmentfonds beteiligen (Gesetzesbegründung BT-Drs.
18/8045, S. 77).

Zur Vermeidung von Steuerumgehungen durch kurzfristige Übertragung der Investmentanteile an steuerbegünstigte Anleger ist Voraussetzung für die Steuerbefreiung nach
§ 8 Abs. 4 InvStG, dass die erstgenannten Anleger seit mindestens drei Monaten zivil-

rechtliche und wirtschaftliche Eigentümer der Anteile an dem Investmentfonds sind und die Voraussetzungen des § 36a EStG für eine Anrechenbarkeit der Kapitalertragsteuer erfüllt sind. Diese sind erfüllt, wenn der Investmentfonds die Aktien, auf welche Dividenden ausgeschüttet werden für einen mindestens 45-tägigen Zeitraum gehalten und dabei ein Wertverlustrisiko getragen hat.[7]

Die rechnerische Ermittlung des steuerfreien Anteils bestimmt § 8 Abs. 3 InvStG. Die Ermittlung unterscheidet sich danach, ob die Einkünfte dem Steuerabzug unterliegen oder in die Körperschaftsteuerveranlagung einzubeziehen sind. Unterliegen die Einkünfte dem **Steuerabzug**, bestimmt sich der steuerfreie Anteil nach dem Verhältnis zwischen den Anteilen an dem Investmentfonds, welche auf steuerbegünstigte Anleger entfallen, zu den gesamten Investmentanteilen. Maßgeblich ist der Zeitpunkt des Zuflusses der Einnahmen, d. h. der Bestand der Investmentanteile am Ende des Geschäftstages vor dem Zufluss der Einnahmen. Folgendes Beispiel verdeutlicht die Vorgehensweise:

Beispiel

Am 1.7. fließen dem Investmentfonds 1000 € zu. Am Abend des 30.6. hatte der Investmentfonds 2.000.000 Anteile begeben. Davon entfielen am 30.6. 500.000 Anteile auf steuerbegünstigte Anleger. Freizustellen sind 500.000 / 2.000.000 * 1000 € = 250 €.

Bei Einkünften, welche in die **Veranlagung** einzubeziehen sind, bestimmt sich der Umfang der Steuerbefreiung durch Durchschnittswerte. Diese Werte entsprechen dem Verhältnis des durchschnittlichen Anteilsbestands der steuerbegünstigten Anleger zu dem durchschnittlichen gesamten Anteilsbestand des Investmentfonds. Dabei kann die Ermittlung der Durchschnittswerte bewertungstäglich, aber auch anhand von Monatsendwerten erfolgen (vgl. Gesetzesbegründung BT-Drs. 18/8045, S. 77 f).

▶ **Es gilt somit** Die Einkünfte des Investmentfonds unterliegen nicht der Körperschaftsteuer, soweit an dem Investmentfonds gemeinnützige, mildtätige und kirchliche Anleger beteiligt sind (§ 8 Abs. 1 Nr. 1 InvStG). Entsprechendes gilt, wenn die Anteile an den Investmentfonds im Rahmen von Riester- oder Rürup-Verträgen gehalten werden (§ 8 Abs. 1 Nr. 2 InvStG). Inländische Immobilienerträge sind von der Körperschaftsteuer befreit, soweit an dem Investmentfonds juristische Personen des öffentlichen Rechts oder von der Körperschaftsteuer befreite Anleger i. S. d. § 5 Abs. 1 KStG, wie z. B. Pensionskassen oder Versorgungskassen, beteiligt sind (§ 8 Abs. 2 InvStG). Die steuerbegünstigten Anleger haben die entsprechenden Nachweisdokumente gegenüber dem Investmentfonds vorzulegen.

Einzelheiten über den Nachweis der Steuerbefreiungen enthält § 9 InvStG. Für die Erlangung der Steuerbefreiung müssen die **steuerbegünstigten Anleger** die nach § 9 Abs. 1

---

[7] Zu Einzelheiten über die Anwendung des § 36a EStG auf Investmentfonds vgl. ausführlich Hahne und Völker 2017, S. 858 ff.

InvStG erforderlichen Nachweisdokumente dem Investmentfonds übermitteln, damit dieser den steuerlichen Status seiner steuerbegünstigten Anleger nachweisen und belegen kann. Gemeinnützige, mildtätige oder kirchliche Anleger müssen zu diesem Zwecke eine Bescheinigung nach § 44a Abs. 7 Satz 2 EStG vorlegen; ausländische Anleger, die mit inländischen Anlegern im Sinne des § 44a Abs. 7 Satz 1 EStG vergleichbar sind, weil sie genau die gleichen Voraussetzungen nach den §§ 51 bis 68 AO erfüllen wie ein steuerbegünstigter inländischer Anleger (vgl. § 5 Abs. 1 Nr. 9 Satz 1 KStG), erhalten auf Antrag durch das Bundeszentralamt für Steuern eine entsprechende **Befreiungsbescheinigung**. Damit die steuerbegünstigten Anteilseigner den Umfang ihres Investmentanteils nachweisen können, haben sie sich von der depotführenden Stelle nach Ablauf eines Kalenderjahres einen nach amtlichem Muster erstellten **Investmentanteil-Bestandsnachweis** ausstellen zu lassen. Dieser Bestandsnachweis beinhaltet Angaben darüber, in welchem Umfang der Anleger während eines Kalenderjahres Investmentanteile durchgängig gehalten und im Laufe des Jahres erworben oder veräußert hat. Durch die Angabe der Wertpapierkennnummer soll die Art der Investmentanteile angegeben werden.

Bei **Beteiligung von Pensionskassen, Unterstützungskassen, sonstigen Einrichtungen** i. S. d. **§ 5 Abs. 1 Nr. 3 KStG** und vergleichbaren ausländischen Einrichtungen an Investmentfonds ist ein solcher Nachweis gesetzlich nicht vorgesehen. Da die Steuerbefreiung ausschließlich die inländischen Immobilienerträge umfasst und diese im Rahmen der Körperschaftsteuerveranlagung zu erklären sind, soll die Frage über den Steuerstatus dieser Anteilseigner im Rahmen deren Veranlagung durch das zuständige Finanzamt geklärt werden (vgl. Gesetzesbegründung BT-Drs. 18/8045, S. 79).

Für die Steuerbefreiung bei Investmentanteilen, die im Rahmen von zertifizierten Altersvorsorge- oder Basisrentenverträgen gehalten werden, ist ein sog. **vorgeschaltetes Mitteilungsverfahren** vorgesehen. Dieses sieht vor, dass der Anbieter des Altersvorsorge- oder Basisrentenvertrags dem Investmentfonds innerhalb eines Monats nach dessen Geschäftsjahresende mitteilt, zu welchen Zeitpunkten und in welchem Umfang Anteile erworben oder veräußert wurden.

Für Investmentfonds oder Anteilklassen, an denen sich nach ihren jeweiligen Anlagebedingungen ausschließlich steuerbegünstigte Anleger i. S. d. § 8 Abs. 1 InvStG beteiligen dürfen, sieht **§ 10 Abs. 1 InvStG eine Steuerbefreiung** vor. Sind als Anteilseigner eines Investmentfonds also ausschließlich gemeinnützige, mildtätige oder kirchliche Anleger i. S. d. § 44a Abs. 7 Satz 1 EStG zugelassen und/oder dürfen die Anteile nur im Rahmen von Altersvorsorge- oder Basisrentenverträgen gehalten werden, sind alle Einkünfte des Investmentfonds steuerfrei. Für inländische Beteiligungserträge gilt diese Steuerbefreiung nur dann, wenn zusätzlich die Voraussetzungen des § 36a EStG erfüllt sind, weil das insbesondere die dafür notwendige Mindesthaltedauer von 45 Tagen erfüllt ist.

▶ **Praxishinweis** Nach Auffassung der Finanzverwaltung darf der Entrichtungspflichtige für die Kapitalertragsteuer bei der Abstandnahme vom Kapitalertragsteuerabzug grundsätzlich darauf vertrauen, dass der Investmentfonds die Mindesthaltedauer nach § 36a Abs. 2 EStG erreichen wird. Der Entrichtungspflichtige

kann auch grundsätzlich darauf vertrauen, dass der Investmentfonds das Mindestwertänderungsrisiko nach § 36a Abs. 3 EStG trägt. Wenn der Entrichtungspflichtige nach der Abstandnahme feststellt, dass der Investmentfonds die Aktien vor Erreichen der Mindesthaltedauer nach § 36a Abs. 2 EStG veräußert hat,
so hat der Entrichtungspflichtige nachträglich Kapitalertragsteuer zu erheben.
Alternativ kann der Entrichtungspflichtige die Abstandnahme vom Kapitalertragsteuerabzug unter den Vorbehalt der Prüfung des § 36a EStG stellen. In diesem Fall ist die potentiell abzuführende Kapitalertragsteuer auf einem eindeutig dem Investmentfonds zuzuordnenden Konto (z. B. einem Treuhandkonto) zu
führen, bis geklärt ist, ob die Voraussetzungen des § 36a EStG erfüllt sind. Dieses Guthaben ist erst im Wert des Investmentanteils zu berücksichtigen, wenn
die Voraussetzungen des § 36a EStG erfüllt sind. Wenn der Investmentfonds erkennt, dass er nicht wirtschaftlicher Eigentümer der Aktien war oder dass der
Entrichtungspflichtige zu Unrecht von einem Erreichen der Mindesthaltedauer
nach § 36a Abs. 2 EStG ausgeht oder dass er das Mindestwertänderungsrisiko
nach § 36a Abs. 3 EStG nicht getragen hat, so hat er dies gegenüber der nach § 4
InvStG zuständigen Finanzbehörde anzuzeigen und eine Zahlung nach § 36a
Abs. 4 EStG zu leisten (BMF-Schreiben v. 08.11.2017 Tz. 8).

Darüber hinaus sind inländische Immobilienerträge von Investmentfonds gemäß **§ 10
Abs. 2 InvStG** steuerbefreit, wenn sich ausschließlich Anleger i. S. d. § 8 Abs. 1 oder
Abs. 2 InvStG an diesen beteiligen dürfen. Letztgenannte Anleger sind Körperschaften,
Personenvereinigungen oder Vermögensmassen, die nicht vollständig von der Körper-
schaftsteuer befreit sind, sondern die nach § 5 Abs. 2 KStG einem abgeltenden Steuer-
abzug unterliegen.

Beide Steuerbefreiungen kommen nur zur Anwendung, wenn die Anlagebedingungen
nur eine Rückgabe von Investmentanteilen an den Investmentfonds zulassen und die Übertragung von Investmentanteilen ausgeschlossen ist. Dadurch soll verhindert werden, dass
die Anteile nach dem Erwerb auf nicht steuerbegünstigte Anteilseigner übertragen werden und diese von der Steuerbefreiung profitieren könnten. Zudem haben die Anleger ihre
Steuerbefreiung gegenüber dem Investmentfonds nachzuweisen.

Schüttet ein von der Investmentbesteuerung befreiter Investmentfonds Kapitalerträge
aus, hat er gemäß § 10 Abs. 5 InvStG keinen Steuerabzug vorzunehmen.

§ 12 InvStG sieht eine Leistungspflicht des Investmentfonds gegenüber steuerbegünstigten Anteilseignern vor. Mit dieser Regelung soll erreicht werden, dass die Steuerbe-
günstigungen ausschließlich den gewünschten Anlegern zu Gute kommen und nicht an
die anderen Anleger verteilt werden. Dafür sieht § 12 Abs. 1 InvStG vor, dass die sog.
Befreiungsbeträge von dem Investmentfonds an die steuerbegünstigten Anleger oder
an die Anbieter der Altersvorsorge- oder Basisrentenverträge ausgezahlt werden. Diese Beträge umfassen die Steuerbeträge, die aufgrund der §§ 8 bis 10 InvStG entweder nicht erhoben oder erstattet werden. § 12 Abs. 2 InvStG verpflichtet die Anbieter
von Altersvorsorge- oder Basisrentenverträge zur Wiederanlage der Befreiungsbeträge zugunsten der Altersvorsorge- oder Basisrentenverträge.

Bei Wegfall der Steuerbefreiung findet **§ 13 InvStG** Anwendung. Im Grundsatz gilt, dass der Anleger dem Investmentfonds dies innerhalb eines Monats nach dem Wegfall der Voraussetzungen mitteilen muss. Entsprechendes gilt, wenn ein Anleger seine Investmentanteile an einem Investmentfonds oder einer Anteilklasse nach § 10 InvStG auf einen anderen Anleger überträgt. Die Steuerbefreiung ändert sich dementsprechend.

Einzelheiten über die Haftung bei unberechtigter Steuerbefreiung oder -erstattung enthält **§ 14 InvStG**.

3.2.2 Besteuerung von Investmentfonds mit Gewerbesteuer nach § 15 InvStG

Die Gewerbesteuerpflicht von Investmentfonds regelt **§ 15 InvStG**.

Investmentfonds gelten gemäß § 15 Abs. 1 InvStG als sonstige juristische Personen des öffentlichen Rechts nach § 2 Abs. 3 GewStG, deren gewerbliche Tätigkeit nach § 15 Abs. 4 InvStG einen **wirtschaftlichen Geschäftsbetrieb** bildet. Aufgrund dieser Fiktionen sind Investmentfonds unabhängig von ihrer Rechtsform grundsätzlich **gewerbesteuerpflichtig**.

▶ **Es gilt somit** Investmentfonds sind aufgrund einer gesetzlichen Fiktion als sonstige juristische Personen des öffentlichen Rechts grundsätzlich gewerbesteuerpflichtig. Ihre gewerblichen Tätigkeiten gelten als wirtschaftlicher Geschäftsbetrieb. Dabei beschränkt sich der Umfang der Gewerbesteuerpflicht auf die inländischen Einkünfte des Investmentfonds. Dadurch soll eine Schlechterstellung inländischer Fonds im Vergleich zu ausländischen Fonds verhindert werden (vgl. Gesetzesbegründung BT-Drs. 18/8045, S. 84).

Die Befreiung von der Gewerbesteuer ist nach den **§ 15 Abs. 2 und 3 InvStG** möglich.

▶ **Es gilt somit** Obwohl Investmentfonds grundsätzlich gewerbesteuerpflichtig sind, unterfallen sie im Regelfall der Steuerbefreiung des § 15 Abs. 2 und 3 InvStG. Sind die genannten Voraussetzungen erfüllt, unterliegen die Einkünfte aus dem wirtschaftlichen Geschäftsbetrieb gleichwohl nicht der Gewerbesteuer. Dabei wird die Steuerbefreiung zukünftig von einer eigenen investmentsteuerlichen Regelung abhängig gemacht. Diese soll sicherstellen, dass eine Steuerbefreiung nur dann erfolgt, wenn der Investmentfonds tatsächlich keine gewerbliche Tätigkeit oder lediglich eine geringfügige Tätigkeit i. S. d. § 15 Abs. 3 InvStG ausübt (vgl. Gesetzesbegründung BT-Drs. 18/8045, S. 54).

Eine **Steuerbefreiung von der Gewerbesteuer** kommt gemäß § 15 Abs. 2 InvStG in Betracht, wenn

- sich der objektive Geschäftszweck des Investmentfonds auf die Anlage und Verwaltung seiner Mittel für gemeinschaftliche Rechnung beschränkt und

- er seine Vermögensgegenstände nicht in wesentlichem Umfang aktiv unternehmerisch bewirtschaftet.

Nach Auffassung des Gesetzgebers ist das erste Kriterium nicht bereits dann erfüllt, wenn die Anlagebedingungen einen solchen Zweck beschreiben, sondern erst dann, wenn die Geschäfte tatsächlich in diesem Sinne durchgeführt werden. Die Erfüllung dieser Voraussetzung setzt damit voraus, dass sowohl objektive als auch subjektive Merkmale für eine **Vermögensverwaltung** sprechen, d. h. für das Ziehen der Früchte aus den angeschafften Vermögensgegenständen. Das zweite Kriterium stellt nach Auffassung des Gesetzgebers im Wesentlichen darauf ab, dass **Investmentfonds nicht in das operative Geschäft der Unternehmen** eingreifen, an welchen sie sich beteiligen, weil eine solche Tätigkeit eine gewerbliche und keine vermögensverwaltende Tätigkeit darstellen würde. Eine **Ausnahme sieht die Regelung für Immobilienfonds** vor (vgl. Gesetzesbegründung BT-Drs. 18/8045, S. 84). Diese Ausnahmeregelung berücksichtigt, dass es bei Immobilienfonds aufsichtsrechtlich zulässig und auch üblich ist, dass sie ihre Immobilien mittelbar über Immobiliengesellschaften (z. B. in der Rechtsform einer GmbH) halten (BMF-Entwurf v. 24.03.2017, Rdn. 148).

▶ **Praxishinweis** Bei Beteiligung an **Immobiliengesellschaften** führt die unternehmerische Bewirtschaftung nicht zur Gewerbesteuerpflicht der Immobilienfonds. Der Gesetzgeber sieht an dieser Stelle eine Ausnahme als gerechtfertigt an, weil die Tätigkeit der Immobiliengesellschaft selbst vermögensverwaltend ist (vgl. Gesetzesbegründung BT-Drs. 18/8045, S. 84).

Auf eine Prüfung dieser beiden Kriterien kann verzichtet werden, wenn die **Bagatellgrenze des § 15 Abs. 3 InvStG** nicht überschritten wird. Nach dieser Vorschrift gelten die Voraussetzungen des § 15 Abs. 2 InvStG als erfüllt, wenn die Einnahmen aus einer aktiven unternehmerischen Bewirtschaftung in einem Geschäftsjahr weniger als 5 % der gesamten Einnahmen des Fonds betragen. Damit ist eine geringfügige unternehmerische Bewirtschaftung für die Befreiung von der Gewerbesteuer unschädlich.

▶ **Praxishinweis** Die Voraussetzungen für eine Gewerbesteuerbefreiung entsprechen den bisherigen Voraussetzungen an einen Investmentfonds nach § 1 Abs. 1b Satz 2 Nr. 3 InvStG i. d. F. des AIFM-StAnpG, so dass die Grundsätze des BMF-Schreibens vom 3. März 2015, BStBl. I 2015, S. 227 weiterhin ergänzend herangezogen werden können. Zu beachten gilt, dass in die Prüfung der Bagatellgrenze sämtliche Einnahmen, d. h. die in- und ausländischen Einnahmen, einzubeziehen sind. Die Finanzverwaltung berücksichtigt dabei ausschließlich die Einnahmen ohne Berücksichtigung von Werbungskosten (BMF-Entwurf v. 24.03.2017, Rdn. 149).

§ 15 Abs. 4 InvStG sieht vor, dass die gewerblichen Tätigkeiten des Investmentfonds einen **wirtschaftlichen Geschäftsbetrieb** bilden. Dieser umfasst ausschließlich die gewerblichen Tätigkeiten des Investmentfonds, aber nicht die übrigen Tätigkeiten, zu denen insbesondere die vermögensverwaltenden Tätigkeiten gehören.

▶ **Praxishinweis** Da ausschließlich die gewerblichen Tätigkeiten des Investmentfonds einen wirtschaftlichen Geschäftsbetrieb bilden, wird für gewerbesteuerliche Zwecke **zwischen den Tätigkeiten des Fonds unterschieden.** So bleiben **vermögensverwaltende Tätigkeiten grundsätzlich gewerbesteuerfrei.** Dies gilt insbesondere für Einkünfte aus der Vermietung und Verpachtung einer Immobilie, auch wenn der Immobilienfonds außerdem **Einkünfte aus gewerblichen Nebentätigkeiten** (z. B. Betrieb einer Photovoltaik-Anlage) im Zusammenhang mit der Immobilie erzielt. Die auf die gewerbesteuerpflichtigen Tätigkeiten entfallenden Einkünfte sind aus den Einkünften des Investmentfonds nach § 6 Abs. 2 InvStG herauszulösen. Der Gewerbesteuer sollen nur solche Tätigkeiten unterfallen, die eine aktive unternehmerische Bewirtschaftung darstellen, die Bagatellgrenze i. S. d. § 15 Abs. 3 InvStG überschreiten und nicht unter die Ausnahmeregelung für Immobilienfonds fallen. Sie gelten als gewerbliche Tätigkeiten i. S. d. § 15 Abs. 4 Satz 1 InvStG. Für die Abgrenzung ist nach Auffassung der Finanzverwaltung nicht die allgemeine Abgrenzung zwischen Vermögensverwaltung und Gewerblichkeit maßgeblich, sondern der engere Gewerblichkeitsbegriff unter Berücksichtigung der Besonderheiten der Investmentanlage. Sollte zum Beispiel ein Fonds Immobilien veräußern und durch diese Veräußerungen die Grenze eines gewerblichen Grundstückshandels i. S. d. BMF-Schreibens vom 26.03.2004 (BStBl. I 2004, S. 434) überschreiten, liegt keine gewerbliche Tätigkeit i. S. d. § 15 Abs. 4 Satz 1 InvStG vor, weil es an einer aktiven unternehmerischen Bewirtschaftung fehlt (BMF-Entwurf v. 24.03.2017, Rdn. 152). Die Beteiligung eines Investmentfonds an einer **originär gewerblichen Personengesellschaft** oder einer nach § 15 Abs. 3 Nr. 1 EStG **gewerblich infizierten Personengesellschaft** stellt nach Auffassung der Finanzverwaltung keine aktive unternehmerische Bewirtschaftung dar, wenn lediglich Beratungs- oder Kontrollfunktionen, wie zum Beispiel die Entsendung von Vertretern der Kapitalverwaltungsgesellschaft in ein Aufsichtsgremium, oder sonstige Verwaltungsrechte ausgeübt werden. Sollten die Vertreter des Investmentfonds jedoch in die **unternehmerischen Entscheidungen der Mitunternehmerschaft eingreifen,** geht die Finanzverwaltung von gewerbesteuerpflichtigen Einkünften aus (BMF-Entwurf v. 24.03.2017, Rdn. 153). Die Beteiligung an einer gewerblich geprägten Personengesellschaft i. S. d. § 15 Abs. 3 Nr. 2 EStG stellt keinen wirtschaftlichen Geschäftsbetrieb dar (BMF-Entwurf v. 24.03.2017, Rdn. 154 unter Hinweis auf das BFH-Urteil vom 25. Mai 2011, BStBl. II S. 858).

Der wirtschaftliche Geschäftsbetrieb unterliegt der Gewerbesteuer, soweit er **im Inland betrieben** wird. Diese Voraussetzung ist erfüllt, wenn zur Ausübung der gewerblichen Tätigkeiten im Inland eine **Betriebsstätte** unterhalten wird. Fehlt es an einer solchen, unterliegen die Einkünfte nicht der Gewerbesteuer.

▶ **Praxishinweis** An einer inländischen Betriebsstätte fehlt es im Regelfall, wenn
Vermögensgegenstände im Ausland aktiv bewirtschaftet werden. Besitzt ein
Investmentfonds beispielsweise einen Hotelbetrieb im Land x, fehlt es in der
Regel an einer inländischen Betriebsstätte. Abweichend davon würde eine Be-
triebsstätte im Inland vorliegen, wenn die maßgeblichen unternehmerischen
Entscheidungen von der inländischen Kapitalverwaltungsstelle oder einer an-
deren vom Investmentfonds beauftragten inländischen Stelle getroffen werden,
weil in einem solchen Fall eine inländische Geschäftsleitung i. S. d. § 12 Satz 2
Nr. 1 AO und damit eine Betriebsstätte im Inland vorliegen würde (BMF-Entwurf
v. 24.03.2017, Rdn. 155).

Der **Gewinn** dieses wirtschaftlichen Geschäftsbetriebs ist dabei grundsätzlich als Überschuss der **Einnahmen über die Werbungskosten** zu ermitteln. Dieser dient als Aus-
gangsgröße für die Ermittlung des Gewerbeertrags.

3.3   Besteuerung auf Anlegerebene

3.3.1   Überblick

Die **Besteuerung der Anleger eines Investmentfonds** regelt der Abschnitt 2 des Kapitel 2 des InvStG (§§ 16 bis 22 InvStG).

Die Anleger eines Investmentfonds haben gemäß § 16 InvStG die sog. **Investment-
erträge** zu besteuern, die bei diesen zu Einkünften aus **Kapitalvermögen i. S. d. § 20
Abs. 1 Nr. 3 EStG** gehören. Im Einzelnen umfassen die Investmenterträge gemäß § 16
Abs. 1 InvStG

- die Ausschüttungen nach § 2 Abs. 11 InvStG,
- die Vorabpauschale nach § 18 InvStG und
- die Veräußerungsgewinne nach § 19 InvStG. Als Veräußerung in diesem Sinne gelten nach § 2 Abs. 13 InvStG auch die Rückgabe, Abtretung, Entnahme und verdeckte
  Einlage der Investmentanteile in eine Kapitalgesellschaft.

Im Grundsatz gilt, dass die Investmenterträge bei Aktien-, Misch- und Immobilienfonds teilweise von der Besteuerung auf Ebene der Anleger befreit sind (sog. **Teilfreistellung gemäß § 20 InvStG**). Gehören die Anteile an dem Investmentfonds zum Privatvermögen, unterliegt der steuerpflichtige Anteil der Investmenterträge der Abgeltungsteuer
(i. d. R. Einkommensteuersatz von 25 % zuzüglich Solidaritätszuschlag). Andernfalls gehören die Investmenterträge bei betrieblichen Anlegern gemäß § 20 Abs. 8 EStG zu deren
gewerblichen oder anderen Gewinneinkünften (§§ 13, 15 und 18 EStG), wobei eine Steuerbefreiung nach § 8b KStG oder nach § 3 Nr. 40 EStG gemäß § 16 Abs. 3 InvStG
ausscheidet.

▶ **Es gilt somit** Anleger von Investmentfonds erzielen aus ihren Anteilen die sog. Investmenterträge. Zu diesen gehören nach § 16 Abs. 1 InvStG die Ausschüttungen, die Vorabpauschale sowie die Veräußerungsgewinne aus den Investmentanteilen. Die Investmenterträge gehören zu den Einkünften i. S. d. § 20 Abs. 1 Nr. 3 EStG. Für diese Erträge sieht § 20 InvStG eine Teilfreistellung vor, d. h. dass von diesen Erträgen ein Teil von der Besteuerung auf Ebene der Anleger freigestellt wird. Die Höhe der Steuerbefreiung ist abhängig von der Kategorisierung des Fonds als Aktien-, Immobilien- und gemischten oder sonstigen Fonds sowie den Eigenschaften des Anlegers.

Nach Vorstellung des Gesetzgebers sollen für die **Durchführung der Besteuerung** der Anleger lediglich **vier Daten notwendig** sein. Dazu gehören

- die Höhe der Ausschüttung,
- der Rücknahmepreis am Anfang und
- am Ende des Kalenderjahres sowie
- die Angabe, ob es sich um einen Aktien-, Misch-, Immobilien- oder einen sonstigen Investmentfonds handelt.

Diese Besteuerungsgrundlage können die Anleger, Kreditinstitute und Finanzverwaltung ohne Mithilfe des Investmentfonds ermitteln, so dass dieses **Besteuerungssystem einfach und leicht administrierbar** erscheint. Damit dieses Ziel erreicht werden kann, werden alle Ausschüttungen grundsätzlich als steuerpflichtiger Ertrag behandelt und steuerfreie Kapitalrückzahlungen nicht anerkannt. Eine Ausnahme gilt nur für die Liquidationsphase eines Investmentfonds (vgl. Gesetzesbegründung BT-Drs. 18/8045, S. 85). Diesen Sonderfall erfasst § 17 InvStG (siehe Abschn. 3.3.2.6).

Zur Besteuerung der Anleger eines Investmentfonds im Einzelnen:

3.3.2 Investmenterträge i. S. d. § 16 InvStG

Die **Investmenterträge** beinhalten gemäß **§ 16 Abs. 1 InvStG** die Ausschüttungen nach § 2 Abs. 11 InvStG, die Vorabpauschale nach § 18 InvStG sowie die Veräußerungsgewinne nach § 19 InvStG, welche der Anleger aus der Veräußerung der Investmentfondsanteile oder den nach § 2 Abs. 13 InvStG gleichgestellten Vorgängen (Rückgabe, Abtretung, Entnahme oder verdeckte Einlage in eine Kapitalgesellschaft) erzielt. Im Grundsatz hat ein Anleger nur die **tatsächlichen Zuflüsse** aus der Anlage in den Investmentfonds in Gestalt von Ausschüttungen und Gewinne aus der Veräußerung, Rückgabe, Abtretung, Entnahme oder verdeckten Einlage der Investmentanteile in eine Kapitalgesellschaft zu versteuern. Abweichend davon hat der Anleger auch thesaurierte Erträge als sog. Vorabpauschale zu besteuern, deren Besteuerung insbesondere der Vermeidung einer zeitlich unbeschränkten Steuerstundungsmöglichkeit und damit einer Verhinderung von Gestaltungen sowie zur Verstetigung des Steueraufkommens dient (vgl. Gesetzesbegründung BT-Drs. 18/8045, S. 55).

3.3.2.1 Ausschüttungen nach § 2 Abs. 11 InvStG

Die **Ausschüttungen** umfassen gemäß § 2 Abs. 11 InvStG alle dem Anleger gezahlten oder gutgeschriebenen Beträge aus seinen Investmentanteilen und zwar unabhängig von ihrer Zusammensetzung. Damit können die Ausschüttungen auch Substanzausschüttungen beinhalten, die auf Ebene der Anleger zu versteuern sind. Abweichend davon gelten in der Abwicklungsphase eines Investmentfonds Ausschüttungen gemäß § 17 InvStG nur insoweit als Ertrag, wie in ihnen der Wertzuwachs eines Kalenderjahres enthalten ist (siehe dazu sogleich unter Erträge bei Abwicklung eines Investmentfonds unter Abschn. 3.3.2.6).

Für Ausschüttungen von ausländischen Investmentfonds ist darüber hinaus die Regelung des **§ 16 Abs. 4 InvStG** zu berücksichtigen, welche die grundsätzlich nach einem **Doppelbesteuerungsabkommen** in Betracht kommende Steuerfreistellung an zwei weitere Voraussetzungen knüpft. Dabei findet diese Regelung gemäß Satz 3 auch dann Anwendung, wenn dem Ansässigkeitsstaat des Investmentfonds lediglich ein Quellensteuersatz von 0 % nach dem Abkommen zugestanden wird. Ziel dieser Regelung ist die Verhinderung weißer Einkünfte, welche insbesondere durch die Inanspruchnahme des sog. Schachtelprivilegs entstehen könnten. Kommt die Regelung zur Anwendung, stellt sie ein „treaty override" dar. Ungeachtet des Abkommens wird die Steuerfreistellung nur dann gewährt, wenn

- der ausschüttende Investmentfonds in seinem Ansässigkeitsstaat, also dem Staat, welchem das Besteuerungsrecht an den Ausschüttungen zusteht, der allgemeinen Ertragsbesteuerung unterliegt, und
- die Ausschüttung zu mehr als 50 % auf nicht steuerbefreiten Einkünften des Investmentfonds beruht. Mit dieser Regelung sollen Fälle erfasst werden, in denen der Investmentfonds eine sachliche Steuerbefreiung einzelner Ertragsarten in Anspruch nehmen kann oder ausgeschüttete Erträge von der steuerlichen Bemessungsgrundlage des Investmentfonds ausgenommen werden.

Eine **allgemeine Ertragsbesteuerung** im Sinne dieser Regelung liegt nach § 16 Abs. 4 Satz 3 InvStG jedenfalls dann vor, wenn der Investmentfonds einer Ertragsbesteuerung von 10 % unterliegt und nicht von dieser befreit ist. Der Anleger hat dies nachzuweisen.

3.3.2.2 Vorabpauschale nach § 18 InvStG

Anleger haben die tatsächlich gezahlten oder gutgeschriebenen Erträge aus ihren Investmentanteilen zu versteuern. Damit besteuern sie alle **Ausschüttungen**, welche sie von dem Investmentfonds erhalten. Sollten die Investmentfonds ihre Erträge jedoch thesaurieren, kommt es zu keiner Besteuerung von Ausschüttungen. U. a. zur Vermeidung einer mit der **Thesaurierung** verbundenen Steuerstundung, kann es auf Ebene der Anleger auch zu einer Versteuerung thesaurierter Erträge kommen. Diese Besteuerung wird mit der sog. **Vorabpauschale** umgesetzt. Zu einer Besteuerung der Vorabpauschale kommt es immer dann, wenn und soweit die Ausschüttungen des Investmentfonds in einem Veranlagungszeitraum die risikolose Marktverzinsung nicht erreichen. Zu diesem Zwecke findet eine

Vergleichsrechnung zwischen einer pauschalen Bemessungsgrundlage in Höhe einer risikolosen Marktverzinsung (sog. **Basisertrag**) und den tatsächlichen Ausschüttungen statt.

▶ **Es gilt somit** Die Anleger von Investmentfonds haben grundsätzlich sowohl die ausgeschütteten als auch die thesaurierten Erträge des Investmentfonds zu besteuern. Die Vorabpauschale i. S. d. § 18 InvStG umfasst einen pauschalen Anteil an den thesaurierten Erträgen des Investmentfonds. Sie ersetzt die „ausschüttungsgleichen Erträge" und entspricht nunmehr einer pauschalen Bemessungsgrundlage in Höhe einer risikolosen Marktverzinsung.

Einzelheiten über die Vorabpauschale beinhaltet **§ 18 InvStG**. Voraussetzung für die Vergleichsrechnung ist die Ermittlung des sog. Basisertrages. Dieser Betrag entspricht dem unterstellten Mindestertrag des Fonds[8] und ermittelt sich durch die Multiplikation des Rücknahmepreises des Investmentanteils mit 70 % des Basiszinssatzes nach § 18 Abs. 4 InvStG. Letztgenannter Zinssatz wird jährlich neu festgelegt und durch das Bundesministerium der Finanzen veröffentlicht und lediglich mit 70 % angesetzt. Durch den Abschlag von 30 % soll ein durchschnittlicher Kostenanteil auf Ebene des Investmentfonds (z. B. für Verwaltungskosten) berücksichtigt werden, welche die Erträge des Investmentfonds und damit die Erträge der Anleger typischerweise mindern.

▶ **Praxishinweis** Mit dem BMF-Schreiben vom 4. Januar 2018 wurde der für 2018 maßgebliche Basiszins i. S. d. § 18 Abs. 4 InvStG mit einer Höhe von 0,87 % bekanntgegeben. Dieser Zinssatz leitet sich aus der langfristig erzielbaren Rendite öffentlicher Anleihen ab, wofür auf den Zinssatz abzustellen ist, den die Deutsche Bundesbank anhand der Zinsstrukturdaten jeweils auf den ersten Börsentag des Jahres errechnet hat.

Zur **Vermeidung einer Überbesteuerung** entspricht der **Basisertrag höchstens** dem Unterschiedsbetrag zwischen dem ersten und dem letzten Rücknahmepreis des Kalenderjahres. Die Vorabpauschale entspricht dem Unterschiedsbetrag zwischen dem Basisertrag und den Ausschüttungen.

Nachfolgende **Übersicht** veranschaulicht die **Ermittlung der Vorabpauschale**.

(1) Ermittlung des Basisertrags
     Rücknahmepreis zum Jahresanfang
     * 70 % des Basiszinssatzes i. S. d. § 18 Abs. 4 InvStG
     = ermittelter Basisertrag
(2) Ermittlung des Maximalwerts des Basisertrags
     Rücknahmepreis der Anteile zum Jahresende
     − Rücknahmepreis zum Jahresende
     = Maximalwert

---

[8] Böcker 2016, S. 2794.

(3) Vergleich des ermittelten Basisertrags mit Maximalwert des Basisertrags
    ermittelter Basiswert ≥ Maximalwert → relevante Basiswert entspricht Maximalwert;
    ermittelter Basiswert < Maximalwert → relevante Basiswert entspricht ermitteltem
    Basisertrag.
(4) Berechnung der Vorabpauschale
    Vorabpauschale = Relevante Basisertrag − tatsächliche Ausschüttungen.
(5) Ggf. Kürzung der Vorabpauschale aufgrund unterjährigem Erwerbes der Anteile ge-
    mäß § 18 Abs. 5 InvStG (besitzzeitanteilige Berücksichtigung).

Im **Jahr des Erwerbs der Investmentanteile** mindert sich die Vorabpauschale um jeweils ein Zwölftel für jeden vollen Monat, an welchem der Anleger noch nicht beteiligt
war. Die Vorabpauschale gilt gemäß § 18 Abs. 3 InvStG mit Ablauf des Kalenderjahres
als zugeflossen. Damit wird auch dieser Wert besitzzeitanteilig ermittelt. Im Jahr der Veräußerung der Investmentanteile kommt es zu keiner Besteuerung der Vorabpauschale (vgl.
Gesetzesbegründung BT-Drs. 18/8045, S. 90).

Beispiel

Der Wert des Investmentanteils beträgt zum Jahresanfang 100 € und zum Jahresende 100,50 €. Die Ausschüttung hat pro Anteile 0,20 € betragen. Der Anleger hat die
Anteile am 2.2. erworben.

Der Basisertrag ermittelt sich durch die Multiplikation des 70%tigen Anteils vom
Basiszinssatzes i. S. d. § 18 Abs. 4 InvStG und dem Rücknahmepreis der Anteile zum
Jahresende, d. h.: 0,99 % * 70 % * 100,5 = 0,696465. Da dieser Betrag den Wertzuwachs
der Anteile in dem jeweiligen Kalenderjahr überschreitet, entspricht der Basisertrag
dem Unterschiedsbetrag zwischen dem Wert der Anteile zum Jahresende und deren
Wert zum Beginn des Jahres, d. h. 100,5 − 100 = 0,5. Die Vorabpauschale ermittelt sich
aus dem Unterschied zwischen dem Basisertrag von 0,5 und den tatsächlichen Ausschüttungen von 0,1 und beträgt folglich 0,40 €.

Da der Anleger die Anteile erst im Laufe des Jahres erworben hat, mindert sich die
Vorabpauschale um ein Zwölftel, so dass sie 0,367 € beträgt.

3.3.2.3 Veräußerungsgewinne aus Anteilen an Investmentfonds nach § 19 InvStG

Gewinne aus der Veräußerung von Investmentanteilen gehören gemäß § 16 Abs. 1 Nr. 3
InvStG ebenfalls zu den **Investmenterträgen**. Auch diese Erträge sind grundsätzlich Einkünfte aus Kapitalvermögen i. S. d. § 20 Abs. 1 Nr. 3 EStG.

Einzelheiten über die **Ermittlung des Veräußerungsgewinnes** enthält § 19 Abs. 1
InvStG. Bei Privatanlegern richtet sich die Ermittlung nach der entsprechenden Anwen-
dung des § 20 Abs. 4 EStG. § 20 Abs. 4a EStG findet ausdrücklich keine entsprechende
Anwendung. Bei betrieblichen Anlegern finden diese Verweise keine Anwendung. Die
Ermittlung des Veräußerungsgewinnes richtet sich nach den allgemeinen Regelungen,
wonach insbesondere die Besonderheiten der Einkünfteermittlung durch Betriebsvermö-

gensvergleich oder Einnahmeüberschussrechnung zu berücksichtigen sind. Um eine Überbesteuerung zu verhindern, ist der Veräußerungsgewinn sowohl bei privaten als auch bei betrieblichen Anlegern um die bereits angesetzten **Vorabpauschalen** zu mindern. Dabei finden die Vorabpauschalen in voller Höhe, d. h. ungeachtet einer möglichen Teilfreistellung, Berücksichtigung. Dies gilt auch dann, wenn dadurch ein Verlust entstehen sollte. Voraussetzung ist, dass die Vorabpauschalen auf Ebene des Anlegers auch steuerlich erfasst wurden, d. h. einer Besteuerung unterworfen wurden, auch wenn sie beispielsweise durch den Ansatz des Sparer-Pauschbetrags tatsächlich keiner Steuerbelastung unterlagen. Betriebliche Anleger, die bilanzieren, haben in der Steuerbilanz in Höhe der Vorabpauschale einen aktiven Ausgleichsposten, und nicht bilanzierende Anleger, die eine Einnahmeüberschussrechnung vornehmen, einen Merkposten aufzuzeichnen. Diese Größen mindern im Jahr der Veräußerung den Gewinn (vgl. Gesetzesbegründung BT-Drs. 18/8045, S. 90).

Beispiel

Der Steuerpflichtige hat die Investmentanteile zu einem Preis von 200 € veräußert, nachdem er sie zu einem Preis von 180 € erworben hat. Während der Besitzzeit hat der Anleger Vorabpauschalen von insgesamt 5 € besteuert.

Der steuerpflichtige Veräußerungsgewinn ermittelt sich wie folgt:

200 (Veräußerungserlös)

− 180 (Anschaffungskosten)

− 0 (Kosten der Veräußerung)

− 5 (angesetzte Vorabpauschale)

= 15 (steuerpflichtiger Veräußerungsgewinn).

Gemäß § 2 Abs. 13 InvStG gilt als Veräußerung von Investmentanteilen auch deren Rückgabe, Abtretung, Entnahme oder verdeckte Einlage in eine Kapitalgesellschaft. Auch in diesen der **Veräußerung gleichgestellten Anwendungsfällen** ist der Veräußerungsgewinn entsprechend der Regelung des § 19 Abs. 1 InvStG zu ermitteln und als Investmenterträge i. S. d. § 16 Abs. 1 Nr. 3 InvStG zu versteuern.

▶ **Es gilt somit** Die Anleger von Investmentfonds erzielen auch dann Veräußerungsgewinne, wenn sie zum Beispiel ihre Anteile an den Fonds zurückgeben, diese aus dem Betriebsvermögen entnehmen oder verdeckt in eine Kapitalgesellschaft einlegen. Die Veräußerungsgewinne gehören aufgrund der Gleichstellung dieser Vorgänge mit einer Veräußerung gemäß § 2 Abs. 13 InvStG ebenfalls zu den Investmenterträgen i. S. d. § 16 InvStG.

§ 19 Abs. 2 InvStG enthält eine **Veräußerungsfiktion** für den Fall, dass ein Investmentfonds nicht länger unter den Anwendungsbereich des Investmentsteuergesetzes fällt. In diesen Fällen, wenn das Anlagevehikel nicht mehr die Anforderungen des § 1 Abs. 2

InvStG an einen Investmentfonds erfüllt oder nunmehr unter eine Ausnahme des § 1 Abs. 3 InvStG unterfällt, kommt es zu einer sofortigen Besteuerung. Eine Stundung der Steuer ist nicht möglich. Die Besteuerung basiert auf der Fiktion, dass der Anleger zu diesem Zeitpunkt die Investmentanteile veräußert hat. Als Veräußerungserlös gilt der gemeine Wert der Investmentanteile zu dem Zeitpunkt, zu dem der Investmentfonds nicht mehr in den Anwendungsbereich des Investmentsteuerrechts fällt. Für die Ermittlung des fiktiven Veräußerungsgewinnes ist § 19 Abs. 1 InvStG entsprechend anzuwenden. § 19 Abs. 2 InvStG regelt nicht den Fall, dass ein Anlagevehikel erstmals oder erneut die Anforderungen des § 1 Abs. 2 InvStG erfüllt und folglich nunmehr erstmals unter den Anwendungsbereich des Investmentsteuergesetzes fällt. Damit liegt in diesen Fällen keine fiktive Veräußerung vor, eine Besteuerung unterbleibt demnach (vgl. Wenzel in Blümich 2017, § 19 Rdn. 16).

► **Es gilt somit** Sollte das Anlagevehikel nicht mehr die Voraussetzungen an einen Investmentfonds nach § 1 Abs. 2 InvStG erfüllen oder erstmals unter eine der Ausnahmen des § 1 Abs. 3 InvStG unterfallen, kommt es auf Ebene der Anleger gemäß § 19 Abs. 2 InvStG zu einer fiktiven Veräußerung der Investmentfondsanteile. Auch in diesen Fällen erzielt der Anleger Gewinne aus der Veräußerung seiner Anteile, die bei ihm zu den Investmenterträgen i. S. d. § 16 InvStG gehören. Diese hat der Anleger als Einkünfte i. S. d. § 20 Abs. 1 Nr. 3 EStG zu versteuern.

3.3.2.4 Steuerbefreiung im Zusammenhang mit Altersvorsorge nach § 16 Abs. 2 InvStG

Gemäß § 16 Abs. 2 InvStG sind von der Besteuerung der Investmenterträge nach § 16 InvStG Investmentanteilen ausgenommen, die im Rahmen von zertifizierten Altersvorsorge- oder Basisrentenverträgen gehalten werden. Denn diese Erträge sollen in der Auszahlungsphase besteuert werden. Einrichtungen der betrieblichen oder privaten Altersvorsorge sind von der Besteuerung der Vorabpauschale befreit. Dadurch sollen ungewollte Beeinträchtigungen der Altersvorsorge vermieden werden. Denn während bei steuerpflichtigen Ausschüttungen die Altersvorsorgeeinrichtungen eine steuerliche Belastung grundsätzlich durch die Bildung von Rückstellungen vermeiden können, könnten bei der Vorabpauschale dagegen keine Rückstellungen gebildet werden, so dass es zu einer nicht sachgerechten definitiven Steuerbelastung käme (vgl. Gesetzesbegründung BT-Drs. 18/8045, S. 86).

► **Es gilt somit** Erträge aus zertifizierten Altersvorsorge und Basisrentenverträgen sollen grundsätzlich im Wege der nachgelagerten Besteuerung erst in der Auszahlungsphase besteuert werden. Daher erzielen die Anleger aus diesen Investmentfonds keine Investmenterträge. Zu Einzelheiten zur Reform der Investmentbesteuerung und Auswirkungen auf die Durchführung der betrieblichen Altersvorsorge vgl. Ernst 2017, S. 2723.

3.3.2.5 Besteuerungsgrundsätze (Einkunftsart, Kapitelertragsteuer etc.)

Die Investmenterträge i. S. d. § 16 InvStG sind Einkünfte aus **Kapitalvermögen i. S. d. § 20 Abs. 1 Nr. 3 EStG**. Für diese Erträge ist gemäß § 43 Abs. 1 Satz 1 Nr. 5 und Nr. 9 EStG Kapitalertragsteuer einzubehalten, welchen gemäß § 44 Abs. 1 EStG die sog. auszahlende Stelle für Rechnung des Gläubigers dieser Kapitalerträge vorzunehmen und die Kapitalertragsteuer an das Finanzamt abzuführen hat. Die auszahlende Stelle ist das inländische Institut, welches die Anteile an Investmentfonds verwahrt oder verwaltet oder deren Veräußerung durchführt und die Kapitalerträge auszahlt oder gutschreibt. Für den Kapitalertragsteuerabzug aus der Vorabpauschale trifft diese Verpflichtung nach der Sonderregelung des § 44 Abs. 1 Satz 4 Nr. 4 EStG das Kredit- oder sonstige Finanzinstitut, das die Anteile an einem Investmentfonds verwahrt oder verwaltet, d. h. die Depotbank oder Kapitalverwaltungsgesellschaft. Der Steuersatz beträgt 25 % zuzüglich Solidaritätszuschlag und ggf. Kirchensteuer.

▶ **Praxishinweis** Die Finanzverwaltung hat am 15.12.2017 das Schreiben betreffend die Kapitalertragsteuer und die für die Anrechnung der Kapitalertragsteuer auf die Einkommensteuer notwendige Ausstellung von Steuerbescheinigungen für Kapitalerträge nach § 45a Abs. 2 und 3 EStG neuveröffentlicht (IV C 1 – S 2401/08/10001:018). Im Grundsatz sind ab dem 01.01.2018 die Investmenterträge im Sinne des § 16 InvStG aus in- und ausländischen Investmentfonds grundsätzlich in den zu bescheinigenden Kapitalerträgen (Zeile 7 Anlage KAP) enthalten. Vorabpauschalen sind auch dann auszuweisen, wenn aufgrund einer Verrechnung mit dem Sparer-Pauschbetrag, der Anwendung einer Nichtveranlagungs-Bescheinigung oder der Anrechnung einer ausländischen Quellensteuer kein Steuerabzug vorzunehmen war. Unterliegen die Investmenterträge einer Teilfreistellung nach § 20 InvStG, so beschränkt sich der Steuerabzug auf die steuerpflichtigen Teile der Kapitalerträge. Nur diese Teile sind in der Steuerbescheinigung in der Zeile „Höhe der Kapitalerträge Zeile 7 Anlage KAP" auszuweisen. Des Weiteren stellt die Finanzverwaltung in diesem Schreiben klar, dass im Rahmen des Kapitalertragsteuerabzugs lediglich die Teilfreistellung berücksichtigt wird, die für private Anleger in Betracht kommt (dazu sogleich unter Abschn. 3.3.3). § 43a Abs. 2 Satz 1 EStG schließt eine Berücksichtigung der höheren Teilfreistellungssätze aus. Betriebliche Anleger haben daher die für sie geltenden höheren Teilfreistellungssätze im Rahmen der Veranlagung geltend zu machen.

Für **Privatanleger**, d. h. natürliche Personen, die ihre Investmentanteile im Privatvermögen halten, entfaltet dieser Kapitalertragsteuerabzug grundsätzlich abgeltende Wirkung. Die Investmenterträge unterfallen als Einkünfte i. S. d. § 20 Abs. 1 Nr. 3 EStG der Abgeltungsteuer nach § 32d EStG. Ein Werbungskostenabzug ist deswegen grundsätzlich nicht möglich, allerdings kann der Sparer-Pauschbetrag zum Ansatz kommen. Bei **betrieblichen Anlegern** gehören die Investmenterträge i. S. d. § 16 InvStG aufgrund des Subsidiaritätsprinzips des § 20 Abs. 8 EStG zu den betrieblichen Erträgen, welche bei natürlichen Personen als Anlegern der Einkommensteuer, ggf. Gewerbesteuer und ggf.

Kirchensteuer und bei juristischen Personen als Anlegern der Körperschaftsteuer und Gewerbesteuer unterliegen. Da diese Anleger keine Einkünfte aus Kapitalvermögen erzielen, findet § 20 Abs. 9 EStG keine Anwendung, so dass ein Werbungskostenabzug grundsätzlich möglich ist, jedoch kein Sparer-Pauschbetrag gewährt wird. Zu beachten ist, dass die Regelungen der §§ 3 Nr. 40 EStG und 8b KStG gemäß § 16 Abs. 3 InvStG keine Anwendung finden[9]. Die Steuerbefreiung der Investmenterträge i. S. d. § 16 InvStG richtet sich allein nach § 20 InvStG, welche die sog. **Teilfreistellung** regelt. Diese Regelungen gelten sowohl für **private als auch betriebliche Anleger** (dazu sogleich unter Abschn. 3.3.3).

Beispiel

An einem Investmentfonds sind u. a. zwei natürliche Personen beteiligt. Die Person A hält ihre Anteile im Privatvermögen, während die Person B diese im Betriebsvermögen hält. Der Fonds schüttet seine Erträge an seine Anleger aus. Bei den Anlegern gehören diese Ausschüttungen zu den Investmenterträgen i. S. d. § 16 InvStG. Sie gehören zu den Einkünften aus Kapitalvermögen i. S. d. § 20 Abs. 1 Nr. 3 EStG. Die Person A hat diese unter Anwendung der Abgeltungsteuer zu versteuern. Ein Werbungskostenabzug ist nicht möglich, jedoch kommt der Sparer-Pauschbetrag grundsätzlich zum Ansatz. Der Steuersatz beträgt 25 % zuzüglich Solidaritätszuschlag. Die Person B erzielt betriebliche Einkünfte, die Werbungskosten können abgezogen werden. Das Teileinkünfteverfahren kommt jedoch nicht zur Anwendung. Die Besteuerung unterliegt dem allgemeinen Steuersatz. Für beide Anleger kommt eine Teilfreistellung nach § 20 InvStG in Betracht.

Bei **ausländischen Anlegern** des Investmentfonds gehören die Investmenterträge i. S. d. § 16 InvStG als Einkünfte i. S. d. § 20 Abs. 1 Nr. 3 EStG nicht zu den inländischen Einkünften i. S. d. § 49 EStG. Die Investmenterträge i. S. d. § 16 InvStG begründen damit keine beschränkte Steuerpflicht dieser Anleger. Zu weiteren Einzelheiten vgl. Elser und Stiegler 2017, S. 567 ff.

▶ **Es gilt somit** Bei ausländischen Anlegern begründen die Investmenterträge i. S. d. § 16 InvStG als Einkünfte i. S. d. § 20 Abs. 1 Nr. 3 EStG keine beschränkte Steuerpflicht.

3.3.2.6 Besonderheiten über die Erträge bei Abwicklung eines Investmentfonds nach § 17 InvStG

§ 17 InvStG enthält einen **Ausnahmetatbestand** zu dem Grundsatz, dass die Ausschüttungen eines Investmentfonds unabhängig von ihrer Zusammensetzung vom Anleger zu versteuern sind. Die Ausnahme gilt nur während der Abwicklung eines Investmentfonds. In dieser Phase ist eine steuerfreie Kapitalrückzahlung möglich.

---

[9] Der Regelung des § 16 Abs. 3 InvStG kommt lediglich deklaratorische Bedeutung zu, weil für Einkünfte i. S. d. § 20 Abs. 1 Nr. 3 EStG, als welche die Investmenterträge gelten, keine Steuerbefreiung nach §§ 3 Nr. 40 EStG oder 8b KStG in Betracht kommt.

▶ **Es gilt somit** § 17 InvStG ermöglicht ausnahmsweise eine steuerfreie Kapitalrückzahlung an den Anleger. Diese Möglichkeit besteht allerdings nur während der Abwicklung des Investmentfonds.

Die **Abwicklung eines Investmentfonds** beginnt gemäß § 17 Abs. 2 InvStG bei einem inländischen Fonds grundsätzlich in dem Zeitpunkt, zu welchem das Recht der Kapitalverwaltungsgesellschaft zur Verwaltung des Investmentfonds erlischt, und bei ausländischen Fonds in dem Zeitpunkt, zu welchem das Recht der Verwaltungsstelle zur Verwaltung des Investmentfonds erlischt. Eine Ausnahme gilt, wenn der gesetzliche Vertreter des ausländischen Investmentfonds einen davon abweichenden Beginn der Abwicklung nachweist. Die Ausnahmeregelung des § 17 Abs. 1 Satz 1 InvStG kann höchstens für einen Zeitraum von fünf Kalenderjahren nach dem Kalenderjahr Anwendung finden, in welchem die Abwicklung beginnt.

§ 17 Abs. 1 InvStG fingiert, dass in der Abwicklungsphase als Ertrag lediglich die Ausschüttungen gelten, wie in ihnen der **Wertzuwachs eines Kalenderjahres** enthalten ist. Zur Ermittlung des Wertzuwachses ist die Summe aus den Ausschüttungen für ein Kalenderjahr und dem letzten in dem Kalenderjahr festgesetzten Rücknahmepreis zu bilden. Sollte diese Summe den ersten im Kalenderjahr festgesetzten Rücknahmepreis übersteigen, so ist die Differenz der Wertzuwachs. Dieser unterliegt der Besteuerung. Der verbleibende Anteil der Ausschüttungen unterliegt nicht der Besteuerung. Dieser Betrag mindert gemäß § 17 Abs. 3 InvStG jedoch die Anschaffungskosten der Investmentanteile.

Beispiel

Der Wert der Investmentanteile beträgt zum Jahresanfang 200 € und zum Jahresende 185 €. Die Ausschüttungen betragen 30 €. Der Investmentfonds befindet sich bereits seit dem vorangegangenen Jahr in der Abwicklungsphase.

Berechnung des Wertzuwachses:

Schritt 1: Summe aus Rücknahmepreis zum Jahresende und Ausschüttungen
$$= 185 + 30$$
$$= 215.$$

Schritt 2: Differenz aus in Schritt 1 gebildeter Summe und Rücknahmepreis zum Jahresbeginn
$$= 215 - 200$$
$$= 15.$$

Von den Ausschüttungen i. H. v. 30 € unterliegt lediglich der Wertzuwachs und damit ein Anteil von 15 € als Erträge i. S. d. § 16 Abs. 1 Nr. 1 InvStG der Besteuerung. Der verbleibende Anteil der Ausschüttungen von 15 € wird auf Ebene des Anlegers nicht besteuert. Dieser Betrag mindert jedoch die Anschaffungskosten der Fondsanteile, die bei der Ermittlung des Veräußerungsgewinns zu berücksichtigen sind.

3.3.3 Teilfreistellungen nach § 20 InvStG

3.3.3.1 Überblick

Nach der Gesetzesbegründung soll die **Teilfreistellung** insbesondere die steuerliche Vorausbelastung der Investmenterträge i. S. d. § 16 InvStG auf Ebene des Investmentfonds mit inländischer Steuer sowie die fehlende Anrechnungsmöglichkeit ausländischer Steuer kompensieren (vgl. Gesetzesbegründung BT-Drs. 18/8045, S. 55). Die Höhe der Teilfreistellung richtet sich zukünftig danach, in welchen bestimmten **Investmentfondstyp** die Anleger investieren. Es ist zwischen

- Aktien-,
- Immobilien-,
- Misch- sowie
- sonstigen Fonds

zu unterscheiden. Entscheidend ist der jeweilige **Anlageschwerpunkt** des Investmentfonds. Dieser ist im Regelfall aus den Anlagebedingungen des Investmentfonds abzuleiten. Sollte dies nicht möglich sein, weil die **Anlagebedingungen** des Fonds keine hinreichenden Aussagen zum Überschreiten der Schwellenwerte für den Aktien- oder Immobilienteil enthalten oder keine Anlagebedingungen des Investmentfonds existieren, gewährt § 20 Abs. 4 InvStG dem Anleger eine **individuelle Nachweismöglichkeit**. Diese hat der Anleger gegenüber dem Finanzamt auszuüben. Geeignete Nachweisinstrumente können insbesondere Vermögensverzeichnisse des Investmentfonds und/oder schriftliche Bestätigungen des Fondsverwalters sein (vgl. Gesetzesbegründung BT-Drs. 18/8045, S. 91). Nicht ausreichend sind nach Auffassung der Finanzverwaltung Angaben zum Aktien- oder Immobilienbestand im Halbjahres- (§ 103 KAGB) oder Jahresbericht (§ 101 KAGB), da diese nur zwei Zweitpunkte in einem Jahr wiedergeben und damit keine Angaben darüber enthalten, ob die Grenzen fortlaufend eingehalten wurden (BMF-Entwurf v. 24.03.2017, Rdn. 161). Ein Nachweis des Anlageschwerpunktes gegenüber der zum Kapitalertragsteuerabzug verpflichteten Person ist hingegen nicht möglich. Kann der Anleger gegenüber dem Finanzamt nachweisen, dass der Investmentfonds die Anlagegrenzen während des Geschäftsjahres tatsächlich durchgehend überschritten hat, ist die Teilfreistellung auf Antrag des Anlegers in der Veranlagung anzuwenden.

▶ **Es gilt somit** Die Investmenterträge i. S. d. § 16 InvStG werden auf Ebene der Anleger gemäß § 20 InvStG zum Teil von der Steuer freigestellt (sog. Teilfreistellung). Die Höhe der Teilfreistellung hängt davon ab, in welchen **Investmentfondstyp** der Anleger sein Geld investiert hat (vgl. Gesetzesbegründung BT-Drs. 18/8045, S. 55). So bleiben beispielsweise bei der Anlage in Aktienfonds bei Privatanlegern pauschal 30 % steuerfrei und bei der Anlage in Immobilienfons bei allen Anlegergruppen pauschal 60 %, sofern der Investitionsschwerpunkt auf ausländischen Immobilien liegt bei 80 %.

Die genannten **pauschalen Höhen der Freistellungen** basieren laut der Begründung des Gesetzgebers auf folgenden Erwägungen (Gesetzesbegründung BT-Drs. 18/8045, S. 55):

- Bei **Aktienfonds** werden auf Fondsebene nur die Dividenden, aber nicht die Veräußerungsgewinne aus Aktien besteuert.
- Bei **Immobilienfonds** werden auf Fondsebene sowohl die Mieten und Pachten als auch die Gewinne aus der Veräußerung der Immobilie besteuert. Das heißt, die Besteuerungslast der Immobilienfonds ist höher als bei Aktienfonds, so dass eine höhere Freistellung zu gewähren ist.
  Bei inländischen Immobilien erfolgt eine Besteuerung der Fondsebene mit 15 % Körperschaftsteuer. Diese deckt aber nicht vollumfänglich den Besteuerungsanspruch auf der Anlegerebene ab. Dagegen erfolgt bei ausländischen Immobilien in der Regel eine umfassendere Besteuerung des Investmentfonds in dem ausländischen Staat, in dem die Immobilie liegt. Zudem werden im gegenwärtigen Recht die ausländischen Immobilienerträge aufgrund der umfänglichen ausländischen Besteuerung in der Regel von der deutschen Besteuerung freigestellt. Bei einer überwiegenden Investition in ausländische Immobilien ist daher eine höhere Freistellung angemessen als bei einer überwiegenden Investition in inländische Immobilien.
- **Aktien- und Immobilienfonds** investieren meist nicht ausschließlich in Aktien oder Immobilien. Typischerweise werden auch andere Kapitalanlagen, insbesondere zinstragende Forderungen, im Vermögen gehalten. Die aus diesen anderen Kapitalanlagen resultierenden Erträge sind regelmäßig nicht steuerlich vorbelastet, profitieren aber gleichermaßen von der Teilfreistellung. Typisierend wurde bei der Ermittlung der Freistellungshöhen das anteilige Halten von derartigen Kapitalanlagen unterstellt.

Die Teilfreistellungen nach § 20 InvStG gelten grundsätzlich für **alle Erträge** aus den Investmentanteilen, d. h. für die Ausschüttungen, die Vorabpauschale und die Gewinne aus der Veräußerung, Rückgabe, Abtretung, Entnahme oder verdeckten Einlage der Investmentanteile. Die Teilfreistellungen finden sowohl beim **Kapitalertragsteuerabzug** als auch bei der **Veranlagung** der Einkünfte Anwendung.

▶ **Praxishinweis** Im Rahmen des Kapitalertragsteuerabzugs wird lediglich die Teilfreistellung berücksichtigt, die für private Anleger in Betracht kommt. § 43a Abs. 2 Satz 1 EStG schließt eine Berücksichtigung der höheren Teilfreistellungssätze aus. Betriebliche Anleger haben daher die für sie geltenden höheren Teilfreistellungssätze im Rahmen der Veranlagung geltend zu machen (vgl. dazu auch das BMF-Schreiben vom 15.12.2017 Rdn. 59).

Zu den Teilfreistellung bei Investmentfonds in der Praxis vgl. ausführlich Ebner 2017, S. 305 ff.

3.3.3.2 Teilfreistellungen von der Einkommen- und Körperschaftsteuer

Für die Höhe der **Teilfreistellung** ist zwischen den genannten Investmentfondstypen zu unterscheiden. Dabei nimmt die Regelung des § 20 InvStG über Teilfreistellungen lediglich Bezug nimmt auf Aktien-, Immobilien- und Mischfonds. Unter dem Begriff der **sonstigen Fonds** werden folglich alle Fonds subsumiert, welche nicht die Voraussetzungen eines Aktien-, Immobilien- und Mischfonds erfüllen. Damit kommen für Anleger dieser sonstigen Fonds keine Teilfreistellungen nach § 20 InvStG in Betracht.

▶ **Es gilt somit** Für die Investmenterträge i. S. d. § 16 InvStG aus den **sonstigen Investmentfonds** kommen keine Teilfreistellungen in Betracht. Unter diesem Begriff sind alle Investmentfonds zu verstehen, die nicht die Voraussetzungen an einen Aktien-, Immobilien- und Mischfonds erfüllen.

§ 20 Abs. 1 InvStG regelt die sog. **Aktienteilfreistellung**. Diese Regelung sieht eine Steuerfreiheit für alle Erträge aus Aktienfonds vor.

Ein **Aktienfonds** liegt gemäß § 2 Abs. 6 InvStG vor, wenn ein Investmentfonds gemäß den Anlagebedingungen fortlaufend mindestens 51 %[10] seines Wertes in **Kapitalbeteiligungen** anlegt. Dabei gelten gemäß § 2 Abs. 8 InvStG als Kapitalbeteiligungen

- zum amtlichen Handel an einer Börse zugelassene oder auf einem organisierten Markt notierte Anteile an einer Kapitalgesellschaft,
- Anteile an einer Kapitalgesellschaft, die keine Immobilien-Gesellschaft ist und die
  - in einem Mitgliedstaat der Europäischen Union oder in einem anderen Vertragsstaat des Abkommens über den Europäischen Wirtschaftsraum ansässig ist und dort der Ertragsbesteuerung für Kapitalgesellschaften unterliegt und nicht von ihr befreit ist (EU/EWR-Kapitalgesellschaften, die einer Ertragsbesteuerung unterliegen), oder
  - in einem Drittstaat ansässig ist und dort einer Ertragsbesteuerung für Kapitalgesellschaften i. H. v. mindestens 15 % unterliegt und nicht von ihr befreit ist (Drittlandsgesellschaften mit mindestens 15 % Ertragsbesteuerung),
- Investmentanteile an Aktienfonds i. H. v. 51 % des Wertes des Investmentanteils und
- Investmentanteile an Mischfonds i. H. v. 25 % des Wertes des Investmentanteils. In allen anderen Fällen – außer in den letzten beiden Fällen – gelten Investmentanteile nicht als Kapitalbeteiligungen.

Für die Qualifikation des Investmentfonds als Aktienfonds sind die **Anlagebedingungen** entscheidend.

Die Höhe der pauschalen Steuerbefreiung unterscheidet sich in Abhängigkeit der Anleger wie folgt:

- Für Anleger, die ihre Anteile an dem Aktienfonds im Privatvermögen halten (**private Anleger**), beträgt der steuerfreie Anteile **30 %**.

---

[10] Diese Höhe orientiert sich an der Einteilung der BaFin in der sog. Fondskategorisierungsrichtlinie vom 22.07.2013.

- Für Anleger, die ebenfalls der Besteuerung nach der Einkommensteuer unterlegen, also im Unterschied beispielsweise zu Kapitalgesellschaften keine Körperschaftsteuersubjekte sind (**betriebliche Anleger/EStG**), aber ihre Anteile im Betriebsvermögen halten, beträgt die Aktienteilfreistellung **60 %**.
- Für Anleger, die ihre Anteile im Betriebsvermögen halten und, wie beispielsweise Kapitalgesellschaften, der Körperschaftsteuer unterliegen (**betriebliche Anleger/KStG**), beträgt der steuerfreie Anteil der Erträge **80 %**.

Eine **Ausnahme** gilt gemäß § 20 Abs. 1 Satz 4 InvStG nur dann, wenn der Anleger ein Lebens- oder Krankenversicherungsunternehmen ist und der Investmentanteil den Kapitalanlagen zuzurechnen ist, oder der Anleger ein Institut oder Unternehmen nach § 3 Nr. 40 Satz 3 oder 4 EStG oder § 8b Abs. 7 KStG ist und der Investmentanteil dem Handelsbuch zuzurechnen ist oder mit dem Ziel der kurzfristigen Erzielung eines Eigenhandelserfolges erworben wurde. Für diese **Anleger i. S. d. § 20 Abs. 1 Satz 4 InvStG** beträgt die Aktienteilfreistellung **30 %** der Investmentanteile.

Beispiel

Eine natürliche Person, die an einem Fonds beteiligt ist, erhält von diesem eine Ausschüttung. Den Anlageschwerpunkt des Fonds stellen Aktien dar. Folglich bleiben auf Ebene des Anlegers 30 % der Ausschüttungen und darüber hinaus auch der Vorabpauschale und Veräußerungsgewinne steuerfrei, wenn er seine Anteile im Privatvermögen hält. Sollten die Anteile im Betriebsvermögen belegen sein, beträgt die Aktienteilfreistellung 60 %. Sollte es sich bei dem Anleger beispielsweise um eine GmbH handeln, würde der steuerfreie Anteil aller Erträge aus dem Aktienfonds 80 % betragen.

► **Praxishinweis** Die Teilfreistellung beträgt für die Investmenterträge aus Aktienfonds grundsätzlich 30 %. Erfüllen die Anleger darüber hinaus die weiteren Bedingungen, halten natürliche Personen beispielsweise ihre Anteile im Betriebsvermögen, steigt der Teilfreistellungssatz auf bis zu 80 %. **Mitunternehmerschaften**, die selbst Anleger eines Fonds sind, können daher lediglich den Freistellungssatz von 30 % in Anspruch nehmen, weil sie selbst die weiteren Voraussetzungen (natürliche Person oder körperschaftsteuerpflichtige Person) nicht erfüllen können (vgl. Neumann 2016, S. 1779).

Davon abweichend liegt ein **Mischfonds** gemäß § 2 Abs. 7 InvStG vor, wenn der jeweilige Investmentfonds gemäß den Anlagebedingungen fortlaufend mindestens 25 % seines Wertes in Kapitalbeteiligungen anlegt. In diesen Fällen ermäßigt sich die Steuerfreistellung gemäß § 20 Abs. 2 InvStG um die Hälfte der Teilfreistellungen, die bei Beteiligungen an Aktienfonds gelten.

► **Es gilt somit** Bei Beteiligung an Mischfonds erhalten die Anleger die Hälfte der Teilfreistellungen, die für ihre Erträge aus Anteilen an Aktienfonds gewährt werden.

Die **Aktienteilfreistellungen** betragen in Abhängigkeit von der Eigenschaft der Anleger für die Erträge aus Mischfonds somit

- für **private Anleger 15 %**,
- für betriebliche Anleger, welche der Besteuerung nach dem Einkommensteuergesetz unterliegen (**betriebliche Anleger/EStG**), 30 %,
- für betriebliche Anleger, welche der Besteuerung nach dem Körperschaftsteuergesetz unterliegen (**betriebliche Anleger/KStG**), 40 %,
- für **Anleger i. S. d. § 20 Abs. 1 Satz 4 InvStG** beträgt die Aktienteilfreistellung **15 %** der Investmentanteile.

Beispiel

Eine natürliche Person, die an einem Mischfonds beteiligt ist, erhält von diesem eine Ausschüttung. Auf Ebene des privaten Anlegers bleiben 15 % der Ausschüttungen steuerfrei. Entsprechendes gilt für die Besteuerung der Vorabpauschale und der Veräußerungsgewinne. Sollten die Anteile an dem Mischfonds hingegen im Betriebsvermögen belegen sein, beträgt die Aktienteilfreistellung 30 %. Sollte es sich bei dem Anleger beispielsweise um eine GmbH handeln, würde der steuerfreie Anteil aller Erträge aus dem Mischfonds 40 % betragen.

Die Teilfreistellungen für **Immobilienfonds** enthält § 20 Abs. 3 InvStG. Als Immobilienfonds gelten nach § 2 Abs. 9 InvStG Investmentfonds, welche gemäß den Anlagebedingungen fortlaufend mindestens 51 % ihres Wertes in Immobilien und Immobilien-Gesellschaften anlegen. Dabei gelten Investmentanteile an Immobilienfonds i. H. v. 51 % des Wertes des Investmentanteils als Immobilien. Gemäß § 2 Abs. 9 InvStG gelten bei der Anlage eines Dachfonds in einen Zielfonds 51 % des Wertes des Zielfonds als Immobilien.

Die Immobilienteilfreistellung beträgt

- **grundsätzlich 60 % der Erträge,**
- **eine Ausnahme gilt,** wenn gemäß den Anlagebedingungen fortlaufend mindestens 51 % des Wertes des Investmentfonds in **ausländischen Immobilien** und Auslands-Immobiliengesellschaften angelegt werden. In diesen Fällen beträgt die Immobilienfreistellung **80 %**.

Auf die Eigenschaft der Anleger kommt es für die Höhe der Immobilienfreistellung nicht an. Die Höhe der Immobilienfreistellung ist allein davon abhängig, in welche Immobilien der Fonds investiert.

Tab. 3.1 Teilfreistellungssätze bei der Einkommen- und Körperschaftsteuer nach § 20 InvStG

	Privat-anleger	Betriebliche Anleger/EStG	Betriebliche Anleger/KStG	Anleger i. S. d. § 20 Abs. 1 Satz 4 InvStG
Aktienfonds	30 %	60 %	80 %	30 %
Mischfonds	15 %	30 %	40 %	15 %
Immobilienfonds	60 %	60 %	60 %	60 %
Immobilienfonds mit Fokus auf ausländischen Immobilien	80 %	80 %	80 %	80 %
Sonstige Fonds	0 %	0 %	0 %	0 %

> **Beispiel**
>
> Ein Anleger erhält eine Ausschüttung von einem Immobilienfonds. Die Höhe der Immobilienfreistellung beträgt 60 oder 80 %, wenn der Fonds hauptsächlich in ausländische Immobilien investiert. Die Höhe der Steuerfreistellung gilt sowohl für private als auch betriebliche Anleger.

Der Tab. 3.1 können die Teilfreistellungen entnommen werden, die § 20 InvStG für die einzelnen Investmentfondstypen in Abhängigkeit von der Eigenschaft ihrer Anleger vorsieht.

Zu beachten ist, dass stets entweder die Aktienteilfreistellung oder Immobilienteilfreistellung gewährt wird. Eine **Kombination der Teilfreistellungen ist nicht möglich**.

3.3.3.3 Teilfreistellungen von der Gewerbesteuer

Die Teilfreistellung von der **Gewerbesteuer regelt § 20 Abs. 5 InvStG**. Diese Regelung sieht vor, dass die Teilfreistellungen nach den §§ 20 Abs. 1 bis 3 InvStG, welche die Steuerbefreiungen bei der Einkommen- und Körperschaftsteuer enthalten, bei der Ermittlung des Gewerbeertrags jeweils zur Hälfte zum Ansatz kommen. Der Gesetzgeber begründet den hälftigen Ansatz damit, dass es auf Ebene des Investmentfonds an einer Besteuerung mit Gewerbesteuer im Regelfall fehlt (vgl. Gesetzesbegründung BT-Drs. 18/8045, S. 91).

Bei der **Ermittlung des Gewerbeertrags** kommen somit die Teilfreistellungssätze in Tab. 3.2 zur Anwendung.

Tab. 3.2 Teilfreistellungssätze bei der Gewerbesteuer

	Betriebliche Anleger/EStG	Betriebliche Anleger/KStG	Anleger i. S. d. § 20 Abs. 1 Satz 4 InvStG
Aktienfonds	30 %	40 %	15 %
Mischfonds	15 %	20 %	7,5 %
Immobilienfonds	30 %	30 %	30 %
Immobilienfonds mit Fokus auf ausländischen Immobilien	40 %	40 %	40 %
Sonstige Fonds	0 %	0 %	0 %

3.3.3.4 Steuerfolgen bei Änderung der Teilfreistellungssätze nach § 22 InvStG

Einzelheiten über die **Änderung des anwendbaren Teilfreistellungssatzes** enthält § 22 InvStG. Diese Regelung findet Anwendung, wenn

- die Voraussetzungen für die Teilfreistellung nicht mehr erfüllt sind, weil beispielsweise der Investmentfonds z. B. in Folge einer Änderung der Anlagebedingungen nicht mehr die Voraussetzungen an einen Aktien-, Misch- oder Immobilienfonds erfüllt und dadurch eine Teilfreistellung nicht mehr in Betracht kommt, oder
- ein anderer Teilfreistellungssatz zur Anwendung kommen müsste, weil der Investmentfonds nunmehr zum Beispiel nicht mehr hauptsächlich, sondern lediglich anteilig in Aktien investiert, d. h. die Teilfreistellung für Mischfonds zur Anwendung kommen müsste, oder auf Ebene des Anlegers Änderungen eingetreten sind, weil er beispielsweise seine Investmentanteile ins Betriebsvermögen eingelegt hat.

Für diese Fälle fingiert § 22 InvStG, dass die **Investmentfondsanteile als veräußert und** am nächsten Tag **als angeschafft gelten.**

▶ **Praxishinweis** Die Finanzverwaltung vertritt die Auffassung, dass für diese Veräußerungsfiktion der Tag entscheidend ist, an welchem die Änderung der Anlagebedingungen wirksam wird. Sofern die Änderung der Anlagebedingungen von einer Genehmigung durch eine Aufsichtsbehörde abhängig ist, ist frühestens mit dem Tag der Genehmigung von einer wirksamen Änderung auszugehen. Der o. a. Zeitpunkt, in dem die Veräußerungsfiktion eintritt, ist auch durch den Entrichtungspflichtigen zu berücksichtigen. Bei nachträglichem Bekanntwerden der Veräußerungsfiktion hat der Entrichtungspflichtige gegebenenfalls Korrekturen des Steuerabzugs vorzunehmen (BMF-Schreiben vom 08.11.2017 Tz. 9).

Der **Veräußerungserlös und die Anschaffungskosten** entsprechen in diesen Fällen dem Rücknahmepreis des Tages, an welchem die Änderung eingetreten ist oder die Voraussetzungen weggefallen sind. Sollte kein Rücknahmepreis festgesetzt werden, kommt der Börsen- oder Marktpreis zum Ansatz.

Diese Veräußerungs- und Anschaffungsfiktion gilt auch für den Fall, dass der Anleger zunächst die **individuelle Nachweismöglichkeit** des § 20 Abs. 4 InvStG erbringt, allerdings in dem folgenden Veranlagungszeitraum entweder keinen Nachweis oder keinen Nachweis über einen anderen Teilfreistellungssatz erbringt. In diesen Fällen gelten die Anteile als mit Ablauf des Veranlagungszeitraumes als veräußert und einen Tag später als angeschafft. In diesem Fall entspricht der letzte festgesetzte Rücknahmepreis des Veranlagungszeitraumes, für welchen zuletzt der Nachweis erbracht wurde, dem Veräußerungserlös und den Anschaffungskosten. Sollte ein solcher nicht bestimmt werden, gilt der Börsen- oder Marktpreis als maßgebliche Größe.

Der **fiktive Veräußerungsgewinn** gilt gemäß § 22 Abs. 3 InvStG erst zu dem Zeitpunkt als zugeflossen, in welchem der Investmentanteil **tatsächlich veräußert** wird.

Beispiel

Für den Veranlagungszeitraum (VZ) 2018 erbringt der Steuerpflichtige erfolgreich den Nachweis nach § 20 Abs. 4 InvStG. Er erhält für die Erträge aus seinem Investmentanteil eine Aktienteilfreistellung. Im folgenden Veranlagungszeitraum erbringt er diesen Nachweis nicht. Folglich kann der Teilfreistellungssatz für Aktienfonds nicht zur Anwendung kommen. Gemäß § 22 Abs. 1 Satz 2 InvStG gelten die Anteile an dem Fonds mit Ablauf des VZ 2018 als veräußert und zum 01.01.2019 als angeschafft. Sollte für die Investmentanteile ein Rücknahmepreis festgesetzt werden, so gilt gemäß § 22 Abs. 2 InvStG der letzte im VZ 2018 festgesetzte Preis sowohl als Veräußerungserlös als auch als Anschaffungskosten, ansonsten der Markt- oder Börsenpreis der Anteile. Eine Besteuerung dieses fiktiven Veräußerungsgewinns findet gemäß § 22 Abs. 3 InvStG erst bei tatsächlicher Veräußerung der Investmentanteile statt.

Im **Ergebnis** findet keine sofortige Besteuerung des Veräußerungsgewinnes statt. Vielmehr dient § 22 InvStG einer **sachgerechten Aufteilung des Veräußerungsgewinns** und der Verhinderung steuerlicher Gestaltungen, mit welchen Anleger beispielsweise zunächst für sämtliche Ausschüttungen des Fonds die Teilfreistellungen beanspruchen und anschließend die in Folge der Ausschüttung wertgeminderten Anteile nach Änderung der Anlagebedingungen und damit ohne Anwendung der Teilfreistellungssätze und folglich ohne Auswirkung des § 21 InvStG veräußern und somit den Verlust steuerlich voll zum Abzug bringen könnten (vgl. Gesetzesbegründung BT-Drs. 18/8045, S. 93).

Beispiel-Fortsetzung

In 2020 veräußert der Anleger nun seine Investmentanteile. Gemäß § 22 Abs. 3 InvStG gilt ihm nun der fiktive Veräußerungsgewinn als zugeflossen, für welchen die Aktienteilfreistellung zu gewähren ist. Für den restlichen Veräußerungsgewinn kommt eine Steuerbefreiung nach § 20 InvStG nicht in Betracht, weil der Anleger insoweit Erträge aus einem sonstigen Fonds erzielt.

3.3.3.5   Anteiliges Abzugsverbot bei der Ermittlung teilfreigestellter Erträge gemäß § 21 InvStG

§ 21 InvStG enthält ein anteiliges Abzugsverbot für Aufwendungen, die mit Erträgen in wirtschaftlichem Zusammenhang stehen, welche einer Teilfreistellung nach § 20 InvStG unterliegen. § 21 InvStG basiert damit auf dem Rechtsgedanken, auf welchem § 3c Abs. 2 EStG ebenfalls fußt. Beide Regelungen zielen darauf ab, dass die Aufwendungen, die mit steuerfreien Einkünften in Zusammenhang stehen, steuerlich nicht berücksichtigt werden dürfen, sondern nur in Höhe des steuerpflichtigen Anteils.

▶ **Es gilt somit** Bei der Ermittlung der Erträge des Anlegers dürfen die Aufwendungen steuerlich nicht abgezogen werden, die aufgrund der Teilfreistellung nach § 20 InvStG nicht steuerpflichtig, sondern steuerfrei sind. Aufwendungen, die mit steuerpflichtigen Erträgen in wirtschaftlichem Zusammenhang stehen, dürfen abgezogen werden. § 20 InvStG ist § 3c Abs. 2 EStG nachgebildet, dessen Rechtsgedanke übernommen wird.

Dieses **anteilige Abzugsverbot** findet auf Ebene der Anleger bei der Ermittlung der Einkünfte Anwendung. Es umfasst gemäß § 21 Satz 1 InvStG

- Betriebsvermögensminderungen nach § 4 Abs. 1 EStG,
- Betriebsausgaben i. S. d. § 4 Abs. 1 EStG,
- Veräußerungskosten (§ 16 Abs. 2 Satz 1 EStG) und
- Werbungskosten (§ 9 Abs. 1 Satz 1 EStG),

die mit den Erträgen aus Aktien-, Misch- oder Immobilienfonds in wirtschaftlichem Zusammenhang stehen. Der wirtschaftliche Zusammenhang bestimmt sich nach dem **Veranlassungsprinzip** des § 4 Abs. 4 EStG. Nach diesem Prinzip ist entscheidend, warum der Anleger die jeweiligen Aufwendungen tätigt.

Das anteilige Abzugsverbot findet auch Anwendung bei Ermittlung der Gewinne oder Überschüsse aus der Veräußerung oder Realisierung von Investmentanteilen und folglich bei der Ermittlung der Einkünfte der Wert des Betriebsvermögens oder Anteils am Betriebsvermögen, die Anschaffungs- oder Herstellungskosten oder der an deren Stelle tretende Wert mindernd zu berücksichtigen sind. So erklärt **§ 21 Satz 2 InvStG** für diese Fälle Satz 1 der Regelung für entsprechend anwendbar. Damit unterliegen auch diese dem Teilabzugsverbot.

Satz 3 bestimmt klarstellend, dass § 21 Satz 1 und 2 InvStG bereits zur Anwendung kommen, wenn eine Einnahmenerzielungsabsicht besteht, nach welcher Einkünfte aus den Investmentfonds erzielt werden sollen. Auf die tatsächliche Einkünfteerzielung kommt es folglich für die Anwendung des Teilabzugsverbotes nicht an (Mann in Blümich 2017, § 21 Rdn. 17 f. und 25).

Zu beachten ist, dass der Wortlaut dieser Regelung von dem des § 3c Abs. 2 EStG entnommen wurde, ohne dass eine Anpassung an die investmentsteuerrechtlichen Besonderheiten erfolgte. Dies führt beispielsweise im Hinblick auf den Werbungskostenabzug auf Ebene der Anleger zu Auslegungsschwierigkeiten. Denn die Regelung des § 21 Satz 1 InvStG nimmt ausdrücklich auf diesen Begriff Bezug, obwohl ein Werbungskostenabzug auf Ebene der privaten Anleger jedoch ausgeschlossen ist, weil die Investmenterträge aus den Fondsanteilen i. S. d. § 16 InvStG bei diesen zu Einkünften aus Kapitalvermögen i. S. d. § 20 Abs. 1 Nr. 3 EStG gehören, für welche der Werbungskostenabzug gemäß **§ 20 Abs. 9 EStG** ausgeschlossen ist. Daher vertreten einzelnen Autoren in der Literatur, dass ein anteiliger Werbungskostenabzug wohl nach § 21 Satz 1 InvStG auf Ebene der Anleger möglich ist. Diese Auffassung erscheint nicht zutreffend, auch weil der Wortlaut des § 21 Satz 1 InvStG für eine solche Auslegung sehr allgemein formuliert ist.[11]

Beispiel

Die natürliche Person A erzielt aus ihren im Privatvermögen belegenen Anteilen an dem Aktienfonds Erträge i. H. v. 100 € und aus ihren im Betriebsvermögen belegenen Anteilen an einem Immobilienfonds Erträge i. H. v. 1000 €. Die Werbungskosten belaufen sich auf jeweils 20 %.

Die Erträge aus dem Aktienfonds unterliegen einer Aktienteilfreistellung von 30 %, folglich könnten die Aufwendung i. H. dieses steuerfreien Anteils nicht steuerlich berücksichtigt werden. Sie unterfallen dem anteiligen Abzugsverbot des § 21 Satz 1 InvStG. Da der Anleger aus diesen Anteilen jedoch Einkünfte aus Kapitalvermögen i. S. d. § 20 Abs. 1 Nr. 3 EStG erzielt, findet das Werbungskostenabzugsverbot des § 20 Abs. 9 EStG Anwendung. Ein Werbungskostenabzug ist daher grundsätzlich ausgeschlossen, so dass die steuerpflichtigen Bruttoerträge auf Ebene des Anlegers vor Berücksichtigung des Sparer-Pauschbetrages des § 20 Abs. 9 EStG 70 € (100 * (1 − 30 %) = 70) betragen.

Die Erträge aus dem Immobilienfonds unterliegen einer Immobilienteilfreistellung von 60 %. Sollte der Investmentfonds hauptsächlich in ausländische Immobilien investieren, würde eine Teilfreistellung i. H. v. 80 % gewährt werden. Die mit diesen Erträgen in wirtschaftlichen Zusammenhang stehenden Aufwendungen unterliegen dementsprechend mit einem Anteil von 60 bzw. 80 % dem anteiligen Abzugsverbot des § 21 Satz 1 InvStG. Aufgrund des Subsidiaritätsprinzips des § 20 Abs. 8 EStG findet § 20 Abs. 9 EStG für betriebliche Anleger keine Anwendung. Die steuerpflichtigen Erträge betragen folglich

$$1000 \text{ € } * (1 - 60\%) \text{ steuerpflichtige Einnahmen}$$
$$./. \quad 200 \text{ € } * (1 - 60\%) \text{ abzugsfähige Aufwendungen}$$
$$= \quad 320 \text{ €}.$$

Sollte die Teilfreistellung 80 % betragen, würden die steuerpflichtigen Erträge 160 € betragen.

---

[11] Zu weiteren Einzelheiten vgl. Mann in Blümich 2017, § 21 Rdn. 17, der ebenfalls die Auffassung vertritt, dass das Werbungskostenabzugsverbot des § 20 Abs. 9 EStG von § 21 InvStG unberührt bleibt.

3.4   Aperiodische Steuerfolgen der Beteiligung an einem Investmentfonds

Im nachfolgenden Abschnitt werden die aperiodischen Steuerfolgen dargestellt, welche aus der Beteiligung an einem (Publikum-)Investmentfonds folgen. Sie werden für die Phasen des Erwerbs, des Haltens und des Verkaufs der Investmentanteile abgebildet.

3.4.1   Erwerb der Anteile an dem Investmentfonds

Bei Erwerb der Beteiligung haben betriebliche Anleger die Investmentfondsanteile mit ihren **Anschaffungskosten**[12] zu **bilanzieren**, wenn diese zu deren Betriebsvermögen gehören.[13] Die **Vorabpauschale** führt zu keinen nachträglichen Anschaffungskosten auf die Investmentanteile.[14] Vielmehr haben betriebliche Anleger einen aktiven Ausgleichsposten zu bilden oder einen Merkposten aufzunehmen.

▶   **Praxishinweis** Anteile an Investmentfonds werden wie Anteile an Kapitalgesellschaften und nicht wie solche an Personengesellschaften bilanziert, weil sie steuerlich als Wirtschaftsgut betrachtet werden.

3.4.2   Halten der Anteile an dem Investmentfonds

Unterliegen die Anteile während ihres Haltens einer voraussichtlich dauernden Wertminderung, d. h. sinkt der Wert der Investmentfondsanteile voraussichtlich nachhaltig unter deren Buchwert, so können **betriebliche Anleger** eine **Teilwertabschreibung** vornehmen. Die Einzelheiten richten sich nach § 6 Abs. 1 Nr. 1 oder 2 EStG in Abhängigkeit davon, ob die Investmentfondsanteile zum Anlage- oder Umlaufvermögen des jeweiligen Unternehmens gehören.

In ihrem Schreiben v. 02.09.2016 über Teilwertabschreibungen gemäß § 6 Abs. 1 Nr. 1 und 2 EStG; voraussichtlich dauernde Wertminderung, Wertaufholungsgebot (BStBl. I 2016, S. 995)[15] unterscheidet die **Finanzverwaltung** hinsichtlich Fondsanteile des Anla-

---

[12] Die Anschaffungskosten umfassen nach § 255 Abs. 1 HGB auch die Anschaffungsnebenkosten wie den Ausgabeaufschlag.

[13] Es ist grundsätzlich sowohl eine Zuordnung zum Umlauf- wie auch zum Anlagevermögen möglich. Maßgeblich für diese ist, ob die Anteile dauernd dem Betrieb dienen sollen oder nur vorübergehend.

[14] Mit Urteil v. 29.03.2017 (I R 73/15, BStBl. II 2017, S. 1065) hat der BFH entschieden, dass ausschüttungsgleiche Erträge zu keinen nachträglichen Anschaffungskosten für die Anteile an einem Spezial-Investmentfonds führen und daher keiner Teilwertabschreibung zugänglich sind. Diese Grundsätze dürften auf die Vorabpauschale übertragen werden können, weil diese, wie die ausschüttungsgleichen Erträge auch, die auf Ebene eines Investmentfonds thesaurierten Erträge umfasst.

[15] Zu dem Schreiben vgl. ausführlich Meyering et al. 2017, S. 1175 ff.

gevermögens zwischen Fonds, die überwiegend (zu mehr als 50 %), und nicht überwiegend (also zu nicht mehr als 50 %) in börsennotierte Aktien investiert haben. Für erstgenannte Fonds, die überwiegend in Aktien investieren, und dem Anlagevermögen zuzuordnen sind, finden die für börsennotierte, börsengehandelte und aktienindexbasierte Wertpapiere geltenden Grundsätze Anwendung. Danach gelten folgende Grundsätze (Auszug):

- Bei börsennotierten, börsengehandelten und aktienindexbasierten Wertpapieren des Anlage- und Umlaufvermögens ist von einer voraussichtlich dauernden Wertminderung auszugehen, wenn der Börsenwert zum Bilanzstichtag unter denjenigen im Erwerbszeitpunkt gesunken ist und der Kursverlust die Bagatellgrenze von 5 % der Notierung bei Erwerb überschreitet.
- Hinsichtlich der 5 %-Bagatellgrenze ist das Verhältnis zwischen Ausgabekurs zzgl. fiktiver Erwerbsnebenkosten am Bilanzstichtag und Anschaffungskosten maßgeblich.
- Bei einer vorangegangenen Teilwertabschreibung ist für die Bestimmung der Bagatellgrenze der Bilanzansatz am vorangegangenen Bilanzstichtag maßgeblich. In Fällen der Wertaufholung nach erfolgter Inanspruchnahme einer Teilwertabschreibung kommt die Bagatellgrenze von 5 % nicht zur Anwendung. Die Wertaufholung ist auf den aktuellen Börsenkurs am Bilanzstichtag, maximal auf die Anschaffungskosten vorzunehmen.
- Der Teilwert eines Wertpapiers kann nur dann nicht nach dem Kurswert (zuzüglich der im Fall eines Erwerbs anfallenden Erwerbsnebenkosten) bestimmt werden, wenn aufgrund konkreter und objektiv überprüfbarer Anhaltspunkte davon auszugehen ist, dass der Börsenpreis den tatsächlichen Anteilswert nicht widerspiegelt (z. B. aufgrund von Insidergeschäften).
- Bei den bis zum Tag der Bilanzaufstellung eintretenden Kursänderungen handelt es sich um wertbeeinflussende (wertbegründende) Umstände, welche die Bewertung der Wertpapiere zum Bilanzstichtag grundsätzlich nicht berühren.
- Es ist auf die tatsächlichen Verhältnisse beim Investmentfonds am Bilanzstichtag des Anlegers abzustellen.
- Diese Grundsätze gelten auch dann, wenn der Investmentfonds selbst börsennotiert ist.

Für Investmentfondsanteile des **Umlaufvermögens** ist nach Auffassung der Finanzverwaltung von einer voraussichtlich dauernden Wertminderung i. S. d. § 6 Abs. 1 Nr. 2 Satz 2 EStG auszugehen, wenn der Preis, zu dem der Investmentanteil erworben werden kann (Ausgabepreis, zuzüglich der ggf. anfallenden Erwerbsnebenkosten), zu dem jeweils aktuellen Bilanzstichtag um mehr als 5 % (sog. Bagatellgrenze) unter die Anschaffungskosten gesunken ist.

Offen bleibt in diesem Schreiben, unter welchen Voraussetzungen nach Auffassung der Finanzverwaltung eine **dauernde Wertminderung für Investmentanteile des Anlagevermögens** vorliegt, wenn der Fonds **nicht überwiegend in börsennotierte Aktien** investiert. Derzeit soll die Finanzverwaltung für die Prüfung der Teilwertabschreibung die Grundsätze heranziehen, die für jene Wirtschaftsgüter gelten, in welche der Fonds überwiegend investiert (Schlotter 2016, S. 690). Unter dem Az I R 4/16 ist beim BFH ein

Revisionsverfahren hinsichtlich der Teilwertabschreibung auf Fonds, die zu weniger als 50 % in börsennotierte Aktien investieren, anhängig. Das Finanzgericht Niedersachsen hat als Vorinstanz eine Teilwertabschreibung auf die Fondsanteile nach den allgemeinen Grundsätzen zugelassen. Entscheidend sei allein, ob zum Bilanzstichtag mehr Gründe für als gegen das Andauern der Wertminderung sprechen.

► **Es gilt somit** Für Anteile des Anlagevermögens, die an Fonds gehalten werden, die überwiegend in börsennotierte Aktien investieren, erfolgt die Prüfung der dauerhaften Wertminderungen so, als würden die Anleger direkt in börsennotierte, börsengehandelte und aktienindexbasierte Wertpapiere investieren. Daher ist von einer dauernden Wertminderung auszugehen, wenn der Ausgabepreis der jeweiligen Aktien zum Bilanzstichtag unter deren Anschaffungskosten gesunken ist und dieser Kursverlust zum Bilanzstichtag eine Bagatellgrenze von 5 % der Notierung bei Erwerb überschreitet. Für Investmentfondsanteile des Umlaufvermögens ist hingegen auf den Wert der Investmentanteile selbst und nicht auf den Wert der Vermögensgegenstände des Fonds abzustellen. Eine Teilwertabschreibung erfolgt, wenn der Preis, zu dem der Investmentanteil erworben werden kann (Ausgabepreis, zuzüglich der ggf. anfallenden Erwerbsnebenkosten), zu dem jeweils aktuellen Bilanzstichtag um mehr als 5 % (sog. Bagatellgrenze) unter die Anschaffungskosten gesunken ist.

Sollte nach den dargestellten Grundsätzen eine **Teilwertabschreibung** in Betracht kommen, ist **§ 21 InvStG** zu berücksichtigen. Nach Satz 1 dieser Regelung können die daraus entstehenden Betriebsvermögensminderungen steuerlich nur anteilig berücksichtigt werden, soweit diese mit den Erträgen aus Aktien-, Misch- oder Immobilienfonds in wirtschaftlichem Zusammenhang stehen. Der prozentuale Umfang bestimmt sich in Abhängigkeit von der Höhe der Teilfreistellung nach § 20 InvStG.

Beispiel

Die natürliche Person A hält ihre Investmentfondsanteile im Betriebsvermögen. Aufgrund einer dauernden Wertminderung werden die Anteile auf ihren niedrigen Teilwert abgeschrieben. Der Fonds ist nach § 20 InvStG als Aktienfonds zu charakterisieren. Daher kommen für die Investmenterträge i. S. d. § 16 InvStG des A eine Freistellung i. H. v. 60 % in Betracht, so dass lediglich 40 % dieser Erträge steuerpflichtig sind. Damit korrespondierend können sich nach § 21 Satz 1 InvStG lediglich 40 % der Teilwertabschreibung steuerlich auswirken.

Sollte sich der Wert der Investmentfondsanteile nach der Teilwertabschreibung wieder erhöhen, ist eine **Teilwertzuschreibung** notwendig. Dies gilt nach Auffassung der Finanzverwaltung unabhängig davon, ob die konkreten Gründe für die vorherige Teilwertabschreibung weggefallen sind oder sich der Teilwert aus anderen Gründen erhöht hat. Bei Werterholungen von börsennotierten, börsengehandelten und aktienindexbasierten Wertpapieren ist nach Auffassung der Finanzverwaltung die 5 %-Bagatellgrenze unbeachtlich.

§ 21 InvStG gilt für die mit der Teilwertzuschreibung verbundene Betriebsvermögensmehrung entsprechend. Bewertungsobergrenze sind die historischen Anschaffungskosten.

Bei **Privatanlegern** kommt eine steuerliche Berücksichtigung von Wertminderungen der Investmentanteile aufgrund ihrer Belegenheit im Privatvermögen nicht in Betracht. Die Investmenterträge i. S. d. § 20 EStG gehören zu den Einkünften i. S. d. § 20 Abs. 1 Nr. 3 EStG.

Betriebliche Anleger haben für die **Vorabpauschale** entweder bei Bilanzierung einen aktiven Ausgleichsposten in der Steuerbilanz zu bilden oder bei Einnahmen-Überschuss-Rechnung einen Merkposten aufzuzeichnen. Dieser ist im Rahmen der Ermittlung des Veräußerungsgewinnes zu berücksichtigen, damit eine Überbesteuerung verhindert werden kann, und sodann aufzulösen. Bei bilanzierenden Anlegern erfolgt die Berücksichtigung bei Realisierung des Gewinns, ansonsten bei Zufluss des Veräußerungserlöses. Bei **Privatanlegern** wird die Vorabpauschale bei Ermittlung des Veräußerungsgewinns nach § 19 InvStG berücksichtigt.

3.4.3 Veräußerung von Investmentanteilen nach § 19 InvStG

Zu den Investmenterträgen i. S. d. § 16 InvStG gehören auch die Gewinne aus der Veräußerung der Investmentanteile sowie die Gewinne aus den der Veräußerung nach § 2 Abs. 13 InvStG gleichgestellten Vorgängen, zu denen die Rückgabe, Abtretung, Entnahme oder verdeckte Einlage der Investmentanteile in eine Kapitalgesellschaft gehören. Einzelheiten über die Ermittlung der Veräußerungsgewinne enthält § 19 InvStG. Nach Absatz 1 dieser Regelung findet für die Ermittlung des steuerpflichtigen Gewinns bei Privatanlegern § 20 Abs. 4 EStG entsprechende Anwendung. Bei betrieblichen Anlegern sind darüber hinaus die Besonderheiten der Einkünfteermittlung durch Betriebsvermögensvergleich oder Einnahmeüberschussrechnung zu berücksichtigen. Keine entsprechende Anwendung findet die Regelungen zu Kapitalmaßnahmen nach § 20 Abs. 4a EStG.

▶ **Es gilt somit** Die Ermittlung des Veräußerungsgewinns richtet sich nach § 20 Abs. 4 EStG. Bei betrieblichen Anlegern sind darüber hinaus die Besonderheiten der Einkünfteermittlung durch Betriebsvermögensvergleich oder Einnahmeüberschussrechnung zu berücksichtigen. § 20 Abs. 4a EStG findet keine Anwendung.

Zur Vermeidung einer Überbesteuerung ist der ermittelte Gewinne um die während der Besitzzeit angesetzten Vorabpauschalen zu mindern. Denn bei den **Vorabpauschalen** handelt es sich um auf Ebene des Investmentfonds thesaurierte Gewinne, die der Anleger bereits besteuert hat. Dieser Grundsatz gilt auch dann, wenn der Anleger zum Beispiel aufgrund des Sparer-Pauschbetrages die Vorabpauschale nicht besteuert hat.

▶ **Praxishinweis** Durch die Berücksichtigung der Vorabpauschale kann auch ein Verlust entstehen, der auch steuerlich zu berücksichtigen ist. Betriebliche Anleger haben für die Vorabpauschale entweder bei Bilanzierung einen aktiven Ausgleichsposten in der Steuerbilanz zu bilden oder bei Einnahmen-Überschuss-Rechnung einen Merkposten aufzuzeichnen. Dieser ist im Rahmen der Ermittlung des Veräußerungsgewinnes zu berücksichtigen, damit eine Überbesteuerung verhindert werden kann, und sodann aufzulösen. Bei bilanzierenden Anlegern erfolgt die Berücksichtigung bei Realisierung des Gewinns, ansonsten bei Zufluss des Veräußerungserlöses.

Die **Teilfreistellung nach § 20 InvStG** findet auf den ermittelten Veräußerungsgewinn Anwendung.

Beispiel

Die natürliche Person A verkauft ihren im Privatvermögen belegenen Anteil an einem Aktienfonds mit einem Veräußerungserlös von 1000 €. Aus diesem Anteil wurde ihr bereits eine Vorabpauschale i. H. v. 100 € zugerechnet, die sie allerdings nicht besteuert hat. Die Anschaffungskosten betragen 500 €.

Der Veräußerungsgewinn berechnet sich nach § 20 Abs. 4 EStG, wobei § 20 Abs. 4a EStG keine Anwendung findet. Der Gewinn beträgt vor Berücksichtigung der Vorabpauschale 500 € (= 1000 − 500). Er entspricht der Differenz aus dem erzielten Veräußerungserlös und den Anschaffungskosten. Nach § 19 InvStG verringert sich dieser um die bereits zugerechnete Vorabpauschale. Dass der Anleger diese (wahrscheinlich aufgrund der Berücksichtigung des Sparer-Pauschbetrages) nicht besteuert hat, ist dafür nicht relevant. Der steuerpflichtige Veräußerungsgewinn beträgt somit 400 (= 500 − 100). Dieser Gewinn unterliegt als Investmentertrag i. S. d. § 16 Abs. 1 Nr. 3 InvStG der Teilfreistellung. Da A als natürliche Person an einem Aktienfonds beteiligt ist, beträgt die Teilfreistellung 30 %. Der Gewinn unterfällt damit i. H. v. 400 * (−30 %) = 280 als Einkünfte i. S. d. § 20 Abs. 1 Nr. 3 EStG der Besteuerung. Er unterliegt der Abgeltungsteuer.

Zu einer **fiktiven Veräußerung** kommt es auch, wenn ein Anlagevehikel zunächst die Anforderungen an einen Investmentfonds nach § 1 Abs. 2 InvStG erfüllt und nachträglich aus dem Anwendungsbereich dieses Gesetzes herausfällt. Damit eine klare Abgrenzung zwischen den Besteuerungssystemen des Investmentsteuergesetzes und der allgemeinen Regelungen gelingen kann, fingiert § 19 Abs. 2 Satz 1 InvStG für diese Fälle eine Veräußerung des Investmentanteils (vgl. Gesetzesbegründung BT-Drs. 18/8045, S. 90). Als Veräußerungserlös ist in diesen Fällen der gemeine Wert des Investmentanteils anzusetzen. Eine Stundung der Steuer bis zur tatsächlichen Veräußerung des Investmentanteils ist nicht vorgesehen. Nicht unter diese Regelung fällt der Sachverhalt, dass ein Anlagevehikel erstmals oder erneut die Voraussetzungen an einen Investmentfonds i. S. d. § 1 Abs. 2 und Abs. 3 InvStG erfüllt und damit erstmals unter den Anwendungsbereich des Investmentsteuerrechts fällt.

Literatur

Blümich, W. 2017. *Ertragsteuerliche Nebengesetze Kommentar. Loseblatt.* Stand: Juni 2017.

Böcker, T. 2016. Die neue Fondsbesteuerung im Zuge der Investmentsteuerreform. *Neue Wirtschaftsbriefe* 2016(37)2789–2798.

Ebner, Christian. 2017. Teilfreistellung bei Investmentfonds in der Praxis. *Recht der Finanzinstrumente* 2017(4):305–312.

Elser, T., und T. Stiegler. 2017. Inbound-Investitionen in deutsche Vermögensgegenstände nach dem Investmentsteuerreformgesetz. *Internationales Steuerrecht* 2017(14):567–572.

Ernst, Markus. 2017. Reform der Investmentbesteuerung und Auswirkungen auf die Durchführung der betrieblichen Altersvorsorge. *Betriebsberater* 2017(46):2723–2727.

Hahne, K. 2017. Zur Besteuerung inländischer Beteiligungseinnahmen von Investmentfonds nach der Investmentsteuerreform 2018. *Deutsches Steuerrecht* 2017:2310–2317.

Hahne, K., und C. Völker. 2017. Anwendungsfragen des § 36a EStG bei Investmentfonds nach geltendem und künftigem Recht. *Betriebsberater* 2017(14–15):858–866.

Meyering, S., J. Brodersen, und M. Gröne. 2017. Außerplanmäßige Abschreibung im Steuerrecht: Alter Wein in neuen Schläuchen. *Deutsches Steuerrecht* 2017(201):1175–1181.

Neumann, S. 2016. Investmentsteuerreformgesetz: Ausgewählte Problemfelder. *Der Betrieb* 2016(31):1779–1783.

Schlotter, C. 2016. Niedersächsisches FG: Teilwertabschreibung auf Fonds, die zu weniger als 50 % in börsennotierte Aktien investiert sind. *Betriebsberater* 2016(11):687–690.

Weitnauer, W., L. Boxberger, und D. Anders. 2017. *Kommentar zum Kapitalanlagegesetzbuch und zur Verordnung über Europäische Risikokapitalfonds mit Bezügen zum AIFM-StAnpG*, 2. Aufl. München: C. H. Beck.

Weiterführende Literatur

Fock, Till. 2006a. Das neue Recht der Investmentaktiengesellschaft. *Betriebsberater* 2006(10):2371–2376.

Fock, Till. 2006b. Investmentaktiengesellschaft mit veränderlichem Kapital im Umsatzsteuerrecht. *UR* 2006(10):558–562.

Haase, Florian. 2009. *AStG/DBA, Art. 5 OECD-MA*, 1. Aufl. Heidelberg: C.F. Müller Verlag.

Haase, Florian. 2015. *Kommentar zum InvStG*, 2. Aufl. Stuttgart: Schäffer-Poeschel.

Schreiben betreffend Anwendungsfragen zum Investmentsteuergesetz in der am 1. Januar 2018 geltenden Fassung (InvStG 2018); Dringliche Fragen der Deutschen Kreditwirtschaft (DK) und des Bundesverbandes Investment und Asset Management e. V. (BVI) vom 8. November 2017, BMF IV C 1 – S 1980 – 1/16/10010 :010, Tz. 2. („BMF-Schreiben vom 8.11.2017"). *Deutsches Steuerrecht*. 2736–2738.

In- oder transparente Besteuerung der Spezial-Investmentfonds

4

4.1 Überblick

Die Besteuerung für **Spezial-Investmentfonds** richtet sich nach dem 3. Kapitel des Investmentsteuergesetzes, das die **§§ 25 bis 51 InvStG** umfasst.

Dabei bestimmt **§ 25 InvStG**, dass für Spezial-Investmentfonds und ihre Anleger grundsätzlich die Vorschriften des 2. Kapitels über die Besteuerung von Investmentfonds nicht zur Anwendung kommen. Eine Ausnahme gilt nur dann, wenn die Regelungen des 3. Kapitels eine Abweichung von diesem Grundsatz enthalten und eine entsprechende Anwendung explizit vorsehen. Einen solchen Verweis enthält beispielsweise § 29 InvStG, der die Körperschaftsteuerpflicht der Spezial-Investmentfonds regelt und zu diesem Zwecke auf die Anwendung der §§ 6 der 7 InvStG für die Besteuerung von Investmentfonds für die Besteuerung von Spezial-Investmentfonds für entsprechend anwendbar erklärt, soweit sich aus den nachfolgenden Regelungen keine Abweichungen ergeben. Damit verdeutlicht § 25 InvStG, dass das Investmentsteuerrecht hinsichtlich der Besteuerung von Anlagevehikeln klar zwischen **Investmentfonds** auf der einen Seite und **Spezial-Investmentfonds** auf der anderen Seite unterscheidet. Während Investmentfonds grundsätzlich nach dem Intransparenzprinzip besteuert werden, haben Spezial-Investmentfonds ein Wahlrecht zwischen der Besteuerung auf Grundlage des Intransparenzprinzips oder auf Grundlage des Transparenzprinzips.

Einem Investmentfonds, der grundsätzlich die Voraussetzungen an einen Spezial-Investmentfonds erfüllt, stehen damit insgesamt folgende **3 Optionen hinsichtlich seiner Besteuerung** zu:

- Besteuerung als Investmentfonds,
- als Spezial-Investmentfonds mit Transparenzoption oder
- als Spezial-Investmentfonds ohne Transparenzoption.

© Springer Fachmedien Wiesbaden GmbH, ein Teil von Springer Nature 2018
K. Dorn, *Investmentsteuerrecht*, https://doi.org/10.1007/978-3-658-21478-4_4

Welche dieser **Möglichkeiten im Einzelfall von Vorteil** ist, hängt insbesondere von dem jeweiligen Anlegertyp und dessen persönlichen steuerlichen Merkmalen ab. Eine pauschale Beurteilung der Vorteilhaftigkeit ist daher nicht möglich. Auch außersteuerliche Gründe können für die Ausübung der genannten Optionen relevant sein. Zu denken ist hier beispielsweise an die weitergehenden Anlagemöglichkeiten für Investmentfonds, weil für sie die Anlagebestimmungen des § 26 InvStG nicht gelten und daher beispielsweise an ihnen auch natürliche Personen beteiligt sein können (vgl. Wenzel in Blümich 2017, § 26 Rdn. 1 f.). Entscheidet sich das Anlagevehikel für das Intransparenzprinzip, werden seine Erträge sowohl auf Ebene des Fonds mit Körperschaftsteuer als auch auf Ebene der Anleger besteuert. Macht es hingegen von dem **Optionsrechten** der §§ 30 und 33 InvStG Gebrauch und entscheidet es sich für das transparente Besteuerungsregime, findet lediglich eine Besteuerung auf Ebene der Anleger des Anlagevehikels statt. Diese haben, wie nach bisherigem Recht auch, ausgeschüttete Erträge, ausschüttungsgleiche Erträge und Veräußerungsgewinne zu versteuern, während der Fonds von der Körperschaft- und Gewerbesteuer befreit ist.

▶ **Es gilt somit** Das Investmentsteuerrecht sieht für Spezial-Investmentfonds und Investmentfonds grundsätzlich unterschiedliche Besteuerungsregime vor. Während Investmentfonds grundsätzlich dem Intransparenzprinzip unterfallen, haben Spezial-Investmentfonds ein Wahlrecht. Sie können wählen, ob ihre Besteuerung nach dem Transparenz- oder nach dem Intransparenzprinzip erfolgen soll. Auch können sie, obwohl sie alle Voraussetzungen an einen Spezial-Investmentfonds erfüllen, als Investmentfonds der Besteuerung unterworfen werden. Im Grundsatz gilt, dass Spezial-Investmentfonds einem eigenen Besteuerungsregime unterliegen, welches das Kapitel 3 des InvStG beinhaltet. Entscheiden sie sich für das Transparenzprinzip, findet die Besteuerung der Erträge ausschließlich auf Ebene der Anleger statt, ansonsten, wie bei den Investmentfonds auch, zunächst auf Ebene des Fonds und anschließend auf Ebene der Anleger. Zu beachten ist, dass ein Wechsel zwischen den Besteuerungsregimen grundsätzlich nicht möglich ist. Einzelheiten dazu enthalten die §§ 24 und 52 InvStG.

Ein **Wechsel von dem Besteuerungsregime** für Spezial-Investmentfonds (§§ 25 bis 51 InvStG) in das Besteuerungsregime für Investmentfonds (§§ 6 bis 24 InvStG) ist nach § 52 InvStG **nicht möglich**, wenn der Spezial-Investmentfonds diesem Regime unterlegen hat (vgl. Mann in Blümich 2017, § 24 Rdn. 2). Dies ist zum Beispiel der Fall, wenn der Spezial-Investmentfonds z. B. nach § 31 InvStG Steuerbescheinigungen zugunsten der Anleger ausstellen lässt (vgl. Gesetzesbegründung BT-Drs. 18/8045, S. 94). Sollte das Anlagevehikel die Voraussetzungen an einen Spezial-Investmentfonds in diesen Fällen nicht mehr erfüllen, gilt der Spezial-Investmentfonds nach § 52 InvStG als aufgelöst. Sollte der Fonds gleichwohl die Voraussetzungen an einen Investmentfonds i. S. d. § 1 Abs. 2 und 3 InvStG erfüllen, gilt er zu diesem Zeitpunkt, an welchem die Voraussetzungen nicht mehr vorliegen, als solcher aufgelegt. Darüber hinaus gilt zu berücksichtigen, dass auch ein Wechsel von der Besteuerung eines Anlagevehikels als Investmentfonds, obwohl dieser die Voraussetzungen an einen Spezial-Investmentfonds erfüllen würde, aber nicht der Besteuerung als solcher unterlegen hat, nunmehr zur Besteuerung als Spezial-Investmentfonds nicht möglich ist. § 24 InvStG schließt diese Möglichkeit aus.

4.2 Voraussetzungen für eine Einordnung als Spezial-Investmentfonds nach §§ 26 f. InvStG

§ 26 InvStG definiert Spezial-Investmentfonds. Nach dieser Regelung liegt ein Spezial-Investmentfonds vor, wenn ein Investmentfonds die Voraussetzungen für eine Gewerbesteuerbefreiung nach § 15 Abs. 2 und 3 InvStG erfüllt und in der Anlagepraxis nicht wesentlich gegen die sog. Anlagebestimmungen des § 26 InvStG verstößt. Inländische Investmentfonds haben darüber hinaus die Rechtsformerfordernisse des § 27 InvStG für inländische Investmentfonds zu beachten. Sie können daher ausschließlich in der Form eines Sondervermögens nach § 1 Abs. 10 KAGB oder in Form einer Investmentaktiengesellschaft mit veränderlichem Kapital nach § 108 KAGB aufgelegt werden. Das Vorliegen oder nicht Vorliegen der genannten Voraussetzungen wird **nicht förmlich festgestellt.** Insbesondere kommt keine gesonderte Feststellung der Grundlagen in Betracht. Die zuständige Finanzbehörde hat jedoch gemäß § 5 Abs. 1 und 2 Satz 1 Nr. 2 InvStG die Befugnis zu einer Überprüfung dieser Voraussetzungen für eine Besteuerung als Spezial-Investmentfonds (vgl. Wenzel in Blümich 2017, § 26 Rdn. 1 f.).

▶ **Es gilt somit** Ein Spezial-Investmentfonds kann nur dann vorliegen, wenn der Investmentfonds die Voraussetzungen für eine Gewerbesteuerbefreiung nach § 15 Abs. 2 und 3 InvStG erfüllt und dieser in der Anlagepraxis nicht wesentlich Anlagebestimmungen des § 26 InvStG verstößt. Inländische Investmentfonds müssen zudem die Rechtsformvorgaben des § 27 InvStG erfüllen. Zu weiteren Darstellungen zu den Voraussetzungen an einen Spezial-Investmentfonds nach den §§ 26 und 27 InvStG siehe auch Abschn. 2.3.2.

§ 26 InvStG beinhaltet insgesamt **10 Anlagebestimmungen.**

▶ **Es gilt somit** Die bislang in § 1 Abs. 1b Satz 2 InvStG a. F. enthaltenen Anlagebestimmungen über die Anforderungen an einen Investmentfonds dienen nunmehr der Definition von Spezial-Investmentfonds. Dafür wurden sie weitestgehend unverändert in § 26 InvStG übernommen, der nunmehr die Definition in- und ausländischer Spezial-Investmentfonds enthält. Folglich können die zum bisherigen Recht veröffentlichten BMF-Schreiben weiterhin herangezogen werden. Zu denken ist insbesondere an das BMF-Schreiben v. 23.10.2014 (DStR 2014, S. 2346) sowie die Schreiben der BaFin, insbesondere an das Rundschreiben zum Anwendungsbereich des Investmentgesetzes nach § 1 S. 1 Nr. 3 InvG, BaFin v. 22.12.2008, WA 41-Wp 2136 – 2008/0001 (vgl. Wenzel in Blümich 2017, § 26 Rdn. 18). Zu den wesentlichen Änderungen vgl. Abschn. 2.3.2.

Zu diesen Anlagebestimmungen im Einzelnen:

1. **Investmentaufsicht**: Der Investmentfonds oder dessen Verwalter ist in seinem Sitzstaat einer Aufsicht über Vermögen zur gemeinschaftlichen Kapitalanlage unterstellt. Diese Bestimmung gilt für Investmentfonds, die nach § 2 Abs. 3 KAGB von AIF-Kapitalverwaltungsgesellschaften verwaltet werden, als erfüllt.

2. **Jährliches Rückgaberecht**: Die Anleger können mindestens einmal pro Jahr das Recht zur Rückgabe oder Kündigung ihrer Anteile, Aktien oder Beteiligung ausüben (sog. offene Fonds).

3. **Grundsatz der Risikomischung**: Das Vermögen wird nach dem Grundsatz der Risikomischung angelegt. Dabei liegt eine Risikomischung regelmäßig dann vor, wenn das Vermögen in mehr als drei Vermögensgegenstände mit unterschiedlichen Anlagerisiken angelegt ist. Der Grundsatz der Risikomischung gilt als gewahrt, wenn der Investmentfonds in nicht nur unerheblichem Umfang Anteile an einem oder mehreren anderen Investmentfonds hält und diese anderen Investmentfonds unmittelbar oder mittelbar nach dem Grundsatz der Risikomischung angelegt sind.

4. **Zulässige** Vermögensgegenstände:
   Das Vermögen muss **zu mindestens 90 % des Wertes des Investmentfonds** in die bestimmte, in § 26 Nr. 4 Buchst. a bis m InvStG genannte **Vermögensgegenstände** angelegt werden. Für den verbleibenden Anteil i. H. v. bis zu 10 % des Werts des Investmentfonds gilt diese Einschränkung nicht. Es kommt somit eine Schmutzgrenze zur Anwendung, die sicherstellt, dass nicht bereits geringe Abweichungen zu einem Verstoß gegen die Anlagebestimmungen führen und damit den Status als Spezial-Investmentfonds gefährden.
   Zu den zulässigen Vermögensgegenständen gehören:
   - Wertpapiere i. S. d. § 193 KAGB und sonstige Anlageinstrumente i. S. d. § 198 KAGB,
   - Geldmarktinstrumente, Derivate, Bankguthaben,
   - Grundstücke, grundstücksgleiche Rechte und vergleichbare Rechte nach dem Recht anderer Staaten,
   - Beteiligungen an Immobilien-Gesellschaften nach § 1 Abs. 19 Nr. 22 KAGB,
   - Betriebsvorrichtungen und andere Bewirtschaftungsgegenstände nach § 231 Abs. 3 KAGB,
   - Investmentanteile an inländischen und ausländischen Organismen für gemeinsame Kapitalanlagen in Wertpapieren sowie an inländischen und ausländischen Investmentfonds, die die Voraussetzungen der Nummern 1 bis 7 erfüllen,
   - Spezial-Investmentanteile,
   - Beteiligungen an ÖPP-Projektgesellschaften nach § 1 Abs. 19 Nr. 28 KAGB, wenn der Verkehrswert dieser Beteiligungen ermittelt werden kann,
   - Edelmetalle,
   - unverbriefte Darlehensforderungen und

- Beteiligungen an Kapitalgesellschaften, wenn der Verkehrswert dieser Beteiligungen ermittelt werden kann.

  Für die Begriffsdefinitionen ist auf die Regelung des § 1 Abs. 2 KAGB zurückzugreifen.

5. **Unternehmensbeteiligungen**: Investmentfonds dürfen lediglich 20 % ihres Wertes in Beteiligungen an Kapitalgesellschaften investiert, die weder zum Handel an einer Börse noch in einem anderen organisierten Markt zugelassen oder in diesen einbezogen sind. Eine Ausnahme gilt für Investmentfonds, die nach ihren Anlagebedingungen mindestens 51 % ihres Wertes in Immobilien oder Immobilien-Gesellschaften anlegen (Immobilienfonds). Diese dürfen bis zu 100 % ihres Wertes in Immobilien-Gesellschaften investieren. Innerhalb der genannten Grenzen des Satzes 1 dürfen auch Unternehmensbeteiligungen gehalten werden, die vor dem 28. November 2013 erworben wurden. Diese Ausnahmeregelung ist notwendig, weil Beteiligungen an Personengesellschaften nicht mehr zu den zulässigen Vermögensgegenständen i. S. d. § 26 Nr. 4 InvStG gehören.

6. **Beteiligung an einer Kapitalgesellschaft**: Investmentfonds dürfen sowohl unmittelbar als auch mittelbar über eine Personengesellschaft zu weniger als 10 % am Kapital einer Kapitalgesellschaft beteiligt sein. Diese Einschränkung gilt nicht für Beteiligungen eines Investmentfonds an Immobilien-Gesellschaften, ÖPP-Projektgesellschaften und Gesellschaften, deren Unternehmensgegenstand auf die Erzeugung erneuerbarer Energien nach § 5 Nr. 14 des Erneuerbare-Energien-Gesetzes gerichtet ist.

7. **Kreditaufnahme**: Investmentfonds dürfen nur kurzfristige Kredite, d. h. mit einer Laufzeit von max. 1 Jahr, und nur bis zu einer Höhe von 30 % des Wertes des Investmentfonds aufnehmen. Eine Ausnahme gilt wiederum für Immobilienfonds i. S. d. § 2 Abs. 9 Satz 1 InvStG. Sie dürfen, wenn sie nach ihren Anlagebedingungen das bei ihnen eingelegte Geld in Immobilien anlegen, kurzfristige Kredite bis zu einer Höhe von 30 % des Wertes des Investmentfonds und im Übrigen Kredite bis zu einer Höhe von 50 % des Verkehrswertes der unmittelbar oder mittelbar gehaltenen Immobilien aufnehmen.

8. **Anlegerbezogene Voraussetzungen**: An dem Investmentfonds dürfen sich unmittelbar und mittelbar über Personengesellschaften insgesamt nicht mehr als 100 Anleger beteiligen. Diese Höchstgrenze gilt zeitpunktbezogen. Zudem dürfen sich an dem Investmentfonds nur ausnahmsweise natürliche Personen beteiligen. Eine Ausnahme ist möglich, wenn

  - die natürlichen Personen ihre Spezial-Investmentanteile im Betriebsvermögen halten,

  - die Beteiligung natürlicher Personen aufgrund aufsichtsrechtlicher Regelungen erforderlich ist oder

- die mittelbare Beteiligung von natürlichen Personen an einem Spezial-Investmentfonds vor dem 9. Juni 2016 erworben wurde (sog. Bestandsschutz[1]). Dieser ist notwendig, weil nach bisherigem Recht eine mittelbare Beteiligung natürlicher Personen zulässig war.

Sollten ausnahmsweise natürliche Personen an dem Investmentfonds beteiligt sein dürfen, sind die **Einschränkungen des § 34 InvStG** zu berücksichtigen. Dieser suspendiert die Anwendung einzelner Vorschriften des EStG. Dadurch unterliegen die Spezial-Investmenterträge zum Beispiel nicht der Abgeltungsteuer, sondern werden nach dem allgemeinen Steuersatz besteuert.

Der **Gesetzgeber begründet die ausnahmsweise Beteiligung von natürlichen Personen**, die ihre Anteile am Investmentfonds im Betriebsvermögen halten, damit, dass Personenunternehmen, insbesondere große in der Rechtsform einer Personengesellschaft geführte Familienunternehmen, ihre betrieblichen Altersvorsorgeverpflichtungen durch Spezial-Investmentanteile abdecken. Darüber hinaus verwenden die Personenunternehmen die Anlage in Spezial-Investmentfonds auch dazu, größere Geldbeträge, die z. B. für spätere Investitionen oder Entwicklungsvorhaben zurückgestellt werden, zwischenzeitlich bis zu ihrer tatsächlichen Nutzung rentierlich anzulegen. Ein Ausschluss dieser Personengruppe würde zu einer nicht sachgerechten Beeinträchtigung der betrieblichen Altersvorsorge und der Anlagemöglichkeiten führen. Die zweite Ausnahme der zwingenden Beteiligung natürlicher Personen an einem in- oder ausländischen Investmentfonds aufgrund aufsichtsrechtlicher Regelungen unterliegt beispielsweise der Fall, wenn eine Regelung vorsieht, dass eine Vergütung der Fondsverwalter zumindest teilweise zwingend in Anteilen an dem Spezial-Investmentfonds zu erfolgen hat. Die dritte Ausnahme ist aufgrund der bisherigen Verwaltungsauffassung notwendig. Eine Bestandsschutzregelung ist erforderlich, weil die bisherige Verwaltungspraxis eine mittelbare Beteiligung über Personengesellschaften zugelassen hat. Dem Bestandsschutz unterfallen mittelbare Beteiligungen, wenn sowohl die Personengesellschaft den Spezial-Investmentanteil vor dem Stichtag (9. Juni 2016) erworben hat als auch die natürliche Person bereits vor dem Stichtag Gesellschafter der Personengesellschaft war. Nicht als bestandsgeschützte Anteile gelten damit Anteile, welche natürliche Personen nach der Beschlussfassung des Deutschen Bundestags über die Investmentsteuerreform 2018 an einer Personengesellschaft erwerben, auch wenn die Personengesellschaft bereits vor diesem Zeitpunkt Anleger des Spezial-Investmentfonds geworden ist (vgl. Gesetzesbegründung BT-Drs. 18/8045, S. 96).

---

[1] Siehe dazu bereits Tab. 4.1. In Abhängigkeit von dem Erwerbszeitpunkt der Anteile ist der Bestandsschutz für Beteiligungen, die ab dem 24. Februar 2016 erworben wurden, bis zum 1. Januar 2020 und bei Beteiligungen, die vor dem 24. Februar 2016 erworben wurden, bis zum 1. Januar 2030 anzuwenden.

▶ **Es gilt somit** An einem Spezial-Investmentfonds dürfen maximal 100 Anleger beteiligt sein und nur in Ausnahmefällen natürliche Personen. Mittelbare Beteiligungen werden gesetzlich den unmittelbaren Beteiligungen gleichgestellt. Personengesellschaften haben daher als Anleger von Spezial-Investmentfonds § 28 InvStG zu beachten. Nach dieser Vorschrift muss die Personengesellschaft dem Fonds u. a. ihre Gesellschafter und Änderungen hinsichtlich ihres Gesellschafterbestands mitteilen.

9. **Sonderkündigungsrecht des Investmentfonds**: Für den Fall, dass die zulässige Anlegerzahl von 100 überschritten wird oder Personen beteiligt sind, die nicht die Voraussetzungen der Nummer 8 Satz 2 erfüllen, d. h. insbesondere natürliche Personen, steht dem Investmentfonds ein Sonderkündigungsrecht gegenüber den Anlegern zu. Dieses Sonderkündigungsrecht wird vorausgesetzt, damit der Investmentfonds insbesondere die anlegerbezogenen Voraussetzungen wieder erfüllen kann und es nicht zu einem wesentlichen Verstoß gegen die Anlagebestimmungen kommen muss.

10. **Anlagebedingungen**: Die steuerlichen Anlagebestimmungen gehen aus den Anlagebedingungen hervor. Dabei genügt es, wenn die Anlagebedingungen sinngemäße Vorgaben für den Verwalter des Investmentfonds enthalten (vgl. Gesetzesbegründung BT-Drs. 18/8045, S. 96). Im Ergebnis müssen schriftliche Vereinbarungen vorliegen.

Im Grundsatz gilt, dass geringfügige Verstöße gegen die Anlagebestimmungen nicht zur Aberkennung des Status als Spezial-Investmentfonds führen sollen. Diese Rechtsfolge sollen nur **wesentliche Verstöße** auslösen können. Nach Auffassung des Gesetzgebers ist die Aberkennung des steuerlichen Status nur die Ultima Ratio bei besonderen Ausnahmefällen (vgl. Gesetzesbegründung BT-Drs. 18/8045, S. 94). Ein solcher Ausnahmefall liegt jedenfalls dann vor, wenn bewusst und zweckgerichtet auf missbräuchliche Gestaltungen gegen die Anlagebestimmungen verstoßen wird. Überschreitungen von Anlagegrenzen sind hingegen i. d. R. unschädlich, wenn diese nicht durch einen Geschäftsabschluss[2] herbeigeführt wurden, sondern durch bloße Wertveränderungen der Vermögensgegenstände (vgl. Wenzel in Blümich 2017, Rdn. 68 sowie Gesetzesbegründung BT-Drs. 18/8045, S. 95).

▶ **Es gilt somit** Überschreitungen der Anlagegrenzen, die auf bloßen Wertveränderungen der Vermögensgegenstände basieren, führen grundsätzlich nicht zum Verlust des Rechtsstatus als Spezial-Investmentfonds. Einzelne aktive Überschreitungen von Anlagegrenzen sind regelmäßig unwesentlich, wenn die Überschreitungen kurzfristig zurückgeführt werden (Gesetzesbegründung BT-Drs. 18/8045, S. 95). Damit liegen auch in diesen Fällen keine wesentlichen Verstöße gegen die Anlagebestimmungen des § 26 InvStG vor.

---

[2] Dabei ist unter einem Geschäftsabschluss jede aktive Transaktion, welche die Zusammensetzung des Investmentfondsvermögens verändert, zu verstehen (Gesetzesbegründung BT-Drs. 18/8045, S. 95).

Diese **Regelung über die Unbeachtlichkeit geringfügiger Verstöße** gegen die Anlagebestimmungen des § 26 InvStG gilt nicht automatisch auch für die weiteren Voraussetzungen, die ein Investmentfonds erfüllen muss, damit er als Spezial-Investmentfonds i. S. d. InvStG gilt. Dies gilt insbesondere für einen Verstoß gegen die Rechtsformvorgaben des § 27 InvStG und die Erfüllung der Voraussetzungen über eine Gewerbesteuerbefreiung nach § 15 InvStG. Geringfügige Verstöße gegen die Bagatellgrenze des § 15 Abs. 3 InvStG könnten damit zum Verlust des Status als Spezial-Investmentfonds führen (vgl. Wenzel in Blümich 2017, Rdn. 70).

Zur Sicherstellung der Anlegerhöchstgrenze enthält § **28 InvStG** eine besondere Regelung für den Fall, dass sich Personengesellschaften an dem Spezial-Investmentfonds beteiligen. Diese Regelung soll sicherstellen, dass sich zum einen keine Privatanleger an dem Investmentfonds beteiligen und zum anderen die zulässige Anzahl von Anlegern von 100 nicht überschritten wird. § 28 InvStG erlegt dafür Personengesellschaften die **Verpflichtung über die Mitteilung der Namen** und Anschriften ihrer Gesellschafter sowie aller Veränderungen im Gesellschafterbestand auf. Die Mitteilungen sollen innerhalb von drei Monaten nach erstmaliger Beteiligung bzw. nach Veränderung des Gesellschafterbestands gegenüber dem Investmentfonds erfolgen. Die gesetzlichen Vertreter haben sodann innerhalb von sechs Monaten die über eine Personengesellschaft beteiligten Personen in ein Anteilsregister einzutragen. Bei diesem handelt es sich um internes Register, das nicht öffentlich zugängig ist. Es soll der zuständigen Finanzbehörde eine leichtere Überprüfung der anlegerbezogenen Voraussetzungen an einen Spezial-Investmentfonds ermöglichen (vgl. Gesetzesbegründung BT-Drs. 18/8045, S. 97). Sollte der Investmentfonds auf Grundlage der Mitteilungen erkennen, dass ein Verstoß gegen die Anlagebestimmung des § 26 Nr. 8 InvStG vorliegt, so hat er gemäß § 28 Abs. 3 InvStG unverzüglich sein **Sonderkündigungsrecht** auszuüben oder sonstige Maßnahmen zu ergreifen. Dazu kann es beispielsweise kommen, wenn Privatanleger unzulässiger Weise an dem Spezial-Investmentfonds beteiligt sind oder die zulässige Höchstzahl von Anlegern überschritten wird.

Sollten die **Voraussetzungen für einen Spezial-Investmentfonds entfallen**, richten sich die Steuerfolgen nach § **52 InvStG**. Zu den Einzelheiten siehe Abschn. 4.5.4.

4.3   Steuerfolgen auf Ebene des Spezial-Investmentfonds

4.3.1   Steuerpflicht des Spezial-Investmentfonds gemäß § 29 InvStG im Überblick

§ 29 InvStG regelt die Einzelheiten über die **Steuerpflicht von Spezial-Investmentfonds**.

Dafür erklärt § 29 Abs. 1 InvStG die **§§ 6 und 7 InvStG** über die Steuerpflicht von Investmentfonds und den Einbehalt der Kapitalertragsteuer für entsprechend anwendbar, soweit sich aus den nachfolgenden Regelungen keine Abweichungen ergeben. Diese können sich insbesondere durch die Ausübung der **Transparenzoptionen der §§ 30 und 33 InvStG** ergeben.

Spezial-Investmentfonds unterliegen damit ebenfalls gemäß § 6 Abs. 1 InvStG einer **persönlichen Körperschaftsteuerpflicht**. Dafür gelten inländische Investmentfonds als Zweckvermögen i. S. d. § 1 Abs. 1 Nr. 5 KStG und ausländische Investmentfonds als Vermögensmassen i. S. d. § 2 Nr. 1 KStG. Diese Fiktionen gelten für alle in- und ausländischen Investmentfonds und zwar unabhängig von ihrer rechtlichen Ausgestaltung. Für den Umfang der Körperschaftsteuerpflicht ist allein entscheidend, ob ein in- oder ausländischer Spezial-Investmentfonds vorliegt. Die Einordnung richtet sich nach § 2 InvStG. So liegt nach der gesetzlichen Definition des § 2 Abs. 2 InvStG ein inländischer Investmentfonds vor, wenn dieser dem inländischen Recht unterliegt, und nach § 2 Abs. 3 InvStG ein ausländischer Fonds, wenn dieser ausländischem Recht unterliegt. Entscheidend ist allein das Investmentrecht, d. h. nach welcher Rechtsordnung der Investmentfonds aufgelegt wurde und nach deren Bestimmungen sich die Ausgestaltung des Investmentfonds richtet (vgl. Gesetzesbegründung BT-Drs. 18/8045, S. 68). Der **sachliche Umfang der Körperschaftsteuerpflicht** erstreckt sich, wie bei unbeschränkt und beschränkt steuerpflichtigen Investmentfonds auch, nach § 29 Abs. 1 i. V. m. § 6 Abs. 2 InvStG dabei auf

- inländische Beteiligungseinnahmen,
- inländische Immobilienerträge und
- sonstige inländische Einkünfte.

Damit unterfallen auch Spezial-Investmentfonds einer **partiellen Körperschaftsteuerpflicht**, welche sich ausschließlich auf die in § 6 Abs. 2 InvStG genannten Einkünfte beschränkt. Alle dort nicht aufgeführten Erträge des Fonds sind damit nicht im Inland körperschaftsteuerpflichtig. Diese kann der Fonds steuerfrei vereinnahmen.

▶ **Praxishinweis** Die Steuerpflicht erstreckt sich auf die inländischen Einkünfte. Daher können Spezial-Investmentfonds auch nach der Investmentsteuerreform 2018 Einkünfte ohne Inlandsbezug steuerfrei vereinnahmen. Dazu gehören insbesondere Zinsen ausländischer Schuldner, gewinnunabhängige Zinsen ohne schädliche Besicherung im Inland sowie Gewinne aus der Veräußerung von Beteiligungen mit Ausnahme von Beteiligungen i. S. d. § 17 EStG (vgl. Stadler und Jetter 2015, S. 1838).

Zur Sicherstellung des deutschen Besteuerungsrechts wird auf die inländischen Beteiligungseinnahmen eine **Kapitalertragsteuer** erhoben. Die Höhe der Kapitalertragsteuer beträgt grundsätzlich 15 % inklusive Solidaritätszuschlag und entfaltet **abgeltende Wirkung** (§ 7 InvStG). **Voraussetzung** dafür ist jedoch, dass der Spezial-Investmentfonds der auszahlenden Stelle eine Bescheinigung vorlegt, aus welcher hervorgeht, dass es sich um einen Spezial-Investmentfonds handelt. Um eine Überprüfung des Steuerstatus zu ermöglich, sollen dem Antrag auf Erteilung der **Statusbescheinigung** insbesondere die Anlagebedingungen und ein Anteilsregister, in dem die Anleger verzeichnet sind, beigefügt werden (vgl. Gesetzesbegründung BT-Drs. 18/8045, S. 98). Sollte der Investmentfonds

hingegen die Transparenzoptionen der §§ 30 und 33 InvStG ausüben, führt die Statusbescheinigung dazu, dass bei einer Vereinnahmung von inländischen Beteiligungseinnahmen durch Spezial-Investmentfonds keine Kapitalertragsteuer einbehalten wird. Denn
aufgrund der Transparenz des Fonds haben dessen Anleger die Erträge zu besteuern.

▶ **Es gilt somit** Auch Spezial-Investmentfonds unterliegen grundsätzlich einer partiellen Körperschaftsteuerpflicht. Dieser unterfallen die inländischen Beteiligungseinnahmen,
inländischen Immobilienerträge und sonstigen inländischen Einkünfte. Alle anderen Einkünfte können sie steuerfrei vereinnahmen. Eine Ausnahme besteht lediglich dann, wenn
sie die sog. Transparenzoptionen (§§ 30 und 33 InvStG) ausüben. Aufgrund dieser Optionen haben Spezial-Investmentfonds grundsätzlich ein Wahlrecht darüber, nach welchem
Besteuerungsregime sie besteuert werden wollen, d. h., wie Investmentfonds auch, nach
dem Intransparenzprinzip oder nach dem Transparenzprinzip. Nach Auffassung des Gesetzgebers schafft dieses faktische Wahlrecht zwar eine zusätzliche Komplexität. Diese ist
jedoch erforderlich, um eine möglichst weitgehend gleiche Besteuerungstechnik bei inländischen und ausländischen Spezial-Investmentfonds anzuwenden. Dies wiederum dient
der Vermeidung EU-rechtlicher Risiken aus einer Ungleichbehandlung von in- und ausländischen Spezial-Investmentfonds. In diesem Zusammenhang ist zu berücksichtigen, dass
ausländische Spezial-Investmentfonds nicht zu einer Erhebung von Kapitalertragsteuer
zugunsten des deutschen Staates verpflichtet werden können, sondern eine Erhebung nur
auf freiwilliger Basis möglich ist (vgl. Gesetzesbegründung BT-Drs. 18/8045, S. 97).

§ 29 Abs. 3 InvStG stellt sicher, dass der Spezial-Investmentfonds keine steuerlichen
Vorteile erhält, wenn er gegen die **Beteiligungshöchstgrenze des § 26 Nr. 6 InvStG** verstößt und dadurch Anteile an Kapitalgesellschaften mit einer Beteiligung von mindestens
10 % hält. Dadurch soll verhindert werden, dass Besteuerungsvorteile ausgenutzt werden, die ausschließlich für Schachtelbeteiligungen, aber nicht für Streubesitzbeteiligungen
gewährt werden. Dies gilt auch entgegen den Regelungen eines Doppelbesteuerungsabkommens. In den in § 26 Nr. 6 Satz 2 InvStG genannten Ausnahmefällen gilt diese
Einschränkung nicht. Denn in diesen Fällen ist eine Beteiligung am Kapital von mindestens 10 % zulässig, so dass ein Ausschluss der Abkommensvorteile nicht notwendig
erscheint (Wenzel in Blümich 2017, § 29 Rdn. 16).

▶ **Es gilt somit** Liegt ein Verstoß gegen die Anlagebestimmung des § 26 Nr. 6 InvStG vor
(Höhe der Beteiligung an einer Kapitalgesellschaft), können die Spezial-Investmentfonds
gleichwohl die steuerlichen Vorteile nicht geltend machen, die sich aus dem Halten einer
Schachtelbeteiligung ergeben würden. Dies stellt § 29 Abs. 3 InvStG sicher. Allerdings
kommt diese Regelung nicht zur Anwendung, sofern der Verstoß gegen die genannte Anlagebestimmung einen wesentlichen Verstoß darstellt. In diesem Fall würde der Spezial-
Investmentfonds seinen steuerlichen Status verlieren. Die daraus resultierenden Steuerfolgen enthält § 52 InvStG. Eine Anwendung der Rechtsfolgen des § 29 Abs. 3 InvStG ist in
diesen Fällen nicht notwendig.

§ 29 Abs. 4 InvStG erklärt schließlich, dass Spezial-Investmentfonds von der **Gewerbesteuerpflicht befreit** sind. Dieser Norm kommt lediglich deklaratorische Bedeutung zu, weil Spezial-Investmentfonds laut ihrer Definition nach § 26 InvStG die Voraussetzungen an eine Gewerbesteuerbefreiung nach § 15 InvStG erfüllen müssen. Würde der Investmentfonds also gewerbesteuerpflichtig sein, kann dieses Investitionsvehikel keinen Spezial-Investmentfonds i. S. d. § 26 InvStG darstellen. Einer Befreiung von der Gewerbesteuer bedarf es für Spezial-Investmentfonds daher nicht.

▶ **Es gilt somit** Spezial-Investmentfonds erfüllen per Definition zwangsläufig die Voraussetzungen der § 15 Abs. 2 und 3 InvStG über eine Befreiung von der Gewerbesteuer. Einer ausdrücklichen Befreiung von der Gewerbesteuer bedarf es folglich nicht. § 29 Abs. 4 InvStG hat daher lediglich deklaratorische Bedeutung.

Die partielle **Körperschaftsteuerpflicht entfällt**, soweit der Spezial-Investmentfonds die Transparenzoptionen der §§ 30 und 33 InvStG ausübt. Beide Regelungen sehen vor, dass die Steuerpflicht auf Ebene des Spezial-Investmentfonds entfällt, wenn der Spezial-Investmentfonds die dort genannten Voraussetzungen und entsprechende Maßnahmen (z. B. Ausstellung einer Steuerbescheinigung gegenüber den Anlegern) ergreift.

Beispiel

Der inländische Investmentfonds A erhält eine Dividende von der im Inland ansässigen Kapitalgesellschaft B. Der Investmentfonds erfüllt alle Voraussetzungen an einen Spezial-Investmentfonds, d. h. die Voraussetzungen für eine Gewerbesteuerbefreiung nach § 15 Abs. 2 und 3 InvStG liegen vor, er verstößt in der Anlagepraxis nicht wesentlich gegen die Anlagebestimmungen des § 26 InvStG und erfüllt die Rechtsformvorgaben des § 27 InvStG.

Der Investmentfonds ist mit seinen inländischen Beteiligungseinnahmen partiell körperschaftsteuerpflichtig. Diese unterliegen gemäß §§ 29 i. V. m. 7 InvStG einem Steuerabzug von 15 %, der grundsätzlich abgeltende Wirkung hat. Sollte der Fonds hingegen die Transparenzoption des § 30 InvStG wirksam ausüben, entfällt die Steuerpflicht für die inländischen Beteiligungseinnahmen des Spezial-Investmentfonds A. Die Steuerpflicht geht auf die Anleger des Spezial-Investmentfonds über. Die Besteuerung des Fonds erfolgt durch Ausübung der genannten Option auf Grundlage des Transparenzprinzips, ansonsten auf Grundlage des Intransparenzprinzips, weil die Erträge des Fonds dann auf Ebene des Fonds und zusätzlich auf Ebene der Anleger besteuert würden.

▶ **Es gilt somit** Spezial-Investmentfonds steht die Möglichkeit offen, dass sie von der partiellen Körperschaftsteuerpflicht befreit werden. Dafür müssen sie die Transparenzoptionen der §§ 30 und 33 InvStG ausüben. Aufgrund dieser Option haben Spezial-Investmentfonds grundsätzlich ein Wahlrecht darüber, nach welchem Besteuerungsregime sie besteuert werden wollen. Nach Auffassung des Gesetzgebers schafft dieses faktische

Wahlrecht zwar eine zusätzliche Komplexität. Diese ist jedoch erforderlich, um eine mög-lichst weitgehend gleiche Besteuerungstechnik bei inländischen und ausländischen Spezi-al-Investmentfonds anzuwenden. Dies wiederum dient der Vermeidung EU-rechtlicher Ri-siken aus einer Ungleichbehandlung von in- und ausländischen Spezial-Investmentfonds. In diesem Zusammenhang ist zu berücksichtigen, dass ausländische Spezial-Investment-fonds nicht zu einer Erhebung von Kapitalertragsteuer zugunsten des deutschen Staates verpflichtet werden können, sondern eine Erhebung nur auf freiwilliger Basis möglich ist (vgl. Gesetzesbegründung BT-Drs. 18/8045, S. 97).

Zu den Transparenzoptionen der §§ 30 und 33 InvStG im Einzelnen:

4.3.2 Transparenzoptionen i. S. d. §§ 30 und 33 InvStG

4.3.2.1 Einleitung

Das Investmentsteuerrecht sieht **zwei Besteuerungsregime** vor. Das erste findet für In-vestmentfonds Anwendung und solche Anlagevehikel, die zwar die Voraussetzungen an einen Spezial-Investmentfonds erfüllen würden, aber gleichwohl als Investmentfonds be-steuert werden wollen. Ihre Besteuerung richtet sich nach dem 2. Kapitel des Invest-mentsteuergesetzes. Dabei basiert das zur Anwendung kommende Besteuerungsregime auf dem Intransparenzprinzip, wonach eine Besteuerung auf Fondsebene und Ebene der Anleger erfolgt. Das zweite Besteuerungsregime gilt für Spezial-Investmentfonds. Diese sind legal definiert als Investmentfonds, welche die in den §§ 26 und 27 InvStG genann-ten Voraussetzungen für eine Befreiung von der Gewerbesteuer erfüllen, nicht wesentlich gegen die Anlagebestimmungen der § 26 InvStG in der Anlagepraxis verstoßen sowie bei inländischen Fonds die Rechtsformvorgaben des § 27 InvStG erfüllen. Auch ihre Be-steuerung basiert grundsätzlich auf dem Intransparenzprinzip. So sieht § 29 InvStG eine partielle Körperschaftsteuerpflicht für sie vor, denen auch Investmentfonds unterliegen. Allerdings haben Spezial-Investmentfonds die Möglichkeit, dass die Körperschaftsteuer-pflicht für die inländischen Beteiligungseinnahmen, inländischen Immobilienerträge und sonstigen inländischen Einkünfte insoweit entfällt, soweit sie die sog. Transparenzoptio-nen der §§ 30 und 33 InvStG ausüben.[3] Diese zwei **Optionsmöglichkeiten** gelten

- hinsichtlich inländischer Beteiligungseinnahmen und anderer inländischer Einkünfte mit Steuerabzug (§ 30 InvStG),
- hinsichtlich inländischer Immobilienerträge und sonstiger inländischer Einkünfte ohne Steuerabzug (33 InvStG)

und können **unabhängig voneinander** genutzt werden. Beide Optionen stehen dem Fonds offen. Eine Pflicht zur Ausübung der Optionen besteht weder für in- noch für ausländi-

---

[3] Zu diesen Optionen vgl. auch Behrens 2017, 297 ff.

sche Fonds. Da inländische Spezial-Investmentfonds jedoch zum Kapitalertragsteuerabzug nach § 50 InvStG auf Fondsausgangsseite verpflichtet sind, erfüllen sie die Voraussetzungen an das Ausüben der Option des § 33 InvStG, wenn sie inländische Immobilienerträge oder sonstige inländische Einkünfte ohne Steuerabzug erzielen. Daher haben lediglich ausländische Spezial-Investmentfonds ein echtes Wahlrecht hinsichtlich § 33 InvStG. Darüber hinaus gilt zu berücksichtigen, dass die mit der Ausübung der Optionen verbundenen Wahlrechte einheitlich in dem Sinne ausgeübt werden müssen, dass sie für alle Anleger des Fonds gelten und jeweils für alle Erträge, welche unter die jeweilige Option fallen. Die Ausübung der Optionen führt jeweils dazu, dass die Besteuerung des Fonds auf dem Transparenzprinzip erfolgt und die partielle Körperschaftsteuerpflicht des Fonds entfällt.

Beispiel

Der inländische Spezial-Investmentfonds A erhält eine Dividende von der im Inland ansässigen Kapitalgesellschaft B. Der Spezial-Investmentfonds A übt die Transparenzoption des § 30 InvStG wirksam aus, in dem er gegenüber der Kapitalgesellschaft B unwiderruflich erklärt, dass den Anlegern des Spezial-Investmentfonds Steuerbescheinigungen gemäß § 45a Abs. 2 EStG ausgestellt werden sollen. Die Dividende wird für Zwecke der Besteuerung nunmehr direkt den Anlegern des Spezial-Investmentfonds A zugerechnet. Sie gelten als Schuldner der Kapitalertragsteuer und haben diese zu versteuern. Die Steuerpflicht des Spezial-Investmentfonds A hingegen entfällt. Im Ergebnis werden die Dividenden auf Grundlage des Transparenzprinzips besteuert, weil sie ausschließlich auf Ebene der Anleger des Spezial-Investmentfonds A und nicht sowohl auf Ebene des Fonds und Anlegerebene besteuert werden. Sollte der Spezial-Investmentfonds die Option nach § 30 InvStG nicht ausüben, erfolgt die Besteuerung nach dem Intransparenzprinzip. Die Dividende unterfällt zunächst auf Fondsebene der Besteuerung und anschließend auf Ebene des Anlegers. Die steuerliche Vorbelastung auf Ebene des Fonds berücksichtigt § 42 Abs. 4 InvStG.

Beispiel

Der inländische Spezial-Investmentfonds B erzielt inländische Immobilienerträge, welche er an seine inländischen Anleger ausschüttet. Durch die Ausschüttung ist der Fonds zum Kapitalertragsteuerabzug nach § 50 InvStG verpflichtet, wodurch zugleich die Voraussetzungen für die Ausübung der Transparenzoption des § 33 InvStG erfüllt werden, weil der Fonds Kapitalertragsteuer einbehält, diese abführt und entsprechende Steuerbescheinigungen ausstellt. Dadurch entfällt zwangsläufig die partielle Körperschaftsteuerpflicht des inländischen Spezial-Investmentfonds für diese inländischen Immobilienerträge. Wäre der Fonds nicht im Inland, sondern im Ausland ansässig, würde er nicht der Verpflichtung nach § 50 InvStG unterliegen, d. h. keine Kapitalertragsteuer abführen müssen. Bezüglich der Ausübung der Option des § 33 InvStG hätte er dann ein echtes Wahlrecht, weil die dafür notwendigen Voraussetzungen nicht zwangsläufig im Zuge der Ausschüttung oder Zurechnung der inländischen Erträge als ausschüttungsgleiche Erträge an die Anleger erfüllt werden würden. Würde er dieses Optionsrecht ausüben, weil er gleichwohl Kapitalertragsteuer einbehält, abführt und entsprechende Steuerbescheinigungen ausstellt, würden die bereits für den inländischen Spezial-Investmentfonds dargestellten Steuerfolgen entsprechend gelten. Würde er die Option nicht ausüben, würde die partielle Steuerpflicht des ausländischen Fonds bestehen bleiben. Eine Berücksichtigung der steuerlichen Vorbelastung wäre nach § 42 Abs. 5 InvStG auf Ebene der Anleger durch eine Teilfreistellung möglich.

Da die beiden Transparenzoptionen im Grundsatz unabhängig voneinander ausgeübt werden können, könnte die Besteuerung des Fonds **sowohl nach dem Transparenz- als auch nach dem Intransparenzprinzip** erfolgen. Ein solcher Fall liegt immer dann vor, wenn der Spezial-Investmentfonds sowohl Einnahmen erzielt, für welche eine Option nach § 30 InvStG in Betracht kommt, als auch Einkünfte, für welche eine Transparenzoption nach § 33 InvStG möglich ist. Übt der Fonds nur eine dieser Option aus, erfolgt die Besteuerung sowohl nach dem Transparenz- als auch nach dem Intransparenzprinzip.

> **Beispiel**
>
> Der inländische Spezial-Investmentfonds C erzielt inländische Immobilienerträge. Er übt die Transparenzoption nach § 33 InvStG aus, indem er Kapitalertragsteuer nach § 50 InvStG einbehält, diese abführt und entsprechende Steuerbescheinigungen ausstellt. Eine Besteuerung dieser Erträge erfolgt auf Ebene des Fonds nicht, es kommt das Transparenzprinzip zur Anwendung. Darüber hinaus erzielt er inländische Beteiligungseinnahmen. Für diese Einnahmen übt er die Transparenzoption des § 30 InvStG nicht aus. Diese Einnahmen unterfallen auf Ebene des Fonds der partiellen Körperschaftsteuerpflicht. Auf Ebene der Anleger werden diese ebenfalls steuerlich als Spezial-Investmenterträge erfasst. Die steuerliche Vorbelastung auf Ebene des Fonds wird durch eine Teilfreistellung nach § 42 Abs. 4 InvStG berücksichtigt. Die Besteuerung der Beteiligungseinnahmen erfolgt also nach dem Intransparenzprinzip. Die Besteuerung der Einnahmen bzw. Erträge des Fonds erfolgt also sowohl nach dem Transparenz- als auch nach dem Intransparenzprinzip.

▶ **Es gilt somit** Spezial-Investmentfonds können zum Transparenzprinzip optieren. Die dafür maßgeblichen Optionsmöglichkeiten enthalten die §§ 30 und 33 InvStG, die beide unabhängig voneinander ausgeübt werden können. Zu beachten ist, dass inländische Spezial-Investmentfonds zwangsläufig die Voraussetzungen des § 33 InvStG erfüllen, wenn sie inländische Immobilienerträge oder sonstige inländische Einkünfte ohne Steuerabzug erzielen und diese an die Anleger ausschütten oder sie ihnen als ausschüttungsgleiche Erträge zugerechnet werden. Damit steht diese Option ausschließlich ausländischen Spezial-Investmentfonds offen. Sollte der jeweilige Fonds die Optionsmöglichkeiten nicht ausüben, kommt für seine Besteuerung das Intransparenzprinzip zur Anwendung. Dadurch wird eine Besteuerung auf Ebene des Fonds unvermeidbar. Investmentfonds stehen diese Transparenzoptionen nicht offen. Sie werden zwingend intransparent besteuert.

4.3.2.2   Transparenzoption des § 30 InvStG

Spezial-Investmentfonds unterliegen der partiellen Körperschaftsteuerpflicht (§§ 29 i. V. m. 6 Abs. 1 InvStG). Diese umfasst neben den inländischen Immobilienerträgen und sonstigen inländischen Einkünfte auch die inländischen Beteiligungseinnahmen, für welche § 7 InvStG einen Steuerabzug gegenüber dem Anlagevehikel vorsieht. Die **Transparenzoption des § 30 InvStG** ermöglicht eine Befreiung von dieser Körperschaftsteuerpflicht für die Einkünfte des Spezial-Investmentfonds, welche einem **Steuerabzug** unterliegen.

▶ **Es gilt somit § 30 InvStG regelt die Transparenzoption** hinsichtlich der inländischen Beteiligungseinnahmen und sonstigen inländischen Einkünften, welche gemäß §§ 29 i. V. m. 7 InvStG dem Steuerabzug unterfallen. Damit findet die Option keine Anwendung auf die inländischen Immobilienerträge und sonstigen inländischen Einkünfte, die keinem Steuerabzug unterliegen. Entsprechendes gilt für Erträge, die wie zum Beispiel ausländische Dividenden und Veräußerungsgewinne aus inländischen und ausländischen Wertpapieren auf Ebene des Spezial-Investmentfonds nicht der partiellen Körperschaftsteuerpflicht nach §§ 29 Abs. 1 i. V. m. 6 Abs. 1 und 2 InvStG unterfallen.

Die **Transparenzoption** des § 30 InvStG wird dadurch **ausgeübt**, dass der Spezial-Investmentfonds gegenüber dem Entrichtungspflichtigen der Kapitalertragsteuer **unwiderruflich** erklärt, dass den Anlegern des Spezial-Investmentfonds Steuerbescheinigungen gemäß § 45a Abs. 2 EStG ausgestellt werden sollen. Diese **Erklärung** ist freiwillig. Der Fonds muss diese nicht aussprechen. Auch sieht das Gesetz weder eine Form noch eine Frist für die Erklärung vor. Die Ausübung der Option führt zunächst dazu, dass die Körperschaftsteuerpflicht des Spezial-Investmentfonds für die Erträge entfällt, die dem Steuerabzug unterliegen. Zugleich führt die Ausübung der Option dazu, dass nun die Anleger als Gläubiger der inländischen Beteiligungseinnahmen oder sonstigen inländischen Einkünfte mit Steuerabzug sowie als Schuldner der Kapitalertragsteuer gelten. Die Erträge des Spezial-Investmentfonds werden also den **Anlegern direkt zugerechnet**, als hätten sie diese unmittelbar selbst bezogen (§§ 30 und 31 InvStG). Sie sind weder Teil der ausgeschütteten noch der ausschüttungsgleichen Erträge. Ihre steuerliche Qualifikation bleibt erhalten, so dass sie eine beschränkte Steuerpflicht nach § 49 Abs. 1 Nr. 5 Buchst. a oder Nr. 2 EStG begründen können (vgl. Mann in Blümich 2017, § 30 Rdn. 21). Die Zurechnung erfolgt als Einnahmen, d. h. brutto ohne Berücksichtigung der Werbungskosten.

▶ **Praxishinweis** Die dem Anleger direkt zugerechneten Erträge gehören weder zu den ausgeschütteten noch zu den ausschüttungsgleichen Erträgen. Sie sind damit kein Bestandteil der sog. Spezial-Investmenterträge. Der Spezial-Investmentfonds kann diese als Zurechnungsbeträge i. S. d. § 35 Abs. 3 InvStG steuerfrei an die Anleger ausschütten (vgl. Gesetzesbegründung BT-Drs. 18/8045, S. 103). Dies ist sachgerecht, weil die Anleger diese bereits besteuert haben.

Weitere Folge der direkten Zurechnung ist, dass auch die Regelungen der §§ 43 ff. EStG über den Kapitalertragsteuerabzug so angewendet werden, als hätten die Anleger die inländischen Beteiligungseinnahmen oder sonstigen inländischen Einkünfte mit Steuerabzug direkt erzielt. Dies führt dazu, dass für den Steuerabzug nach § 43a Abs. 1 Satz 1 Nr. 1 EStG grundsätzlich der allgemeine **Kapitalertragsteuersatz von 25 %** gilt. Eine Abstandnahme vom Steuerabzug nach § 44a EStG oder Erstattung von Kapitalertragsteuer nach § 44b EStG sind möglich, wenn die jeweiligen Voraussetzungen vorliegen. Dafür ist jeder Anleger gesondert zu betrachten. Die Voraussetzungen für die Abstandnahme von Steuerabzug bzw. die Erstattung der Kapitalertragsteuer muss der jeweilige Anleger zunächst gegenüber dem Fonds nachweisen, welcher diesen Nachweis sodann gegenüber dem Entrichtungspflichtigen zu belegen hat. Dies gilt für ausländische Spezial-Investmentfonds entsprechend. Nach § 31 Abs. 2 InvStG hat der Spezial-Investmentfonds die Beträge an diejenigen Anleger auszuzahlen, bei denen die Voraussetzungen für eine Abstandnahme von oder Erstattung der Kapitalertragsteuer vorliegen. Dadurch soll sichergestellt werden, dass die Beträge nicht in das Vermögen des Spezial-Investmentfonds zurückfließen, weil dann von der Befreiung von Kapitalertragsteuer alle und nicht nur die jeweils begünstigten Anleger profitieren würden (vgl. Gesetzesbegründung BT-Drs. 18/8045, S. 100).

▶ **Es gilt somit** Der Spezial-Investmentfonds übt die Option des § 30 InvStG durch unwiderrufliche Erklärung gegenüber dem Entrichtungspflichtigen der Kapitalertragsteuer aus. Dies führt dazu, dass die inländischen Beteiligungseinnahmen oder sonstigen inländischen Einkünfte, die dem Steuerabzug unterliegen, direkt den Anlegern des Spezial-Investmentfonds zugerechnet werden. Sie haben diese Erträge so zu besteuern, als hätten sie diese direkt erzielt. Daher unterliegen diese dem Kapitalertragsteuerabzug von 25 % nach den allgemeinen Regelungen. Eine entsprechende Steuerbescheinigung ist auszustellen. Die Steuerpflicht des Fonds hingegen erlischt hinsichtlich der inländischen Beteiligungseinnahmen und sonstigen inländischen Einkünfte, die dem Steuerabzug unterliegen. Sollte der Fonds darüber hinaus weitere Erträge erzielen, könnten diese nach § 6 Abs. 1 und 2 InvStG körperschaftsteuerpflichtig sein. Die für diese ggfs. bestehende Steuerpflicht könnte nach § 33 InvStG entfallen.

Beispiel

Der Spezial-Investmentfonds erzielt eine Dividende. Diese Dividende unterliegt gemäß §§ 29 i. V. m. 6 InvStG grundsätzlich auf Ebene des Fonds als inländische Beteiligungseinnahmen der Körperschaftsteuer. Der Steuersatz würde 15 % inklusive Solidaritätszuschlag betragen und durch Steuerabzug erhoben, der grundsätzlich abgeltende Wirkung entfalten würde. Sollte der Investmentfonds gegenüber der zum Kapitalertragsteuerabzug verpflichteten Person unwiderruflich erklären, dass die Steuerbescheinigungen gemäß § 45a Abs. 2 EStG seinen Anleger gegenüber ausgestellt werden sollen, entfällt diese Steuerpflicht. In diesen Fällen würden die Dividenden den Anlegern direkt zugerechnet und diese müssten die Dividende besteuern. Dafür würden sie als

Gläubiger der Dividende und als Schuldner der Kapitalertragsteuer gelten. Bei dem Steuerabzug verbleibt es. Jedoch ändert sich die Höhe des jeweiligen Kapitalertragsteuersatzes auf grundsätzlich 25 % zuzüglich Solidaritätszuschlag und ggf. Kirchensteuer.

Darüber hinaus führt die Ausübung der Transparenzoption dazu, dass der Spezial-Investmentfonds dem Besteuerungsregime über die Spezial-Investmentfonds unterliegt. Ein Wechsel zum Besteuerungsregime für Investmentfonds ist nach der unwiderruflichen Erklärung der Geltendmachung der Transparenzoption des § 30 InvStG nicht mehr möglich. § 24 InvStG verhindert dies. Zudem folgt aus der Ausübung der Option, dass die Entrichtungspflichtigen für die Kapitalertragsteuer den Anlegern des Spezial-Investmentfonds entsprechende **Steuerbescheinigungen** ausstellen müssen. Diese Bescheinigungen müssen über die nach § 45 EStG notwendigen Angaben hinaus gemäß § 31 Abs. 1 Satz 2 InvStG folgende Angaben enthalten:

1. Name und Anschrift des Spezial-Investmentfonds als Zahlungsempfänger,
2. Zeitpunkt des Zuflusses des Kapitalertrags bei dem Spezial-Investmentfonds,
3. Name und Anschrift der am Spezial-Investmentfonds beteiligten Anleger als Gläubiger der Kapitalerträge,
4. Gesamtzahl der Anteile des Spezial-Investmentfonds zum Zeitpunkt des Zuflusses und Anzahl der Anteile der einzelnen Anleger sowie
5. Anteile der einzelnen Anleger an der Kapitalertragsteuer.

Die **Anrechenbarkeit** der auf inländische Beteiligungseinnahmen und sonstige inländische Einkünfte mit Steuerabzug bei Ausübung der Transparenzoption erhobenen **Kapitalertragsteuer** auf die Einkommen- oder Körperschaftsteuer des Anlegers richtet sich nach § 31 Abs. 3 InvStG. Eine Anrechnung ist danach möglich, wenn der Spezial-Investmentfonds die Voraussetzungen für eine Anrechenbarkeit nach §§ 36a Abs. 1 bis 3 EStG erfüllt. Dies setzt insbesondere voraus, dass die Anteile an der ausschüttenden Gesellschaft über einen bestimmten Mindestzeitraum gehalten werden. Zu Einzelheiten hinsichtlich der Auslegung dieser Regelung vgl. auch das BMF-Schreiben vom 03.04.2017 BStBl. I 2017, S. 726 sowie Hahne und Völker 2017, S. 858 ff. Mit dieser Regelung sollen Steuergestaltungen zur Umgehung der Besteuerung von Dividenden verhindert werden (Gesetzesbegründung BT-Drs. 18/8045, S. 100).

▶   **Praxishinweis** Ungeachtet der Erhöhung des Kapitalertragsteuerabzugs von 15 % auf 25 % hinaus kann die Ausübung der Transparenzoption in Einzelfällen unvorteilhaft sein. Eine Nichtausübung dieser Option wäre zum Beispiel von Vorteil, soweit an einem Spezial-Investmentfonds Pensionskassen oder Versorgungswerke beteiligt sind, welche einer Besteuerung mit Körperschaftsteuer nach § 15 KStG unterliegen (vgl. Böcker 2016, S. 2795). Nach Ausübung der Transparenzoption müssten sie die Dividenden mit einem Steuersatz von 15 % zuzüglich Solidaritätszuschlag versteuern, andernfalls würde es ausschließlich zu einer Besteuerung auf Ebene des Fonds kommen. Da der Steuersatz in diesem Fall 15 % inklusive Solidaritätszuschlag beträgt, würde die Ausübung der Transparenzoption zu einer Verschlechterung führen.

Durch die **Ausübung der Transparenzoption** wird der Fonds insoweit als transparent behandelt. Die inländischen Beteiligungseinnahmen und die weiteren sonstigen inländischen Einkünfte mit Steuerabzug, die dem Steuerabzug unterliegen, werden den Anlegern gemäß § 30 Abs. 1 Satz 2 InvStG direkt zugerechnet, als hätten sie diese Einkünfte unmittelbar bezogen. Der Kapitalertragsteuerabzug erfolgt entsprechend (§ 31 Abs. 1 Satz 2 InvStG). Im Ergebnis kommt es lediglich zu einer Besteuerung auf Ebene der Anleger und nicht auf Ebene des Fonds. Aus der fehlenden steuerlichen Vorbelastung auf Ebene des Investmentfonds folgt zugleich, dass auf Ebene der Anleger eine Berücksichtigung der steuerlichen Vorbelastung der Erträge auf Ebene des Fonds nicht zu erfolgen hat. Daher findet auf Ebene der Anleger **keine Teilfreistellung** bestimmter Einkünfte statt. § 8b KStG sowie § 3 Nr. 40 EStG sind grundsätzlich anwendbar. Einzelheiten über seine Anwendung regelt § 30 Abs. 2 InvStG.

Danach findet die Steuerbefreiung für Dividenden nach **§ 8b KStG** auf die dem Anleger zugerechneten inländischen Beteiligungseinnahmen Anwendung, soweit es sich

- um Gewinnausschüttungen aus Gesellschaften i. S. d. § 26 Nr. 6 Satz 2 InvStG (Immobiliengesellschaften, „ÖPP-Gesellschaften" und Gesellschaften zur Erzeugung Erneuerbarer Energie) handelt, und
- die auf die Spezial-Investmentanteile des Anlegers rechnerisch entfallende Beteiligung am Kapital der Gesellschaft die Voraussetzungen für eine Freistellung nach § 8b KStG (derzeit 10-prozentige Schwelle gemäß § 8b Abs. 4 Satz 1 KStG) erfüllt.

Die Einschränkungen des § 30 Abs. 3 InvStG sind zu beachten.

Beispiel

Der Spezial-Investmentfonds erzielt eine Dividende aus einer Immobiliengesellschaft. Aufgrund der Ausübung der Transparenzoption wird diese Dividende direkt einem Anleger in der Rechtsform einer Kapitalgesellschaft zugerechnet. Die Dividenden unterfällt § 8b KStG, wenn der Anleger über den Fonds zu mindestens 10 % an der Immobiliengesellschaft beteiligt ist.

§ 30 Abs. 3 InvStG enthält sowohl Einschränkungen mit Hinblick auf die Anwendung des **§ 8b KStG** als auch hinsichtlich der Anwendung des **§ 3 Nr. 40 EStG**. Diesen Einschränkungen des § 30 Abs. 3 InvStG unterliegen als Anleger eines Spezial-Investmentfonds Kreditinstitute, Finanzdienstleistungsinstitute, Finanzunternehmen, Lebens- und Krankenversicherungsunternehmen.

Die Transparenzoption steht gemäß § 30 Abs. 4 InvStG grundsätzlich auch **Dach-Spezial-Investmentfonds** offen. Auch diese können grundsätzlich als steuerlich transparent behandelt werden. Sollte ein solcher Dachfonds die Transparenzoption des § 30 InvStG ausüben, kommt es zu einer doppelten Transparenz über zwei Beteiligungsstufen. Dafür muss der Dach-Spezial-Investmentfonds die Option gegenüber dem für die Kapitalertragsteuer zuständigen Entrichtungspflichtigen des Ziel-Spezial-Investmentfonds ausüben. In der Steuerbescheinigung sind dann die Anleger des Dach-Spezial-Investmentfonds anzugeben. Damit wird eine doppelte Transparenz über zwei Beteiligungsstufen zugelassen.

Beispiel

Der Dach-Spezial-Investmentfonds ist an einem Spezial-Investmentfonds beteiligt, welcher eine Dividende erhält. Dem Dach-Spezial-Investmentfonds steht ebenfalls die Transparenzoption des § 30 Abs. 1 InvStG hinsichtlich der inländischen Beteiligungseinnahmen zu. Er hat die Ausübung unwiderruflich zu erklären. Die Erträge des Spezial-Investmentfonds werden dann den Anlegern des Dach-Spezial-Investmentfonds zugerechnet.

Eine **dreifache Transparenz hingegen ist ausgeschlossen**. § 30 Abs. 4 Satz 2 InvStG steht der Ausübung der Transparenzoption entgegen, soweit der Dach-Spezial-Investmentfonds Spezial-Investmentanteile an einem anderen Dach-Spezial-Investmentfonds hält. In diesen Fällen kommt es zu einer definitiven Steuerbelastung auf Ebene des Dach-Spezial-Investmentfonds, wenn dieser sich wiederum an einem anderen Dach-Spezial-Investmentfonds beteiligt, der seinerseits an einem Ziel-Spezial-Investmentfonds beteiligt ist, der inländische Beteiligungseinnahmen oder sonstige inländische Einkünfte erzielt, die dem Steuerabzug unterliegen. Die dadurch entstehende Steuer auf Ebene des Dach-Spezial-Investmentfonds der zweiten Ebene ist nicht auf Anlegerebene anrechenbar. Das Freistellungsverfahren nach § 42 Abs. 4 InvStG findet jedoch Anwendung.

► **Es gilt somit** Die Transparenzoption des § 30 InvStG können auch Dach-Spezial-Investmentfonds ausüben, soweit zweistufige Strukturen vorliegen. Bei dreistufigen Beteiligungsstrukturen findet die Option keine Anwendung. Die dadurch entstehende Steuerbelastung wird definitiv.

Einzelheiten über die **Haftung bei Ausübung der Transparenzoption** des § 30 InvStG regelt § 32 InvStG. Zu einer Haftung kommt es, wenn die Kapitalertragsteuer entweder zu Unrecht nicht erhoben oder erstattet wurde. § 32 Abs. 1 InvStG sieht zum Beispiel eine Haftung des Entrichtungsverpflichteten vor, wenn dieser nicht nachweisen kann, dass er seine Pflichten weder grob fahrlässig noch vorsätzlich verletzt hat.

4.3.2.3 Transparenzoption des § 33 InvStG (ohne § 33 Abs. 2 InvStG)

§ 33 InvStG enthält eine weitere Transparenzoption. Diese Optionsmöglichkeit besteht für

- inländische Immobilienerträge (§ 33 Abs. 1 InvStG) sowie
- inländische sonstige Einkünfte, die nicht dem Steuerabzug unterliegen (§ 33 Abs. 4 InvStG).

Der Spezial-Investmentfonds übt diese Optionsmöglichkeit aus, indem er

- auf ausgeschüttete Erträge oder ausschüttungsgleiche inländische Immobilienerträge Kapitalertragsteuer gemäß § 50 InvStG erhebt,
- diese an die zuständige Finanzbehörde abführt und
- den Anlegern Steuerbescheinigungen gemäß § 45a Abs. 2 EStG ausstellt.

Da **inländische Spezial-Investmentfonds** grundsätzlich zum Einbehalt von Kapitalertragsteuer nach § 50 InvStG verpflichtet sind, steht diesen **kein echtes Wahlrecht** zu. Damit üben inländische Spezial-Investmentfonds stets die Transparenzoption des § 33 InvStG aus, wenn sie inländische Immobilienerträge oder sonstige inländische Einkünfte ohne Steuerabzug erzielen und diese entweder an die Anleger ausgeschüttet oder diesen als ausschüttungsgleiche Erträge zugerechnet werden. Ein echtes Wahlrecht haben lediglich ausländische Spezial-Investmentfonds, weil § 50 InvStG für sie keine Verpflichtung zum Steuerabzug vorsieht (siehe dazu auch vgl. Mann in Blümich 2017, § 33 Rdn. 11).

▶ **Es gilt somit** Die Transparenzoption des § 33 InvStG umfasst inländische Immobilienerträge und sonstige inländische Einkünfte ohne Steuerabzug. Der Fonds übt diese Transparenzoption durch einen Kapitalertragsteuerabzug, d. h. Erheben und Abführen der Steuer, und Ausstellung entsprechender Steuerbescheinigungen aus. Da inländische Spezial-Investmentfonds nach § 50 InvStG zum Kapitalertragsteuerabzug auf Fondsausgangsseite verpflichtet sind, üben sie diese Option zwangsläufig aus. Ein echtes Wahlrecht haben demnach ausschließlich ausländische Spezial-Investmentfonds. Denn diese kann der deutsche Gesetzgeber nicht zum Kapitalertragsteuerabzug verpflichten.

Einzelheiten über den **Kapitalertragsteuerabzug** enthält **§ 50 InvStG**, wobei diese Regelung ausschließlich für inländische Spezial-Investmentfonds gilt. Diese sind Entrichtungspflichtige der Kapitalertragsteuer, die für alle Anleger einheitlich 15 % beträgt. Auf diesen Steuerbetrag fällt zusätzlich Solidaritätszuschlag an. Die für Kapitalerträge i. S. d. § 43 Abs. 1 Nr. 7 EStG geltenden Regelungen sind entsprechend anzuwenden. Damit findet auch § 44a EStG über die Abstandnahme vom Steuerabzug Anwendung.[4] Grundsätzlich hat der Kapitalertragsteuerabzug bei Ausschüttung der Erträge oder bei

---

[4] Da § 33 InvStG ausdrücklich auf § 50 InvStG verweist, wird in der Literatur auch § 44a EStG über die Abstandnahme vom Kapitalertragsteuerabzug als anwendbar erachtet. Diese Frage erlangt

Nichtausschüttung am Geschäftsjahresende zu erfolgen. Dem Kapitalertragsteuerabzug kommt keine abgeltende Wirkung zu (vgl. Gesetzesbegründung BT-Drs. 18/8045, S. 101).

▶ **Es gilt somit** § 50 InvStG verpflichtet inländische Spezial-Investmentfonds zum Kapitalertragsteuerabzug. Der Steuersatz beträgt für alle Anleger einheitlich 15 % zuzüglich Solidaritätszuschlag. Dem Steuerabzug kommt keine abgeltende Wirkung zu.

Rechtsfolge der Ausübung der Transparenzoption des § 33 InvStG ist, dass die partielle Körperschaftsteuerpflicht für die inländischen Immobilienerträge und sonstigen inländischen Einkünfte ohne Steuerabzug des Spezial-Investmentfonds entfällt. Zu beachten ist, dass diese Rechtsfolge nur dann eintritt, wenn der Fonds auf alle inländischen Immobilienerträge und sonstigen inländischen Einkünfte ohne Steuerabzug eines Geschäftsjahres Kapitalertragsteuer erhebt. Sollte der Spezial-Investmentfonds nur auf einen Teil der inländischen Immobilienerträge Kapitalertragsteuer erheben, ist er nach Auffassung des Gesetzgebers gleichwohl mit allen im Geschäftsjahr zugeflossenen Erträgen steuerpflichtig. Fraglich ist, ob dieser Rechtsfolge auch Sachverhalte unterfallen, bei denen bloße Berechnungsfehler bei der Ermittlung der Erträge oder nachträgliche Korrekturen infolge einer Betriebsprüfung zu einem unzutreffenden Kapitalertragsteuerabzug geführt haben. Es ist zu hoffen, dass es in diesen Fällen nicht zu einem Aufleben der Steuerpflicht auf Fondsebene kommt (vgl. Bindl und Stadler 2016, 1962).

Bei **beschränkt steuerpflichtigen Anlegern** gelten die ausgeschütteten und ausschüttungsgleichen inländischen Immobilienerträge gemäß § 33 Abs. 2 Satz 4 Nr. 1 InvStG als unmittelbar bezogene Einkünfte nach § 49 Abs. 1 Nr. 2 Buchst. f (aus Gewerbebetrieb), Nr. 6 (Vermietung und Verpachtung) oder Nr. 8 (sonstige Einkünfte) EStG und die sonstigen inländischen Einkünfte ohne Steuerabzug als unmittelbar bezogene Einkünfte nach dem Tatbestand des § 49 Abs. 1 EStG, der der Vereinnahmung durch den Spezial-Investmentfonds zugrunde lag. Dies gilt auch bei Anwendung eines Doppelbesteuerungsabkommens, so dass es zu einem Treaty Override kommen kann. Durch diese Regelung soll das deutsche Besteuerungsrecht gesichert werden. Der Kapitalertragsteuerabzug hat bei diesen Anlegern gemäß § 33 Abs. 3 Satz 3 InvStG keine abgeltende Wirkung, so dass eine Veranlagung der beschränkt steuerpflichtigen Anleger notwendig ist.

---

im Zusammenhang mit der Ausübung der Transparenzoption des § 33 InvStG Bedeutung, soweit an dem Spezial-Investmentfonds steuerbefreite Anleger (z. B. gemeinnützige Körperschaften) beteiligt sind. Legen diese Anleger dem Fonds eine Bescheinigung i. S. d. § 44a Abs. 7 Satz 2 EStG vor, hat der Fonds von dem Kapitalertragsteuerabzug auf die ausgeschütteten und ausschüttungsgleichen Erträge Abstand zu nehmen. Nach ihrem Wortlaut setzt die Option des § 33 InvStG jedoch einen Kapitalertragsteuerabzug voraus, der in diesen Fällen jedoch nicht durchgeführt wird. Folglich würde es bei einer Körperschaftsteuerpflicht des Spezial-Investmentfonds verbleiben, weil die Option des § 33 InvStG nicht wirksam ausgeübt wird. Ob diese Rechtsfolge gewünscht ist, bleibt fraglich. Rechtssicherheit besteht derzeit jedoch nicht (vgl. dazu auch Neumann 2016, S. 1780 f.).

Beispiel

An einem Spezial-Investmentfonds, der inländische Immobilienerträge i. S. d. § 6 Abs. 4 InvStG erzielt, ist ein im Ausland ansässiger Anleger beteiligt. Der Spezial-Investmentfonds übt die Transparenzoption des § 33 Abs. 1 InvStG aus, indem er die einbehaltene Kapitalertragsteuer einbehält, sie an das zuständige Finanzamt abführt und entsprechende Steuerbescheinigungen ausstellt. Der beschränkt steuerpflichtige Anleger erzielt aus seinen Anteilen keine Erträge aus Spezial-Investmentanteilen i. S. d. § 20 Abs. 1 Nr. 3a EStG, sondern unmittelbar bezogene Einkünfte aus Gewerbebetrieb, Vermietung und Verpachtung nach §§ 49 Abs. 1 Nr. 2 Buchst. f, Nr. 6 oder Nr. 8 EStG. Diese Einkünfte werden von der beschränkten Steuerpflicht erfasst. Sie unterliegen damit im Inland einer Besteuerung, die für Einkünfte i. S. d. § 20 Abs. 1 Nr. 3a EStG nicht möglich gewesen wäre. Dem Steuerabzug, dem diese Einkünfte unterlegen haben, kommt keine abgeltende Wirkung zu. Eine Veranlagung ist notwendig.

Sollten an dem nach § 33 Abs. 1 InvStG besteuerten Spezial-Investmentfonds auch andere Investmentfonds oder Spezial-Investmentfonds beteiligt sein, ist darüber hinaus **§ 33 Abs. 2 InvStG** zu berücksichtigen. Diese Regelung berücksichtigt die Besonderheiten bei einer **Dach-Ziel-Struktur**, wenn der Spezial-Investmentfonds inländische Immobilienerträge erzielt. Siehe dazu sogleich ausführlich Abschn. 4.3.2.4.

4.3.2.4 Immobilientransparenzoption i. S. d. § 33 Abs. 2 InvStG

Im Zusammenhang mit einer **Dach-Zielfonds-Struktur** ist § 33 Abs. 2 InvStG zu beachten, der erst nach Verabschiedung der Investmentsteuerreform 2018 durch den Bundestag, aber noch vor dem Inkrafttreten des Gesetzes durch das Gesetz zur Bekämpfung der Steuerumgehung und zur Änderung weiterer steuerlicher Vorschriften (Steuerumgehungsbekämpfungsgesetz – StUmgBG) vom 23. Juni 2017 BGBl. I 17, S. 1682 verabschiedet wurde. Die Einführung des § 33 Abs. 2 InvStG dient der Vermeidung etwaiger Steuerumgehungsmöglichkeiten.[5] Sie findet Anwendung, wenn an dem Spezial-Investmentfonds ein vereinnahmender **Investmentfonds oder ein Dach-Spezial-Investmentfonds** beteiligt ist. Abb. 4.1 veranschaulicht eine solche Struktur.

▶ **Es gilt somit** Sollte an dem Spezial-Investmentfonds ein vereinnahmender Fonds oder ein Dach-Spezial-Investmentfonds beteiligt sein, ist § 33 Abs. 2 InvStG zu berücksichtigen.

Die **Neuregelung** stellt auf die Vermeidung folgender Konstellation dar, welche anhand dieses Beispiels[6] aufgezeigt wird:

---

[5] Zu diesem Problem ausführlich Bindl und Mager 2017, S. 466.
[6] Angelehnt an Bindl und Stadler 2017, S. 1943.

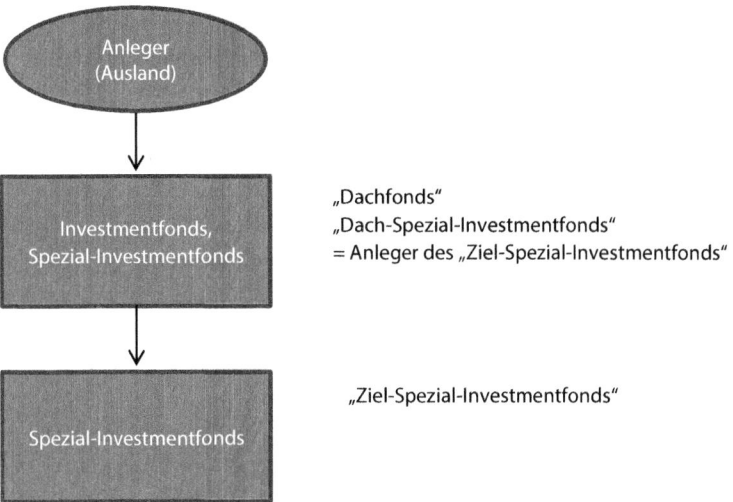

Abb. 4.1   Darstellung einer Dach-Zielfonds-Struktur

Beispiel

Ein inländischer (Publikums-)Investmentfonds ist an einem inländischen Spezial-Investmentfonds beteiligt, der inländische Immobilienerträge i. S. d. § 6 Abs. 4 InvStG erzielt. Ein Anleger des Dachfonds ist im Ausland ansässig.

Ohne Berücksichtigung des § 33 Abs. 2 InvStG ergäbe sich daraus folgende steuerliche Belastung: Die inländischen Immobilienerträge sind auf Ebene des Ziel-Spezial-Investmentfonds steuerpflichtig (§ 29 i. V. m. § 6 Abs. 2, 4 InvStG). Sollte der Spezial-Investmentfonds die Transparenzoption i. S. d. § 33 Abs. 1 InvStG ausüben, entfällt diese Steuerpflicht. Voraussetzung ist der Einbehalt und Abführung der Kapitalertragsteuer i. H. v. 15 % zuzüglich Solidaritätszuschlag sowie die Ausstellung entsprechender Steuerbescheinigungen für die Anleger. Diese wiederum erzielen Spezial-Investmenterträge i. S. d. § 20 Abs. 1 Nr. 3a EStG, die nicht von § 6 Abs. 2 InvStG erfasst werden. Der Investmentfonds als Anleger des Ziel-Spezial-Investmentfonds hat daher einen Anspruch auf Erstattung der einbehaltenen Kapitalertragsteuer nach § 37 Abs. 2 AO. Da der im Ausland ansässige Anleger des Dachfonds aus seiner Beteiligung an dem Investmentfonds Einkünfte aus Kapitalvermögen i. S. d. § 20 Abs. 1 Nr. 3 EStG erzielt, die nicht von der beschränkten Steuerpflicht nach § 49 Abs. 1 EStG erfasst werden, würden die inländischen Immobilienerträge im Inland nicht der Besteuerung unterliegen. Gegen diese Entstehung von weißen Einkünften richtet sich die Neuregelung des § 33 Abs. 2 InvStG.

Zur Neuregelung im Einzelnen:

§ 33 Abs. 2 InvStG sieht vor, dass die von einem Ziel-Spezial-Investmentfonds an einen Dach-Spezial-Investmentfonds i. S. d. § 2 Abs. 5 Satz 2 InvStG oder einen Investmentfonds ausgeschütteten und ausschüttungsgleichen inländischen Immobilienerträge bei diesen Anlegern ebenfalls zu inländischen Immobilienerträgen i. S. d. § 6 Abs. 4 InvStG gehören. Diese **Fiktion** verhindert, dass auf Ebene der Anleger des Ziel-Spezial-Investmentfonds eine Umqualifizierung der inländischen Immobilienerträge in Spezial-Investmenterträge i. S. d. § 20 Abs. 1 Nr. 3a EStG stattfindet, die bei diesen keine Besteuerung auslösen würden. Denn Spezial-Investmenterträge i. S. d. § 34 InvStG werden nicht von der partiellen Steuerpflicht des § 6 Abs. 2 InvStG erfasst. Allein durch die aufgezeigte Fiktion unterliegen die ausgeschütteten oder ausschüttungsgleichen inländischen Immobilienerträge bei **diesen Anlegern** grundsätzlich einer Besteuerung. Denn die inländischen Immobilienerträge werden von der partiellen Körperschaftsteuerpflicht des Dachfonds nach § 6 Abs. 2 InvStG erfasst.

▶ **Es gilt somit** Spezial-Investmenterträge i. S. d. § 20 Abs. 1 Nr. 3a EStG werden bei Dach-Spezial-Investmentfonds oder Investmentfonds nicht besteuert, weil sie nicht von der partiellen Körperschaftsteuerpflicht des § 6 Abs. 2 InvStG erfasst werden. Durch die Fiktion des § 33 Abs. 2 Satz 1 InvStG wird die Umqualifizierung der inländischen Immobilienerträge in Spezial-Investmenterträge i. S. d. § 20 Abs. 1 Nr. 3a EStG verhindert. Ihre steuerliche Qualifikation als inländische Immobilienerträge bleibt erhalten. Durch die Umqualifizierung der ausgeschütteten und ausschüttungsgleichen inländischen Immobilienerträge in inländische Immobilienerträge wird also deren Nichtbesteuerung verhindert. Zu beachten ist, dass diese Fiktion ausschließlich auf Ebene der Anleger des Ziel-Spezial-Investmentfonds gilt.

Diese Einkünfte unterliegen auf Ebene des Ziel-Spezial-Investmentfonds einem **Steuerabzug**, der gemäß § 29 Abs. 1 i. V. m. § 7 Abs. 2 InvStG **abgeltende Wirkung** hat. § 7 Abs. 1 Satz 3 InvStG findet dabei keine Anwendung, weswegen der anzuwendende Steuersatz nicht 15 % inklusive Solidaritätszuschlag, sondern **15 % zuzüglich 5,5 % Solidaritätszuschlag** beträgt. Bei Anlegern des Dach-Spezial-Investmentfonds wird diese steuerliche Vorbelastung nach § 42 Abs. 5 InvStG berücksichtigt. Die Einzelheiten über den Steuerabzug richten sich nach § 50 InvStG.

Dieser Steuerabzug nach § 50 InvStG führt auf Ebene des **Ziel-Spezial-Investmentfonds** dazu, dass seine Besteuerungspflicht hinsichtlich der inländischen Immobilienerträge entfällt, weil dieser dadurch die Transparenzoption des § 33 Abs. 1 InvStG damit ausgeübt hat. Die Einzelheiten bestimmen sich nach **§ 33 Abs. 1 InvStG**.

▶ **Es gilt somit** § 33 Abs. 2 InvStG greift nicht in die transparente Besteuerung des Ziel-Spezial-Investmentfonds ein. Dieser kann weiterhin die Transparenzoption des § 33 Abs. 1 InvStG ausüben. Macht er davon Gebrauch, entspricht die Steuerbelastung der inländischen Immobilienerträge derjenigen, die entstehen würde, wenn der Dachfonds diese unmittelbar erzielen würde.

Beispiel

§ 33 Abs. 2 InvStG führt nun also dazu, dass der Investmentfonds (Dachfonds) aus seinen Anteilen an dem Ziel-Spezial-Investmentfonds keine Erträge aus Spezial-Investmentfonds i. S. d. § 20 Abs. 1 Nr. 3a EStG erzielt, sondern inländische Immobilienerträge i. S. d. § 6 Abs. 4 InvStG. Diese unterliegen auf Ebene des Ziel-Spezial-Investmentfonds gemäß § 33 Abs. 2 Satz 2 InvStG einem Steuerabzug i. H. v. 15 % zuzüglich Solidaritätszuschlag, dem abgeltende Wirkung zukommt. Die einmalige Besteuerung der inländischen Immobilienerträge ist damit sichergestellt.

Sollte an dem Ziel-Spezial-Investmentfonds wiederum ein **Spezial-Investmentfonds** (Dach-Spezial-Investmentfonds) beteiligt sein, steht diesem die Ausübung der **sog. Immobilientransparenzoption des § 33 Abs. 2 Satz 3 InvStG** offen. Investmentfonds als Anleger des Ziel-Spezial-Investmentfonds können diese Option nicht ausüben, weil diese investmentsteuerlich zwingend nach dem Intransparenzprinzip besteuert wird.

▶ **Es gilt somit** Die Immobilientransparenzoption des § 33 Abs. 2 Satz 3 InvStG gilt nur für Spezial-Investmentfonds, die an einem anderen Spezial-Investmentfonds beteiligt sind.

Die Immobilientransparenzoption des § 33 Abs. 2 Satz 3 InvStG übt der Dach-Spezial-Investmentfonds aus, indem er gegenüber dem Ziel-Spezial-Investmentfonds unwiderruflich erklärt, dass **den Anlegern des Dach-Spezial-Investmentfonds Steuerbescheinigungen gemäß § 45a Abs. 2 EStG** ausgestellt werden sollen. Dadurch wird erreicht, dass die Erträge aus der Beteiligung an dem Ziel-Spezial-Investmentfonds den Anlegern des Dach-Spezial-Investmentfonds zugerechnet werden. Für die Einkünftequalifikation gelten in diesem Fall

- beschränkt steuerpflichtigen Anlegern unmittelbar Einkünfte i. S. d. § 49 Abs. 1 Nr. 2 Buchst. f, Nr. 6 oder 8 EStG[7] ,
- Anlegern, die unbeschränkt steuerpflichtige Investmentfonds oder Dach-Spezial-Investmentfonds sind, Einkünfte nach § 6 Abs. 4 InvStG und
- sonstigen Anlegern Spezial-Investmenterträge i. S. d. § 20 Abs. 1 Nr. 3a EStG

als zugeflossen.

Beispiel

Sollte der Anleger eines Spezial-Investmentfonds wiederum ein Spezial-Investmentfonds sein und dieser die Immobilientransparenzoption des § 33 Abs. 2 Satz 3 InvStG ausüben, erzielt der beschränkt steuerpflichtige Anleger des Dach-Spezial-Investmentfonds unmittelbar Einkünfte i. S. d. § 49 Abs. 1 Nr. 2 Buchst. f, Nr. 6 oder 8 EStG.

---

[7] Diese Fiktion gilt auch bei Anwendung eines Doppelbesteuerungsabkommens. Sie stellt daher ein treaty override dar.

Die Einkünfte, welchen den Anlegern des Dachfonds als unmittelbar zugeflossen gelten, unterliegen auf **Ebene des Ziel-Spezial-Investmentfonds einem Steuerabzug nach § 50 InvStG** i. H. v. 15 % zuzüglich Solidaritätszuschlag, dem grundsätzlich abgeltende Wirkung zukommt.

Für den **Kapitalertragsteuereinbehalt** sind die Regelungen des Einkommensteuergesetzes der §§ 43 ff. EStG anzuwenden, als wären den Anlegern die inländischen Immobilienerträge unmittelbar selbst zugeflossen. Dabei hat der Ziel-Spezial-Investmentfonds den Steuerstatus der Anleger des Dach-Spezial-Investmentfonds zu berücksichtigen (Mann in Weitnauer/Boxberger/Anders KAGB 2017, § 33 InvStG Rdn. 9). Die Regelung über die Abstandnahme vom **Kapitalertragsteuerabzug des § 44a EStG** kommt somit entsprechend zur Anwendung. Daher unterbleibt ein Steuerabzug insbesondere bei Beteiligung von Kirchen, Pensionskassen oder gemeinnützigen Stiftungen. Die **Steuerbescheinigungen nach § 45a Abs. 2 EStG** haben die in § 31 Abs. 1 InvStG genannten Angaben über den Name und Anschrift des Spezial-Investmentfonds als Zahlungsempfänger, den Zeitpunkt des Zuflusses des Kapitalertrags bei dem Spezial-Investmentfonds, die Name und Anschrift der am Spezial-Investmentfonds beteiligten Anleger als Gläubiger der Kapitalerträge, die Gesamtzahl der Anteile des Spezial-Investmentfonds zum Zeitpunkt des Zuflusses und Anzahl der Anteile der einzelnen Anleger sowie die Anteile der einzelnen Anleger an der Kapitalertragsteuer ebenfalls zu beinhalten.

Die **Haftung** für die Steuer, die bei ausgeübter Transparenzoption zu Unrecht nicht erhoben oder erstattet wurde, richtet sich **nach § 32 InvStG.**

Nach § 30 Abs. 4 InvStG findet diese Regelung auch auf **sonstige inländische Einkünfte** ohne Steuerabzug Anwendung.

In **dreistufigen Konstellationen** ist zu beachten, dass Dach-Spezial-Investmentfonds, welchen inländische Immobilienerträge aufgrund der Transparenzoption eines Dach-Spezial-Investmentfonds zugerechnet werden, hinsichtlich dieser Einkünfte keine Transparenzoption ausüben können.

▶   **Praxishinweis** Derzeit offen ist, wie eine nochmalige Besteuerung dieser Erträge auf Ebene der Anleger des Dach-Ziel-Investmentfonds verhindert wird. An einer gesetzlichen Regelung fehlt es. Bindl und Stadler vertreten dazu die Auffassung, dass in diesem Zusammenhang ein redaktionelles Versehen vorliegen dürfte, weswegen § 36 Abs. 1 Satz 2 InvStG und § 49 Abs. 3 Satz 5 InvStG für diese inländischen Immobilienerträge entsprechend zur Anwendung kommen sollten.

4.4   Steuerfolgen auf Ebene der Anleger

4.4.1   Überblick

Die Steuerfolgen der Anleger von Spezial-Investmentfonds enthält Abschnitt 2 des Kapitel 3 über Spezial-Investmentfonds. Dieser umfasst die **§§ 34–51 InvStG.**

Anleger der Spezial-Investmentfonds erzielen **Spezial-Investmenterträge** i. S. d. § 34 InvStG, die bei ihnen zu den Einkünften i. S. d. **§ 20 Abs. 1 Nr. 3a EStG** gehören. Privatanleger erzielen daher grundsätzlich Einkünfte aus Kapitalvermögen und betriebliche Anleger gewerbliche oder andere Gewinneinkünfte (§§ 13, 15, 18 EStG). Die Regelung des § 34 Abs. 2 InvStG ist bei Privatanlegern zu beachten, weil sie einer Besteuerung dieser Einkünfte mit der Abgeltungsteuer nach § 32d EStG entgegensteht. Durch diese Regelung soll verhindert werden, dass natürliche Personen, die ausnahmsweise an einem Spezial-Investmentfonds beteiligt sind, im Vergleich zu den Anlegern von (Publikums-)Investmentfonds Vorteile durch die Möglichkeit zur steuerneutralen Thesaurierung von Veräußerungsgewinnen und Gewinnen aus Termingeschäften bei Spezial-Investmentfonds erzielen könnten (Gesetzesbegründung BT-Drs. 18/8045, S. 102). Die Einkünfte unterliegen nicht dem Steuerabzug von 25 %, sondern dem allgemeinen Einkommensteuersatz. Der Kapitalertragsteuerabzug entfaltet keine abgeltende Wirkung. Ein Werbungskostenabzug sowie eine Verlustverrechnung sind dadurch jedoch möglich. Die Spezial-Investmenterträge unterliegen nicht den Steuerbefreiungen nach § 3 Nr. 40 EStG oder § 8b KStG. Ausnahmen von diesem Grundsatz regelt § 42 InvStG für den Fall, dass die Spezial-Investmenterträge inländische Beteiligungseinnahmen umfassen. Darüber hinaus sieht die Regelung Steuerbefreiungen für die inländischen Immobilienerträge vor (siehe dazu ausführlich unter Abschn. 4.4.3). Einzelheiten über die Steuerbefreiung aufgrund eines Abkommens zur Vermeidung der Doppelbesteuerung richten sich nach § 43 Abs. 1 InvStG.

Die **Spezial-Investmenterträge** umfassen gemäß **§ 34 Abs. 1 InvStG**, wie nach bisherigem Recht auch,

- ausgeschüttete Erträge nach § 35 InvStG,
- ausschüttungsgleiche Erträge nach § 36 Abs. 1 InvStG und
- Gewinne aus der Veräußerung der Investmentanteile nach § 49 InvStG.

Im Grundsatz führt die **Investmentsteuerreform 2018 hier nur zu einzelnen Änderungen**, wie zum Beispiel im Hinblick auf die Zusammensetzung der ausschüttungsgleichen Erträge. Zu diesen gehören nunmehr die Gewinne aus der Veräußerung von Immobilien und zwar unabhängig von dem Ablauf der zehnjährigen Spekulationsfrist. Eine weitere wesentliche Änderung ergibt sich im Zusammenhang mit den Kapitalerträgen, welche steuerfrei thesauriert werden können. Die Thesaurierung wird zeitlich begrenzt. So gelten die steuerfrei thesaurierten Kapitalerträge gemäß § 36 Abs. 5 InvStG nach 15 Jahren als ausschüttungsgleiche Erträge, soweit sie die Verluste der Vorjahre überschreiten (vgl. Böcker 2016, S. 2789). Die Einzelheiten regelt § 34 InvStG. Des Weiteren sind die Regelungen über die gesonderte Feststellung der Besteuerungsgrundlagen nach § 51 InvStG zu beachten.

Die **ausgeschütteten Erträge definiert § 35 Abs. 1 InvStG** als sehr umfangreich. Zu diesen gehören alle Erträge, welcher der Spezial-Investmentfonds ermittelt und zur Ausschüttung verwendet hat, wie insbesondere Kapitalerträge, Erträge aus Vermietung und Verpachtung von Grundstücken und grundstücksgleichen Rechten sowie sonstige Erträge und Gewinne aus Veräußerungsgeschäften. Nicht dazu gehören lediglich Substanzauskehrungen und ausschüttungsgleiche Erträge aus Vorjahren (Wenzel in Blümich 2017, § 35 Rdn. 10). Nach § 35 InvStG gilt folgende Ausschüttungsreihenfolge:

1. Zurechnungsbeträge,
2. Absetzungsbeträge,
3. bereits besteuerte ausschüttungsgleiche Erträge der Vorjahre, die in den Folgejahren steuerneutral ausgeschüttet werden können,
4. ausgeschüttete Erträge des laufenden oder gerade abgelaufenen Geschäftsjahres und
5. Substanzbeträge (vgl. Gesetzesbegründung BT-Drs. 18/8045, S. 103).

Ausschüttungsgleiche Erträge definiert **§ 36 InvStG**. Diese umfassen die Erträge des Spezial-Investmentfonds, die der Anleger jährlich versteuern muss, obwohl sie ihm nicht tatsächlich zufließen, sondern im Spezial-Investmentfonds verbleiben und wiederangelegt werden (Gesetzesbegründung BT-Drs. 18/8045, S. 104). Die Ermittlung dieser thesaurierten Erträge richtet sich, wie die der ausgeschütteten Erträge, nach den §§ 37 bis 41 InvStG.

Die Erträge werden den Anlegern **besitzzeitanteilig zugerechnet** (zu Einzelheiten vgl. Abschn. 4.4.2.1).

Die aufgezeigten Steuerfolgen auf Ebene der Anleger gelten im Grundsatz unabhängig davon, ob der Spezial-Investmentfonds die **Transparenzoptionen der §§ 30 und 33 InvStG ausübt oder nicht.** Denn die Ausübung der Transparenzoptionen führt im Grundsatz dazu, dass insoweit die partielle Körperschaftsteuerpflicht des Spezial-Investmentfonds entfällt. Die inländischen Beteiligungseinnahmen und sonstigen inländischen Einkünfte mit Steuerabzug werden direkt den Anlegern des Spezial-Investmentfonds zugerechnet werden, damit diese die Erträge besteuern. Aufgrund der direkten Zurechnung der Erträge besteuern sie diese Einkünfte, als würden sie die Erträge direkt erzielen. Um eine erneute Besteuerung dieser Erträge als Spezial-Investmenterträge zu verhindern, kann der Fonds die sog. Zurechnungsbeträge steuerfrei an seine Anleger ausschütten. Diese Zurechnungsbeträge umfassen nach § 36 Abs. 3 InvStG die inländischen Beteiligungseinnahmen und sonstige inländischen Einkünfte mit Steuerabzug, wenn der Spezial-Investmentfonds die Transparenzoption des § 30 Abs. 1 Satz 1 InvStG ausgeübt hat.

Dies ist sachgerecht, weil die Anleger diese Erträge bereits versteuert haben. Die inländischen Immobilienerträge sowie sonstigen inländischen Einkünfte ohne Steuerabzug unterliegen bei Ausübung der Transparenzoption des § 33 InvStG einem Kapitalertragsteuerabzug nach § 50 InvStG. Die einbehaltene und abgeführte Kapitalertragsteuer kann auf die persönliche Steuer des Anlegers angerechnet werden, wenn dieser veranlagt wird. So wird eine doppelte Besteuerung dieser Erträge auf Ebene der Anleger verhindert.

Soweit der Fonds hingegen die Transparenzoptionen nicht ausgeübt hat, kommt auf Ebene der Anleger eine Teilfreistellung nach § 42 Abs. 4 und 5 InvStG in Betracht. Diese beträgt für die inländischen Beteiligungseinnahmen 60 % und für die inländischen Immobilienerträge und sonstigen inländischen Einkünften 20 %. Für Anleger, die der Körperschaftsteuer unterliegen, beträgt der Freistellungssatz 100 %, wenn der Spezial-

Investmentfonds einer Besteuerung mit dem vollen Körperschaftsteuersatz von 15 % unterlegen hat.

▶ **Es gilt somit** Die Anleger von Spezial-Investmentfonds erzielen grundsätzlich sog. Spezial-Investmenterträge i. S. d. § 34 InvStG. Diese gehören zu den Einkünften i. S. d. § 20 Abs. 1 Nr. 3a EStG. Diese Rechtsfolge gilt unabhängig davon, ob und inwieweit der Fonds die Transparenzoptionen der §§ 30 und 33 InvStG ausübt oder nicht. Insoweit der Spezial-Investmentfonds die Optionen des § 30 InvStG für inländische Beteiligungseinnahmen und sonstige Einkünfte mit Steuerabzug ausübt, haben die Anleger die betroffenen Erträge zu versteuern. In diesen Fällen können die inländischen Beteiligungseinnahmen und sonstige inländischen Einkünfte mit Steuerabzug nach § 36 Abs. 3 InvStG als sog. Zurechnungsbeträge steuerfrei von dem Fonds an die Anleger ausgeschüttet werden. Eine erneute Besteuerung dieser Erträge als Investmenterträge erfolgt nicht. Bei Ausübung der Transparenzoption des § 33 InvStG für inländische Immobilienerträge und sonstige inländische Einkünfte ohne Steuerabzug hat der Fonds Kapitalertragsteuer nach § 50 InvStG einzubehalten, abzuführen und entsprechende Steuerbescheinigungen auszustellen, die eine Anrechnung dieser Steuer im Falle einer Veranlagung unter den Voraussetzungen des § 30 Abs. 3 InvStG ermöglichen. Sollten die Erträge ausnahmsweise auf Ebene des Spezial-Investmentfonds der Körperschaftsteuer unterlegen haben, ist eine Teilfreistellung dieser Erträge auf Ebene der Anleger möglich. Diese richtet sich nach § 42 Abs. 4 und 5 InvStG.

Darüber hinaus sind auf Ebene der Anleger § 45 InvStG über die Gewerbesteuerpflicht von Spezial-Investmenterträgen, § 46 InvStG über die Berücksichtigung dieser Erträge im Rahmen der Zinsschrankenregelung des § 4h EStG bei den Anlegern sowie § 48 InvStG über die Anrechnung und den Abzug ausländischer Steuern zu berücksichtigen. Einzelheiten über die Steuerfolgen bei Veräußerung der Spezial-Investmentanteile beinhaltet § 49 InvStG, während § 50 InvStG den Kapitalertragsteuerabzug für alle Spezial-Investmenterträge regelt. § 51 InvStG sieht vor, welche Besteuerungsgrundlagen für die Besteuerung der Anleger gesondert festzustellen sind.

Dazu im Einzelnen:

4.4.2 Spezial-Investmenterträge nach § 34 ff. InvStG

Für die Besteuerung der Anleger eines Spezial-Investmentfonds ist auf Ebene der Anleger gemäß § 34 Abs. 1 InvStG zwischen folgenden **Spezial-Investmenterträgen** zu unterscheiden:

- ausgeschüttete Erträge nach § 35 InvStG,
- ausschüttungsgleiche Erträge nach § 36 InvStG und
- Gewinne aus der Veräußerung der Investmentanteile nach § 49 InvStG.

Die **Definition** der ausgeschütteten Erträge richtet sich nach § 35 Abs. 1 InvStG, der ausschüttungsgleichen Erträge nach § 36 Abs. 1 InvStG und der Gewinne aus der Veräußerung von Spezial-Investmentanteilen nach § 49 InvStG.

§ 34 Abs. 2 Satz 1 InvStG schließt im Zusammenhang mit der Besteuerung von Spezial-Investmenterträgen die **Anwendung** bestimmter Regelungen des Einkommensteuergesetzes **aus**[8], die im Zusammenhang mit der Anwendung der **Abgeltungsteuer** stehen. Denn diese soll nicht zur Anwendung kommen, wenn an dem Spezial-Investmentfonds ausnahmsweise eine natürliche Person als Privatanleger beteiligt sein sollte. Zu berücksichtigen ist, dass sich § 34 Abs. 2 Satz 1 InvStG nur auswirkt, wenn die natürliche Person ihre Anteile an dem Spezial-Investmentfonds im Privatvermögen hält, da anderenfalls die Abgeltungsteuer nicht zur Anwendung kommen würde, folglich ein Ausschluss der damit verbundenen Regelungen nicht notwendig wäre.

> **Beispiel**
>
> An dem Spezial-Investmentfonds ist mittelbar über eine Personengesellschaft eine natürliche Person beteiligt. Diese Beteiligung unterliegt dem Bestandsschutz nach § 26 Nr. 8 Satz 2 InvStG. Die Spezial-Investmenterträge unterliegen aufgrund von § 34 Abs. 2 InvStG nicht der Abgeltungsteuer, sondern dem progressiven Einkommensteuersatz. Der Kapitalertragsteuerabzug entfaltet keine abgeltende Wirkung. Ein Werbungskostenabzug sowie eine Verlustverrechnung sind dadurch jedoch möglich.

Mit diesem Ausschluss möchte der **Gesetzgeber** eine unangemessene Privilegierung gegenüber den Anlegern von (Publikums-)Investmentfonds verhindern, die durch die Möglichkeit zur steuerneutralen Thesaurierung von Veräußerungsgewinnen und Gewinnen aus Termingeschäften bei Spezial-Investmentfonds entstehen könnte. In Folge der Anwendung des allgemeinen progressiven Einkommensteuertarifes sieht es der Gesetzgeber als folgerichtig an, eine unbeschränkte Verlustverrechnung (keine Anwendung des § 20 Abs. 6 EStG) und einen Abzug der tatsächlichen Werbungskosten (keine Anwendung des § 20 Abs. 9 EStG) zuzulassen (Gesetzesbegründung BT-Drs. 18/8045, S. 102).

§ 34 Abs. 2 Satz 2 InvStG **schließt** darüber hinaus eine Anwendung der **§§ 3 Nr. 40 EStG und 8b KStG für die Spezial-Investmenterträge aus**. Der Gesetzgeber begründet dies damit, weil diese Vergünstigungen eine pauschale Berücksichtigung für die Vorbelastung durch die Körperschaftsteuer darstellen und bei Spezial-Investmentfonds diese nicht oder nur partiell anfällt (Gesetzesbegründung BT-Drs. 18/8045, S. 102). Ausnahmen dazu sieht § 42 InvStG vor. Zu bedenken ist, dass dieser Regelung aufgrund der steuerlichen Qualifikation der Spezial-Investmenterträge als Einkünfte i. S. d. § 20 Abs. 1 Nr. 3a EStG lediglich deklaratorische Bedeutung zukommt, weil für derartige Einkünfte die Steuerbefreiungen der §§ 3 Nr. 40 EStG und 8b KStG nicht greifen.

---

[8] Im Einzelnen sind dies die §§ 2 Abs. 5b, 20 Abs. 6 und 9, 32d sowie 43 Abs. 5 Satz 1 EStG. Zu den Steuerfolgen siehe Abschn. 4.4.10.

▶ **Es gilt somit** Spezial-Investmenterträge i. S. d. § 34 InvStG unterfallen grundsätzlich nicht der Abgeltungsteuer. Auch können die Steuerbefreiungen der §§ 3 Nr. 40 EStG und 8b KStG für diese Einkünfte i. S. d. § 20 Abs. 1 Nr. 3a EStG nicht in Anspruch genommen werden. Ausnahmen davon enthält § 42 InvStG.

§ 34 Abs. 3 Satz 1 InvStG bestimmt, dass sich die **Freistellung** von ausgeschütteten und ausschüttungsgleichen Erträgen aufgrund eines **Doppelbesteuerungsabkommen** (DBA) grundsätzlich nach § 43 InvStG bestimmt. Eine Freistellung der Spezial-Investmenterträge ist damit unter den in § 43 InvStG genannten Voraussetzungen möglich. Der Steuerbefreiungen sollen danach lediglich Ertragsbestandteile unterliegen, die tatsächlich einer Vorbelastung in dem Quellenstaat unterlegen haben (z. B. Einnahmen aus Vermietung und Verpachtung, die im Belegenheitsstaat der Immobilie besteuert wurden) (Gesetzesbegründung BT-Drs. 18/8045, S. 102). Die Freistellung von Ausschüttungen ausländischer Spezial-Investmentfonds setzt nach § 34 Abs. 3 Satz 2 InvStG zunächst voraus, dass die Voraussetzungen des § 16 Abs. 4 InvStG erfüllt sind, weil der Spezial-Investmentfonds im Ausland einer ausreichenden Steuerbelastung unterlegen hat. Liegt diese Voraussetzung nicht vor, wird auch keine Freistellung für die Spezial-Investmenterträge gewährt. Diese Rechtsfolge wird regelmäßig eintreten, weil Investmentfonds üblicherweise keiner Besteuerung unterliegen. Den Ausschluss von etwaigen Freistellungsregelungen aus den Doppelbesteuerungsabkommen rechtfertigt der Gesetzgeber mit der Verhinderung von Gestaltungsmissbräuche durch die zweckwidrige Nutzung von Abkommensvorteilen (vgl. Gesetzesbegründung BT-Drs. 18/8045, S. 102).

4.4.2.1   Ausgeschüttete Erträge und Ausschüttungsreihenfolge nach § 35 InvStG

§ 35 Abs. 1 InvStG **definiert** die **steuerpflichtigen ausgeschütteten Erträge** als die nach den §§ 37 bis 41 InvStG ermittelten Einkünfte, die von einem Spezial-Investmentfonds zur Ausschüttung verwendet werden.

Die **Ermittlung** der Ausschüttungen richtet sich nach § **37 InvStG**. Diese Regelung sieht vor, dass die Erträge grundsätzlich als **Überschuss der Einnahmen über die damit in Zusammenhang stehenden Werbungskosten** zu ermitteln sind. Ihre periodengerechte Abgrenzung richtet sich nach § 38 InvStG. Dabei können die abgegrenzten Erträge Bestandteil der ausgeschütteten Erträge sein. Darüber hinaus sind bei der Einkünfteermittlung die Regelungen zur Berücksichtigung von Werbungskosten nach den §§ 39 und 40 InvStG und zur Verlustverrechnung nach § 41 InvStG anzuwenden. Steuerbefreiungen können sich aus den §§ 30, 42 und 43 InvStG, d. h. in Abhängigkeit von der Zusammensetzung der Ausschüttung sowie der Ausübung der Transparenzoptionen, ergeben (Wenzel in Blümich 2017, § 35 Rdn. 7).

▶ **Es gilt somit** § 35 Abs. 1 InvStG definiert die ausgeschütteten Erträge als sehr umfangreich. Zu diesen gehören alle Erträge, welcher der Spezial-Investmentfonds ermittelt und zur Ausschüttung verwendet hat, wie insbesondere Kapitalerträge, Erträge aus Vermietung und Verpachtung von Grundstücken und grundstücksgleichen Rechten sowie sonstige Erträge und Gewinne aus Veräußerungsgeschäften. Nicht dazu gehören lediglich Substanzauskehrungen und ausschüttungsgleiche Erträge aus Vorjahren (Wenzel in Blümich 2017, § 35 Rdn. 10).

Im Zusammenhang mit den ausgeschütteten Erträgen ist die sog. **Ausschüttungsreihenfolge** zu beachten, welche § 35 Abs. 2 InvStG normiert. Die nachfolgenden Absätze 3 bis 5 enthalten Begriffsbestimmungen dazu. § 35 Abs. 2 Satz 1 InvStG bestimmt, dass

- Zurechnungsbeträge und
- Absetzungsbeträge, die steuerneutral ausgeschüttet werden können,

als **vorrangig** ausgeschüttet gelten.

In diesem Zusammenhang sind als **Zurechnungsbeträge nach § 35 Abs. 3 InvStG** inländische Beteiligungseinnahmen und sonstige inländische Einkünfte mit Steuerabzug zu verstehen, wenn die Transparenzoption nach § 30 InvStG wahrgenommen wurde.

▶ **Es gilt somit** Zurechnungsbeträge umfassen die Beträge, die dem Anleger bereits bei Ausübung der Transparenzoption des § 30 InvStG für inländische Beteiligungserträge und sonstigen inländischen Einkünfte mit Steuerabzug zugerechnet werden. Da diese Erträge dem Anleger bereits steuerlich zugerechnet wurden und der Kapitalertragsteuer unterlegen haben, sind sie bei tatsächlicher Ausschüttung durch den Fonds nicht nochmal auf Ebene der Anleger zu versteuern. Ihre Ausschüttung ist also steuerneutral möglich.

▶ **Praxishinweis** Unbeschränkt steuerpflichtige und nicht steuerbefreite Anleger müssen diese Beträge im Rahmen ihrer Veranlagung erklären. Bei Vorlage einer entsprechenden Steuerbescheinigung ist eine Anrechnung der bereits erhobenen Kapitalertragsteuer möglich. Ggf. kommt es zu einer Erstattung. Bei beschränkt steuerpflichtigen Anlegern hat der Kapitalertragsteuerabzug gemäß § 32 Abs. 1 KStG grundsätzlich abgeltenden Charakter (vgl. Gesetzesbegründung BT-Drs. 18/8045, S. 103).

Als **Absetzungsbeträge** sind nach § 35 Abs. 4 InvStG die ausgeschütteten Einnahmen aus der Vermietung und Verpachtung von Grundstücken oder grundstücksgleichen Rechten zu verstehen, soweit auf diese Einnahmen Absetzungen für Abnutzungen oder Substanzverringerung entfallen.

▶ **Es gilt somit** Sollte der Spezial-Investmentfonds Immobilien halten, können auf Ebene des Spezial-Investmentfonds Absetzungen für Abnutzung oder Substanzverringerung angesetzt werden, welche die steuerpflichtigen Einkünfte aus der Immobilie mindern. Soweit die Immobilieneinkünfte ausgeschüttet werden und hierauf Absetzungen für Abnutzung oder Substanzverringerung entfallen, können diese Absetzungsbeträge steuerlich unbelastet ausgeschüttet werden, um eine ähnliche Besteuerungswirkung wie in der Direktanlage zu erzielen (Gesetzesbegründung BT-Drs. 18/8045, S. 103). Damit sind ausgeschüttete Immobilieneinnahmen auf Ebene der Anleger steuerfrei, soweit hierauf Absetzungen für Abnutzung oder Substanzverringerung entfallen. Während der Besitzzeit des Anlegers zugeflossene Absetzungsbeträge erhöhen den Gewinn aus der Veräußerung von Spezial-Investmentanteilen gemäß § 49 Abs. 3 Satz 4 InvStG.

Zur Verdeutlichung führt der Gesetzgeber folgendes **Beispiel** an (Gesetzesbegründung BT-Drs. 18/8045, S. 103):

Beispiel

Der Investmentfonds erzielt 100 € Mieteinnahmen. Es können gemäß § 7 Abs. 4 Nr. 2 Buchst. a EStG Absetzungen für Abnutzungen i. H. v. 2 % geltend gemacht werden. Darüber hinaus sind auf Fondsebene im Zusammenhang mit den Mieteinnahmen 15 € Direktkosten und 10 € Allgemeinkosten angefallen, so dass ein ausschüttungsfähiger Betrag i. H. v. 75 € verbleibt.

Wenn der Investmentfonds die 75 € in vollem Umfang ausschüttet, gelten davon 73 € als ausgeschüttete Erträge und 2 € als Absetzungsbeträge. Schüttet der Investmentfonds nur 37,50 € aus, so sind 36,50 € als ausgeschüttete Erträge und 1 € als Absetzungsbeträge anzusetzen.

Dagegen gelten **Substanzbeträge nach § 35 Abs. 2 Satz 2 InvStG** erst nach Ausschüttung sämtlicher Erträge des laufenden und aller vorherigen Geschäftjahre als verwendet. Steuerneutrale Substanzveränderungen können damit erst nach Ausschüttung aller vorhandenen Erträge des Spezial-Investmentfonds zur Ausschüttung verwendet werden. In diesem Zusammenhang definiert § 35 Abs. 5 InvStG Substanzbeträge als die verbleibenden Beträge einer Ausschüttung nach Abzug der ausgeschütteten Erträge, der ausgeschütteten ausschüttungsgleichen Erträge der Vorjahre, der Zurechnungsbeträge und der Absetzungsbeträge. Sie stellen damit eine „Restgröße" dar, die insbesondere anfallen können, wenn der Spezial-Investmentfonds das eingelegte Kapital der Anleger zurückzahlt. Als Substanzbeträge gelten aber auch Leistungen aus dem steuerlichen Einlagekonto i. S. d. § 20 Abs. 1 Nr. 1 Satz 3 EStG, die dem Spezial-Investmentfonds aus einer Beteiligung zugeflossen sind und die er an die Anleger ausschüttet (Gesetzesbegründung BT-Drs. 18/8045, S. 103). Während der Besitzzeit des Anlegers zugeflossene Substanzbeträge erhöhen gemäß § 49 Abs. 3 Satz 4 InvStG den Gewinn aus der Veräußerung von Spezial-Investmentanteilen.

Im Ergebnis ergibt sich damit folgende **Ausschüttungsreihenfolge nach § 35 InvStG** (vgl. Gesetzesbegründung BT-Drs. 18/8045, S. 103):

1. Zurechnungsbeträge,
2. Absetzungsbeträge,
3. bereits besteuerte ausschüttungsgleiche Erträge der Vorjahre, die in den Folgejahren steuerneutral ausgeschüttet werden können,

4. ausgeschüttete Erträge des laufenden oder gerade abgelaufenen Geschäftsjahres und
5. Substanzbeträge.

Eine **Ausnahme von dieser Ausschüttungsreihenfolge** sieht § 35 Abs. 6 InvStG vor. Diese Ausnahme kommt zur Anwendung, wenn an den Anleger Erträge für eine Zeit ausgeschüttet werden, zu welcher er nicht an dem Spezial-Investmentfonds beteiligt war. In diesem Fall gelten dem Anleger insoweit **Substanzbeträge** als ausgeschüttet. Mit dieser Regelung wird die Transparenz des Spezial-Investmentfonds in dem Sinne erweitert, dass dem Anleger nur dann Einnahmen und Ausgaben zugerechnet werden können, die während der Besitzzeit seines Anteils an dem Spezial-Investmentfonds angefallen sind. Dadurch soll Gestaltungspotential dergestalt verringert werden, dass vor der Ausschüttung von Erträgen oder vor dem Entstehen von ausschüttungsgleichen Erträgen ein voll steuerpflichtiger Anleger die Anteile an dem Spezial-Investmentfonds auf einen steuerbegünstigten Anleger überträgt (Gesetzesbegründung BT-Drs. 18/8045, S. 103).

▶ **Es gilt somit** Die Erträge werden dem Anleger **besitzzeitanteilig zugerechnet.**

Durch die Notwendigkeit einer **besitzzeitanteiligen Zurechnung** der Erträge ergeben sich weitreichende Anforderungen an das investmentsteuerrechtliche Anlegerreporting. Denn zur Erfüllung seiner Aufgaben muss der Spezial-Investmentfonds letztlich wissen,

- welcher Anleger
- in welchen Zeiträumen
- in welchem Umfang Spezial-Investmentanteile gehalten hat und
- welche Erträge insoweit entstanden sind (vgl. Wenzel in Blümich 2017, § 35 Rdn. 28).

4.4.2.2   Ausschüttungsgleiche Erträge nach § 36 InvStG

Ausschüttungsgleiche Erträge definiert **§ 36 InvStG.** Während Ausschüttungen die Erträge umfassen, welche tatsächlich an die Anleger ausgeschüttet wurden, umfassen die ausschüttungsgleichen Erträge bestimmte Erträge als ebenfalls ausgeschüttet, obwohl sie nicht an die Anleger ausgezahlt, sondern auf Ebene des Fonds thesauriert werden. Zu beachten gilt, dass nicht alle thesaurierten Erträge als ausschüttungsgleiche Erträge erfasst werden, so dass für bestimmte Erträge eine steuerfreie Thesaurierung auf Ebene des Spezial-Investmentfonds möglich ist. Die Ermittlung der ausschüttungsgleichen Erträge richtet sich, wie die der ausgeschütteten Erträge auch, nach den §§ 37 bis 41 InvStG.

▶ **Es gilt somit** Ausschüttungsgleiche Erträge sind Erträge des Spezial-Investmentfonds, die der Anleger jährlich versteuern muss, obwohl sie ihm nicht tatsächlich zufließen, sondern im Spezial-Investmentfonds verbleiben und wiederangelegt werden (Gesetzesbegründung BT-Drs. 18/8045, S. 104). Sie entstehen also durch Thesaurierung. Ihre Ermittlung richtet sich, wie die der Ausschüttungen auch, nach den §§ 37 bis 41 InvStG.

Im Grundsatz gilt, dass dem Anleger nur ein **positiver Betrag** als ausschüttungsgleiche Erträge zugerechnet werden kann. Nichtsdestotrotz können die einzelnen Beträge, die zu den ausschüttungsgleichen Erträgen gehören, negativ sein und folglich zu einer positiven oder negativen Summe über alle ausschüttungsgleichen Erträge führen.

Beispiel

Der Spezial-Investmentfonds erzielt negative Einkünfte aus Vermietung und Verpachtung sowie positive Kapitalerträge, die nicht steuerfrei thesauriert werden können. Der Fonds schüttet diese Erträge nicht aus. Sollte die Summe aus diesen Erträgen positiv sein, haben die Anleger die Erträge trotz Thesaurierung zu versteuern. Andernfalls kommt es zu keiner Zurechnung von ausschüttungsgleichen Erträgen, weil deren Summe negativ ist.

▶ **Es gilt somit** Der Begriff „positive Einkünfte" verdeutlicht also lediglich, dass eine Besteuerung von ausschüttungsgleichen Erträgen auf Ebene der Anleger nur dann erfolgt, wenn die Summe aller ausschüttungsgleicher Erträge positiv ist und schließt eine Zurechnung von Verlusten des Spezial-Investmentfonds gegenüber den Anlegern aus (vgl. Gesetzesbegründung BT-Drs. 18/8045, S. 104).

Nach dem **Wortlaut des § 36 Abs. 1 Satz 1 InvStG** gehören zu den ausschüttungsgleichen Erträgen im Einzelnen:

1. Kapitalerträge nach § 20 EStG mit Ausnahme der steuerfrei thesaurierbaren Kapitalerträge,
2. Erträge aus der Vermietung und Verpachtung von Grundstücken und grundstücksgleichen Rechten sowie Gewinne aus der Veräußerung von Grundstücken und grundstücksgleichen Rechten und
3. sonstige Erträge.

Nicht zu den ausschüttungsgleichen Erträgen gehören folglich:

1. steuerfrei thesaurierbare Kapitalerträge nach § 20 EStG sowie
2. nach § 36 Abs. 1 Satz 2 InvStG die inländischen Beteiligungseinnahmen und
3. sonstigen inländischen Einkünfte mit Steuerabzug, wenn die Transparenzoption nach § 30 InvStG wahrgenommen wurde.

Zu den Erträgen, die nach § 36 Abs. 1 Nr. 1 bis 3 InvStG zu den ausschüttungsgleichen Erträgen gehören, im Einzelnen:

Nach Nr. 1 umfassen die ausschüttungsgleichen Erträge die **Kapitalerträge nach § 20 EStG.** Diese umfassen grundsätzlich die laufenden Erträge nach § 20 Abs. 1 EStG wie zum Beispiel Zinsen und Dividenden, aber auch die Erträge aus der Veräußerungen nach

§ 20 Abs. 2 EStG, wie beispielsweise Gewinne aus der Veräußerung von stillen Beteiligungen, partiarischen Darlehen und kapitalbildenden Versicherungsverträgen (vgl. Gesetzesbegründung BT-Drs. 18/8045, S. 104).

> **Beispiel**
> Der Spezial-Investmentfonds ist an einem anderen Spezial-Investmentfonds und an einem (Publikums-)Investmentfonds beteiligt. Alle Erträge aus diesen Anteilen thesauriert er. Zu den ausschüttungsgleichen Erträgen i. S. d. § 36 Abs. 1 Nr. 1 EStG gehören grundsätzlich als Kapitalerträge nach § 20 Abs. 1 EStG sowohl die Erträge aus den Anteilen an dem (Publikums-)Investmentfonds nach § 20 Abs. 1 Nr. 3 EStG, die nach § 16 InvStG auf Ebene der Anleger als Ausschüttungen und Vorabpauschale zu besteuern sind, als auch die Erträge aus den Anteilen an dem anderen Spezial-Investmentfonds nach § 20 Abs. 1 Nr. 3a EStG, die der Dach-Spezial-Investmentfonds als Ausschüttungen oder ausschüttungsgleiche Erträge erzielt. Lediglich die Gewinne aus der Veräußerung dieser Fondsanteile können nach § 36 Abs. 2 InvStG steuerfrei thesauriert werden.

► **Praxishinweis** Die Erträge aus den Investmentfondsanteilen bzw. Spezial-Investmentfondsanteilen i. S. d. § 20 Abs. 1 Nr. 3 oder Nr. 3a InvStG unterfallen auf Ebene des Dach-Spezial-Investmentfonds nicht der Besteuerung. Die Anleger haben diese Einkünfte jedoch als Bestandteil der Investmenterträge i. S. d. § 34 InvStG zu besteuern. Die Thesaurierung dieser Erträge ist lediglich für die Gewinne aus der Veräußerung dieser Anteile, nicht aber für die laufenden Gewinne möglich. Die laufenden Gewinne werden im Falle ihrer Thesaurierung als ausschüttungsgleiche Erträge i. S. d. § 36 InvStG erfasst.

Nach Nr. 2 des § 36 Abs. 1 InvStG umfassen die ausschüttungsgleichen Erträge **auch Mieten, Pachten und Veräußerungsgewinne aus Immobilien**. Zu berücksichtigen gilt, dass nunmehr die Gewinne aus der Veräußerung von Grundstücken und grundstücksgleichen Rechten unabhängig von dem Zeitraum zwischen der Anschaffung und Veräußerung zu den ausschüttungsgleichen Erträgen gehören. Die Steuerfreiheit für Gewinne, welche auf der für private Anleger geltenden Ausnahmeregelung unter Berücksichtigung der zehnjährigen Spekulationsfrist basierte, wurde aufgehoben. Der Gesetzgeber sieht diese Vorgehensweise als gerechtfertigt an, weil ein Großteil der Anleger von Spezial-Investmentfonds unternehmerisch tätige Körperschaften sind, bei denen die Immobilienveräußerungsgewinne bereits derzeit generell steuerpflichtig sind. Darüber hinaus sind voll steuerbefreite Anleger, wie beispielsweise Kirchen und gemeinnützige Stiftungen von dieser Abschaffung der Steuerfreiheit von privaten Veräußerungsgeschäften nicht betroffen, weil bei diesen die ausgeschütteten und ausschüttungsgleichen Erträge grundsätzlich keiner Besteuerung unterliegen. Daher wirkt sich diese Änderung lediglich bei privaten Anlegern aus, die ausnahmsweise an einem Spezial-Investmentfonds beteiligt sind (vgl. Gesetzesbegründung BT-Drs. 18/8045, S. 105).

▶ **Es gilt somit** Veräußerungsgewinne aus Immobilien unterliegen nunmehr ungeachtet der Haltedauer der Immobilien grundsätzlich auf Fondsebene einer Steuerpflicht. Im Falle ihrer Thesaurierungen werden sie als ausschüttungsgleiche Erträge erfasst.

Nach Nr. 3 gehören zu den ausschüttungsgleichen Erträgen auch **sonstige Erträge**. Welche Erträge zu den sonstigen Erträgen gehören, bestimmt § 36 Abs. 3 InvStG. Danach gehören zu diesen alle Einkünfte, die nicht unter die §§ 20, 21 und 23 Abs. 1 Satz 1 Nr. 1 EStG fallen. In der Praxis dürften die Investmentfonds derartige Einkünfte vornehmlich durch Kompensationszahlungen aus Wertpapier-Darlehensgeschäften erzielen (vgl. Wenzel in Blümich 2017, § 36 Rdn. 28).

Nicht zu den ausschüttungsgleichen Erträgen gehören, wie bereits dargestellt, die steuerfrei thesaurierbare Kapitalerträge nach § 20 EStG sowie nach § 36 Abs. 1 Satz 2 InvStG die inländischen Beteiligungseinnahmen und sonstigen inländischen Einkünfte mit Steuerabzug, wenn die Transparenzoption nach § 30 InvStG wahrgenommen wurde. Zu diesen Erträgen im Einzelnen:

Die **steuerfrei thesaurierbaren Kapitalerträge** umfassen nach § 36 Abs. 2 InvStG folgende Erträge:

1. Erträge aus Stillhalterprämien nach § 20 Abs. 1 Nr. 11 EStG,
2. Gewinne nach § 20 Abs. 2 Satz 1 Nr. 1, 3 und 7 EStG mit Ausnahme der Erträge aus Swap-Verträgen, soweit sich die Höhe der getauschten Zahlungsströme nach Kapitalerträgen nach § 20 Abs. 1 Nr. 1 oder Nr. 7 EStG bestimmt, und
3. Gewinne aus der Veräußerung von Investmentanteilen und Spezial-Investmentanteilen.

Steuerfrei thesauriert können also Stillhalterprämien, Veräußerungsgewinne aus Aktien und anderen Wertpapieren sowie Gewinne aus Termingeschäften und Veräußerungsgewinne aus Fondsanteilen werden. Zu beachten ist jedoch, dass diese Thesaurierungsmöglichkeit zukünftig nach **§ 36 Abs. 5 InvStG auf maximal fünfzehn Geschäftsjahre** nach dem Geschäftsjahr der Vereinnahmung begrenzt ist.

▶ **Praxishinweis** Hinsichtlich der steuerfrei thesaurierbaren Kapitalerträge ergeben sich durch die **Investmentsteuerreform 2018** folgende Änderungen: Zum einen werden die Thesaurierungsmöglichkeiten bei sonstigen Kapitalforderungen i. S. d. § 20 Abs. 2 Satz 1 Nr. 7 EStG aus Vereinfachungsgründen ausgeweitet. Ziel dieser Ausweitung ist es, dass auf die bisher notwendige, aber komplexe Unterscheidung zwischen steuerpflichtigen Produkten (im Wesentlichen sog. Finanzinnovationen wie beispielsweise Step-up-Anleihen, Floors, Collared Bonds, Garantiezertifikate, etc.) und steuerfreien „normalen" Schuldverschreibungen verzichtet werden soll. Zum anderen soll die Neuregelung aber auch der Verhinderung von Steuergestaltungen dienen, mit welchen die Fonds der Besteuerung von Zinsen und Dividenden mit Hilfe von Swap-Verträgen entgehen wollen. Dazu investierten bestimmte Fonds nicht direkt in verzinsliche Anleihen oder Aktien, sondern nur mittelbar über einen Swap-Vertrag zwischen dem

Investmentfonds und meist einem Kreditinstitut. Mit diesem Swap-Vertrag vereinbaren zwei Kontrahenten, dass sie während eines bestimmten Zeitraums zu bestimmten Zeitpunkten künftige, aber im Vorhinein definierte Zahlungsströme tauschen. Bislang fließen dem Fonds in einem solchen Fall keine Zinsen oder Dividenden zu, sondern Gewinne aus einem Termingeschäft, die bislang steuerfrei thesauriert werden konnten. Diese Möglichkeit besteht nun nicht mehr, wenn die Erträge aus den Swap-Verträgen bei wirtschaftlicher Betrachtung ein Surrogat für Zinsen oder Dividenden darstellen. Sollten die Leistungen aus dem Swap-Vertrag sowohl von Zinsen oder Dividenden als auch von der Wertentwicklung oder von Veräußerungsgewinnen abhängen, ist eine Aufteilung vorzunehmen (vgl. Gesetzesbegründung BT-Drs. 18/8045, S. 105).

Ebenfalls nicht zu den ausschüttungsgleichen Erträgen gehören nach **§ 36 Abs. 1 Satz 2 InvStG** die inländischen Beteiligungseinnahmen und sonstige inländische Einkünfte mit Steuerabzug, für die der Investmentfonds die Transparenzoption ausgeübt hat. Denn diese Einkünfte werden den Anlegern durch die Ausübung der Transparenzoption des § 30 InvStG bereits steuerlich unmittelbar gemäß § 30 Abs. 1 Satz 2 InvStG zugerechnet.

Im **Ergebnis sind die ausschüttungsgleichen Erträge wie folgt** (Tab. 4.1) zu ermitteln (in Anlehnung an Wenzel in Blümich 2017, § 36 Rdn. 25).

Tab. 4.1 Ermittlung der ausschüttungsgleichen Erträge nach § 36 InvStG

Kapitalerträge nach § 20 EStG (insbesondere laufende Erträge wie z. B. Dividenden und Zinsen, aber auch Veräußerungsgewinne aus Anteilen an Kapitalgesellschaften)	
./.	Steuerfrei thesaurierbare Kapitalerträge i. S. d. § 36 Abs. 2 InvStG innerhalb fünfzehn Geschäftsjahre (insbesondere Stillhalterprämien, Veräußerungsgewinne aus Aktien und anderen Wertpapieren sowie Gewinne aus Termingeschäften mit Ausnahme der Erträge aus bestimmten Swap-Geschäften und Veräußerungsgewinne aus Investmentfondsanteilen)
+	Steuerfrei thesaurierbare Kapitalerträge außerhalb von fünfzehn Geschäftsjahre (zeitliche Begrenzung der Thesaurierungsmöglichkeit nach § 36 Abs. 5 InvStG auf 15 Jahre)
+	Erträge aus Vermietung und Verpachtung von Grundstücken und grundstücksgleichen Rechten
+	Gewinne aus der Veräußerung von Grundstücken und grundstücksgleichen Rechten ungeachtet der Haltedauer
+	Sonstige Erträge i. S. d. § 36 Abs. 3 InvStG (z. B. aus Kompensationszahlungen aus Wertpapier-Darlehensgeschäften)
./.	Inländische Beteiligungseinnahmen und sonstige inländische Einkünfte mit Steuerabzug bei ausgeübter Transparenzoption nach § 30 InvStG (werden den Anlegern aufgrund der Transparenz des Fonds bereits unmittelbar zugerechnet)
./.	Ausgeschüttete Erträge i. S. d. § 35 InvStG
./.	Abzugsfähige Werbungskosten nach § 39 InvStG
=	Ausschüttungsgleiche Erträge i. S. d. 36 InvStG

Die **Ermittlung der ausschüttungsgleichen Erträgen** richtet sich, wie die der ausgeschütteten Erträge i. S. d. § 35 InvStG auch, nach den §§ 37 bis 41 InvStG. Siehe dazu
ausführlich sogleich unter Abschn. 4.4.2.3.

Darüber hinaus bestimmt **§ 36 Abs. 4 InvStG** Einzelheiten über die Zurechnung der
ausschüttungsgleichen Erträge. Wie bei den Ausschüttungen auch, erfolgt die Zurechnung
der ausschüttungsgleichen Erträge gemäß § 36 Abs. 4 Satz 1 InvStG **besitzzeitanteilig**.
Die Einnahmen und Werbungskosten können den Anlegern also nur insoweit zugerechnet werden, wie diese zum Zeitpunkt des Zuflusses der Einnahmen oder des Abflusses
der Werbungskosten tatsächlich an dem Spezial-Investmentfonds beteiligt sind. Auch diese Regelung stellt, wie § 35 Abs. 6 InvStG, auf die Vermeidung von Gestaltungen ab, die
darauf abzielen, dass sich aus dem sog. Ertragsausgleich und der Umgehung der sog. Zinsschranke Spielräume ergeben. Bislang wurden die Spielräume dadurch genutzt, dass die
Anleger unmittelbar vor der Ausschüttung von Zinserträgen oder Zurechnung von entsprechenden ausschüttungsgleichen Erträgen Investmentanteile erwerben. Mit Hilfe der
während des gesamten Geschäftsjahres des Investmentfonds angefallenen Zinsen kann der
nach § 4h EStG abziehbare Zinsaufwand erhöht werden, obwohl die Zinserträge nicht in
der Besitzzeit des Anlegers erwirtschaftet wurden. Nunmehr sollen Anleger lediglich die
Zinserträge bei der Zinsschranke des § 4h EStG berücksichtigen, die auf ihre tatsächliche
Besitzzeit entfallen (Gesetzesbegründung BT-Drs. 18/8045, S. 106).

In zeitlicher Hinsicht gelten die ausschüttungsgleichen Erträge dem Anleger gemäß
§ 36 Abs. 4 Satz 2 InvStG **mit Ablauf des Geschäftsjahres als zugeflossen**, in welchem
sie von dem Spezial-Investmentfonds vereinnahmt wurden. Dies gilt ungeachtet einer ggf.
bereits erfolgten Anteilsveräußerung.

Beispiel

Der Spezial-Investmentfonds erzielt beispielsweise Kapitalerträge nach § 20 EStG, die
nicht steuerfrei thesauriert werden können. Der Anleger A veräußert am 30. November
seine Anteile. Gleichwohl hat der Anleger ausschüttungsgleiche Erträge zu versteuern.
Sie gelten ihm mit Ablauf des Geschäftsjahres des Fonds als zugeflossen. Die Verä-
ßerung der Anteile ist dafür unbeachtlich.

Zur Vermeidung einer doppelten Besteuerung der ausschüttungsgleichen Erträge mit
Ablauf des Geschäftsjahres und bei Veräußerung der Spezial-Investmentanteile, haben
bilanzierende Anleger in ihrer Steuerbilanz einen **aktiven Ausgleichsposten** zu bilden.
Nicht bilanzierende Anleger nehmen einen **Merkposten** auf. Diese Posten sind bei Veräußerung der Investmentanteile aufzulösen und im Rahmen der Ermittlung der Veräußerungsgewinne als „besitzzeitanteilige ausschüttungsgleiche Erträge" zu berücksichtigen
(siehe dazu unter Abschn. 4.5.3).

Die besitzzeitanteilige und individuelle Zurechnung der ausschüttungsgleichen Erträge stellt **hohe Anforderungen an das investmentsteuerliche Reporting des Fonds**. Das
nachfolgende Beispiel verdeutlicht dies. Es zeigt, dass zahlreiche Daten für eine entsprechende Zurechnung notwendig sind.

Beispiel

An dem Spezial-Investmentfonds ist nur der Anleger A beteiligt. Bis zum 30. Juni erzielt der Fonds 10.000 € Einnahmen aus der Vermietung eines Grundstückes. An Werbungskosten entstehen 3000 € auf Ebene des Fonds. Darüber hinaus wird zeitanteilig eine Abschreibung i. H. v. 1000 € berücksichtigt. Am 1. Juli erwirbt Anleger B sämtliche Anteile von dem Anleger A. Am 15. Juli werden an B 7000 € ausgeschüttet. Das Geschäftsjahresende des Spezial-Investmentfonds ist am 31. Juli. Dem B sind keine Mieteinkünfte zuzurechnen, weil diese nicht in seiner Besitzzeit angefallen sind. Die Ausschüttung gilt gemäß § 35 Abs. 6 InvStG in voller Höhe von 7000 € als Substanzbetrag. Dem A sind die Mieterträge i. H. v. 6000 € als ausschüttungsgleiche Erträge am Geschäftsjahresende zuzurechnen. Die Abschreibung wird berücksichtigt, da ausschüttungsfähige Einkünfte aus Vermietung und Verpachtung vorliegen.

Damit die besitzzeitanteilige Zurechnung erfolgen kann, muss der Fonds wissen,

- welcher Anleger,
- in welchen Zeiträumen,
- in welchem Umfang Spezial-Investmentanteile gehalten hat und
- welche Erträge und Werbungskosten in diesem Zeiträumen insoweit entstanden sind.

Dies ist nur möglich, wenn sämtliche Erträge bewertungstäglich ermittelt werden. In dem Beispiel betrifft dies insbesondere die Mieterträge und alle Werbungskosten. Im Zusammenspiel mit Veräußerungsgewinnen entfallen die Veräußerungsgewinne lediglich auf den neu, erworbenen Anteil am Spezial-Investmentfonds, insoweit nach der Anteilsübertragung eine Wertveränderung eingetreten ist. Für die Aufteilung des Veräußerungsgewinnes ist daher auf den Wert des Vermögensgegenstandes zum Zeitpunkt der Ausgabe bzw. Verkauf des Spezial-Investmentanteils abzustellen. Nur in Ausnahmefällen darf für die besitzzeitanteilige Zurechnung auf den Zeitpunkt der Entstehung der Erträge abgestellt werden. Diese Möglichkeit besteht, wenn eine Abgrenzung des Ertrags nach dem Entstehungszeitraum ausgeschlossen ist. Ein solcher Ausnahmefall liegt hinsichtlich von Dividenden vor, weil deren Höhe erst durch die Hauptversammlung festgelegt wird. Daher können die Dividenden ausschließlich den Anlegern zugerechnet werden, die am Tag dieser Versammlung am Spezial-Investmentfonds beteiligt sind (Wenzel in Blümich 2017, § 36 Rdn. 33 f.).

Zu beachten gilt, dass die steuerfreie Thesaurierungsmöglichkeit für Erträge i. S. d. § 36 Abs. 2 InvStG gemäß § 36 Abs. 5 InvStG nunmehr auf **15 Jahre begrenzt** wird. Satz 2 der Regelung schließt eine besitzzeitanteilige Zurechnung dieser Erträge aus. Auch die Umsetzung dieser Regelung stellt **enorme Anforderungen an das Reporting des Fonds**.

► **Es gilt somit** Nach Ablauf eines Zeitraumes von 15 Jahren gelten die thesaurierbaren Erträge grundsätzlich als ausschüttungsgleiche Erträge, die dem Anleger als zugeflossen gelten, sofern diese Erträge nicht mit Verlusten verrechnet werden können oder tatsächlich ausgeschüttet wurden.

Abschließend enthält § 36 Abs. 6 InvStG eine **Thesaurierungsfiktion.** Nach dieser gelten die Erträge des laufenden Geschäftsjahres als nicht zur Ausschüttung verwendet und damit als thesauriert, wenn diese nicht tatsächlich innerhalb von vier Monaten nach Ablauf des Geschäftsjahres an die Anleger ausgezahlt werden. Die Thesaurierung gilt zum Ende des Geschäftsjahres als erfolgt. Mit dieser Regelung möchte der Gesetzgeber ein weiteres Hinauszögern der Besteuerung der ausschüttungsgleichen Erträge vermeiden (Gesetzesbegründung BT-Drs. 18/8045, S. 108). Zu beachten ist, dass der Beschluss über eine Ausschüttung nicht mehr die Anwendung der Thesaurierungsfiktion hindert, sondern nur noch die tatsächliche Auszahlung dieser Erträge an die Anleger.

► **Es gilt somit** § 36 Abs. 6 InvStG fingiert, dass die Erträge des Spezial-Investmentfonds als thesauriert gelten, wenn sie nicht innerhalb von vier Monaten nach Ablauf des Geschäftsjahres an die Anleger tatsächlich ausgezahlt werden. Ausschüttungen außerhalb dieses Zeitraums werden als Zwischenausschüttungen bezeichnet und können diese Rechtsfolge nicht verhindern (vgl. Wenzel in Blümich 2017, § 36 Rdn. 44).

4.4.2.3   Ermittlung der Ausschüttungen und ausschüttungsgleichen Erträge nach §§ 37 ff. InvStG

Die für die Ermittlung der Einkünfte eines Spezial-Investmentfonds maßgeblichen Normen sind die §§ **37 bis 41 InvStG**. Die unter Berücksichtigung dieser Normen ermittelten Ergebnisse werden den Anleger als ausgeschüttete Erträge i. S. d. § 35 InvStG oder ausschüttungsgleiche Erträge i. S. d. § 36 InvStG als Spezial-Investmenterträge i. S. d. § 34 InvStG zugerechnet. Im Einzelnen sind folgende Regelungen zu berücksichtigen:

• §§ 37 und 38 InvStG über die Grundsätze der Ermittlung der Einkünfte durch modifizierte Einnahmen-Überschuss-Rechnung (u. a. durch periodengerechte Abgrenzung der Erträge),
• §§ 39 und 40 InvStG Berücksichtigung der Direkt- und Allgemeinkosten als Werbungskosten,
• § 41 InvStG über die Verlustverrechnung.

Daneben kommen die allgemeinen Vorschriften des Einkommensteuergesetzes zur Anwendung.

Dazu im Einzelnen:

4.4.2.3.1　Vereinnahmung und Verausgabung nach § 37 InvStG

§§ 37 ff. InvStG enthalten die Einzelheiten über die Ermittlung der Ausschüttungen i. S. d. § 35 InvStG und ausschüttungsgleichen Erträge i. S. d. § 36 InvStG.

§ 37 InvStG sieht vor, dass

- der **Spezial-Investmentfonds** seine Einkünfte
- entsprechend § 2 Abs. 2 Satz 1 Nr. 2 und § 23 Abs. 3 EStG als **Überschuss der Einnahmen über die Werbungskosten** ermittelt und
- sie nach den steuerlichen Wirkungen beim **Anleger gliedert**. Dabei sind insbesondere die Einkünfte gesondert auszuweisen, bei denen beim Anleger die §§ 42 bis 47 InvStG zur Anwendung kommen.

Dazu im Einzelnen:

Die **Ermittlung der Einkünfte** erfolgt grundsätzlich auf **Ebene des Fonds** und damit für alle Anleger einheitlich als Überschuss der Einnahmen über die Werbungskosten. Erst danach sind die Einkünfte nach den steuerlichen Wirkungen beim Anleger zu gliedern. Dadurch soll der Spezial-Investmentfonds die steuerlichen Unterschiede beachten, welche die einzelnen Ertragsarten auf Ebene der Anleger auslösen. Diese können insbesondere hinsichtlich

- der Steuerbarkeit (zum Beispiele fehlende Steuerbarkeit von Zinsen bei einer Körperschaft des öffentlichen Rechts als Anleger),
- des Umfangs der Steuerpflicht (beispielsweise Freistellung i. H. v. bis zu 40 % von Dividenden bei Personenunternehmern),
- der Anwendbarkeit einer Steuerbefreiungsvorschrift und bei den Regelungen zum Steuerabzug (z. B. unterliegen Immobilienerträge bei Pensionskassen keinem Steuerabzug)

ergeben. Durch die entsprechende Gliederung soll der Fonds die genannten Unterschiede würdigen (Gesetzesbegründung BT-Drs. 18/8045, S. 109).

▶ **Es gilt somit** Die Ermittlung der Ausschüttungen und ausschüttungsgleichen Erträge erfolgt auf Ebene des Fonds durch Einnahmen-Überschuss-Rechnung. Anschließend hat der Fonds diese Einkünfte nach den steuerlichen Wirkungen beim Anleger zu gliedern.

Eine weitere zentrale Norm über die Ermittlung der Einkünfte ist **§ 38 InvStG** über die Vereinnahmung und Verausgabung. Diese Regelung erklärt nach Absatz 1 das **Zuflussprinzip des § 11 EStG** unter den in den weiteren Absätzen 2 bis 7 enthalten **Modifikationen** für anwendbar. Zu diesen im Einzelnen:

Nach Absatz 2 gelten **Dividenden** bereits am Tag des Dividendenabschlags, dem sog. Ex-Tag, als zugeflossen. Der Zufluss gilt damit an dem ersten Tag als erfolgt, an welchem der Anspruch auf die Dividende von dem Stammrecht getrennt wird und folglich die Aktie und Dividendenanspruch unabhängig voneinander gehandelt werden können (vgl. Wenzel in Blümich 2017, § 38 Rdn. 13).

Nach Absatz 3 ist eine **periodengerechte Abgrenzung** vorzunehmen für

- Zinsen und angewachsene Ansprüche einer sonstigen Kapitalforderung nach § 20 Abs. 1 Nr. 7 EStG, wenn die Kapitalforderung eine Emissionsrendite hat oder bei ihr das Stammrecht und der Zinsschein getrennt wurden,
- angewachsene Ansprüche aus einem Emissions-Agio oder -Disagio und
- Mieten.

Dabei sind die angewachsenen Ansprüche mit der Emissionsrendite anzusetzen, sofern diese leicht und eindeutig ermittelbar ist. Ansonsten müssen sie mit dem Unterschiedsbetrag zwischen dem Marktwert zum Ende des Geschäftsjahres und dem Marktwert zu Beginn des Geschäftsjahres oder im Falle des Erwerbs innerhalb des Geschäftsjahres der Unterschiedsbetrag zwischen dem Marktwert zum Ende des Geschäftsjahres und den Anschaffungskosten als Zins (Marktrendite) angesetzt werden. Die so abgegrenzten Zinsen, angewachsenen Ansprüche und Mieten gelten dem Spezial-Investmentfonds als zugeflossen.

Nach Absatz 4 hat der Spezial-Investmentfonds die Möglichkeit, auch **Werbungskosten periodengerecht abzugrenzen**. Sofern er von dieser Möglichkeit Gebrauch macht, gelten ihm die Werbungskosten als abgeflossen, soweit der tatsächliche Abfluss im folgenden Geschäftsjahr erfolgt. Dadurch wird die Möglichkeit der **periodengerechten Zuordnung der Werbungskosten** eingeschränkt. Sollte der Fonds von dieser Möglichkeit keinen Gebrauch machen, werden die Werbungskosten zum Zeitpunkt ihres tatsächlichen Abflusses berücksichtigt.

▶ **Es gilt somit** Der Spezial-Investmentfonds hat ein Wahlrecht darüber, ob er die Werbungskosten bei tatsächlichem Abfluss berücksichtigen oder periodengerecht abgrenzen möchte. Die periodengerechte Abgrenzung ist nur möglich, wenn der tatsächliche Abfluss der Werbungskosten im unmittelbar folgenden Geschäftsjahr erfolgt.

Erfolgt nach der periodengerechten Abgrenzung der Werbungskosten im folgenden Jahr kein tatsächlicher Abfluss dieser, ist eine **Korrektur** der bereits gesondert und einheitlich festgestellten Besteuerungsgrundlagen i. S. d. § 51 InvStG notwendig.

Nach Absatz 5 gehören **Gewinnanteile des Spezial-Investmentfonds an einer Personengesellschaft** zu den Erträgen des Geschäftsjahres, in dem das Wirtschaftsjahr der Personengesellschaft endet.

Nach Absatz 6 gilt **die Abtrennung eines Zinsscheins oder einer Zinsforderung vom Stammrecht** als Veräußerung der Schuldverschreibung und als Anschaffung der durch die

Trennung entstandenen Wirtschaftsgüter in Form des Zinsscheines bzw. der Zinsforderung und dem Anleihemantel andererseits. Dabei gilt die Trennung nach Satz 2 als vollzogen, wenn dem Inhaber der Schuldverschreibung die Wertpapierkennnummern für die durch die Trennung entstandenen Wirtschaftsgüter zugehen. Als Veräußerungserlös der Schuldverschreibung gilt deren gemeiner Wert zum Zeitpunkt der Trennung. Für die Ermittlung der Anschaffungskosten der neuen Wirtschaftsgüter ist der Wert nach Satz 3 entsprechend dem gemeinen Wert der neuen Wirtschaftsgüter aufzuteilen. Die Erträge des Stammrechts sind in sinngemäßer Anwendung des Absatzes 3 periodengerecht abzugrenzen. Mit dieser Regelung sollen sog. „Bond-Stripping-Modelle"[9] verhindert werden, welche auf die Umgehung von Verlustabzugsbeschränkungen abzielten.

Nach Absatz 7 kommt es zu einem **gewinnwirksamen Tausch**, wenn eine sonstige Kapitalforderung i. S. d. § 20 Abs. 1 Nr. 7 EStG gegen Anteile an einer Körperschaft, Vermögensmasse oder Personenvereinigung getauscht wird. Dafür bestimmt Absatz 7, dass die Anschaffungskosten der erhaltenen Anteile dem gemeinen Wert der hingegeben sonstigen Kapitalforderung entsprechen. Eine entsprechende Anwendung von § 20 Abs. 4a EStG ist nicht möglich.

Absatz 8 ordnet die abgegrenzten Zinsen, angewachsenen Ansprüche und Mieten sowie die Erträge nach Absatz 6 Satz 5 den **ausgeschütteten und ausschüttungsgleichen Erträgen zu**.

4.4.2.3.2 Abzug der Direkt- und Allgemeinkosten nach §§ 39 und 40 InvStG

Bei der Einkünfteermittlung ist zwischen **Direktkosten und Allgemeinkosten** zu unterscheiden. Für beide Kostenarten enthält das Investmentsteuerrecht eine eigene Regelung.

Die Abgrenzung dieser Begriffe richtet sich nach **§ 39 Abs. 1 InvStG**. Satz 1 dieser Regelung **definiert** Direktkosten als Werbungskosten des Spezial-Investmentfonds, die in einem unmittelbaren wirtschaftlichen Zusammenhang mit den Einnahmen stehen. Zu diesen gehören nach Satz 2 auch Absetzungen für Abnutzung oder Substanzverringerung bis zur Höhe der nach § 7 EStG zulässigen Beträge. Alle anderen Werbungskosten, die diese Voraussetzungen nicht erfüllen, gehören nach Satz 3 zu den Allgemeinkosten. **§ 39 InvStG** regelt den Werbungskostenabzug der sog. **Direktkosten** und **§ 40 InvStG** der sog. **Allgemeinkosten**.

▶ **Es gilt somit** Für den Werbungskostenabzug auf Ebene des Spezial-Investmentfonds ist zwischen Direkt- und Allgemeinkosten zu unterscheiden. Die Abgrenzung der Begriffe richtet sich nach § 39 Abs. 1 InvStG. Danach setzen beide Begrifflichkeiten voraus, dass es sich bei den Kosten um Werbungskosten handelt. Die Auslegung dieses Begriffs richtet sich nach § 9 EStG. Darüber hinaus verlangt der Begriff der Direktkosten, dass ein unmittelbarer Zusammenhang mit den Einnahmen besteht. Dies setzt einen kausalen Zusammenhang zwischen den Einnahmen und Ausgaben voraus. Ein mittelbarer Zusammenhang reicht nicht.

---

[9] Zu Einzelheiten vgl. Wenzel in Blümich 2017, § 38 Rdn. 30.

§ 39 Abs. 2 InvStG enthält eine **Sonderregelung für die Direktkosten**, die im un-mittelbaren Zusammenhang mit Einnahmen i. S. d. § 20 Abs. 1 Nr. 1 EStG, d. h. insbe-sondere mit **Dividenden**, oder i. S. d. § 20 Abs. 2 S. 1 Nr. 1 EStG, d. h. insbesondere mit **Veräußerungsgewinnen aus Aktien** stehen. Für diese Werbungskosten gilt, dass sie ausschließlich den Einnahmen nach § 20 Abs. 2 Satz 1 Nr. 1 EStG zugeordnet werden dürfen. Mit dieser Regelung soll eine Gleichbehandlung inländischer und ausländischer Anleger mit der Direktanlage erreicht werden. Zudem wird eine den Regelungen der Dop-pelbesteuerungsabkommen entsprechende Rechtsfolge erreicht, welche im Regelfall die Besteuerung im Quellenstaat bei Dividenden und ihnen gleichgestellten Einnahmen auf einen am Bruttobetrag bemessenen Steuersatz begrenzen (Gesetzesbegründung BT-Drs. 18/8045, S. 109 f.).

Beispiel

Der Spezial-Investmentfonds trägt Kosten, welche in unmittelbarem Zusammenhang mit einer Beteiligung an einer Kapitalgesellschaft stehen. Aus diesen Anteilen erhält er Dividenden. Diese Werbungskosten gehören zu den Direktkosten i. S. d. § 39 Abs. 1 Satz 1 InvStG und können nach Satz 2 nicht bei der Ermittlung der laufenden Einkünfte i. S. d. § 20 Abs. 1 Nr. 1 EStG berücksichtigt werden, sondern nur im Rahmen der Ermittlung der Veräußerungsgewinne nach § 20 Abs. 2 Satz 1 Nr. 1 EStG.

Sollte der Spezial-Investmentfonds, wie in dem Beispielsfall, keine Einnahmen aus Veräußerungen nach § 20 Abs. 2 Satz 1 Nr. 1 EStG erzielen oder sind die Einnahmen niedriger als die Werbungskosten, hat der Spezial-Investmentfonds nach § 39 Abs. 2 Satz 2 InvStG **Verlustvorträge** zu bilden.

§ 39 Abs. 3 InvStG sieht eine Sonderregelung vor, mit denen **sog. Kopplungsge-schäfte** verhindert werden sollen. Bei diesen Geschäften schließt ein Investmentfonds ge-genläufige Derivategeschäfte in der Gestalt ab, dass garantiert Veräußerungsgewinne aus Aktien und in gleicher oder ähnlicher Höhe Verluste aus Termingeschäften entstehen. Ziel derartiger Gestaltungen ist es, dass Kapitalgesellschaften als Anleger des Spezial-Invest-mentfonds die Veräußerungsgewinne aus Aktien steuerfrei vereinnahmen und gleichzeitig steuerwirksame Verluste aus Termingeschäften geltend machen können. Im Ergebnis soll mit Hilfe der Kopplungsgeschäfte „künstliches" Verlustverrechnungspotential geschaffen werden, um anderweitige steuerpflichtige Gewinne einer Kapitalgesellschaft der Besteue-rung zu entziehen (Gesetzesbegründung BT-Drs. 18/8045, S. 110).

Zur Begründung einer gesetzlichen Regelung hinsichtlich der Kopplungsgeschäfte führt der Gesetzgeber folgende Beispiele an (Gesetzesbegründung BT-Drs. 18/8045, S. 110):

Beispiel

Der Spezial-Investmentfonds verkauft im Rahmen eines Termingeschäfts (sog. For-ward) am 15. Mai die A-Aktie zu einem Preis von 100 € an die B-Bank. Die Verpflich-tungen aus dem Forward sind zum 30. Juni zu erfüllen. Dem Investmentfonds wird das Recht eingeräumt, anstatt der tatsächlichen Lieferung der Aktie einen Geldbetrag in Höhe der Differenz zwischen dem vereinbarten Preis von 100 € (sog. Basispreis) und dem tatsächlichen Börsenpreis am 30. Juni zu zahlen (sog. Differenzausgleich). Gleichzeitig erwirbt der Investmentfonds am 15. Mai von der Bank eine Option, die das Recht beinhaltet, von der Bank am 30. Juni entweder die A-Aktie oder eine Zahlung in Höhe des Wertes der A-Aktie zu erhalten (sog. Zero-Strike-Call-Option mit einem Basispreis von 0 €). Für die Zero-Strike-Call-Option zahlt der Investmentfonds 100 € an die Bank.

Szenario 1: Am 30. Juni beträgt der Kurs der A-Aktie 120 €.

Der Investmentfonds übt sein Wahlrecht aus der Zero-Strike-Call-Option gegenüber der Bank dergestalt aus, dass er sich die Aktie tatsächlich liefern lässt. Anschließend verkauft der Investmentfonds die Aktie an der Börse zum aktuellen Kurs von 120 € und erzielt dabei einen Aktienveräußerungsgewinn von 20 €. Seine Verpflichtung aus dem Forward erfüllt der Investmentfonds dadurch, dass er einen Differenzausgleich i. H. v. 20 € an die Bank zahlt, mithin erzielt der Investmentfonds einen Verlust aus einem Termingeschäft i. H. v. 20 €.

Szenario 2: Am 30. Juni beträgt der Kurs der A-Aktie 80 €.

Der Investmentfonds übt seine Zero-Strike-Call-Option dergestalt aus, dass er sich den aktuellen Wert der Aktie i. H. v. 80 € auszahlen lässt. Gegenüber den Anschaffungskosten von 100 € erzielt er dadurch einen Verlust aus der Zero-Strike-Call-Option i. H. v. 20 €. Anschließend erwirbt der Investmentfonds an der Börse eine Aktie zum Preis von 80 € und liefert diese im Rahmen des Forwards zu einem Preis von 100 € an die Bank. Dadurch erzielt der Investmentfonds einen Aktienveräußerungsgewinn von 20 €.

Das Beispiel verdeutlicht, dass der Investmentfonds in beiden Szenarien sowohl einen Veräußerungsgewinn aus Anteilen als auch einen Verlust aus Termingeschäften verwirklicht. Aus wirtschaftlicher Betrachtung sind diese gegenläufigen Geschäfte nach Auffassung des Gesetzgebers „unsinnig", weil kein Gesamtgewinn erzielt werden kann, sondern nur Gebühren für die Transaktionen anfallen. Ihre Durchführung ist allein steuerlich motiviert. Vorliegendes Beispiel zielt darauf ab, dass die Anleger des Investmentfonds bei der Veräußerung ihres Investmentanteils 20 € steuerfreie Aktienveräußerungsgewinne und gleichzeitig 20 € steuerpflichtige Verluste aus Termingeschäften geltend machen können.

Zur Vermeidung der aufgezeigten steuerlichen Wirkung der Kopplungsgeschäfte sieht § 39 Abs. 3 InvStG vor, dass **Verluste aus Finanzderivaten als Direktkosten** ausschließlich bei den **Einnahmen nach § 20 Abs. 2 Satz 1 Nr. 1 EStG** (wiederum insbesondere bei den Gewinnen aus der Veräußerung von Aktien) berücksichtigt werden können. Im Ergebnis verlieren die Verluste ihre Eigenschaft als eigenständige Einkunftsart. Durch ihre Berücksichtigung bei der Ermittlung der Veräußerungsgewinne wird im Regelfall verhindert, dass zum einen steuerfreie Veräußerungsgewinne und zugleich steuerwirksame Verluste entstehen. Sollten auch in diesem Fall die Werbungskosten die Einnahmen übersteigen, ist ein Verlustvortrag zu bilden, der in den folgenden Geschäftsjahren mit den Gewinnen aus Veräußerungen i. S. d. § 20 Abs. 2 Satz 1 Nr. 1 EStG verrechnet werden kann. Eine Verrechnung mit positiven Erträgen aus anderen Finanzderivaten ist nicht möglich (Gesetzesbegründung BT-Drs. 18/8045, S. 110).

Diese Regelung kommt zur Anwendung, wenn der **Spezial-Investmentfonds im Rahmen einer konzeptionellen Gestaltung** Verluste aus Finanzderivaten und in gleicher oder ähnlicher Höhe Einnahmen nach § 20 Abs. 2 Satz 1 Nr. 1 EStG herbeigeführt hat. Zu beachten ist, dass diese Regelung nicht voraussetzt, dass Gegenstand der gegenläufigen Derivategeschäfte die gleiche Aktiengattung ist, sondern auch zur Anwendung kommt, wenn die Gestaltungen hinsichtlich unterschiedlicher Aktiengattungen oder auch hinsichtlich einer oder mehrerer Gesamtheiten von Aktiengattungen (sog. Aktienkörben) erfolgen (Gesetzesbegründung BT-Drs. 18/8045, S. 110).

▶ **Es gilt somit** Sollte ein Spezial-Investmentfonds sowohl Verluste aus Finanzderivaten und in gleicher oder ähnlicher Höhe Einnahmen aus Veräußerungen von z. B. Anteilen an Kapitalgesellschaften nach § 20 Abs. 2 Satz 1 Nr. 1 EStG im Rahmen einer konzeptionellen Gestaltung herbeiführen, können diese Verluste lediglich bei der Ermittlung der Veräußerungsgewinne als Werbungskosten steuerlich berücksichtigt werden. § 39 Abs. 3 InvStG sieht eine entsprechende Zuordnung der Werbungskosten vor, durch welche die steuerliche Attraktivität der sog. Kopplungsgeschäfte gesenkt werden soll.

Die nach Berücksichtigung der § 39 Abs. 2 und 3 InvStG **verbleibenden Direktkosten** sind nach Absatz 4 bei den Einnahmen zu berücksichtigen, mit denen sie im unmittelbaren wirtschaftlichen Zusammenhang stehen.

▶ **Es gilt somit** § 39 InvStG unterscheidet zunächst zwischen Allgemein- und Direktkosten, welche als Werbungskosten in einem unmittelbaren wirtschaftlichen Zusammenhang mit Einnahmen des Fonds stehen. Von diesen werden Verluste aus Termingeschäften sowie Werbungskosten, die im Zusammenhang mit Einnahmen i. S. d. § 20 Abs. 1 Nr. 1, wie Dividenden, oder Abs. 2 Satz 1 Nr. 1 EStG stehen, explizit den Einnahmen i. S. d. § 20 Abs. 2 Satz 1 Nr. 1 EStG aus Veräußerungen zugeordnet. Die danach verbleibenden Direktkosten sind bei den Einnahmen zu berücksichtigen, mit deren Erzielung sie in unmittelbaren wirtschaftlichem Zusammenhang stehen. Der Abzug der Allgemeinkosten richtet sich nach § 40 InvStG.

Allgemeinkosten sind nach § 39 Abs. 1 Satz 3 InvStG alle Werbungskosten, die nicht im unmittelbaren wirtschaftlichen Zusammenhang mit den Einnahmen stehen. Zu den Allgemeinkosten gehören zum Beispiel Verwaltungs- und Depotbankvergütungen, eine Performance Fee und bezahlte Kompensationszahlungen bei Wertpapier-Darlehensgeschäften (vgl. Wenzel in Blümich 2017, § 40 Rdn. 1). Sollte der sog. Investmentvertrag eine

Regelung enthalten, nach welcher die Anleger derartige Kosten selbst tragen, können diese nicht auf Ebene des Fonds als Werbungskosten, sondern lediglich direkt auf Ebene des Anlegers berücksichtigt werden (vgl. Wenzel in Blümich 2017, § 40 Rdn. 1).

Der steuerliche Abzug der Allgemeinkosten richtet sich nach § 40 InvStG, der mit den Absätzen 1 bis 4 ein **dreistufiges Verfahren** über ihre Zuordnung vorsieht:

- Absatz 1 regelt die Aufteilung der Werbungskosten zwischen den nach § 43 InvStG steuerbefreiten und allen anderen Einkünften,
- Absatz 2 und 3 regeln die Aufteilung der Werbungskosten in diesen jeweiligen Gruppen und
- Absatz 4 regelt die Zuordnung der aufgeteilten Werbungskosten zu den entsprechend § 37 InvStG gegliederten Einnahmen und Gewinnen.

Dazu im Einzelnen:

Absatz 1 sieht auf **erster Stufe** eine Aufteilung der Werbungskosten zwischen den nach § 43 InvStG steuerbefreiten und allen anderen Einkünften vor. Die Steuerbefreiungen können sich nach § 43 InvStG aufgrund von Abkommen zur Vermeidung der Doppelbesteuerung (DBA), der Hinzurechnungsbesteuerung und der Teilfreistellung ergeben. Für die Aufteilung der Werbungskosten ist eine Verhältnisrechnung durchzuführen. Der Anteil der Werbungskosten, der auf die nach § 43 InvStG steuerbefreiten Einkünfte entfällt, berechnet sich aus dem Verhältnis des durchschnittlichen Vermögens des vorangegangenen Geschäftsjahres, das Quelle dieser steuerbefreiten Einkünfte ist (sog. Quellvermögen), zu dem durchschnittlichen Gesamtvermögen des vorangegangenen Geschäftsjahres (Gesamtvermögen). Im Regelfall sind das Quell- und Gesamtvermögen als Nettogrößen zu berücksichtigen, wenn die Vertragsbedingungen bzw. die Satzung des Investmentfonds vorsehen, dass die Verwaltungsvergütung nach dem Nettovermögen ermittelt wird. Sollte diese Voraussetzung nicht vorliegen, kommen die Bruttowerte zum Ansatz (vgl. Wenzel in Blümich 2017, § 40 Rdn. 13). Dabei sind für die Berechnung des durchschnittlichen Vermögens die monatlichen Endwerte des vorangegangenen Geschäftsjahres zugrunde zu legen. Das Ergebnis wird auch als **DBA-Quote** bezeichnet.

▶   **Praxishinweis** Sollten die notwendigen Daten aus dem vorangegangen Geschäftsjahr nicht vorhanden sein, weil der Fonds zu diesem Zeitpunkt noch nicht existiert hat, können für die notwendige Verhältnisrechnung ausnahmsweise die monatlichen Endwerte des laufenden Geschäftsjahrs herangezogen werden. Sollten noch keine Monatswerte vorliegen, müssen Tagesdurchschnittswerte oder Schätzwerte verwendet werden. Entsprechendes gilt beim Auflegen einer neuen Anteilklasse. Denn auch für diese sind jeweils separate Besteuerungsgrundlagen zu ermitteln. In diesen Fällen ist auch ein Rückgriff auf die Vorjahreswerte einer anderen Anteilklasse, der am ehesten der neu aufgelegten Anteilklasse entspricht, möglich (vgl. Wenzel in Blümich 2017, § 40 Rdn. 14).

Absatz 2 regelt auf **zweiter Stufe** die Aufteilung der Werbungskosten innerhalb der nach Absatz 1 gebildeten Ertragstypen „nach § 43 InvStG steuerbefreite Einkünfte" und „alle anderen Einkünfte". Dabei sieht die Regelung jeweils eine Aufteilung auf die laufenden Einnahmen einerseits und die sonstigen Gewinne andererseits vor. Satz 2 definiert die laufenden Einnahmen als die Einnahmen aus den in § 36 Abs. 1 Satz 1 InvStG genannten Ertragsarten mit Ausnahme der steuerfrei thesaurierbaren Kapitalertragsarten (ausschüttungsgleiche Erträge[10]) und Satz 3 die sonstigen Gewinne als Einnahmen und Gewinne aus den steuerfrei thesaurierbaren Kapitalertragsarten.

Beispiel

Nach dieser Regelung gehören die Erträge aus Anteilen an anderen Investmentfonds i. S. d. § 20 Abs. 1 Nr. 3 oder 3a EStG zu den laufenden Einnahmen, hingegen die Gewinne aus ihrer Veräußerung zu den sonstigen Gewinnen, weil diese Gewinne nach § 36 Abs. 2 InvStG steuerfrei thesauriert werden können. Die damit in Zusammenhang stehenden Werbungskosten sind entsprechend aufzuteilen.

▶ **Es gilt somit** Innerhalb der beiden Ertragstypen „steuerbefreite Einkünfte nach § 43 InvStG" und „alle anderen Einkünfte" sind die Werbungskosten jeweils auf die laufenden Einnahmen und die sonstigen Gewinnen aufzuteilen. Dafür entscheidend ist, welche Werbungskosten auf die steuerfrei thesaurierbaren Kapitalerträge entfallen, weil diese als sonstige Gewinne i. S. d. Regelung gelten.

Den **Aufteilungsmaßstab** bestimmt Absatz 3. Nach dieser Regelung berechnet sich der Maßstab aus dem Verhältnis der positiven Salden der laufenden Einnahmen des vorangegangenen Geschäftsjahres einerseits und der positiven Salden der sonstigen Gewinne des vorangegangenen Geschäftsjahres. Unberücksichtigt bleiben Gewinn- und Verlustvorträge. Sind die Salden der laufenden oder sonstigen Gewinne negativ, erfolgt die Zuordnung der Allgemeinkosten jeweils hälftig zu den laufenden Einnahmen sowie zu den sonstigen Gewinnen. Dies gilt entsprechend, wenn beide Salden negativ sein sollten. Für neu aufgelegte Spezial-Investmentfonds gilt der bereits dargestellte Praxishinweis entsprechend, nach dem ausnahmsweise die Verhältnisse des laufenden Geschäftsjahres für die Aufteilung maßgeblich sind.

Nach **Absatz 4** erfolgt auf dritter Stufe nunmehr die **Zuordnung der Werbungskosten innerhalb der gebildeten Kategorien „laufende Einnahmen" und „sonstige Gewinne"** der beiden Ertragstypen „nach § 43 InvStG steuerbefreite Einnahmen" und „alle

---

[10] Zu diesen gehören Kapitalerträge nach § 20 EStG mit Ausnahme der steuerfrei thesaurierbaren Kapitalerträge nach § 36 Abs. 2 InvStG, Erträge aus der Vermietung und Verpachtung von Grundstücken und grundstücksgleichen Rechten sowie Gewinne aus der Veräußerung von Grundstücken und grundstücksgleichen Rechten und sonstige Erträge. Nicht dazu gehören die nach § 36 Abs. 2 InvStG steuerfrei thesaurierbaren Kapitalerträge sowie die inländischen Beteiligungseinnahmen und sonstigen inländischen Einkünfte mit Steuerabzug, wenn die Transparenzoption nach § 30 InvStG wahrgenommen wurde.

anderen Einnahmen bzw. Einkünfte". Die Zuordnung erfolgt nun zu den entsprechend § 37 InvStG gegliederten Einnahmen und Gewinnen (sog. Unterertragsgruppen) anhand des Verhältnisses der entsprechenden positiven Einnahmen und Gewinne des vorangegangenen Geschäftsjahres. Sollten die Werte nicht positiv sein, so wird diesen Einnahmen oder Gewinnen vor der Zuordnung nach den Sätzen 1 und 2 jeweils der Anteil der Allgemeinkosten zugeordnet, der bei einer Aufteilung zu gleichen Teilen rechnerisch entsteht. In diesen Fällen kommt ein pauschaler Aufteilungsmaßstab zum Ansatz. Sofern die Daten des vorangegangen Geschäftsjahres nicht vorhanden sind, sind die Werte des laufenden Geschäftsjahres heranzuziehen.

Abschließend enthält § 40 Abs. 5 InvStG eine **§ 39 Abs. 2 InvStG vergleichbare Regelung** über die Zuordnung von Werbungskosten, die im Zusammenhang mit laufenden Erträgen i. S. d. § 20 Abs. 1 Nr. 1 EStG (insbesondere Dividenden) stehen. Somit können auch die Werbungskosten, die in einem mittelbaren Zusammenhang mit diesen Einnahmen stehen, lediglich bei den Gewinnen aus Veräußerungen i. S. d. § 20 Abs. 2 Satz 1 Nr. 1 EStG (insbesondere von Aktien) berücksichtigt werden. Sollten keine Einnahmen vorliegen oder die Einnahmen niedriger als die zugeordneten Werbungskosten sein, hat der Fonds **Verlustvorträge** zu bilden. Diese können zu einem späteren Zeitpunkt mit Veräußerungsgewinnen i. S. d. § 20 Abs. 2 Satz 1 Nr. 1 EStG verrechnet werden.

4.4.2.3.3   Verlustverrechnung nach § 41 InvStG

§ 41 InvStG regelt die Verlustverrechnung auf Ebene des Fonds. Die Regelung stellt klar, dass die Verluste ausschließlich auf Ebene des Fonds und nicht auf Ebene der Anleger steuerlich berücksichtigt werden können.

Auch in Zukunft gilt, dass negative Erträge des Spezial-Investmentfonds nach Absatz 1 ausschließlich mit positiven Erträgen gleicher Art bis zu deren Höhe ausgeglichen werden können. Dabei liegt **Gleichartigkeit** vor, wenn für die Erträge die gleichen steuerlichen Wirkungen beim Anleger eintreten. Gleichartigkeit ist also gegeben, wenn ausschüttungsgleiche Erträge vorliegen oder nicht vorliegen und sich keine Unterschiede im Hinblick auf die Kapitalertragsteuer ergeben (Wenzel in Blümich 2017, § 41 Rdn. 10). Die Verlustverrechnung hat anlegerspezifisch zu erfolgen.

Sollte eine Verlustverrechnung im laufenden Jahr nicht möglich sein, weil die negativen Erträge im laufenden Geschäftsjahr nicht mit positiven Erträgen der gleichen Art ausgeglichen werden, ist in Höhe der nicht ausgeglichen Erträge nach § 41 Abs. 2 InvStG ein **Verlustvortrag** zu bilden. Eine gesonderte Feststellung der nicht ausgeglichen negativen Erträge ist nach § 10d Abs. 4 EStG notwendig. Der Verlustausgleich ist in den folgenden Jahren unter Berücksichtigung des Grundsatzes der Gleichartigkeit möglich. Ein Verlustrücktrag ist hingegen nicht vorgesehen. Sollte es zu einem **Anlegerwechsel** kommen, entfällt der Verlustvortrag anteilig. Nach Absatz 2 Satz 3 entfällt der Verlustvortrag in dem quotalen Umfang, in welchem der Anleger seine Spezial-Investmentanteile veräußert. Die Umsetzung dieser Regelung dürfte in der Praxis mit erheblichen Schwierigkeiten verbunden sein.

4.4.3 Steuerbefreiungen nach §§ 30, 42 und 43 InvStG auf Ebene der Anleger

Auf Ebene der Anleger können sich Steuerbefreiungen aufgrund der Regelungen der **§§ 30, 42 und 43 InvStG ergeben.**

§ 30 InvStG enthält die sog. Transparenzoption für inländische Beteiligungseinnahmen und andere inländische Einkünfte mit Steuerabzug. Die Ausübung dieser Option führt dazu, dass der Spezial-Investmentfonds aus steuerlicher Sicht transparent behandelt wird und die genannten Erträge unmittelbar dem Anleger zugerechnet werden, der diese besteuern muss. Aufgrund der direkten Zurechnung dieser Erträge unterliegen diese Erträge auf Ebene der Anleger der Besteuerung. Der Spezial-Investmentfonds kann diese Erträge steuerneutral an die Anleger ausschütten. Dafür gelten sie als Zurechnungsbeträge i. S. d. § 36 Abs. 3 InvStG.

§ 42 InvStG regelt die Steuerbefreiung auf Ebene der Anleger. Sie umfasst insgesamt 5 Absätze, die folgende Steuerbefreiungen vorsehen:

- Absatz 1 bis 3 regeln die Anwendung des Teileinkünfteverfahrens nach § 3 Nr. 40 EStG und des Beteiligungsprivilegs nach § 8b KStG, wenn die ausgeschütteten Erträge oder ausschüttungsgleichen Erträge Kapitalerträge nach § 43 Abs. 1 Satz 1 Nr. 6, d. h. insbesondere ausländische Dividenden, und Nr. 9 sowie Satz 2 EStG umfassen.
- Absatz 4 enthält eine Regelung zur Teilfreistellung von inländischen Beteiligungseinnahmen und
- Absatz 5 enthält eine Regelung zur Teilfreistellung von inländischen Immobilienerträgen und sonstigen inländischen Einkünften.

Darüber hinaus enthält **§ 43 InvStG** weitere drei sachliche Steuerbefreiungen, die auf Ebene des Anlegers zur Anwendung kommen können. Diese Steuerbefreiungen stehen in Zusammenhang mit

- den Freistellungen nach einem Doppelbesteuerungsabkommen,
- der Hinzurechnungsbesteuerung entsprechend § 3 Nr. 41 Buchst. a EStG sowie
- der Teilfreistellung investmentsteuerlicher Erträge aus Ziel-Investmentfonds.

Dazu im Einzelnen:

4.4.3.1 Teileinkünfteverfahren i. S. d. § 3 Nr. 40 EStG und Beteiligungsprivileg i. S. d. § 8b KStG (§ 42 Abs. 1 bis 3 InvStG)

Absatz 1 sieht eine Anwendung des **Teileinkünfteverfahrens i. S. d. § 3 Nr. 40 EStG** für folgende Einkünfte vor:

- ausländische Kapitalerträge nach § 43 Abs. 1 Satz 1 Nr. 6 EStG, wie zum Beispiel ausländische Dividenden,

- Kapitalerträge nach § 43 Abs. 1 Satz 1 Nr. 9 EStG, wie insbesondere Erträge aus der Veräußerung von Aktien und anderer Beteiligungen, sowie
- ausgeschüttete und ausschüttungsgleiche Kapitalerträge nach § 43 Abs. 1 Satz 2 EStG.

Damit findet das Teileinkünfteverfahren **keine Anwendung auf inländische Dividenden**. Dies gilt, weil die inländischen Dividenden entweder aufgrund der Transparenzoption des § 30 InvStG unmittelbar den Anlegern zugerechnet werden und damit keine steuerliche Vorbelastung auf Ebene des Fonds eingetreten ist oder bei nicht wahrgenommener Transparenzoption das besondere Freistellungsverfahren des § 43 Abs. 3 InvStG zur Anwendung kommt.

Eine **Anwendung des Teileinkünfteverfahrens** auf die ausgeschütteten und ausschüttungsgleichen ausländischen Dividenden sowie auf ausgeschüttete oder ausschüttungsgleiche Gewinne aus der Veräußerung von Aktien oder anderen Beteiligungen **schließt Satz 2 aus**, wenn es sich bei dem Anleger um ein Lebens- oder Krankenversicherungsunternehmen handelt und der Spezial-Investmentanteil den Kapitalanlagen zuzurechnen ist. Entsprechendes gilt, wenn es sich bei dem Anleger um ein Institut oder Unternehmen i. S. d. § 3 Nr. 40 Satz 3 oder 4 EStG handelt.

Absatz 2 sieht eine Anwendung des **Beteiligungsprivilegs des § 8b KStG** wie folgt vor:

Für ausländische Kapitalerträge nach § 43 Abs. 1 Satz 1 Nr. 6 EStG, wie zum Beispiel ausländische Dividenden, und ausgeschüttete und ausschüttungsgleiche Kapitalerträge nach § 43 Abs. 1 Satz 2 EStG ist eine Anwendung möglich, wenn die Voraussetzungen des § 30 Abs. 2 InvStG erfüllt sind. Dies bedeutet, dass

- erstens die ausschüttende Gesellschaft eine Gesellschaft i. S. d. § 26 Nr. 6 Satz 2 InvStG ist, denn nur diese Gesellschaften dürfen Beteiligungen von über 10 % am Kapital der Gesellschaft halten (dies sind z. B. Immobiliengesellschaften),
- zweitens darf der Anleger kein Institut oder Unternehmen i. S. d. § 8b Abs. 7 oder 8 KStG sein, und
- drittens muss der auf den einzelnen Anleger entfallende Anteil an der Kapitalbeteiligung die 10-Prozent-Grenze des § 8b Abs. 4 KStG erreichen.

▶ **Es gilt somit** Die Steuerbefreiungen nach §§ 3 Nr. 40 EStG und 8b KStG sollen nur dann auf Ebene des Fondsanlegers zur Anwendung kommen, wenn sie bei der Direktanlage durch den Anleger des Fonds ebenfalls zur Anwendung gekommen wären.

Für **Gewinne aus der Veräußerung von Aktien** oder anderen Beteiligungen als in den ausgeschütteten oder ausschüttungsgleichen Erträgen enthalten Kapitalerträge nach § 43 Abs. 1 Satz 1 Nr. 9 und Satz 2 EStG findet § 8b KStG grundsätzlich Anwendung.

Eine Ausnahme besteht stets nach Satz 3 der Regelung für Anleger i. S. d. § 30 Abs. 3 InvStG. Sie können das Beteiligungsprivileg nicht beanspruchen.

Eine Steuerbefreiung nach den Absätzen 1 und 2 ist nur unter der Voraussetzung möglich, dass die Kapitalerträge nach § 43 Abs. 1 Satz 1 Nr. 6, 9 und Satz 2 EStG aus einer

steuerlich vorbelasteten Körperschaft, Personenvereinigung oder Vermögensmasse stammen. Eine Steuerbefreiung ist ausgeschlossen, wenn es sich bei dem Anleger um ein Lebens- oder Krankenversicherungsunternehmen handelt und der Spezial-Investmentanteil den Kapitalanlagen zuzurechnen ist. Entsprechendes gilt, wenn es sich bei dem Anleger um ein Institut oder Unternehmen i. S. d. § 3 Nr. 40 Satz 3 oder 4 EStG handelt. Sollten also die genannten Kapitalerträge einer nicht ausreichenden steuerlichen Vorbelastung unterlegen haben, kommt eine Steuerbefreiung durch Anwendung des Teileinkünfteverfahrens oder das Beteiligungsprivileg nach **§ 42 Abs. 3 InvStG** nicht in Betracht. Nach Satz 2 gelten als nicht steuerlich vorbelastet

- Körperschaften, Personenvereinigungen oder Vermögensmassen, die keiner Ertragsbesteuerung unterliegen, beispielsweise weil in dem betreffenden Staat generell keine Ertragsbesteuerung vorgenommen wird,
- sie von der Ertragsbesteuerung persönlich befreit sind, z. B. weil besondere Besteuerungsregelungen für den betreffenden Körperschaftstyp eine Steuerbefreiung vorsehen, oder
- sachlich insoweit von der Ertragsbesteuerung befreit sind, wie sie Ausschüttungen vornehmen.

Vorbelastete **REIT-Dividenden** nach § 19a REIT-Gesetz unterfallen nicht dieser Regelung. § 42 Abs. 3 Satz 2 InvStG enthält eine entsprechende Ausnahmeregelung.

▶ **Es gilt somit** Die Steuerbefreiungen durch das Teileinkünfteverfahren und das Beteiligungsprivileg zielen auf eine Vermeidung einer Mehrfachbelastung des gleichen steuerlichen Ertrags ab, die entsteht, wenn der Ertrag sowohl auf Ebene des ausschüttenden Fonds als auch auf Ebene der Anleger besteuert wird. Sie werden dem Anleger grds. unter den Voraussetzungen des § 42 Abs. 1 und 2 InvStG gewährt. Die Notwendigkeit der Vermeidung einer Mehrfachbelastung besteht jedoch nicht, wenn die Erträge auf Ebene der ausschüttenden Gesellschaft keiner ausreichenden Ertragsbesteuerung unterlegen haben. Unter welchen Voraussetzungen eine nicht ausreichende steuerliche Vorbelastung gegeben ist, definiert § 42 Abs. 3 Satz 2 InvStG legal. Fehlt es an einer solchen, schließt § 42 Abs. 3 InvStG eine Anwendung der §§ 3 Nr. 40 EStG und 8b KStG auf Ebene der Anleger aus. Die Gegenausnahme nach Satz 3 sieht vor, dass die steuerbegünstigenden Regelungen des Absatzes 1 auf REIT-Dividenden anzuwenden sind, die eine steuerliche Vorbelastung nach § 19a REITG aufweisen.

4.4.3.2   Teilfreistellung von inländischen Beteiligungseinnahmen, inländischen Immobilienerträgen und sonstigen inländischen Einkünften (§ 42 Abs. 4 und 5 InvStG)

Ebenfalls von dem Gedanken der Vermeidung einer steuerlichen Mehrfachbelastung ist die Steuerbefreiung nach **§ 42 Abs. 4 InvStG** getragen. Diese Regelung sieht eine Steuerbefreiung auf Ebene des Anlegers für **inländische Beteiligungseinnahmen** vor, die von dem Spezial-Investmentfonds besteuert wurden und nunmehr in den ausgeschütteten oder ausschüttungsgleichen Erträgen enthalten sind. Ein solcher Fall ist ausschließlich dann denkbar, wenn der Fonds nicht die Transparenzoption des § 30 InvStG ausgeübt hat. Denn nur in diesen Fällen wird der Spezial-Investmentfonds insoweit nicht von der Körperschaftsteuer befreit. Sollte der Fonds hingegen diese Option ausüben, werden die inländischen Beteiligungseinnahmen den Anlegern direkt zugerechnet und von diesen besteuert. Aus Sicht der Anleger stellen sie dann Zurechnungsbeträge i. S. d. § 35 Abs. 3 InvStG dar, welche der Fonds steuerfrei an sie ausschütten kann.

▶ **Es gilt somit** Eine Teilfreistellung der in den ausgeschütteten oder ausschüttungsgleichen Erträgen enthaltenen inländischen Beteiligungseinnahmen kommt auf Ebene der in Betracht, wenn diese Erträge bereits auf Ebene des Fonds besteuert wurden. Sollte der Fonds jedoch die Transparenzoption des § 30 InvStG ausüben, fehlt es an einer entsprechenden Vorbelastung auf Fondsebene und eine Teilfreistellung der Einnahmen auf Anlegerebene ist nicht möglich.

Hinsichtlich der Höhe der Teilfreistellung ist wie folgt zu unterscheiden: Im Grundsatz gilt, dass der **Teilfreistellungssatz 60 %** beträgt. Die Höhe dieses Satzes von 60 % berücksichtigt nach Auffassung des Gesetzgebers, dass die betreffenden Erträge sowohl auf Ebene der ausschüttenden Kapitalgesellschaft als auch auf Ebene des Spezial-Investmentfonds besteuert wurden. Davon abweichend beträgt der Teilfreistellungssatz für Anleger, die der Körperschaftsteuer unterliegen, jedoch **100 %**. Dies gilt jedoch nur unter der Voraussetzung, dass dem Spezial-Investmentfonds kein Ermäßigungsanspruch aus einem Abkommen zur Vermeidung der Doppelbesteuerung aufgrund eines Quellensteuerhöchstsatzes von unter 15 % zusteht. Ob der Fonds diesen Anspruch tatsächlich geltend macht, ist unerheblich (Gesetzesbegründung BT-Drs. 18/8045, S. 113). Nach dem Gesetzeswortlaut genügt der Anspruch darauf. Voraussetzung ist also, dass der Fonds einer ausreichenden steuerlichen Vorbelastung i. H. v. 15 % unterlegen hat. Diese Regelung findet auch Anwendung auf die inländischen Immobilienerträge und sonstigen inländischen Einkünfte (§ 42 Abs. 5 Satz 2 InvStG).

Die Teilfreistellung für **inländische Immobilienerträge** sowie **sonstige inländische Einkünfte**, die in den ausgeschütteten oder ausschüttungsgleichen Erträgen enthalten sind, regelt **§ 42 Abs. 5 InvStG**. Der Teilfreistellungssatz für diese Erträge beträgt **20 %**. Auch Voraussetzung für diese Teilfreistellung ist, dass die genannten Erträge von dem Spezial-Investmentfonds besteuert wurden. Diese Voraussetzung kann nur dann vorliegen, wenn der Spezial-Investmentfonds nicht die Transparenzoption des § 33 InvStG ausübt. Der niedrigere Freistellungssatz berücksichtigt, dass die inländischen Immobilienerträge und sonstigen inländischen Einkünfte lediglich einmalig auf Ebene des Fonds und im Gegensatz zu den inländischen Beteiligungseinnahmen nicht bereits auf Ebene der ausschüttenden Gesellschaft besteuert wurden. Zu berücksichtigen gilt, dass Anlegern in der Rechtsform eines Körperschaftsteuersubjektes, wie bereits dargestellt, ein Freistellungssatz von 100 % gewährt wird, wenn diese Erträge auf Ebene des Fonds tatsächlich einer Besteuerung mit 15 % unterlegen haben.

▶ **Es gilt somit** Erfolgt die Besteuerung des Spezial-Investmentfonds auf Grundlage des Intransparenzprinzips können Anleger, die der Körperschaftsteuer unterliegen, inländische Beteiligungseinnahmen, inländische Immobilienerträge und sonstige inländischen Einkünfte steuerfrei als ausgeschüttete oder ausschüttungsgleiche Erträge vereinnahmen. Für diese Anleger beträgt der Freistellungssatz 100 %. Damit wird die Besteuerung dieser Erträge auf Ebene des Fonds mit Körperschaftsteuer als ausreichend erachtet, eine weitere Besteuerung auf Ebene des Anlegers ist nicht notwendig. Deswegen wird die Steuerbefreiung davon abhängig gemacht, dass auf Ebene des Fonds tatsächlich eine Besteuerung mit 15 % erfolgt ist und die Steuerbefreiung daher ausgeschlossen, wenn dem Fonds ein Erstattungsanspruch zusteht und die Besteuerung damit auf unter 15 % fallen würde. Zugleich ist es für die Gewährung der Steuerbefreiung nicht entscheidend, ob der Anleger tatsächlich einer Körperschaftsteuerbelastung unterliegt oder von dieser Steuer befreit ist. Denn alleine die ausreichende steuerliche Vorbelastung auf Ebene des Fonds ist für die Steuerbefreiung Voraussetzung.

Zu beachten ist, dass diese Steuerbefreiungen nur gewährt werden, wenn der Spezial-Investmentfonds den für die **Steuerfreistellung notwendigen Fonds-Aktiengewinn** ermittelt (zu Einzelheiten siehe Abschn. 4.4.9).

Zu den Steuerbefreiungen nach § 42 Abs. 4 und 5 InvStG bei mehrstufigen Fondsstrukturen vgl. Bindl und Leidl 2018, S. 151 ff.

▶ **Es gilt somit** Für inländische Immobilienerträge und sonstige inländische Einkünfte beträgt der Freistellungssatz grundsätzlich 20 %, wenn diese Erträge auf Ebene des Spezial-Investmentfonds besteuert wurden, weil dieser die Transparenzoption des § 33 InvStG nicht ausgeübt hat. Für Anleger, die der Körperschaftsteuer unterliegen, beträgt die Freistellung, wie bereits dargestellt, 100 %, wenn diese Erträge auf Ebene des Fonds tatsächlich einer Besteuerung mit 15 % unterlegen haben.

Beispiel

An dem Spezial-Investmentfonds sind u. a. eine natürliche Person A, die ihre Beteiligung im Betriebsvermögen hält, sowie eine Kapitalgesellschaft B beteiligt. Der Fonds erzielt inländische Beteiligungseinnahmen sowie inländische Immobilienerträge. Der Fonds übt die Transparenzoption nach § 30 InvStG für die inländischen Beteiligungseinnahmen aus.

Die Anleger des Fonds erzielen aus ihren Anteilen sog. Investmenterträge i. S. d. § 34 InvStG, zu welchen die ausgeschütteten und ausschüttungsgleichen Erträge gehören. Die Steuerbefreiung dieser Erträge richtet sich nach § 42 InvStG.

Da es sich bei den Beteiligungseinnahmen um Einkünfte i. S. d. § 20 Abs. 1 Nr. 3a EStG handelt, kommt eine Steuerbefreiung durch Anwendung des Teileinkünfteverfahrens oder des Beteiligungsprivileg des § 8b KStG nicht in Betracht. Da der Fonds die Transparenzoption des § 30 InvStG ausgeübt hat, kommt eine Teilfreistellung dieser Erträge auf Ebene der Anleger nach § 42 Abs. 4 InvStG ebenfalls nicht in Betracht. Es fehlt an einer steuerlichen Vorbelastung auf Ebene des Fonds. Diese Erträge werden den Anlegern vielmehr direkt zugerechnet und sind von diesen zu versteuern. Daher sind die Ausschüttungen der inländischen Beteiligungseinnahmen an die Anleger in Folge der Ausübung der Transparenzoption steuerneutral möglich (§ 35 Abs. 3 InvStG). Die inländischen Immobilienerträge hingegen unterliegen auf Ebene des Fonds der Besteuerung mit Körperschaftsteuer. Eine Befreiung von der Körperschaftsteuer tritt nicht ein, weil der Fonds die Transparenzoption des § 33 InvStG nicht ausgeübt hat. Aufgrund dieser steuerlichen Vorbelastung, werden diese Erträge nach § 42 Abs. 5 i. V. m. Abs. 4 InvStG auf Ebene des Anlegers A zu 20 % und bei der Kapitalgesellschaft als Anleger zu 100 % freigestellt.

4.4.3.3　Steuerbefreiungen nach § 43 InvStG aufgrund von Abkommen zur Vermeidung der Doppelbesteuerung, der Hinzurechnungsbesteuerung und der Teilfreistellung nach § 20 InvStG

§ 43 InvStG enthält mehrere sachliche Steuerbefreiungen, die auf Ebene des Anlegers greifen. Diese umfassen

- nach Absatz 1 Steuerbefreiungen aufgrund der Regelungen eines Doppelbesteuerungsabkommens (DBA),
- nach Absatz 2 Steuerbefreiungen aufgrund der Hinzurechnungsbesteuerung entsprechend § 3 Nr. 41 Buchst. a EStG sowie
- nach Absatz 3 Steuerbefreiungen aufgrund von Teilfreistellungen investmentsteuerlicher Erträge aus Ziel-Investmentfonds.

Absatz 1 enthält die Einzelheiten über die Steuerbefreiung nach den Regelungen eines DBA für bestimmte Erträge auf Ebene des Anlegers des Spezial-Investmentfonds. Die Regelung entspricht inhaltlich im Wesentlichen dem bisherigen § 2 Abs. 1 InvStG. Dabei gilt im Grundsatz, dass die in den ausgeschütteten und ausschüttungsgleichen Erträgen aus einem ausländischen Staat stammenden Einkünfte von der Besteuerung freigestellt werden, wenn die Bundesrepublik Deutschland aufgrund eines DBA auf die Ausübung des ihr nach diesem Abkommen zustehenden Besteuerungsrecht verzichtet.

▶ **Es gilt somit** Verzichtet Deutschland aufgrund der Regelungen eines DBA auf sein Besteuerungsrecht, sind die aus dem ausländischen Staat stammenden Erträge, welche die ausgeschütteten und ausschüttungsgleichen Erträge umfassen, auf Ebene der Anleger von der Besteuerung freigestellt. Die gesetzlich normierten Ausnahmen zu diesem Grundsatz sind zu beachten.

Zu den Voraussetzungen einer Freistellung auf Ebene des Anlegers im Einzelnen:

- Eine Freistellung kann nur dann in Betracht kommen, wenn der Anleger des Spezial-Investmentfonds selbst abkommensberechtigt ist. Auch wenn der Wortlaut des § 43 Abs. 1 Satz 1 InvStG diese Voraussetzung nicht explizit benennt, kommt es auf die **Abkommensberechtigung** des Fonds nicht an.[11] Damit ist die Abkommensberechtigung auf Ebene des Anlegers zu prüfen.
- Weitere Voraussetzung ist, dass die Erträge aus einem ausländischen Staat stammen. Eine eigenständige Definition dieser Bedingung „aus dem ausländischen Staat stammend" enthält die Regelung jedoch nicht. Da ein Rückgriff auf § 34d EStG nicht möglich ist, ist eine eigenständige Auslegung der Begrifflichkeit im abkommensrechtlichen Sinne notwendig (Gloßner in Blümich 2017, § 43 Rdn. 19, 20).
- Abschließend muss Deutschland auf sein Besteuerungsrecht verzichten. Dies bedeutet, dass das DBA für die Erträge aus dem ausländischen Staat die Anwendung der Freistellungsmethode vorsieht. Aufgrund der für Spezial-Investmentfonds geltenden Anlagebestimmungen des § 26 InvStG kommen folgende vergleichbare Regelungen über eine Freistellung in Betracht: Art. 6 OECD-MA über Einkünfte aus unbeweglichem Vermögen, Art. 10 OECD-MA über Schachteldividenden, Art. 7 und 5 OECD-MA über Unternehmensgewinne sowie Art. 13 OECD-MA über Gewinne aus der Veräußerung von Vermögen.

Beispiel

In den ausgeschütteten Erträgen des Anlegers sind Immobilienerträge enthalten, die aus dem Land B stammen, mit welchem Deutschland ein DBA entsprechend dem OECD-MA abgeschlossen hat. Die Immobilienerträge umfassen Mieterträge sowie Veräußerungsgewinne aus ausländischen Grundstücken. Ist der Anleger selbst abkommensberechtigt, sind die Erträge, die ihm zufließen, von der Besteuerung auszunehmen. Da Deutschland aufgrund der Regelungen des DBA auf sein Besteuerungsrecht verzichtet, sind diese Erträge nach § 43 Abs. 1 Satz 1 InvStG freigestellt.

Die **Steuerbefreiung scheidet** aus, wenn dieser Steuerbefreiung nach § 43 Abs. 1 Satz 1 InvStG zum Beispiel eine Rückfallklausel, Subject-to-tax-Klausel oder Switchover-Klausel entgegensteht. Eine weitere Ausnahme enthält § 43 Abs. 1 **Satz 2** InvStG. Danach ist eine Steuerbefreiung für Dividenden und andere Gewinnausschüttungen i. S. d. § 20 Abs. 1 Nr. 1 EStG sowie für Investmenterträge i. S. d. § 20 Abs. 1 Nr. 3 EStG auf Ebene des Anlegers grundsätzlich nicht möglich.

---

[11] Diese Voraussetzung wird u. a. aus der Formulierung des § 43 Abs. 1 Satz 3 InvStG abgeleitet, weil diese Regelung explizit auf die Abkommensberechtigung des Anlegers Bezug nimmt. Zudem wurde diese Voraussetzung bereits nach bisher geltendem Recht für eine Freistellung verlangt.

▶ **Praxishinweis** Dieser Ausnahme unterfallen wohl nicht Erträge aus Anteilen an
ausländischen Spezial-Investmentfonds i. S. d. § 20 Abs. 1 Nr. 3a EStG. Denn diese werden in der Ausnahmeregelung des § 43 Abs. 1 Satz 2 InvStG nicht explizit
genannt. Die Freistellung dieser Erträge richtet sich gemäß § 34 Abs. 3 InvStG
ebenfalls nach § 43 Abs. 1 InvStG. Einschränkend bestimmt § 34 Abs. 3 Satz 2
InvStG, dass die Freistellung von Ausschüttungen eines ausländischen Spezial-
Investmentfonds ungeachtet der Regelung des DBA nur unter den Voraussetzungen des § 16 Abs. 4 InvStG (u. a. ausreichende Vorbelastung der Erträge auf
Ebene des Fonds) gewährt wird.

Eine alleinige Ausnahme gilt nach § 43 Abs. 1 Satz 3 InvStG für Dividenden und andere Gewinnausschüttungen i. S. d. § 20 Abs. 1 Satz 1 Nr. 1 EStG, die eine Gesellschaft
i. S. d. § 26 Nr. 6 Satz 2 InvStG an ihre Anleger ausschüttet. Denn diese Gesellschaften
dürfen sich ausnahmsweise in unbegrenzter Höhe an anderen Gesellschaften beteiligen,
während Spezial-Investmentfonds nach § 26 Nr. 6 Satz 1 InvStG ansonsten lediglich Beteiligungen von weniger als 10 % an Kapitalgesellschaften halten dürfen und dadurch die
Steuerbefreiung für Schachtelbeteiligungen nicht beanspruchen können, da diese Regelungen zumeist eine Beteiligung von mindestens 10 % voraussetzen. Die Freistellung nach
dieser Ausnahmeregelung des § 43 Abs. 1 Satz 3 InvStG setzt im Einzelnen voraus, dass
der Anleger die persönlichen Voraussetzungen für eine Freistellung erfüllt und die rechnerisch auf den Anleger entfallende Beteiligungshöhe an der ausschüttenden Gesellschaft
die erforderliche Schachtelbeteiligungsgrenze erreicht.

▶ **Praxishinweis** Beteiligt sich ein inländischer Spezial-Investmentfonds an ausländischen Immobiliengesellschaften, ausländischen ÖPP-Projektgesellschaften oder ausländischen Gesellschaften, deren Unternehmensgegenstand auf
die Erzeugung erneuerbarer Energien ausgerichtet ist, sind die Dividenden aus
diesen Gesellschaften ausnahmsweise auf Ebene der Anleger des Spezial-Investmentfonds steuerfrei, wenn der Anleger selbst abkommensberechtigt ist,
die auf ihn entfallende Beteiligungshöhe an der ausschüttenden Gesellschaft
die für die Befreiung erforderliche Höhe erreicht und das Abkommen eine entsprechende Freistellung vorsieht. Ansonsten werden insbesondere Dividenden
und Ausschüttungen auf Investmentanteile nicht von der Besteuerung freigestellt, auch wenn das Abkommen eine entsprechende Regelung enthalten
sollte. Durch diese Ausnahme des § 43 Abs. 1 Satz 3 InvStG sollen Steuergestaltungen zur Erzeugung von unversteuerten Einkünften ausgeschlossen werden.
Dabei dürfte sich diese Ausnahmeregelung jedoch nur in wenigen Fällen auswirken, weil sich Spezial-Investmentfonds grundsätzlich nur zu weniger als 10 %
an Kapitalgesellschaften beteiligen dürfen und daher die Regelungen über
die Freistellung von Dividenden im Regelfall nicht zur Anwendung kommen,
weil diese grundsätzlich eine Mindestbeteiligung von 10 % voraussetzen (vgl.
Gesetzesbegründung BT-Drs. 18/8045, S. 115).

Absatz 2 sieht eine Steuerbefreiung entsprechend **§ 3 Nr. 41 Buchst. a EStG** vor. Wie die bisherige Regelung des § 2 Abs. 4 InvStG auch, dient diese Regelung einer Vermeidung der mehrfachen Besteuerung von Erträgen, die bereits im Rahmen der Hinzurechnungsbesteuerung bei der Einkommensteuer erfasst wurden und sieht eine entsprechende Steuerbefreiung der Gewinnausschüttungen vor. Diese Regelung über die sachliche Steuerbefreiung kann also nur als Folge einer Hinzurechnungsbesteuerung zur Anwendung kommen. Aufgrund des grundsätzlichen Anwendungsvorrang des InvStG vor dem AStG nach § 7 Abs. 7 AStG kann diese Voraussetzung nur dann erfüllt sein, wenn einzelne Vermögensgegenstände i. S. d. § 26 InvStG des Spezial-Investmentfonds als Zwischengesellschaft i. S. d. § 7 AStG mit aktiven Einkünften und nicht als Investmentfonds bzw. Spezial-Investmentfonds qualifizieren. Die Voraussetzungen der Hinzurechnungsbesteuerung sind daher für die jeweiligen Vermögensgegenstände des Spezial-Investmentfonds zu prüfen (Gloßner in Blümich 2017, § 43 Rdn. 52). Zu den Abgrenzungsfragen zwischen Investmentfonds und Außensteuerrecht nach der Investmentsteuerreform 2018 im Einzelnen vgl. Haug 2016, 597.

► **Es gilt somit** Sollten die Erträge eines Spezial-Investmentfonds ausnahmsweise der Hinzurechnungsbesteuerung unterliegen, wird eine nochmalige Erfassung der Erträge durch entsprechende Anwendung des § 3 Nr. 41 Buchst. a EStG auf Ebene des Anlegers verhindert.

Absatz 3 sieht vor, dass die **Teilfreistellungen nach § 20 InvStG** auch dann auf Ebene der Anleger zur Anwendung kommen, wenn ein Spezial-Investmentfonds an einem anderen Investmentfonds beteiligt ist und aus diesen Erträgen Ausschüttungen, Vorabpauschalen sowie Veräußerungsgewinne aus Investmentfondsanteilen, d. h. Investmenterträge i. S. d. § 16 InvStG, erzielt. Voraussetzung ist, dass dieser Investmentfonds kein Spezial-Investmentfonds ist.

► **Es gilt somit** Die Teilfreistellungen nach § 20 InvStG kommen auf Ebene der Anleger auch zur Anwendung, wenn ein Spezial-Investmentfonds an einem Investmentfonds beteiligt ist. § 43 Abs. 3 InvStG bestimmt eine entsprechende Anwendung. Bei Beteiligung an einem anderen Spezial-Investmentfonds findet sie keine Anwendung.

Die **Höhe der Freistellung** hängt auch bei diesen Dach-Zielfonds-Strukturen sowohl von den steuerlichen Eigenschaften der Anleger als auch dem jeweiligen Anlageschwerpunkt des Ziel-Investmentfonds ab. Es ist zwischen Aktien-, Immobilien- und Mischfonds sowie sonstigen Fonds zu unterscheiden. Bei der Einkommen- und Körperschaftsteuer gelten die Freistellungssätze in Tab. 4.2. Zu weiteren Einzelheiten siehe ausführlich unter Abschn. 3.3.3.2.

Die Regelung des § 43 Abs. 3 InvStG wirkt sich auch auf die **Gewerbesteuer** aus. Zu weiteren Einzelheiten vgl. Abschn. 4.4.4.

Tab. 4.2   Teilfreistellungssätze bei der Einkommen- und Körperschaftsteuer

	Privatanleger	Betriebliche Anleger/EStG	Betriebliche Anleger/KStG	Anleger i. S. d. § 20 Abs. 1 Satz 4 InvStG
Aktienfonds	30 %	60 %	80 %	30 %
Mischfonds	15 %	30 %	40 %	15 %
Immobilienfonds	60 %	60 %	60 %	60 %
Immobilienfonds mit Fokus auf ausländischen Immobilien	80 %	80 %	80 %	80 %
Sonstige Fonds	0 %	0 %	0 %	0 %

Beispiel

In den ausgeschütteten Erträgen des Anlegers sind Ausschüttungen enthalten, welche der Spezial-Investmentfonds aus einer Beteiligung an einem Investmentfonds erzielt hat. Aus dieser Beteiligung erzielt der Spezial-Investmentfonds Investmenterträge i. S. d. § 20 Abs. 1 Nr. 3 InvStG, die bei diesem nicht zu den körperschaftsteuerpflichtigen Erträgen i. S. d. §§ 6 Abs. 1 und 2 i. V. m. 29 InvStG gehören. Auf Ebene des Ziel-Investmentfonds unterliegen diese Erträge jedoch der Körperschaftsteuer und Solidaritätszuschlag. Diese Vorbelastung wird bei Anlegern von Investmentfonds durch eine Teilfreistellung der Investmenterträge berücksichtigt, deren Höhe abhängig von der Kategorisierung des Fonds und der Eigenschaften der Anleger ist. Da nicht der Spezial-Investmentfonds, sondern dessen Anleger diese Investmenterträge als Bestandteil ihrer Spezial-Investmenterträge i. S. d. § 34 InvStG besteuern müssen, erfolgt die Teilfreistellung nach § 20 InvStG auf Ebene der Anleger des Spezial-Investmentfonds. Diese Teilfreistellung berücksichtigt die steuerliche Vorbelastung der Erträge auf Ebene des Ziel-Investmentfonds.

Zu beachten ist, dass diese **Steuerbefreiungen** nur gewährt werden, wenn der Spezial-Investmentfonds die **dafür notwendigen Größen entsprechend ermittelt**. Zu diesen gehören nach § 48 Abs. 2 InvStG der sog. Fonds-Abkommensgewinn und die Teilfreistellungsgewinne. Zu Einzelheiten siehe Abschn. 4.4.9. Die Einkünfte i. S. d. § 43 InvStG sind nach § 51 InvStG gesondert auszuweisen. Sie gehen nach § 50 Abs. 1 Satz 2 Nr. 1 EStG nicht in die Ermittlung der Kapitalertragsteuer ein.

4.4.3.4 Anteilige Abzüge aufgrund von der Steuerbefreiungen nach § 44 InvStG

Nach § 44 InvStG findet § 21 InvStG entsprechende Anwendung für Betriebsvermögensminderungen, Betriebsausgaben, Veräußerungskosten oder Werbungskosten, die mit Erträgen im wirtschaftlichen Zusammenhang stehen, die ganz oder teilweise von der Besteuerung freizustellen sind. Danach können die genannten Größen steuerlich lediglich in der Höhe berücksichtigt werden, wie die damit in wirtschaftlichem Zusammenhang stehenden Erträge auch steuerpflichtig sind. Die Regelung entspricht in ihren Voraussetzungen und Rechtsfolgen § 3c Abs. 2 EStG (vgl. Gesetzesbegründung BT-Drs. 18/8045, S. 114).

4.4.4 Gewerbesteuer bei Spezial-Investmenterträgen nach § 45 InvStG

Einzelheiten über die **Gewerbesteuer von Spezial-Investmenterträgen** regelt § 45 InvStG. Die Regelung bestimmt, ob und in welchem Umfang bestimmte Erträge, die auf Anlegerebene von der Ertragsbesteuerung ganz oder teilweise freigestellt wurden, für die Zwecke der Gewerbesteuer hinzuzurechnen sind. Sie umfasst zum einen eine Regelung über die Hinzurechnung von Dividenden sowie zum anderen über die Höhe der Freistellungssätze und betrifft alle Anleger, die ihre Anteile an dem **Spezial-Investmentfonds im Betriebsvermögen** halten.

Absatz 1 regelt die Hinzurechnung von Dividenden. Diese können dem Anleger eines Spezial-Investmentfonds entweder unmittelbar in Folge der Ausübung der Transparenzoption des § 30 Abs. 1 InvStG oder als Bestandteil der ausgeschütteten und ausschüttungsgleichen Erträgen zufließen. Auf diese Erträge finden nach Satz 1 für Zwecke der Gewerbesteuer die Steuerbefreiungen der § 3 Nr. 40 EStG, § 8b KStG sowie § 42 Abs. 4 InvStG grundsätzlich keine Anwendung. Eine Ausnahme gilt unter den Voraussetzungen des Satzes 2. So finden die genannten Steuerbefreiungen bei der Ermittlung des Gewerbeertrages Anwendung,

- wenn es sich um Dividendenausschüttungen von Immobiliengesellschaften, ÖPP-Projektgesellschaften und Gesellschaften handelt, deren Unternehmensgegenstand auf die Erzeugung erneuerbarer Energien gerichtet ist,
- der Anleger kein Kredit- oder Finanzdienstleistungsinstitut i. S. d. § 3 Nr. 40 Satz 3 oder 4 EStG bzw. § 8b Absatz 7 KStG oder Lebens- und Krankenversicherungsunternehmen i. S. d. § 8b Abs. 8 KStG ist, und
- die rechnerisch auf den Anleger entfallende Beteiligung an der ausschüttenden Gesellschaft die Schachtelfreistellungsschwelle von 15 % nach § 9 Nr. 2a und 7 GewStG erreicht.

Nach **Absatz 2** gelten die **Freistellungssätze nach § 43 Abs. 3 InvStG** für Zwecke der Gewerbesteuer nur zur Hälfte. Somit ist eine hälftige Hinzurechnung notwendig. Damit gelten für die Gewerbesteuer die Freistellungssätze in Tab. 4.3.

Diese Freistellungssätze kommen zur Anwendung, wenn der Spezial-Investmentfonds sich selbst an einem Investmentfonds beteiligt, d. h. bei **Dachfondsstrukturen**. In diesen Fällen können die ausgeschütteten oder ausschüttungsgleichen Erträge Investmenterträge i. S. d. § 16 InvStG enthalten, die auf Ebene des Investmentfonds der Körperschaftsteuer unterlegen haben. Bei den Anlegern des Spezial-Investmentfonds unterliegen sie nun erneut der Besteuerung, wobei die steuerliche Vorbelastung auf Ebene des Zielfonds

Tab. 4.3 Teilfreistellungssätze bei der Gewerbesteuer

	Betriebliche Anleger/EStG	Betriebliche Anleger/KStG	Anleger i. S. d. § 20 Abs. 1 Satz 4 InvStG
Aktienfonds	30 %	40 %	15 %
Mischfonds	15 %	20 %	7,5 %
Immobilienfonds	30 %	30 %	30 %
Immobilienfonds mit Fokus auf ausländischen Immobilien	40 %	40 %	40 %
Sonstige Fonds	0 %	0 %	0 %

durch eine Teilfreistellung der Erträge berücksichtigt wird. Im Ergebnis werden die Anleger so besteuert, als wären sie direkt an dem Ziel-Investmentfonds beteiligt. Zu weiteren Einzelheiten vgl. Abschn. 3.3.3.3.

▶ **Es gilt somit** Erträge aus Anteilen an Spezial-Investmentfonds unterliegen auch der Gewerbesteuer, wenn der Anleger die Anteile in seinem Betriebsvermögen hält. Einzelheiten regelt § 45 InvStG. Eine Hinzurechnung kommt insbesondere für Dividenden sowie für nach § 43 Abs. 3 InvStG freigestellte Erträge in Betracht.

4.4.5   Zinsschranke nach § 46 InvStG

§ 46 InvStG enthält eine Sonderregelung über die Anwendung der sog. **Zinsschranke auf Ebene der Anleger eines Spezial-Investmentfonds.** Im Kern regelt sie die für Zwecke der Zinsschranke i. S. des § 4h EStG anzusetzenden Zinserträge. Auch diese Regelung dient der Umsetzung des Transparenzgedankens. Zur Anwendung der Zinsschranke im Allgemeinen siehe Abschn. 5.3.

§ 46 Abs. 1 Satz 1 InvStG sieht vor, dass die ausgeschütteten oder ausschüttungsgleichen Erträge, die aus Zinserträgen nach § 4h Abs. 3 Satz 3 EStG stammen, beim Anleger im Rahmen des § 4h Abs. 1 EStG als Zinserträge zu berücksichtigen sind. Man spricht insoweit von sog. **durchgeleiteten Zinsen,** d. h. Zinsen, die über einen Spezial-Investmentfonds bezogen werden und die entweder in den Ausschüttungen oder ausschüttungsgleichen Erträgen enthalten sind. Es ist zu beachten, dass sich die Regelung **auf Zinserträge und nicht auf Zinseinnahmen** bezieht. Die Erträge müssen daher zunächst auf Ebene des Fonds ermittelt werden, d. h. insbesondere **Werbungskosten** sind abzusetzen. Sie gelten mit der Ausschüttung oder im Thesaurierungsfall mit dem Ende des jeweiligen Fonds-Geschäftsjahres als zugeflossen.[12]

---

[12] Vgl. BMF-Schreiben v. 18.08.2009, Az.: IV C 1 – S 1980 – 1/08/10019, BStBl. I 2009, 931 ff., Rdn. 36a und b.

► **Praxishinweis** Die Anwendung des § 46 InvStG für Zwecke der Zinsschranke hat im Fall einer Fremdfinanzierung unmittelbare Auswirkungen auf den **Vergleich zwischen Direktanlage und Fondsanlage.** Während bei der Direktanlage im Rahmen des § 4h EStG die **Bruttozinserträge** maßgebend sind, sind für den Fondsanleger aufgrund des vorherigen Abzugs der allgemeinen Kosten die **Nettozinserträge** relevant.

In der Praxis umfassen diese **Erträge** hauptsächlich vereinnahmte und abgegrenzte Kuponzahlungen, Emissionsrenditen, nicht jedoch eine Marktrendite, erhaltene bzw. gezahlte Stückzinsen sowie ausgeschüttete oder ausschüttungsgleiche Erträge aus Ziel-Spezial-Investmentfonds (Wenzel in Blümich 2017, § 46 Rdn. 10). Nicht zu diesen Erträgen gehören die sog. Substanzbeträge i. S. d. § 35 Abs. 6 InvStG, was § 46 Abs. 1 Satz 2 InvStG ausdrücklich klarstellt. Mit dieser Regelung möchte der Gesetzgeber verhindern, dass sich Anleger in die auf Ebene des Fonds angefallenen Zinserträge „einkaufen" können. Denn bis zur Umsetzung der Investmentsteuerreform 2018 war es möglich, kurz vor dem Geschäftsjahresende des Fonds Anteile an diesem zu erwerben und alle während des Geschäftsjahres angefallenen Zinserträge zugunsten des Anlegers im Rahmen der Zinsschranke zu berücksichtigen, wie folgendes Beispiel verdeutlicht:

Beispiel

An dem Spezial-Investmentfonds hält ausschließlich Anleger A einen Anteil, den er für 1000 € erworben hat. Während des Geschäftsjahres erzielt der Spezial-Investmentfonds 40 € Zinsen. Einen Tag vor Ende des Geschäftsjahres erwirbt Anleger B einen neuen Investmentanteil für 1040 €. Davon werden 40 € in den sog. Ertragsausgleichstopf gebucht. Nach Ende des Geschäftsjahres werden je 40 € „Zinsen" an die Anleger A und B aus dem „Zinstopf" und dem „Ertragsausgleichstopf" ausgeschüttet. Durch die Ausschüttung sinkt der Wert des Fondsanteils auf 1000 €. B gibt seinen Anteil zu diesem Preis an den Spezial-Investmentfonds zurück und erzielt dadurch einen Veräußerungsverlust von 40 €. Bei der Einkommensbesteuerung des B neutralisieren sich die ausgeschütteten Zinserträge i. H. v. 40 € und die Veräußerungsverluste i. H. v. 40 €. Gleichwohl kann nach bisherigem Recht der B für die Zwecke der Zinsschranke einen Zinsertrag von 40 € geltend machen. Durch die Regelung des § 35 Abs. 6 InvStG gelten die an den B ausgeschütteten Beträge nicht mehr als Zinsen, sondern als teilweise Rückzahlung des eingezahlten Kapitals, was sie bei wirtschaftlicher Betrachtung auch tatsächlich sind. Es ist daher sachgerecht, diese Zahlung nicht mehr als Zinsertrag steuermindernd bei der Zinsschrankenregelung zu berücksichtigen (Gesetzesbegründung BT-Drs. 18/8045, S. 115).[13]

---

[13] Fraglich ist, ob für diese Rechtsfolge § 46 Abs. 1 Satz 2 InvStG notwendig ist, weil § 35 Abs. 6 InvStG bereits zu einer besitzzeitanteiligen Zurechnung der Einnahmen und Werbungskosten und damit zu einer Substanzauskehr führt, wodurch keine Zinserträge entstehen können. § 46 Abs. 1 Satz 2 InvStG dürfte daher lediglich deklaratorische Bedeutung zukommen (Wenzel in Blümich 2017, § 46 Rdn. 11).

Absatz 2 sieht vor, dass der für die Anwendung der Zinsschranke maßgebliche Zinsertrag um bestimmte Abzugsgrößen zu mindern ist, so dass im Ergebnis eine **Nettogröße** zur Anwendung kommt. Abzuziehen sind:

- die Direktkosten, d. h. Werbungskosten, die in einem unmittelbaren Zusammenhang mit den Zinseinnahmen stehen,
- die anteiligen Allgemeinkosten, d. h. die nach § 40 InvStG den Zinseinnahmen zuzuordnenden Werbungskosten,
- die auf Ebene des Spezial-Investmentfonds angefallenen Zinsaufwendungen sowie
- die negativen Kapitalerträge aus § 20 Abs. 1 Nr. 7 und Abs. 2 Satz 1 Nr. 7 EStG (Zinsaufwendungen für eine fremdfinanzierte Immobilie des Spezial-Investmentfonds, alle sonstigen negativen Kapitalerträge, die während der Besitzzeit oder bei Veräußerung einer sonstigen Kapitalforderung i. S. d. § 20 Abs. 1 Nr. 7 EStG anfallen, wie z. B. die gezahlten Stückzinsen beim Kauf einer verzinslichen Forderung oder die Verluste aus der Veräußerung einer risikobehafteten Hochzinsanleihe).

Sollten die Abzugsbeträge nach Absatz 2 die Zinserträge nach Absatz 1 übersteigen, ist nach Absatz 3 ein **Verlustvortrag** möglich. Dafür ist der Überhang auf die folgenden Geschäftsjahre des Spezial-Investmentfonds zu übertragen. In den Folgejahren mindern sich durch den Übertrag die für die Zwecke der Zinsschranke berücksichtigungsfähigen Zinseinnahmen (Gesetzesbegründung BT-Drs. 18/8045, S. 115).

Zu weiteren Einzelheiten über die Zinsschranke bei Investitionen über Fonds vgl. Abschn. 5.3.

4.4.6   Abzug und Anrechnung ausländischer Steuern nach § 47 InvStG

Bezieht ein inländischer Spezial-Investmentfonds Kapitalerträge oder sonstige Erträge aus dem Ausland, richtet es sich allein nach dem jeweils anwendbaren **ausländischen Recht**, ob auf die Erträge zulasten des inländischen Investmentfonds eine Quellensteuer einzubehalten ist oder nicht. Ob dem inländischen Investmentfonds nach dem jeweils anwendbaren ausländischen Recht im Ausland ein **Erstattungsanspruch** hinsichtlich der einbehaltenen Steuer zusteht, richtet sich ebenfalls nach dem **ausländischen Recht**.

▶   **Praxishinweis** Italien beispielsweise erhebt auf in das Ausland gezahlte Dividenden nach nationalem Recht einen ermäßigten Quellensteuersatz von 1,375 % anstelle der regulären 27 %, sofern der wirtschaftlich Berechtigte eine Gesellschaft ist, die in einem EU/EWR-Staat der Körperschaftsteuerpflicht unterliegt.

Insbesondere in den Fällen, in denen der Investmentfonds originäre Zins- oder Dividendenerträgen erzielt, stellt sich die Frage einer **Quellensteuerreduzierung** nach dem jeweils anwendbaren DBA. Denn für diese Erträge sehen die Abkommen regelmäßig nur ein beschränktes Quellensteuerrecht vor. Dabei handelt es sich in der hier betrachteten Konstellation um das DBA zwischen dem **Belegenheitsstaat der Einkunftsquelle** (z. B. der Sitzstaat der auszahlenden Kapitalgesellschaft oder Bank) und Deutschland als dem **Ansässigkeitsstaat des Investmentfonds** bzw. des Anlegers. Investmentfonds werden international jedoch zumeist als **transparente Rechtsgebilde** angesehen, d. h. nicht ihnen unmittelbar, sondern den dahinter stehenden Anlegern stehen die Vergünstigungen aus einem DBA zu, sofern die jeweiligen Voraussetzungen dafür erfüllt sind. In der hier betrachteten Konstellation würde der ausländische Quellenstaat daher dem inländischen Investmentfonds nur dann die Abkommensvergünstigungen gewähren, wenn er den inländischen Investmentfonds **aus seinem Blickwinkel** als sog. **abkommensberechtigte Person** (vgl. Art. 4 Abs. 1 OECD-MA) ansieht. Das wird meist nicht der Fall sein.

Beispiel
Die Frage der Abkommensberechtigung hat unmittelbare Auswirkung auch auf die Frage, ob ein inländischer Anleger über einen in- oder ausländischen Fonds im Ausland investieren soll. Nehmen wir an, ein inländischer Anleger (natürliche Person) möchte über einen Immobilienfonds in französische Immobilien investieren, wobei ihm ein deutscher und ein französischer Fonds zur Wahl stehen. Wählt er einen deutschen Fonds, findet eine Besteuerung der Immobilienerträge wegen § 6 Abs. 2 InvStG ausschließlich in Frankreich statt. Aus französischer Sicht hängt die Besteuerung im Rahmen der beschränkten Steuerpflicht davon ab, ob der deutsche Fonds oder der inländische Anleger das Steuersubjekt darstellt. Im Falle des Anlegers wird dieser in Frankreich mit dem progressiven Steuersatz besteuert, während für den Fonds bei einer Einordnung als Kapitalgesellschaft und einer entsprechenden Abkommensberechtigung der französische Körperschaftsteuersatz von 33 % (ab 2,5 Mio. Ertrag: € 34,43 %) eingreift.[14]

▶ **Praxishinweis** Selbst wenn dem inländischen Investmentfonds bzw. dem inländischen Anleger im Ausland aufgrund eines eingreifenden DBA ein Erstattungsanspruch hinsichtlich einbehaltener Quellensteuer zustehen sollte, so wird der aufgrund der Beteiligung am Investmentfonds errechnete Anspruch des Einzelnen i. d. R. zu gering ausfallen, als dass sich die Einleitung eines Erstattungsverfahrens aufwands- und kostenmäßig lohnte.

▶ **Es gilt somit** Auch international werden Investmentfonds meist nicht als abkommensberechtigte Personen angesehen. Sämtliche der klassischen Fondsstandorte wie Luxemburg, Belgien und Frankreich beurteilen dies so. Die Maßnahmen zur Vermeidung der Doppelbesteuerung greifen daher allenfalls auf Anlegerebene.

---

[14] Frankreich geht im Fall der deutschen Treuhandlösung allerdings sogar so weit, den Körperschaftsteuersatz auf die deutsche KAG anzuwenden. Für Frankreich ist die Problematik der Abkommensberechtigung des Fonds daher ein wenig entschärft.

Die Steueranrechnungs- und Steuerabzugsmethode dienen als (unilaterale) Maßnahmen der Vermeidung der Doppelbesteuerung. Einzelheiten über ihre Anwendung auf Ebene der Anleger eines Spezial-Investmentfonds enthält **§ 47 InvStG**. Diese Regelung übernimmt die bisherige Regelung des § 4 Abs. 2 und 3 InvStG a. F. Sie erfasst Sachverhalte, in denen im Inland unbeschränkt steuerpflichtige Anleger über einen inländischen Investmentfonds Einkünfte erzielen, die im Ausland ebenfalls der Besteuerung unterlegen haben. Die Regelung umfasst insgesamt 5 Absätze:

- Absatz 1 enthält die Voraussetzungen für eine Anrechnung bzw. einen Abzug der ausländischen Quellensteuern,
- Absatz 2 bestimmt die Einzelheiten über die Ermittlung der ausländischen Steuern,
- Absatz 3 enthält eine „all-country-limitation" oder alternativ auch als „Per-Fund-Limitation" bezeichnete Regelung über die Höhe der zu berücksichtigenden Steuern,
- Absatz 4 erklärt die Regelungen des § 34c EStG für entsprechend anwendbar und
- Absatz 5 stellt klar, dass eine Anrechnung oder ein Abzug ausländischer Steuern für steuerfreie Einkünfte nicht möglich ist.

Dazu im Einzelnen:

Absatz 1 ermöglicht eine Anrechnung ausländischer Steuern, wenn in den ausgeschütteten oder ausschüttungsgleichen Erträgen Einkünfte aus einem ausländischen Staat enthalten sind, die in diesem ausländischen Staat besteuert wurden. Voraussetzung ist, dass diese Steuer entweder nach § 34c EStG, nach § 26 Abs. 1 KStG oder nach einem DBA anrechenbar ist. Eine Anrechnung ist lediglich für unbeschränkt steuerpflichtige Anleger des in- oder ausländischen Investmentfonds möglich. Beschränkt steuerpflichtige Anleger des Spezial-Investmentfonds können die ausländischen Steuern hingegen nicht anrechnen. Sollte der Staat, in welchem der ausländische Staat ansässig ist, auf die auf ausländische Spezial-Investmentanteile ausgeschütteten oder ausschüttungsgleichen Erträge eine Abzugsteuer erheben, so kann diese ausländische Steuer ebenfalls nach den dargestellten Grundsätzen angerechnet werden.

▶ **Es gilt somit** Eine Anrechnung ausländischer Steuern ist lediglich für unbeschränkt steuerpflichtige Anleger in- und ausländischer Investmentfonds möglich. Es gelten die Voraussetzungen der §§ 34c EStG, 26 KStG oder der anzuwendenden Regelung des DBA. Im Inland beschränkt steuerpflichtige Anleger können die Steuern nicht anrechnen.

Der Begriff „**Einkünfte aus einem ausländischen Staat**" ist nach den investmentrechtlichen Regelungen auszulegen. Maßgeblich dürfte hier § 30 InvStG sein, weil § 47 InvStG keine Definition enthält und auch nicht auf § 34d EStG verweist. Die „ausländische Steuer" muss in dem Staat erhoben werden, aus welchem die Einkünfte stammen, und muss entweder der deutschen Einkommen- oder Körperschaftsteuer entsprechend. Eine Anrechnung der ausländischen Steuer ist lediglich in Höhe der festgesetzten und gezahlten und um einen entstandenen Ermäßigungsanspruch gekürzten ausländischen Steuer möglich (vgl. Gloßner in Blümich 2017, § 47 Rdn. 17 ff.). Diese Steuer ist auf den Teil der Einkommensteuer oder Körperschaftsteuer anzurechnen, der auf diese ausländischen, um die anteilige ausländische Steuer erhöhten Einkünfte entfällt. Einzelheiten über diese Verhältnisrechnung bestimmt Absatz 2.

Die **Höchstbetragsberechnung** unterscheidet sich für einkommen- und körperschaftsteuerpflichtige Anleger. Für **einkommensteuerpflichtige Anleger** berechnet sich dieser Höchstbetrag aus dem Produkt der durchschnittlichen tariflichen Einkommensteuer, sog. durchschnittlicher Steuersatz, und den ausländischen Einkünften. Dabei berechnet sich der sog. durchschnittliche Steuersatz aus dem Quotienten der tariflichen Einkommensteuer und dem zu versteuernden Einkommen, das sich nach den allgemeinen Regelungen der §§ 32a, 32b, 34, 34a und 34b EStG ergibt.[15] Die ausländischen Einkünfte sind Bestandteil des zu versteuernden Einkommens. Der Höchstbetrag berechnet sich danach wie folgt:

$$\text{Anrechnungshöchstbetrag} = \frac{\text{tarifliche Einkommensteuer} * \text{ausländische Einkünfte}}{\text{zu versteuerndes Einkommen}}.$$

Beispiel

Der Anleger B hält die Anteile an dem Spezial-Investmentfonds im Betriebsvermögen. Er ist ledig und hat keine Kinder. Seine inländischen Einkünfte betragen 20.000 €. Die ausländischen Einkünfte, die er über den Spezial-Investmentfonds erzielt, betragen 10.000 €. Diese haben in dem ausländischen Staat einer Steuer von 20 % unterlegen. Ein DBA kam nicht zur Anwendung. B macht außergewöhnliche Belastungen i. H. v. 2000 € geltend.

Der Höchstbetrag berechnet sich wie folgt:

Summe der Einkünfte	= 20.000 € (inländische) + 10.000 € (ausländische Einkünfte)
	= 30.000 €
Zu versteuerndes Einkommen	= 30.000 € − 2000 € (außergewöhnliche Belastungen)
	= 28.000 €
Tarifliche Einkommensteuer	= 4736 € (2018) nach § 32a EStG
Gezahlte ausländische Steuer	= 2000 €
Anrechnungshöchstbetrag	= (4736 € * 10.000 €) / 28.000 €
	= 1691,43 €.

Die festgesetzte Einkommensteuer beträgt danach (4736 − 1691) = 3045 €.

Bei **körperschaftsteuerpflichtigen Anlegern** berechnet sich der Höchstbetrag aus dem Produkt der tariflichen Körperschaftsteuer, die sich für bei der Veranlagung des Anlegers allerdings ohne Berücksichtigung der §§ 37 und 38 KStG ergibt, und dem

---

[15] Zum neuen Höchstbetrag nach § 34c EStG vgl. Dessens 2015, 77.

Verhältnis der ausländischen Einkünfte zur Summe der Einkünfte:

$$\text{Anrechnungshöchstbetrag} = \frac{\text{tarifliche Körperschaftsteuer} * \text{ausländische Einkünfte}}{\text{Summe der Einkünfte}}.$$

In diesem Zusammenhang ist **§ 47 Abs. 3 InvStG** zu beachten, der eine „all-country-limitation" oder alternativ auch als „Per-Fund-Limitation" bezeichnete Regelung beinhaltet. Danach dürfen die ausländischen Steuern zusammengefasst werden, die auf Einkünfte oder Erträge eines einzelnen Spezial-Investmentfonds erhoben wurden. Diese Regelung dient der Vereinfachung und sollte sich regelmäßig zum Vorteil der Anleger auswirken.

▶ **Es gilt somit** Während die Anrechnung ausländischer Steuern im Regelfall einer „per-country-limitation" unterliegt und die Höchstbetragsberechnung danach für die Steuern eines jeden Staates separat erfolgt, gilt für die Anleger von Spezial-Investmentfonds ausnahmsweise eine „all-country-limitation". Die Anrechnung der ausländischen Steuern richtet sich nach einem einheitlichen Höchstbetrag, in dessen Berechnung alle Steuern einzubeziehen sind, welche auf die Erträge des jeweiligen Investmentfonds im Ausland erhoben wurden.

Absatz 4 erklärt einzelne Regelungen des § 34c EStG insbesondere über die Ermittlung des zu versteuernden Einkommens und der ausländischen Steuern für entsprechend anwendbar. Diese sind bei der Anrechnung und dem Abzug zu berücksichtigen. **Absatz 5** stellt abschließend klar, dass ausländische Steuern auf Einkünfte, die nach § 43 Abs. 1 InvStG von der Besteuerung **freigestellt** werden, weder angerechnet noch abgezogen werden dürfen.

4.4.7   Kapitalertragsteuerabzug nach § 50 InvStG

Die für den **Kapitalertragsteuerabzug** zentrale Norm ist **§ 50 InvStG**. Sie gilt ausschließlich für **inländische Spezial-Investmentfonds** und bestimmt diese als Entrichtungspflichtige der Kapitalertragsteuer. Der Steuersatz wird auf 15 % festgelegt. Auf diesen fällt zusätzlich Solidaritätszuschlag an.

▶ **Es gilt somit** § 50 InvStG verpflichtet inländische Spezial-Investmentfonds zum Kapitalertragsteuerabzug. Der Steuersatz beträgt für alle Anleger einheitlich 15 %.

Dem Kapitalertragsteuerabzug unterliegen nach Absatz 2 die **sog. Spezial-Investmenterträge i. S. d. § 34 InvStG**. Zu diesen gehören die ausgeschütteten und ausschüttungsgleichen Erträge sowie der Gewinn aus der Veräußerung eines Spezial-Investmentanteils.

▶   **Praxishinweis** Die Ermittlung der Bemessungsgrundlage für den Kapitalertrag-
    steuerabzug wird die Spezial-Investmentfonds vor große Herausforderungen
    stellen. Dies gilt auch, weil nunmehr ein Steuerabzug für die Gewinne aus der
    Veräußerungen der Anteile an dem Spezial-Investmentfonds durchzuführen
    ist. Die Ermittlung des Gewinnes erfordert die Berücksichtigung einer Vielzahl
    von Daten (z. B. Anleger-Aktiengewinn, Anleger-Abkommensgewinn, Anleger-
    Teilfreistellungsgewinn, Teilwertabschreibungen und Teilwertzuschreibungen,
    während der Besitzzeit bereits besteuerte ausschüttungsgleiche Erträge etc.),
    weswegen die Ermittlung für den Fonds mitunter nur durch erheblichen Auf-
    wand möglich sein wird (vgl. Gloßner in Blümich 2017, § 50 Rdn. 26).

Nicht dem Steuerabzug unterfallen Erträge, die nach **§ 43 Abs. 1 und 2 InvStG** (aufgrund von DBA freigestellte Erträge und aufgrund der bereits durchgeführten Hinzurechnungsbesteuerung nun nach § 3 Nr. 41 Buchst. a EStG steuerfreie Erträge) von der
Besteuerung freigestellt sind. Sie sind bei der Bemessung der Kapitalertragsteuer her-
auszurechnen. Zugleich hat der Spezial-Investmentfonds die **ausländischen Steuern** zu
berücksichtigen, die auf Ebene der Anleger nach § 47 InvStG angerechnet oder abgezogen werden können. Dagegen werden Teilfreistellungen bei der Bemessung der Kapitalertragsteuer nicht berücksichtigt. Der Gesetzeswortlaut gibt eine solche Berücksichtigung nicht her. Die **Teilfreistellungssätze** müssen somit im Rahmen der Veranlagung
geltend gemacht werden. Ebenfalls nicht in den Kapitalertragsteuerabzug einzubeziehen
sind die **inländischen Beteiligungseinnahmen**, für welche der Spezial-Investmentfonds
die Transparenzoption i. S. d. § 30 InvStG ausgeübt hat. Denn diese Erträge werden den
Anlegern des Spezial-Investmentfonds direkt zugerechnet, so dass ein Kapitalertragsteuerabzug ausscheidet. Die **Transparenzoption des § 33 InvStG** setzt dagegen direkt einen
Kapitalertragsteuerabzug auf Ebene des Spezial-Investmentfonds voraus, weil die Körperschaftsteuerpflicht auf Ebene des Fonds lediglich dann entfällt, wenn der Spezial-
Investmentfonds auf ausgeschüttete oder ausschüttungsgleiche inländische Immobilien-
träge und sonstige inländischen Einkünfte Kapitalertragsteuer gemäß § 50 InvStG erhebt,
an die zuständige Finanzbehörde abführt und den Anlegern Steuerbescheinigungen gemäß
§ 45a Abs. 2 EStG ausstellt.

Eine weitere **Abstandnahme vom Kapitalertragsteuerabzug** sieht **§ 50 Abs. 3
InvStG** vor. Diese Regelung entspricht dem bisherigen § 7 Abs. 1 Satz 4 InvStG a. F. Die
Abstandnahme ist möglich, wenn die sachlichen und persönlichen Voraussetzungen dafür
erfüllt sind. Die sachlichen Voraussetzungen sind erfüllt, wenn die ausgeschütteten oder
ausschüttungsgleichen Erträge Einkünfte i. S. d. § 43 Abs. 1 Satz 1 Nr. 6 und 8 bis 12 EStG
beinhalten. Zu diesen gehören ausländische Kapitalerträge i. S. d. § 20 Abs. 1 Satz 1 Nr. 1
und Nr. 1a EStG, wie ausländische Dividenden, sowie beispielsweise Stillhalterprämien,
Gewinne aus der Veräußerung von Aktien und Investmentfonds i. S. d. § 16 Abs. 1 Nr. 3
i. V. m. § 2 Abs. 13 InvStG, Gewinne aus der Veräußerung von sonstigen Kapitalforderungen jeder Art, Gewinne aus Termingeschäften, und bestimmte Gewinne aus der Aufgabe
oder Übertragung einer Rechtsposition (Gloßner in Blümich 2017, § 50 Rdn. 52). Die persönlichen Voraussetzungen sind erfüllt, wenn die Anleger die Voraussetzungen des § 43

Absatz 2 Satz 3 bis 8 EStG erfüllen. Daher kommt eine Abstandnahme vom Steuerabzug für bestimmte unbeschränkt steuerpflichtige Körperschaften, Personenvereinigungen und Vermögensmassen sowie für betriebliche Anleger in Betracht.

▶ **Es gilt somit** Dem Kapitalertragsteuerabzug unterfallen die sog. Spezial-Investmenterträge i. S. d. § 34 InvStG mit Ausnahme der nach § 43 Abs. 1 und 2 InvStG steuerfreien Erträge sowie den inländischen Beteiligungseinnahmen, welche den Anlegern bereits aufgrund der Transparenzoption des § 30 InvStG direkt zugerechnet werden. Denn für diese sind die Anleger bereits Schuldner der Kapitalertragsteuer. Darüber hinaus kommt eine Abstandnahme für bestimmte Anleger nach § 50 Abs. 3 InvStG in Betracht.

▶ **Praxishinweis** Die Finanzverwaltung hat am 15.12.2017 das Schreiben betreffend die Kapitalertragsteuer und die für die Anrechnung der Kapitalertragsteuer auf die Einkommensteuer notwendige Ausstellung von Steuerbescheinigungen für Kapitalerträge nach § 45a Abs. 2 und 3 EStG neuveröffentlicht (IV C 1 – S 2401/08/10001:018). Dieses sieht u. a. in Rdn. 52 folgende Regelung vor, wonach ab dem 1. Januar 2018 zuzurechnende steuerabzugspflichtige Erträge aus inländischen Spezial-Investmentfonds als „Kapitalerträge aus inländischen Spezial-Investmentfonds i. S. d. § 50 Abs. 1 Satz 2 Nr. 1 oder 2 InvStG" auszuweisen sind. Die Erträge, bei denen nach § 50 Abs. 3 InvStG i. V. m. § 43 Abs. 2 Satz 3 bis 8 EStG vom Steuerabzug Abstand genommen wurde, sind gesondert auszuweisen. Diese Freistellung vom Steuerabzug ist nach dem Sinn und Zweck der Norm über den Wortlaut hinaus auch auf ausschüttungsgleiche Erträge und Gewinne aus der Veräußerung von Spezial-Investmentanteilen anzuwenden. Bei beschränkt Steuerpflichtigen (Steuerausländern) unterliegen nur die inländischen Immobilienerträge nach § 33 Abs. 2 InvStG sowie die sonstigen inländischen Einkünfte nach § 33 Abs. 3 InvStG der beschränkten Steuerpflicht. Nur in Bezug auf diese Erträge darf eine Steuerbescheinigung für beschränkt Steuerpflichtige ausgestellt werden. Dies gilt entsprechend für ausländische Spezial-Investmentfonds, die freiwillig Kapitalertragsteuer nach § 50 InvStG auf Erträge i. S. d. § 33 Abs. 2 und/oder Abs. 3 InvStG abführen. Letztgenannte Regelung zeigt, dass die Finanzverwaltung die Auffassung vertritt, dass ausländische Investmentfonds nicht zum Kapitalertragsteuerabzug verpflichtet werden können, diesen Abzug jedoch auf freiwilliger Basis durchführen und so die Transparenzoption des § 33 InvStG ausüben können.

4.4.8 Gesonderte Feststellung der Besteuerungsgrundlagen nach § 51 InvStG

§ 51 InvStG sieht eine **gesonderte und einheitliche Feststellung der Besteuerungsgrundlagen** vor. Eine solche Feststellung ist insbesondere notwendig, damit die für die Besteuerung der Anleger relevanten Daten vorliegen.

Absatz 1 sieht vor, dass die Besteuerungsgrundlagen nach den **§§ 29 bis 49 InvStG**, die nicht ausgeglichenen negativen Erträge nach § 41 InvStG und die positiven Erträge, die nicht zu einer Ausschüttung verwendet wurden (ausschüttungsgleichen Erträge), sowohl gegenüber dem Spezial-Investmentfonds als auch den Anlegern **gesondert und einheitlich festzustellen** sind. Dies gilt, unabhängig von der Anzahl der Anleger. Dabei betrifft diese Verpflichtung sowohl in- und ausländische Spezial-Investmentfonds als auch in- und ausländische Anleger. Sollten an einem ausländischen Fonds ausschließlich ausländische Anleger beteiligt sein, beschränkt sich die Feststellung auf die inländischen Einkünfte, damit festgestellt werden kann, ob diese Einkünfte dem Spezial-Investmentfonds oder den Anlegern zuzurechnen sind. Selbst wenn nur ein Anleger an einem Fonds beteiligt sein sollte, hat die Feststellung gesondert und einheitlich zu erfolgen, weil sie stets gegenüber dem Anleger und dem Fonds zu erfolgen hat. Dieser Feststellungsbescheid entfaltet gegenüber allen Folgebescheiden auf Seiten des Spezial-Investmentfonds sowie der Anleger als Grundlagenbescheid i. S. d. § 182 AO Wirkung.

Für die Besteuerung sind folgende Daten relevant:

- Werte für die laufende Ertragsbesteuerung (ausgeschüttete und ausschüttungsgleiche Erträge),
- die Werte, die für die Besteuerung des Gewinns aus der Rückgabe, Veräußerung, Entnahme oder verdeckten Einlage der Investmentanteile erforderlich sind (z. B. Abkommensgewinn),
- die nicht ausgeglichenen negativen Erträge i. S. d. § 41 Abs. 2 InvStG und die positiven Erträge, die nicht zu einer Ausschüttung verwendet wurden (Vortragskategorien, z. B. steuerfrei thesaurierbare Veräußerungsgewinne).

Die verfahrensrechtlichen Regelungen über diese gesonderte und einheitliche Feststellung enthalten die folgenden **Absätze 2 bis 4**. Nach Absatz 5 steht diese Feststellung unter dem Vorbehalt der Nachprüfung gemäß § 164 AO. Im Einzelnen gilt:

- Die Erklärung zur gesonderten und einheitlichen Feststellung der Besteuerungsgrundlagen ist **innerhalb von vier Monaten nach Ablauf des Geschäftsjahres** eines Spezial-Investmentfonds abzugeben. Die Abgabe erfolgt gegenüber dem zuständigen Finanzamt nach amtlich vorgeschriebenem Vordruck.
- Sollte innerhalb dieser Frist auf Ebene des Spezial-Investmentfonds ein **Beschluss über eine Ausschüttung** gefasst werden, so ist die Erklärung innerhalb von vier Monaten nach dem Tag dieses Beschlusses abzugeben.
- Zur **Abgabe der Erklärung** sind
  - bei einem **inländischen Spezial-Investmentfonds die Kapitalverwaltungsgesellschaft**, die inländische Betriebsstätte oder Zweigniederlassung der ausländischen Verwaltungsgesellschaft oder die inländische Verwahrstelle,
  - bei einem ausländischen Spezial-Investmentfonds die inländische oder ausländische Verwaltungsgesellschaft oder der inländische Anleger verpflichtet.

- Folgende **Unterlagen** sind der Erklärung beizufügen:
  - der Jahresbericht oder Jahresabschluss und der Lagebericht jeweils für das abgelaufene Geschäftsjahr,
  - im Falle einer Ausschüttung ein verbindlicher Beschluss der Verwaltungsgesellschaft über die Verwendung der Erträge,
  - der Verkaufsprospekt, sofern ein Verkaufsprospekt erstellt wurde,
  - das Anteilsregister,
  - die Überleitungsrechnung, aus der hervorgeht, wie die Besteuerungsgrundlagen aus der handels- oder investmentrechtlichen Rechnungslegung ermittelt wurden,
  - die Summen- und Saldenlisten, aus denen sich die Zusammensetzung der Einnahmen und Werbungskosten des Spezial-Investmentfonds ergibt, und
  - die Unterlagen zur Aufteilung der Einkünfte auf die einzelnen Anleger.

▶ **Es gilt somit** § 51 InvStG verpflichtet zu einer gesonderten und einheitlichen Feststellung der relevanten Besteuerungsgrundlagen gegenüber dem Spezial-Investmentfonds und dessen Anlegern. Der Feststellungsbescheid gilt als Grundlagenbescheid für alle Folgebescheide auf Seiten des Fonds und der Anleger. Er steht unter dem Vorbehalt der Nachprüfung gemäß § 164 AO. Bei inländischen Spezial-Investmentfonds ist die Kapitalverwaltungsstelle zur Abgabe der Erklärung nach amtlich vorgeschriebenem Muster bei der zuständigen Finanzbehörde verpflichtet. Die Abgabe soll im Regelfall innerhalb von 4 Monaten nach Ablauf des Geschäftsjahres des Fonds erfolgen. Eine Ausnahme gilt, wenn in dieser Zeit eine Ausschüttung beschlossen wurde. Der Erklärung sind Unterlagen, wie z. B. der Jahresbericht, beizufügen.

4.4.9   Aktiengewinn, Abkommensgewinne und Teilfreistellungsgewinne

4.4.9.1   Allgemeines

§ **48 InvStG** stellt eine zentrale Norm dar, welche den **Spezial-Investmentfonds zur Ermittlung** bestimmter Größen verpflichtet. Diese Größen sind für die Durchführung der Besteuerung auf Ebene des Anlegers unerlässlich. Dies gilt insbesondere im Hinblick auf die Veräußerung von Spezial-Investmentanteilen und die auf Ebene der Anleger möglichen Steuerfreistellungen.

Der Wert eines Spezial-Investmentanteils umfasst **mehrere Bestandteile**, die steuerlich unterschiedlich behandelt werden. Für den Anleger sind insbesondere folgende Größen entscheidend, die § 48 InvStG erfasst und definiert.

Zu diesen gehören nach Absatz 1:

- die Gewinne aus der Veräußerung von Aktien und Wertsteigerungen von Aktien, als **Aktiengewinn** bezeichnet,

- Erträge, die aufgrund eines Doppelbesteuerungsabkommens steuerfrei zu stellen sind, sog. **Abkommensgewinne**, und
- Erträge aus Investmentfonds, auf die das Teilfreistellungsverfahren nach § 20 InvStG anzuwenden ist, sog. **Teilfreistellungsgewinne.**

Diese Größen sind von dem Spezial-Investmentfonds gesondert zu ermitteln und dem Anleger bekannt zu machen. Da diese Größen auf Ebene des Fonds ermittelt werden, bezeichnet man sie als **Fonds-Aktiengewinn**, **Fonds-Abkommensgewinn** und **Fonds-Teilfreistellungsgewinn.**

▶ **Es gilt somit** Anteile an Spezial-Investmentfonds beinhalten verschiedene Größen, die sich steuerlich unterschiedlich auswirken. Da diese auf Ebene des Fonds ermittelt und den Anlegern bekanntgegeben werden, bezeichnet man sie als Fonds-Aktiengewinn, Fonds-Abkommensgewinn und Fonds-Teilfreistellungsgewinn. Die Kenntnis dieser Größen ist für ihre Steuerbefreiung nach §§ 42 und 43 InvStG unerlässlich.

Diese Größen ändern sich nicht durch die Ausgabe und Rücknahme von Spezial-Investmentanteilen, d. h. ihre Höhe ist unabhängig davon, wer an dem Fonds beteiligt ist. Gleichwohl sind für die Steuerbefreiung auf Ebene des Anlegers ausschließlich die **besitzzeitabhängigen Werte** entscheidend. Die unter Berücksichtigung der Beteiligung des jeweiligen Anlegers ermittelten Werte werden als **Anleger-Gewinne** bezeichnet. Sie werden ebenfalls unterteilt in Anleger-Aktiengewinn, Anleger-Abkommensgewinn und Anleger-Teilfreistellungsgewinn.

▶ **Es gilt somit** Die auf Ebene des Spezial-Investmentfonds ermittelten Werte entsprechen nicht zwangsläufig den Werten, die auf Ebene des Anlegers relevant sind. Denn auf Ebene der Anleger entfalten ausschließlich die besitzzeitanteiligen Werte Bedeutung. Diese Werte werden aus den Fonds-Gewinnen abgeleitet und als Anleger-Gewinne (**Anleger-Aktiengewinn, Anleger-Abkommensgewinn und Anleger-Teilfreistellungsgewinn**) bezeichnet.

Die **besitzzeitabhängigen Gewinne** des Anlegers werden als Differenz zwischen den Fonds-Gewinnen bei Veräußerung oder Bewertung des Spezial-Investmentanteils und den Fonds-Gewinnen bei Anschaffung des Spezial-Investmentanteils ermittelt. Sie können positiv, aber auch negativ sein.

Die positiven Anleger-Gewinne mindern (außerbilanziell) den steuerpflichtigen Gewinn aus der Veräußerung. Umgekehrt können jedoch auch negative Anleger-Gewinne entstehen, die bei einer Veräußerung des Spezial-Investmentanteils außerbilanziell hinzuzurechnen sind und damit die Steuerlast des Anlegers erhöhen.

Der Spezial-Investmentfonds ist zu einer **bewertungstäglichen Ermittlung** der Fonds-Aktiengewinne, Fonds-Abkommensgewinne und Fonds-Teilfreistellungsgewinne verpflichtet. Die Angabe erfolgt als absolute Werte pro Spezial-Investmentanteil. Kommt der

Fonds diesen Ermittlungs- und Bekanntmachungspflichten nicht nach, greifen folgende in **§ 48 Abs. 2 InvStG vorgesehenen Steuerfolgen**:

- Die fehlende Ermittlung und Bekanntmachung des Fonds-Aktiengewinnes führt dazu, dass die nach § 42 Abs. 1 bis 3 InvStG vorgesehenen Steuerbefreiungen von ausgeschütteten und ausschüttungsgleichen Dividenden und Veräußerungsgewinnen nicht anzuwenden sind.
- Demzufolge wird auch die Steuerfreistellung nach § 43 Abs. 1 InvStG nicht gewährt, wenn Angaben zum Fonds-Abkommensgewinn fehlen.
- Sollten Angaben zum Fonds-Teilfreistellungsgewinn fehlen, sind die Erträge aus dem Investmentfonds nicht nach § 43 Abs. 3 InvStG freizustellen.

Diese Rechtsfolgen treten auch dann ein, wenn der Anleger die Fonds-Gewinne nicht ersatzweise nachweisen kann.

▶ **Es gilt somit** Sollte der Spezial-Investmentfonds seinen Ermittlungs- und Bekanntmachungspflichten nicht nachkommen, kann der Anleger die für die Ertragsanteile bestehenden Steuerbefreiungen der §§ 42 Abs. 1 bis 3, 43 Abs. 1 und 3 InvStG nicht in Anspruch nehmen. Eine Ausnahme gilt nur dann, wenn er die Größen ersatzweise nachweisen kann.

Die **Definitionen** der Begriffe Aktien-Gewinn, Abkommens-Gewinn und Teilfreistellungsgewinn enthalten die Absätze 3 bis 6.

4.4.9.2   Fonds-Aktiengewinn nach § 48 Abs. 3 und 4 InvStG

Absatz 3 definiert den **Fonds-Aktiengewinn** durch eine Auflistung bestimmter Erträge, welche der Spezial-Investmentfonds durch Veräußerung der entsprechenden Vermögensgegenstände realisiert hat, sowie die unrealisierten Wertveränderungen von bestimmten Vermögensgegenständen, die weiterhin im Vermögen des Spezial-Investmentfonds gehalten werden. Zu den Bestandteilen des Fonds-Aktiengewinns können nur solche Erträge gehören, die der Spezial-Investmentfonds noch nicht ausgeschüttet hat und die nicht (oder noch nicht) aufgrund der Ausschüttungsfiktion in § 36 InvStG als ausgeschüttet gelten. Die Ausnahmeregelung des Absatzes 4 ist zu beachten.

Zum Fonds-Aktiengewinn gehören nach Nummer 1 der Aufzählung **Gewinne aus der Veräußerung** von Aktien, GmbH-Anteilen und anderen Beteiligungen an Körperschaften, die Erträge nach § 20 Abs. 1 Nr. 1 EStG vermitteln. Dabei ist der Begriff „Gewinne" weit zu verstehen und umfasst daher auch Veräußerungsverluste. Zu berücksichtigen ist, dass der Gewinn stets als Nettobetrag unter Berücksichtigung der auf Ebene des Spezial-Investmentfonds angefallenen Werbungskosten zu ermitteln ist. Des Weiteren gehören nach Nummer 2 **unrealisierte Wertsteigerungen** oder unrealisierte Wertminderungen aus Aktien, GmbH-Anteilen und anderen Beteiligungen an Körperschaften, die Erträge nach § 20 Abs. 1 Nr. 1 EStG vermitteln dazu. Auch diese Größen sind unter Berücksichtigung der Werbungskosten zu ermitteln. Nach Nummern 3 und 4 sind in den Fonds-

Aktiengewinn auch solche Erträge und Wertveränderungen einzubeziehen, die sich aus mehrstufigen Fonds-Strukturen ergeben. Für diesen Zweck wird ein Dach-Spezial-Investmentfonds wie ein Anleger behandelt, der Anteile an einem Ziel-Spezial-Investmentfonds hält.

Beispiel

Veräußert ein Dach-Spezial-Investmentfonds die Anteile an einem anderen Ziel-Spezial-Investmentfonds, sind die im Veräußerungsgewinn oder -verlust enthaltenen besitzzeitanteiligen Aktiengewinne nach § 48 Abs. 3 Satz 1 Nr. 3 InvStG als Bestandteil des Fonds-Aktiengewinns des Dach-Spezial-Investmentfonds zu erfassen.

Unter die Nummer 4 sind Wertveränderungen aus Aktiengewinn relevanten Vermögensgegenständen auf Ebene des Ziel-Spezial-Investmentfonds zu erfassen. Diese sind auf Ebene des Dach-Spezial-Investmentfonds zu berücksichtigen, wenn dieser sein Vermögen bewertet. Auch bei diesen Werten sind die anteiligen Werbungskosten des Fonds zu berücksichtigen.

Keine Bestandteile des Fonds-Aktiengewinns sind laufende Gewinne aus Anteilen an Kapitalgesellschaften, wie Dividenden und andere Gewinnausschüttungen. Grund dafür ist, dass Spezial-Investmentfonds im Regelfall lediglich Streubesitzanteile halten, so dass für körperschaftsteuerpflichtige Anleger eine Steuerbefreiung nach § 8b KStG grundsätzlich nicht in Betracht kommt (Gesetzesbegründung BT-Drs. 18/8045, S. 118).

Von dieser Zuordnung der Erträge und Wertveränderungen macht **Absatz 4 Satz 1 eine Ausnahme**. Danach sind die Ertragsbestandteile, die **keine steuerliche Vorbelastung** aufweisen, nicht in den Fonds-Aktiengewinn einzubeziehen. Diese Voraussetzung ist erfüllt, wenn

- die Körperschaft, Personenvereinigung oder Vermögensmasse, aus welcher die Erträge erzielt werden, selbst keiner Ertragsbesteuerung unterliegt, weil beispielsweise generell keine Ertragsbesteuerung in dem betreffenden Staat vorgenommen wird oder besondere Besteuerungsregelungen für den betreffenden Körperschaftstyp eine Steuerbefreiung vorsehen,
- diese von der Ertragsbesteuerung persönlich befreit ist, wie beispielsweise nach § 16 REIT-Gesetz die Gewinne aus der Veräußerung oder die Wertveränderungen von Beteiligungen an REIT-Aktiengesellschaften, oder
- sachlich insoweit von der Ertragsbesteuerung befreit ist, wie diese Körperschaft, Personenvereinigung oder Vermögensmasse eine Ausschüttung vornimmt. Dabei zielt diese Regelung im Wesentlichen auf ausländische REIT-Gesellschaften ab, die zwar grundsätzlich steuerpflichtig sind, aber eine Besteuerung durch die Einhaltung von bestimmten Ausschüttungsvorgaben vermeiden können.

Mit dieser Regelung möchte der Gesetzgeber bestimmte Erträge gerade nicht von einer Besteuerung im Inland auf Ebene der Anleger durch Anwendung der § 3 Nr. 40 EStG

(Teileinkünfteverfahren) oder § 8b KStG (Schachtelprivileg) freistellen. Denn grundsätzlich basiert die Idee der Steuerfreistellung auf Ebene der Anleger darauf, dass diese Erträge bereits auf Ebene der ausschüttenden Gesellschaft und auf Ebene des Spezial-Investmentfonds besteuert werden. Unterbleibt eine Besteuerung auf einer dieser Stufe, erscheint eine Freistellung nicht notwendig.

Abschließend ist zu berücksichtigen, dass nach Absatz 4 Satz 2 **Verluste aus Finanzderivaten**, die im Rahmen von sog. **Kopplungsgeschäften** von dem Spezial-Investmentfonds gezielt herbeigeführt werden, bei der Ermittlung des Fonds-Aktiengewinns mindernd zu berücksichtigen sind. Die Einführung dieser Regelung zielt auf die Verhinderung der sog. Kopplungsgeschäfte ab. Vgl. dazu bereits Abschn. 4.4.2.3.2.

4.4.9.3   Fonds-Abkommensgewinn nach § 48 Abs. 5 InvStG

§ 48 Abs. 5 InvStG enthält die Definition des sog. **Fonds-Abkommensgewinns**, dessen Definition und Ermittlung der Definition des Fonds-Aktiengewinns entspricht.

Der Fonds-Abkommensgewinn ist der Teil des Wertes eines Spezial-Investmentanteils, der auf folgende Erträge, die nicht ausgeschüttet wurden und nicht als ausgeschüttet gelten, sowie auf folgende Wertveränderungen entfällt:

- Erträge, die aufgrund eines DBA nach § 43 Abs. 1 InvStG von der Besteuerung freizustellen sind,
- Wertveränderungen von Vermögensgegenständen, auf die bei einer Veräußerung § 43 Abs. 1 InvStG anwendbar wäre,
- Anleger-Abkommensgewinne eines Dach-Spezial-Investmentfonds aus der Veräußerung eines Spezial-Investmentanteils an einem Ziel-Spezial-Investmentfonds und
- Anleger-Abkommensgewinne eines Dach-Spezial-Investmentfonds aus dem Besitz eines Spezial-Investmentanteils an einem Ziel-Spezial-Investmentfonds, die bei der Bewertung des Dach-Spezial-Investmentfonds ermittelt werden.

Der Fonds-Abkommensgewinn ist ebenfalls als **Netto-Ertrag oder Netto-Wertveränderung** nach Abzug anteiliger Werbungskosten zu ermitteln (Gesetzesbegründung BT-Drs. 18/8045, S. 118).

4.4.9.4   Fonds-Teilfreistellungsgewinn nach § 48 Abs. 6 InvStG

Nach der entsprechenden Systematik definiert § 48 Abs. 6 InvStG den **Fonds-Teilfreistellungsgewinn** als den Teil des Werts eines Spezial-Investmentanteils, der auf folgende Erträge, die nicht ausgeschüttet wurden und nicht als ausgeschüttet gelten, sowie auf folgende Wertveränderungen entfällt:

- Erträge aus einem Investmentanteil, soweit diese nach § 20 InvStG von der Besteuerung freizustellen sind,
- Wertveränderungen von Investmentanteilen, soweit auf diese bei einer Veräußerung § 20 InvStG anwendbar wäre,

- Anleger-Teilfreistellungsgewinne eines Dach-Spezial-Investmentfonds aus der Veräußerung eines Spezial-Investmentanteils an einem Ziel-Spezial-Investmentfonds und
- Anleger-Teilfreistellungsgewinne eines Dach-Spezial-Investmentfonds aus dem Besitz eines Spezial-Investmentanteils an einem Ziel-Spezial-Investmentfonds, die bei der Bewertung des Dach-Spezial-Investmentfonds ermittelt werden.

Der Fonds-Teilfreistellungsgewinn ist jeweils **getrennt für die in § 20 Abs. 1 InvStG genannten Arten** von Anlegern zu ermitteln.

▶ **Es gilt somit** Zu den Fonds-Teilfreistellungsgewinnen gehören die Ertrags- und Wertveränderungsbestandteile, die aus Aktien-, Misch- und Immobilienfonds stammen und die nach § 20 InvStG teilweise von der Besteuerung freizustellen sind.

4.4.10 Besteuerungsgrundsätze (Einkunftsart etc.)

Die Spezial-Investmenterträge i. S. d. § 34 InvStG sind Einkünfte aus **Kapitalvermögen i. S. d. § 20 Abs. 1 Nr. 3a EStG.** Für diese Erträge hat der Investmentfonds gemäß §§ 33 und 50 InvStG grundsätzlich Kapitalertragsteuer i. H. v. 15 % zuzüglich Solidaritätszuschlag einzubehalten und abzuführen. Zu beachten ist, dass diese Verpflichtung grundsätzlich nur für inländische Spezial-Investmentfonds gilt. Die Anleger erhalten entsprechende Steuerbescheinigungen, die eine Anrechnung der Kapitalertragsteuer auf die Einkommen- oder Körperschaftsteuer im Rahmen der Veranlagung ermöglichen.

▶ **Praxishinweis** Die Finanzverwaltung hat am 15.12.2017 das Schreiben betreffend die Kapitalertragsteuer und die für die Anrechnung der Kapitalertragsteuer auf die Einkommensteuer notwendige Ausstellung von Steuerbescheinigungen für Kapitalerträge nach § 45a Abs. 2 und 3 EStG neuveröffentlicht (IV C 1 – S 2401/08/10001:018).

Privatanleger, d. h. natürliche Personen, die ausnahmsweise an einem Spezial-Investmentfonds beteiligt sind und ihre Spezial-Investmentanteile im Privatvermögen halten, erzielen aus ihren Anteilen Einkünfte aus Kapitalvermögen i. S. d. § 20 Abs. 1 Nr. 3a EStG. § 34 Abs. 2 Satz 1 InvStG schließt im Zusammenhang mit der Besteuerung dieser Erträge die **Anwendung** der Regelungen §§ 2 Abs. 5b, 20 Abs. 6 und 9, 32d sowie 43 Abs. 5 Satz 1 EStG **aus**, die im Zusammenhang mit der Anwendung der **Abgeltungsteuer** stehen. Dies hat zur Konsequenz, dass für diese Erträge der Kapitalertragsteuerabzug keine abgeltende Wirkung entfaltet, der besondere Steuersatz für Einkünfte aus Kapitalvermögen nach § 32d EStG nicht zur Anwendung kommt, sondern der progressive Einkommensteuersatz, ein Werbungskostenabzug möglich ist, jedoch der Sparer-Pauschbetrag nicht zur Anwendung kommen kann und auch die Beschränkung des Verlustberücksichtigung nach § 20 Abs. 6 EStG keine Anwendung findet.

Bei **betrieblichen Anlegern** gehören die Spezial-Investmenterträge i. S. d. § 34 InvStG aufgrund des Subsidiaritätsprinzips des § 20 Abs. 8 EStG zu den gewerblichen oder anderen Gewinneinkünften (§§ 13, 15 und 18 EStG), welche bei natürlichen Personen als Anlegern der Einkommensteuer, Gewerbesteuer und ggf. Kirchensteuer und bei juristischen Personen als Anlegern der Körperschaftsteuer und ggf. Gewerbesteuer unterliegen. Da diese Anleger keine Einkünfte aus Kapitalvermögen erzielen, finden die §§ 20 Abs. 6 und 9 EStG keine Anwendung, so dass ein Werbungskostenabzug grundsätzlich möglich ist, kein Sparer-Pauschbetrag gewährt wird und die Verluste ohne Rücksicht auf § 20 Abs. 6 EStG steuerlich berücksichtigt werden können. Zu beachten ist, dass die Regelungen der §§ 3 Nr. 40 EStG und 8b KStG gemäß § 34 Abs. 2 Satz 2 InvStG keine Anwendung finden.

Die **Steuerbefreiung** der Spezial-Investmenterträge i. S. d. § 34 InvStG richtet sich nach **§§ 42 und 43 InvStG**, welche nach § 43 InvStG aufgrund von Abkommen zur Vermeidung der Doppelbesteuerung, der Hinzurechnungsbesteuerung und der Teilfreistellung nach § 20 InvStG sowohl für private als auch betriebliche Anleger und nach § 42 InvStG für bestimmte Beteiligungseinnahmen gewährt werden. Zu beachten ist, dass diese Steuerbefreiungen voraussetzen, dass der Spezial-Investmentfonds die dafür notwendigen Größen (Fonds-Aktiengewinn, Fonds-Abkommensgewinn und Fonds-Teilfreistellungsgewinn) anlegerbezogen ermittelt. Alle für die Besteuerung der Anleger notwendigen Größen sind nach § 51 InvStG gesondert und einheitlich festzustellen.

Beispiel

An einem Spezial-Investmentfonds sind u. a. zwei natürliche Personen beteiligt. Die Person A hält ihre Anteile im Privatvermögen, während die Person B diese im Betriebsvermögen hält. Der Fonds schüttet seine Erträge an seine Anleger aus. Bei den Anlegern gehören diese Ausschüttungen zu den Spezial-Investmenterträgen i. S. d. § 34 InvStG. Sie gehören zu den Einkünften aus Kapitalvermögen i. S. d. § 20 Abs. 1 Nr. 3a EStG. Obwohl die Person A Einkünfte aus Kapitalvermögen erzielt, unterfallen diese nicht der Abgeltungsteuer. Dies bedeutet, dass der Steuersatz nicht 25 % zuzüglich Solidaritätszuschlag und ggf. Kirchensteuer beträgt, sondern der allgemeine Einkommensteuersatz zur Anwendung kommt. Dafür ist ein Abzug der Werbungskosten möglich. Der Sparer-Pauschbetrag kommt nicht zum Ansatz. Verluste unterfallen nicht der Regelung des § 20 Abs. 6 EStG. Die Person B erzielt betriebliche Einkünfte. Steuerbefreiungen sind für beide Anlegertypen nach §§ 42 und 43 InvStG möglich.

► **Es gilt somit** Spezial-Investmenterträge i. S. d. § 34 InvStG unterfallen grundsätzlich nicht der Abgeltungsteuer. Auch können die Steuerbefreiungen der §§ 3 Nr. 40 EStG und 8b KStG für diese Einkünfte i. S. d. § 20 Abs. 1 Nr. 3a EStG nicht in Anspruch genommen werden. Ausnahmen davon enthält § 42 InvStG. Weitere Steuerbefreiungen sieht § 43 InvStG vor.

4.4.11   Anmerkungen zu den Steuerfolgen auf Anlegerebene aufgrund der Ausübung bzw. Nichtausübung der Transparenzoptionen der §§ 30 und 33 InvStG

Das Investmentsteuerrecht ermöglicht Spezial-Investmentfonds eine Besteuerung auf Grundlage des sog. **Transparenzprinzips**. Dieses Besteuerungsregime setzt jedoch voraus, dass der Fonds die Transparenzoptionen der §§ 30 und 33 InvStG ausübt. Macht er davon Gebrauch, wird er aus steuerlicher Sicht als transparent betrachtet und von der Körperschaftsteuer befreit. Zu berücksichtigen gilt, dass die Transparenzoptionen der §§ 30 und 33 InvStG separat bestehen und jeweils für die betreffenden Erträge getrennt, allerdings für alle Anleger einheitlich, ausgeübt werden müssen. Des Weiteren gilt, dass inländische Spezial-Investmentfonds aufgrund der Verpflichtung zum Kapitalertragsteuerabzug nach § 50 InvStG stets die Option nach § 33 InvStG ausüben, wenn die Ausschüttungen oder ausschüttungsgleichen Erträge entweder inländische Immobilienerträge oder sonstige inländische Einkünfte ohne Steuerabzug umfassen. Die Ausübung der Transparenzoption des § 30 InvStG für inländische Beteiligungseinnahmen und inländischen sonstigen Einkünften mit Steuerabzug führt dazu, dass diese Erträge aufgrund der Transparenz des Fonds von den Anlegern zu besteuern sind. Dabei erfolgt die Besteuerung so, als ob die Anleger die Erträge direkt und nicht über einen Fonds erzielt hätten. Auch in diesen Fällen erzielen die Anleger des Spezial-Investmentfonds aus ihren Anteilen die sog. Spezial-Investmenterträge i. S. d. § 34 InvStG, die grundsätzlich die ausgeschütteten, ausschüttungsgleichen Erträge sowie die Veräußerungsgewinne umfassen. Da ihnen jedoch diese inländischen Beteiligungseinnahmen und sonstigen inländischen Einkünfte mit Steuerabzug des Fonds bereits direkt zugerechnet werden und die Anleger diese bereits versteuert haben, werden die Einnahmen bzw. Einkünfte, für welche der Fonds die Transparenzoption des § 30 InvStG ausgeübt hat, als sog. Zurechnungsbeträge nach § 35 Abs. 3 InvStG erfasst. Dadurch können diese steuerfrei an die Anleger ausgeschüttet werden. Die Ausübung der Transparenzoption des § 33 InvStG führt hingegen zu keiner direkten Zurechnung der Einkünfte zu den Anlegern. Vielmehr behält der Fonds die Kapitalertragsteuer nach § 50 InvStG ein, führt diese an das zuständige Finanzamt ab und stellt entsprechende Steuerbescheinigungen aus. Diese Kapitalertragsteuer können die Anleger dann im Falle einer Veranlagung auf ihre persönliche Steuer unter den weiteren Voraussetzungen anrechnen.

> **Beispiel**
>
> Der inländische Spezial-Investmentfonds A erhält eine Dividende von der im Inland ansässigen Kapitalgesellschaft B. Der Spezial-Investmentfonds A übt die Transparenzoption des § 30 InvStG wirksam aus, indem er gegenüber der Kapitalgesellschaft B unwiderruflich erklärt, dass den Anlegern des Spezial-Investmentfonds Steuerbescheinigungen gemäß § 45a Abs. 2 EStG ausgestellt werden sollen. Die Dividende wird für Zwecke der Besteuerung nunmehr direkt den Anlegern des Spezial-Investmentfonds A zugerechnet. Sie gelten als Schuldner der Kapitalertragsteuer und haben diese zu versteuern. Die Steuerpflicht des Spezial-Investmentfonds A hingegen entfällt. Im

Ergebnis werden die Dividenden auf Grundlage des Transparenzprinzips besteuert, weil sie ausschließlich auf Ebene der Anleger des Spezial-Investmentfonds A und nicht sowohl auf Ebene des Fonds und Anlegerebene besteuert werden. Sollte der Spezial-Investmentfonds die Option nach § 30 InvStG nicht ausüben, erfolgt die Besteuerung nach dem Intransparenzprinzip. Die Dividende unterfällt zunächst auf Fondsebene der Besteuerung und anschließend auf Ebene des Anlegers. Die steuerliche Vorbelastung auf Ebene des Fonds berücksichtigt § 42 Abs. 4 InvStG.

Beispiel

Der inländische Spezial-Investmentfonds B erzielt inländische Immobilienerträge, welche er an seine inländischen Anleger ausschüttet. Durch die Ausschüttung ist der Fonds zum Kapitalertragsteuerabzug verpflichtet, wodurch zugleich die Voraussetzungen für die Ausübung der Transparenzoption des § 33 InvStG erfüllt werden, weil der Fonds Kapitalertragsteuer einbehält, diese abführt und entsprechende Steuerbescheinigungen ausstellt. Dadurch entfällt zwangsläufig die partielle Körperschaftsteuerpflicht des inländischen Spezial-Investmentfonds für diese inländischen Immobilienerträge. Wäre der Fonds nicht im Inland, sondern im Ausland ansässig, würde er nicht der Verpflichtung nach § 50 InvStG unterliegen, d. h. keine Kapitalertragsteuer abführen müssen. Bezüglich der Ausübung der Option des § 33 InvStG hätte er dann ein echtes Wahlrecht, weil die dafür notwendigen Voraussetzungen nicht zwangsläufig im Zuge der Ausschüttung oder Zurechnung der inländischen Erträge als ausschüttungsgleiche Erträge an die Anleger erfüllt werden würden. Würde er dieses Optionsrecht ausüben, weil er gleichwohl Kapitalertragsteuer einbehält, abführt und entsprechende Steuerbescheinigungen ausstellt, würden die bereits für den inländischen Spezial-Investmentfonds dargestellten Steuerfolgen entsprechend gelten. Würde er die Option nicht ausüben, würde die partielle Steuerpflicht des ausländischen Fonds bestehen bleiben. Eine Berücksichtigung der steuerlichen Vorbelastung auf Ebene des Fonds würde nach § 42 Abs. 5 InvStG auf Ebene der Anleger erfolgen.

Sollte der Fonds die **Transparenzoptionen der §§ 30 und 33 InvStG nicht ausüben**, verbleibt es bei der partiellen Körperschaftsteuerpflicht des Fonds. Daher werden auf Ebene des Spezial-Investmentfonds die inländischen Beteiligungseinnahmen, inländischen Immobilienerträge und sonstigen inländischen Einkünfte besteuert. Werden diese Erträge an die Anleger ausgeschüttet oder ihnen als ausgeschüttete Erträge zugerechnet, unterfallen sie einer Teilfreistellung. Die Höhe der Freistellung bestimmen § 42 Abs. 4 und 5 InvStG. In diesem Zusammenhang gilt zu berücksichtigen, dass der Fonds die Transparenzoptionen zwar einheitlich für die jeweiligen Ertragsarten und alle Anleger, nicht aber einheitlich für alle Ertragsarten ausüben muss. So ist es beispielsweise möglich, dass der Fonds die Transparenzoption des § 30 InvStG für die inländischen Beteiligungseinnahmen, nicht aber nach § 33 InvStG für die inländischen Immobilienerträge ausübt. Nicht möglich ist es hingegen zum Beispiel, dass der Fonds lediglich für einzelne inländische Beteiligungseinnahmen die Transparenzoption ausübt.

4.5 Aperiodische Steuerfolgen der Beteiligung an einem Spezial-Investmentfonds

Im nachfolgenden Abschnitt werden die aperiodischen Steuerfolgen dargestellt, welche aus der Beteiligung an einem Spezial-Investmentfonds folgen. Sie werden für die Phasen des Erwerbs, des Haltens und des Verkaufs der Investmentanteile abgebildet.

4.5.1 Erwerb der Anteile an dem Spezial-Investmentfonds

Bei Erwerb der Beteiligung haben betriebliche Anleger die Anteile an dem Spezial-Investmentfonds mit ihren Anschaffungskosten[16] zu **bilanzieren**, wenn diese zu deren Betriebsvermögen gehören.[17]

▶   **Praxishinweis** Das Transparenzprinzip, welches die Besteuerung der Spezial-Investmentfonds kennzeichnen kann, wirkt sich nicht auf die Bilanzierung der Anteile aus. Diese werden wie Anteile an Kapitalgesellschaften und nicht wie solche an Personengesellschaften bilanziert, weil sie steuerlich als Wirtschaftsgut betrachtet werden.

Die **ausschüttungsgleichen Erträge führen nicht zu nachträglichen Anschaffungskosten** für die Fondsanteile. Sie sind daher keiner Teilwertabschreibung zugänglich (vgl. BFH v. 29.03.2017, I R 73/15, BStBl. II 2017, S. 1065). Vielmehr ist für diese ein aktiver Ausgleichsposten zu bilden oder ein Merkposten aufzunehmen.

4.5.2 Halten der Anteile an dem Spezial-Investmentfonds

Unterliegen die Anteile an dem Spezial-Investmentfonds während ihres Haltens einer voraussichtlich dauernden Wertminderung, d. h. sinkt der Wert der Spezial-Investmentfondsanteile voraussichtlich nachhaltig unter deren Buchwert, so können **betriebliche Anleger** eine **Teilwertabschreibung** vornehmen. Die Einzelheiten richten sich nach § 6 Abs. 1 Nr. 1 oder 2 EStG in Abhängigkeit davon, ob die Fondsanteile zum Anlage- oder Umlaufvermögen des jeweiligen Unternehmens gehören.

In ihrem Schreiben v. 02.09.2016 über Teilwertabschreibungen gemäß § 6 Abs. 1 Nr. 1 und 2 EStG; voraussichtlich dauernde Wertminderung, Wertaufholungsgebot (BStBl. I 2016, S. 995)[18] unterscheidet die **Finanzverwaltung** hinsichtlich Fondsanteile des

---

[16] Die Anschaffungskosten umfassen nach § 255 Abs. 1 HGB auch die Anschaffungsnebenkosten wie den Ausgabeaufschlag.

[17] Es ist grundsätzlich sowohl eine Zuordnung zum Umlauf- wie auch zum Anlagevermögen möglich. Maßgeblich für diese ist, ob die Anteile dauernd dem Betrieb dienen sollen oder nur vorübergehend.

[18] Zu dem Schreiben vgl. ausführlich Meyering et al. 2017, S. 1175 ff.

Anlagevermögens zwischen Fonds, die überwiegend (zu mehr als 50 %), und nicht überwiegend (also zu nicht mehr als 50 %) in börsennotierte Aktien investiert haben. Für erstgenannte Fonds, die überwiegend in Aktien investieren, und deren Anteile dem Anlagevermögen zuzuordnen sind, finden die für börsennotierte, börsengehandelte und aktienindexbasierte Wertpapiere geltenden Grundsätze Anwendung. Danach gelten folgende Grundsätze (Auszug):

- Bei börsennotierten, börsengehandelten und aktienindexbasierten Wertpapieren des Anlage- und Umlaufvermögens ist von einer voraussichtlich dauernden Wertminderung auszugehen, wenn der Börsenwert zum Bilanzstichtag unter denjenigen im Erwerbszeitpunkt gesunken ist und der Kursverlust die Bagatellgrenze von 5 % der Notierung bei Erwerb überschreitet. Bei einer vorangegangenen Teilwertabschreibung ist für die Bestimmung der Bagatellgrenze der Bilanzansatz am vorangegangenen Bilanzstichtag maßgeblich.
- Hinsichtlich der 5 %-Bagatellgrenze ist das Verhältnis zwischen Ausgabekurs zzgl. fiktiver Erwerbsnebenkosten am Bilanzstichtag und Anschaffungskosten maßgeblich.
- In Fällen der Wertaufholung nach erfolgter Inanspruchnahme einer Teilwertabschreibung kommt die Bagatellgrenze von 5 % nicht zur Anwendung. Die Wertaufholung ist auf den aktuellen Börsenkurs am Bilanzstichtag, maximal auf die Anschaffungskosten vorzunehmen.
- Der Teilwert eines Wertpapiers kann nur dann nicht nach dem Kurswert (zuzüglich der im Fall eines Erwerbs anfallenden Erwerbsnebenkosten) bestimmt werden, wenn aufgrund konkreter und objektiv überprüfbarer Anhaltspunkte davon auszugehen ist, dass der Börsenpreis den tatsächlichen Anteilswert nicht widerspiegelt (z. B. aufgrund von Insidergeschäften).
- Bei den bis zum Tag der Bilanzaufstellung eintretenden Kursänderungen handelt es sich um wertbeeinflussende (wertbegründende) Umstände, welche die Bewertung der Wertpapiere zum Bilanzstichtag grundsätzlich nicht berühren.
- Es ist auf die tatsächlichen Verhältnisse beim Spezial-Investmentfonds am Bilanzstichtag des Anlegers abzustellen.
- Diese Grundsätze gelten auch dann, wenn der Spezial-Investmentfonds selbst börsennotiert ist.

Für Spezial-Investmentfondsanteile des **Umlaufvermögens** ist nach Auffassung der Finanzverwaltung von einer voraussichtlich dauernden Wertminderung i. S. d. § 6 Abs. 1 Nr. 2 Satz 2 EStG auszugehen, wenn der Preis, zu dem der Spezial-Investmentanteil erworben werden kann (Ausgabepreis, zuzüglich der ggf. anfallenden Erwerbsnebenkosten), zu dem jeweils aktuellen Bilanzstichtag um mehr als 5 % (sog. Bagatellgrenze) unter die Anschaffungskosten gesunken ist.

Offen bleibt in diesem Schreiben, unter welchen Voraussetzungen nach Auffassung der Finanzverwaltung eine **dauernde Wertminderung für Spezial-Investmentanteile des Anlagevermögens** vorliegt, wenn der Fonds **nicht überwiegend in börsennotierte Akti-**

en investiert. Derzeit soll die Finanzverwaltung für die Prüfung der Teilwertabschreibung die Grundsätze heranziehen, die für jene Wirtschaftsgüter gelten, in welche der Fonds überwiegend investiert (Schlotter 2016, S. 690). Unter dem Az I R 4/16 ist beim BFH ein Revisionsverfahren hinsichtlich der Teilwertabschreibung auf Fonds, die zu weniger als 50 % in börsennotierte Aktien investieren, anhängig. Das Finanzgericht Niedersachsen hat als Vorinstanz eine Teilwertabschreibung auf die Fondsanteile nach den allgemeinen Grundsätzen zugelassen. Entscheidend sei allein, ob zum Bilanzstichtag mehr Gründe für als gegen das Andauern der Wertminderung sprechen.

▶ **Es gilt somit** Für Spezial-Investmentfondsanteile des Anlagevermögens, die an Fonds gehalten werden, die überwiegend in börsennotierte Aktien investieren, erfolgt die Prüfung der dauerhaften Wertminderungen so, als würden die Anleger direkt in börsennotierte, börsengehandelte und aktienindexbasierte Wertpapiere investieren. Daher ist von einer dauernden Wertminderung auszugehen, wenn der Ausgabepreis der jeweiligen Aktien zum Bilanzstichtag unter deren Anschaffungskosten gesunken ist und dieser Kursverlust zum Bilanzstichtag eine Bagatellgrenze von 5 % der Notierung bei Erwerb überschreitet. Für Spezial-Investmentfondsanteile des Umlaufvermögens ist hingegen auf den Wert der Anteile an dem Fonds selbst und nicht auf den Wert der Vermögensgegenstände des Fonds abzustellen. Eine Teilwertabschreibung erfolgt, wenn der Preis, zu dem der Spezial-Investmentanteil erworben werden kann (Ausgabepreis, zuzüglich der ggf. anfallenden Erwerbsnebenkosten), zu dem jeweils aktuellen Bilanzstichtag um mehr als 5 % (sog Bagatellgrenze) unter die Anschaffungskosten gesunken ist.

Sollte eine Teilwertabschreibung in Betracht kommen, ist § **44 InvStG** zu berücksichtigen. Danach dürfen Wertminderungen, die mit Erträgen im wirtschaftlichen Zusammenhang stehen, die ganz oder teilweise von der Besteuerung freizustellen sind, das Einkommen nicht mindern. Diese Norm entspricht in ihren Voraussetzungen und Rechtsfolgen § 3c Abs. 2 EStG.

Sollte sich der Wert der Spezial-Investmentfondsanteile nach der Teilwertabschreibung wieder erhöhen, ist eine **Teilwertzuschreibung** notwendig. Dies gilt nach Auffassung der Finanzverwaltung unabhängig davon, ob die konkreten Gründe für die vorherige Teilwertabschreibung weggefallen sind oder sich der Teilwert aus anderen Gründen erhöht hat. Bei Werterholungen von börsennotierten, börsengehandelten und aktienindexbasierten Wertpapieren ist nach Auffassung der Finanzverwaltung die 5 %-Bagatellgrenze unbeachtlich. § **44 InvStG** gilt für die mit der Teilwertzuschreibung verbundene Betriebsvermögensmehrung entsprechend. Bewertungsobergrenze sind die historischen Anschaffungskosten. Weitere Einzelheiten über die Teilwertzuschreibung und -abschreibung enthält § 49 InvStG, siehe dazu sogleich unter Abschn. 4.5.3.

Bei **Privatanlegern**, die nur ausnahmsweise an einem Spezial-Investmentfonds beteiligt sein können, kann die Wertminderung steuerlich nicht berücksichtigt werden, weil die Spezial-Investmentanteile zum Privatvermögen gehören. Die Einkünfte i. S. d. § 20 Abs. 1 Nr. 3a EStG umfassen ausschließlich die ausgeschütteten, ausschüttungsgleichen Erträge sowie Veräußerungsgewinne.

Zur Vermeidung einer doppelten Besteuerung der **ausschüttungsgleichen Erträge** mit Ablauf des Geschäftsjahres und bei Veräußerung der Spezial-Investmentanteile, haben bilanzierende Anleger in ihrer Steuerbilanz einen **aktiven Ausgleichsposten** zu bilden. Nicht bilanzierende Anleger nehmen einen **Merkposten** auf. Diese Posten sind bei Veräußerung der Investmentanteile aufzulösen und im Rahmen der Ermittlung der Veräußerungsgewinne als „besitzzeitanteilige ausschüttungsgleiche Erträge" zu berücksichtigen (siehe dazu unter Abschn. 4.5.3).

4.5.3   Veräußerung von Spezial-Investmentanteilen nach § 49 InvStG

Die Steuerfolgen bei **Veräußerung** eines Spezial-Investmentfondsanteils regelt § 49 InvStG. Diese Regelung findet auch Anwendung, wenn die Anteile in sonstiger Weise realisiert werden sowie im Rahmen von **Teilwertabschreibungen und Teilwertzuschreibungen**.

▶ **Es gilt somit** Zu beachten ist, dass gemäß § 2 Abs. 13 InvStG als Veräußerung auch die Rückgabe, Abtretung, Entnahme oder verdeckte Einlage in eine Kapitalgesellschaft von Spezial-Investmentanteilen gilt.

§ 49 Abs. 1 Satz 1 InvStG sieht vor, dass im Falle der Veräußerung oder sonstigen Realisierung der Wert des Investmentanteils jedenfalls in den **Anleger-Aktiengewinn, den Anleger-Abkommensgewinn und den Anleger-Teilfreistellungsgewinn** aufzuteilen ist. Denn für diese Bestandteile des realisierten Gewinns kommen Steuerbefreiungen zur Anwendung, die unter Berücksichtigung des § 44 InvStG anzuwenden sind. Die Steuerbefreiungen gelten für den Anleger-Aktiengewinn, für welchen sich die Steuerbefreiungen nach dem Teileinkünfteverfahren des § 3 Nr. 40 EStG oder dem Schachtelprivileg des § 8b KStG richten, sowie Anleger-Abkommensgewinn und Anleger-Teilfreistellungsgewinn. Auch in diesem Zusammenhang werden lediglich die besitzzeitanteiligen Aktien-, Abkommens- und Teilfreistellungsgewinne von der Besteuerung freigestellt.

▶ **Es gilt somit** Auch bei der Veräußerung eines Spezial-Investmentanteils ist der Wert des Anteils aufzuteilen. Denn Steuerbefreiungen sind für den Anleger-Aktiengewinn, Anleger-Abkommensgewinn und Anleger-Teilfreistellungsgewinn möglich.

Diese Grundsätze gelten auch bei einer (bilanziellen) **Teilwertabschreibung** und einer **Teilwertzuschreibung**. § 49 Abs. 1 Satz 2 InvStG sieht vor, dass die Regelung des Satzes 1 in diesen von §§ 6 Abs. 1 Nr. 2 Satz 2 und 3 EStG erfassten Fällen, entsprechend zu Anwendung kommt. Der Verdeutlichung dient folgendes Beispiel (Gesetzesbegründung BT-Drs. 18/8045, S. 120), das aus Vereinfachungsgründen ohne die Berücksichtigung von § 8b Abs. 3 Satz 1 KStG[19] gelöst wird.

---

[19] Nach dieser Regelung unterliegen 5 % des Veräußerungsgewinnes als nicht abzugsfähige Betriebsausgaben der Besteuerung.

Beispiel

Im Jahr 01 wird ein Spezial-Investmentfonds neu aufgelegt. Es werden Spezial-Investmentanteile zu einem Preis von 100 € ausgegeben. Der Fonds investiert in Aktien und erzielt anfänglich Wertsteigerungen. Mitte des Jahres 01 erwirbt die A-GmbH einen Spezial-Investmentanteil zu einem Preis von 110 €. Der Fonds-Aktiengewinn beträgt bei Anschaffung des Anteils (+10 €). Aufgrund von Kurseinbrüchen bei den vom Spezial-Investmentfonds angeschafften Aktien beträgt der Anteilspreis am Ende des Jahres 01 nur noch 70 €. Der Fonds-Aktiengewinn beträgt am Ende des Jahres 01 (−30 €). Der Anleger-Aktiengewinn der A-GmbH beträgt (−30 €) − (+10 €) = (−40 €). Im Rahmen der Bilanz für 01 hat die A-GmbH eine Teilwertabschreibung i. H. v. 40 € vorgenommen. Außerbilanziell sind die Wertverluste i. H. v. 40 € jedoch nach § 49 Abs. 1 Satz 1 Nr. 1 InvStG i. V. m. § 8b Abs. 3 Satz 3 KStG hinzuzurechnen. Dadurch wirken sich die Wertverluste nicht auf das zu versteuernde Einkommen der A-GmbH aus.

Im Jahr 02 erholen sich die Aktienkurse, so dass der Spezial-Investmentanteil am Ende des Jahres 02 80 € wert ist und der Fonds-Aktiengewinn (−20 €) beträgt. Der Anleger-Aktiengewinn beträgt zunächst (−20 €) − (+10 €) = (−30 €). Nach § 49 Abs. 1 Satz 2 InvStG ist dieser Anleger-Aktiengewinn des Jahres 02 um den Anleger-Aktiengewinn des Jahres 01 zu korrigieren, soweit sich dieser auf den Bilanzansatz des Jahres 01 ausgewirkt hat: (−30 €) − (−40 €) = (+10 €). Es verbleibt zum Bilanzstichtag des Jahres 02 damit ein korrigierter Anleger-Aktiengewinn i. H. v. (+10 €). Die A-GmbH hat bilanziell eine gewinnwirksame Teilwertzuschreibung i. H. v. 10 € vorzunehmen. Außerbilanziell ist jedoch der Anleger-Aktiengewinn von (+10 €) abzuziehen, so dass sich diese Wertsteigerung nicht auf das zu versteuernde Einkommen der A-GmbH auswirkt.

Im Laufe des Jahres 03 sinkt der Wert des Spezial-Investmentanteils aufgrund erneuter Wertverluste aus Aktien auf 40 €. Die A-GmbH gibt den Spezial-Investmentanteil für 40 € an den Fonds zurück. Der Fonds-Aktiengewinn beträgt zu diesem Zeitpunkt (−60 €) und der Anleger-Aktiengewinn (−60 €) − (+10 €) = (−70 €). Dieser Anleger-Aktiengewinn ist um den Anleger-Aktiengewinn des Jahres 02 zu korrigieren, soweit sich dieser auf den Bilanzstichtag des Jahres 02 ausgewirkt hat: (−70 €) − (−30 €) = (−40 €). Durch die Rückgabe erzielt die A-GmbH einen bilanziellen Veräußerungsverlust i. H. v. Veräußerungspreis 40 € − Buchwert 80 = −40 €. Außerbilanziell ist jedoch der Anleger-Aktiengewinn von (−40 €) abzuziehen, so dass sich diese Wertsteigerung nicht auf das zu versteuernde Einkommen der A-GmbH auswirkt.

Für den Anleger kann die **besitzzeitanteilige Berücksichtigung** sowohl vorteilhaft als auch nachteilig sein. Vorteilhaft wirkt sich die Freistellung natürlich aus, wenn positive Aktien-, Abkommens- und Teilfreistellungsgewinne realisiert werden. Nachteilig kann es aus steuerlicher Sicht sein, wenn der Anleger negative Aktien-, Abkommens- und Teilfreistellungsgewinne realisieren sollte, weil diese außerbilanziell dem Einkommen hinzugerechnet werden und so die steuerliche Bemessungsgrundlage erhöhen (Gesetzes-begründung BT-Drs. 18/8045, S. 120). Die Ermittlung des besitzzeitanteiligen Aktien-, Abkommens- und Teilfreistellungsgewinn bestimmt sich nach Absatz 2.

▶ **Es gilt somit** Auf Ebene des Fonds werden die sog. Fonds-Aktiengewinne, Fonds-Ab-kommensgewinne und Fonds-Teilfreistellungsgewinne ermittelt. Auf Ebene des Anlegers sind jedoch nur die besitzzeitanteiligen Größen entscheidend. Diese werden als Anle-ger-Aktiengewinn, Anleger-Abkommensgewinn und Anleger-Teilfreistellungsgewinn be-zeichnet. Deren Ableitung regelt § 49 Abs. 2 InvStG.

Die Ermittlung der **anlegerbezogenen Größen** regelt § 49 Abs. 2 InvStG. Danach ermitteln sich diese Größen

- jeweils für den einzelnen Spezial-Investmentanteil und
- zwar vorbehaltlich einer Berichtigung nach Satz 4 oder 5 aufgrund einer Berichtigung des Teilwerts,
- als Unterschiedsbetrag zwischen dem **Fonds-Aktiengewinn** zu dem Zeitpunkt, zu dem der Spezial-Investmentanteil veräußert wird, und dem Fonds-Aktiengewinn bei An-schaffung des Spezial-Investmentanteils,
- entsprechendes gilt, wenn ein Gewinn aus dem Spezial-Investmentanteil in sonstiger Weise realisiert wird oder dieser Anteil zu bewerten ist.
- Nach der entsprechenden Art und Weise sind auch der Anleger-Abkommensgewinn und Anleger-Teilfreistellungsgewinn zu ermitteln.

Folgende Berichtigungen sind dabei vorzunehmen:

- Sollten die Anteile aufgrund einer Teilwertabschreibung nach § 6 Abs. 1 Nr. 2 Satz 2 EStG bilanziell angesetzt worden sein, sind die nach Satz 1 oder 2 ermittelten Unter-schiedsbeträge, vorbehaltlich einer Berichtigung nach Satz 4 oder 5, auf die Auswir-kung auf den Bilanzansatz begrenzt.
- Dabei sind die nach den Sätzen 1 bis 3 ermittelten Unterschiedsbeträge jeweils um den zum Schluss des vorangegangenen Wirtschaftsjahres angesetzten Anleger-Aktien-gewinn, Anleger-Abkommensgewinn oder Anleger-Teilfreistellungsgewinn zu berich-tigen.
- Diese Berichtigungen nach Satz 4 sind bei einer bilanziellen Teilwertzuschreibung nach § 6 Abs. 1 Nr. 2 Satz 3 EStG entsprechend auf die Anschaffungskosten der Spe-zial-Investmentanteile anzuwenden.

Der nach diesen Regelungen ermittelte Anleger-Aktiengewinn, Anleger-Abkommens-gewinn oder Anleger-Teilfreistellungsgewinn kann **positiv oder negativ** sein.

Absatz 3 gibt ein Schema zur **Berechnung des Gewinns aus der Rückgabe, Veräu-ßerung, Entnahme oder verdeckten Einlage in eine Kapitalgesellschaft von Invest-**

mentanteilen vor. Dabei wird die Technik, mit der der Veräußerungsgewinn in der gesetzlich vorgeschriebenen Höhe zum Zeitpunkt der Rückgabe, Veräußerung, Entnahme oder verdeckten Einlage in eine Kapitalgesellschaft der Investmentanteile der Besteuerung unterworfen wird, durch den Gesetzeswortlaut nicht explizit vorgegeben. Bei bilanzierenden Anlegern sind hierfür jedoch bereits während der Haltedauer der Spezial-Investmentanteile entsprechende Ausgleichsposten in der Bilanz der Anleger zu bilden. Für Privatanleger, welche ihre Spezial-Investmentanteile nicht im Betriebs-, sondern Privatvermögen halten, richtet sich die Ermittlung des Gewinns nach § 20 Abs. 4 EStG. Die Regelung des § 49 Abs. 3 InvStG entspricht im Wesentlichen dem bisherigen § 8 Abs. 5 InvStG a. F. Aus der Regelung kann das Schema in Tab. 4.4 abgeleitet werden.

Sollte sich ein **Veräußerungsverlust oder ein Verlust** aufgrund einer Teilwertabschreibung ergeben, so unterliegt dieser der Anwendung des **§ 15b EStG** über Steuerstundungsmodelle.

Der **Gewinn aus der Veräußerung** gehört zu den sog. **Spezial-Investmenterträgen i. S. d. § 34 InvStG**. Diese Einkünfte werden bei den Anlegern als Einkünfte i. S. d. § 20 Abs. 1 Nr. 3a EStG erfasst.

Bei **betrieblichen Anlegern** unterliegt der Gewinn aus der Veräußerung oder sonstigen Realisierung als Gewinneinkünfte der Besteuerung (§§ 20 Abs. 1 Nr. 3a i. V. m. 20 Abs. 8 EStG, Subsidiaritätsprinzip). Das Teileinkünfteverfahren des § 3 Nr. 40 EStG oder das Schachtelprivileg des § 8b KStG finden grundsätzlich keine Anwendung. Eine Ausnahme gilt für den sog. Anleger-Aktiengewinn nach § 42 InvStG. Darüber hinaus kommen Steuerbefreiungen für den Anleger-Abkommensgewinn und Anleger-Teilfreistellungsgewinn in Betracht. Die gebildeten Abgrenzungsposten bzw. bei nicht bilanzierenden Anlegern gebildeten Merkposten sind aufzulösen. Verluste können gemäß § 41 Abs. 1 InvStG nur mit Erträgen „gleicher Art" ausgeglichen werden. Ein Verlustvortrag ist möglich. Die nicht ausgeglichenen negativen Erträge verfallen nach § 2 Abs. 13 InvStG bei Veräußerung der Spezial-Investmentanteile (Ratschow in Blümich EStG, § 20 Rdn. 198a).

Tab. 4.4 Schema zur Ermittlung des Veräußerungsgewinns nach § 49 Abs. 3 InvStG

Schritt 1		Veräußerungs- oder Rückgabepreis (abzgl. der im unmittelbaren sachlichen Zusammenhang stehenden Aufwendungen)
Schritt 2	./.	Anschaffungskosten (inklusive Anschaffungsnebenkosten)
Schritt 3	./.	Besitzzeitanteilige ausschüttungsgleiche Erträge
Schritt 4	+	Auf diese Beträge gezahlten in- und ausländischen Steuern, vermindert um die erstatteten Steuern
Schritt 5	+	Besitzzeitanteilige Ausschüttungen ausschüttungsgleicher Erträge
Schritt 6	+	Während der Besitzzeit zugeflossene Substanzbeträge und Abzugsbeträge
Schritt 7	−	Nach § 30 Abs. 1 InvStG dem Anleger bereits direkt zugerechneten, aber nicht ausgeschüttete inländische Beteiligungseinnahmen und sonstige inländische Einkünfte
	=	Gewinn aus der Veräußerung der Investmentanteile nach § 49 Abs. 3 InvStG

Bei **privaten Anlegern** richtet sich die Ermittlung des Gewinns aus der Veräußerung oder Realisierung der Anteile nach § 20 Abs. 4 EStG entsprechend. Auch dabei sind die während der Besitzzeit bereits steuerwirksam gewordenen Ereignisse zu berücksichtigen, damit eine Doppelbegünstigung, als auch Doppelbelastung verhindert wird. Privatanleger erzielen Einkünfte aus Kapitalvermögen i. S. d. § 20 EStG, die allerdings aufgrund der Regelung des § 34 Abs. 2 InvStG[20] nicht der Abgeltungsteuer unterfallen. Für die Steuerbefreiungen und die Berücksichtigung der Verluste gelten die bereits für betriebliche Anleger dargestellten Grundsätze entsprechend.

Der Gewinn aus der Veräußerung nach § 49 InvStG unterliegt auf Ebene des Spezial-Investmentfonds dem **Kapitalertragsteuerabzug** nach § 50 InvStG. Der Spezial-Investmentfonds ist also zum Einbehalt der Kapitalertragsteuer i. H. v. 15 % verpflichtet. Dieser Steuersatz gilt auch dann, wenn ausnahmsweise natürliche Personen an dem Spezial-Investmentfonds beteiligt sein sollten. Denn § 34 Abs. 2 Satz 1 InvStG schließt ausdrücklich die Anwendung des § 32d EStG auf die Investmenterträge i. S. d. § 34 Abs. 1 InvStG aus. Damit entfällt auch die abgeltende Wirkung des Kapitalertragsteuerabzugs. Durch diese Regelung soll eine unangemessene Privilegierung gegenüber Anlegern von (Publikums-)Investmentfonds vermieden werden, denen die Möglichkeit der steuerneutralen Thesaurierung von Veräußerungsgewinnen und Gewinnen aus Termingeschäften nicht möglich ist (Ratschow in Blümich EStG, § 20 Rdn. 198b). Die Besteuerung erfolgt nach dem allgemeinen Einkommensteuertarif. Aufgrund des Ausschlusses der Anwendung der §§ 20 Abs. 6 und 9 EStG ist der Verlustausgleich nicht beschränkt und ein Werbungskostenabzug möglich.

Beispiel

Anleger des Spezial-Investmentfonds sind u. a. die natürliche Person A sowie der betriebliche Anleger B. Beide veräußern ihre Investmentanteile, wodurch sie einen Gewinn aus der Veräußerung erzielen. Die Berechnung des Gewinns richtet sich nach § 49 Abs. 3 InvStG, bei dem privaten Anlegern nach § 20 Abs. 4 EStG. Der Gewinn gehört zu den Spezial-Investmenterträgen i. S. d. § 34 InvStG, der zu den Einkünften i. S. d. § 20 Abs. 1 Nr. 3a EStG gehört. Der Investmentfonds hat Kapitalertragsteuer nach § 50 InvStG i. H. v. 15 % einzubehalten. Der betriebliche Anleger erzielt gewerbliche Einkünfte, das Teileinkünfteverfahren des § 3 Nr. 40 EStG greift grundsätzlich nicht. Eine Steuerbefreiung ist lediglich für den Aktien-Abkommens- und Teilfreistellungsgewinn möglich. Deren Ermittlung richtet sich nach § 49 Abs. 2 InvStG. Bei dem Privatanleger gehören die Einkünfte zu denen aus Kapitalvermögen. Gleichwohl findet der Abgeltungsteuersatz keine Anwendung, auch entfaltet der Kapitalertragsteuerabzug keine abgeltende Wirkung. §§ 20 Abs. 6 und 9 EStG finden ebenfalls keine Anwendung. Die Besteuerung erfolgt nach dem allgemeinen Einkommensteuersatz.

---

[20] Nach dieser Vorschrift wird die Anwendung der § 20 Abs. 6 und 9, die §§ 32d und 43 Abs. 5 Satz 1 EStG ausgeschlossen. Zu den Einzelheiten sogleich im nächsten Absatz.

Die **Berechnung des Veräußerungsgewinns** als Grundlage für die Durchführung des Kapitalertragsteuerabzugs wird den Fonds vor enorme praktische Herausforderungen stellen. Zu weiteren Einzelheiten vgl. Abschn. 4.4.9.2.

4.5.4 Steuerfolgen bei Wegfall der Voraussetzungen eines Spezial-Investmentfonds nach § 52 InvStG

Das Investmentsteuerrecht unterscheidet zwischen (Publikums-)Investmentfonds und Spezial-Investmentfonds. Letztgenannte liegen vor, wenn ein Investmentfonds die Voraussetzungen für eine Gewerbesteuerbefreiung nach § 15 Abs. 2 und 3 InvStG erfüllt und in der Anlagepraxis nicht wesentlich gegen die Anlagebestimmungen des § 26 InvStG verstößt. Inländische Investmentfonds müssen darüber hinaus die Rechtsformerfordernisse des § 27 InvStG erfüllen. Zu den Einzelheiten siehe bereits ausführlich in Abschn. 4.2. Die Steuerfolgen für den Fall, dass zunächst diese Voraussetzungen erfüllt sind, das Anlagevehikel als Spezial-Investmentfonds besteuert wird und nunmehr jedoch nicht mehr die genannten Voraussetzungen erfüllt, enthält § 52 InvStG.

▶ **Es gilt somit** Ein Spezial-Investmentfonds liegt vor, wenn dieser die Voraussetzungen an eine Gewerbesteuerbefreiung nach § 15 Abs. 2 und 3 InvStG erfüllt und nicht wesentlich gegen die Anlagebestimmungen des § 26 InvStG verstößt.[21] Ansonsten liegt ein (Publikums-)Investmentfonds vor. Sollte der Spezial-Investmentfonds zunächst die genannten Voraussetzungen erfüllen, sodann aber z. B. wesentlich gegen die Anlagebestimmungen verstoßen, richten sich die Steuerfolgen nach § 52 InvStG.

Sollte der Spezial-Investmentfonds entweder seine aufsichtsrechtlichen Anlagebedingungen dergestalt ändern, dass die Anlagebestimmungen des § 26 InvStG nicht mehr erfüllt sind, oder kommt es in der Praxis zu einem wesentlichen Verstoß gegen die Anlagebestimmungen, gilt der Investmentfonds nach § 52 Abs. 1 InvStG als **aufgelöst**.

Beispiel

Der Investmentfonds A erfüllt alle Voraussetzungen an einen Spezial-Investmentfonds nach §§ 26 und 27 InvStG. Er übt die Transparenzoption des § 30 InvStG aus. Seine Besteuerung erfolgt als Spezial-Investmentfonds nach den §§ 25–51 InvStG.

Nunmehr ändert der Spezial-Investmentfonds seine Anlagebedingungen mit der Folge ab, dass nunmehr auch natürliche Personen als Privatanleger an dem Fonds

---

[21] Weitere Voraussetzung ist, dass der Spezial-Investmentfonds seinen steuerlichen Status als solcher geltend macht, also beispielsweise eine der Transparenzoptionen der §§ 30 und 33 InvStG ausübt und Steuerbescheinigungen nach § 31 InvStG ausstellt. Anderenfalls würde das Anlagevehikel als Investmentfonds nach § 24 InvStG besteuert. Ein Wechsel zum Besteuerungsregime als Spezial-Investmentfonds ist dann ausgeschlossen. Zu weiteren Einzelheiten siehe Abschn. 3.1.

beteiligt sein dürfen. Da ein wesentlicher Verstoß gegen die Anlagebestimmungen des
§ 26 InvStG vorliegt, gilt der Spezial-Investmentfonds nach § 52 Abs. 1 InvStG als
aufgelöst.

Sollte der Investmentfonds gleichwohl die **Voraussetzungen an einen Investmentfonds** erfüllen, gilt er zu diesem Zeitpunkt als neuaufgelegt. Ob diese Voraussetzungen
vorliegen oder nicht, richtet sich nach § 1 Abs. 2 und 3 InvStG.

Beispiel-Fortsetzung

Da die Voraussetzungen an einen Investmentfonds nach § 1 InvStG weiterhin erfüllt
sind, gilt der Investmentfonds zu diesem Zeitpunkt der Auflösung als neuaufgelegt.
Eine Besteuerung als Spezial-Investmentfonds ist nicht länger möglich.

Die **Steuerfolgen auf Ebene der Anleger** des bisherigen Spezial-Investmentfonds enthält **Absatz 2**. Diese Regelung enthält eine Veräußerungsfiktion. In dem Zeitpunkt, in dem
die Voraussetzungen für eine Qualifikation als Spezial-Investmentfonds nicht mehr vorliegen, gelten die Anteile der Anleger als veräußert. Als Veräußerungserlös gilt der Rücknahmepreise am Ende des Geschäftsjahres oder Rumpfgeschäftsjahres oder ersatzweise der
Markt- oder Börsenpreis. Der entstehende Veräußerungsgewinn ist steuerpflichtig. Jedoch
gilt die daraus resultierende Steuer bis zur tatsächlichen Veräußerung des Anteils als gestundet. Zugleich sieht Absatz 3 vor, dass die Anteile zu diesem Zeitpunkt als Anteile
an einem Investmentfonds angeschafft gelten. Die Anschaffungskosten entsprechen dem
fiktiven Veräußerungserlös.

Beispiel-Fortsetzung

Der Wegfall der Qualifikation als Spezial-Investmentfonds führt auf Ebene der Anleger zu einer fiktiven Veräußerung der Anteile. Der entstehende Veräußerungsgewinn ist
grundsätzlich steuerpflichtig. Jedoch gilt die daraus entstehende Steuer bis zur tatsächlichen Veräußerung dieser Anteile als gestundet. Zum gleichen Zeitpunkt gilt, dass die
Anleger Anteile an einem Investmentfonds angeschafft haben. Die Anschaffungskosten
entsprechen dem fiktiven Veräußerungserlös.

Aufgrund dieser **Anschaffungsfiktion** sind die Anleger aus investmentsteuerlicher
Sicht nunmehr an einem (Publikums-)Investmentfonds und nicht mehr an einem Spezial-
Investmentfonds beteiligt. Eine Besteuerung nach dem Transparenzprinzip ist nicht länger
möglich. Die Besteuerung des Investmentfonds richtet sich nach den §§ 6 bis 22 InvStG.

Literatur

Bindl, E., und R. Stadler. 2016. Das neue InvStG – Überblick und Korrekturbedarf. *Deutsches Steuerrecht* 2016(34):1953–1966.

Bindl, E., und R. Stadler. 2017. Die Immobilientransparenz gem. § 33 Abs. 2 InvStG 2018 bei Dach- und Masterfonds-Strukturen. *Betriebsberater* 2017(34):1943–1948.

Blümich, W. 2017. *Ertragsteuerliche Nebengesetze Kommentar. Loseblatt.* Stand: März 2018.

Böcker, T. 2016. Die neue Fondsbesteuerung im Zuge der Investmentsteuerreform. *Neue Wirtschaftsbriefe* 2016(37):2789–2798.

Dessens, M. 2015. Hinzurechnung steuerfreier Dividenden. *Internationales Steuerrecht* 2015(3):77–83.

Hahne, K., und C. Völker. 2017. Anwendungsfragen des § 36a EStG bei Investmentfonds nach geltendem und künftigem Recht. *Betriebsberater* 2017(14–15):858–864.

Meyering, S., J. Brodersen, und M. Gröne. 2017. Außerplanmäßige Abschreibung im Steuerrecht: Alter Wein in neuen Schläuchen. *Deutsches Steuerrecht* 2017(21):1175–1181.

Neumann, S. 2016. Investmentsteuerreformgesetz: Ausgewählte Problemfelder. *Der Betrieb* 2017(31):1779–1783.

Schlotter, C. 2016. Niedersächsisches FG: Teilwertabschreibung auf Fonds, die zu weniger als 50 % in börsennotierte Aktien investiert sind. *Betriebsberater* 2016(11):687–690.

Stadler, R., und Jann Jetter. 2015. Der Diskussionsentwurf zum Investmentsteuerreformgesetz (InvStRefG). *Deutsches Steuerrecht* 2015(33):1833–1844.

Weiterführende Literatur

Behrens, S. 2017. Transparenz- und Immobilien-Transparenzoption nach dem InvStG 2018. *Recht der Finanzinstrumente* 2017(4):297–304.

Bindl, Elmar, und Sebastian Leidl. Steuerbefreiungen nach § 42 Abs. 4 und 5 InvStG 2018 bei mehrstufigen Fondsstrukturen 2018. *Betriebsberater* (4):151–157.

Bindl, Elmar, und Martin Mager. 2016. Der Regierungsentwurf des Gesetzes zur Reform der Investmentbesteuerung. *Deutsches Steuerrecht* 2016(12–13):697–704.

Bindl, Elmar, und Martin Mager. 2017. Besteuerung von Dachfonds nach dem InvStG 2018. *Deutsches Steuerrecht* 2017(9):465–469.

Faller, P., F. Wolf, und B. Brielmaier. 2016. Der neue Regierungsentwurf zur Reform der Investmentbesteuerung vom 24.02.2016. *Der Betrieb* 2016(9):490–496.

Haase, F. 2015. *Kommentar zum InvStG*, 2. Aufl. Stuttgart: Schäffer-Poeschel.

Haug, F. 2016. Investmentfonds und Außensteuerrecht: Abgrenzungsfragen nach dem InvStRefG. *Internationales Steuerrecht* 2016(15):597–608.

Patzner, A., A. Döser, und L.J. Kempf. 2015. *Investmentrecht*, 2. Aufl. Baden-Baden: Nomos.

Simonis, M., J. Grabbe, und P. Faller. 2014. Neuregelung der Fondsbesteuerung durch das AIFM-StAnpG. *Der Betrieb* 2014(1):16–22.

Stadler, T., und R. Elser. 2014. Einschneidende Änderungen der Investmentbesteuerung nach dem nunmehr in Kraft getretenen AIFM-Steuer-Anpassungsgesetz. *Deutsches Steuerrecht* 2014(6):233–240.

Steinmüller, J. 2009. Die gewerbesteuerliche Hinzurechnung von Streubesitzdividenden aus einem Investmentvermögen. *Deutsches Steuerrecht* 2009(31):1564–1569.

Vogel, K., und M. Lehner. 2015. *Kommentar zum Doppelbesteuerungsabkommen*, 6. Aufl. München: C. H. Beck.

Sonderfragen

5

5.1 Übergang zum neuen Recht

Die **Investmentsteuerreform 2018 tritt zum 01.01.2018** in Kraft. Das Investmentsteuergesetz in der Fassung des Investmentsteuerreformgesetzes vom 19. Juli 2016 (BGBl. I S. 1730) ist gemäß § 56 Abs. 1 Satz 1 InvStG ab diesem Zeitpunkt anzuwenden. Dafür hinaus enthält § 56 InvStG insbesondere Anschaffungs- und Veräußerungsfiktionen, die einen klaren Schnitt zwischen dem aktuellen und dem bisherigen Recht ermöglichen sollen.[1]

▶ **Es gilt somit** Die Investmentsteuerreform 2018 tritt zum 01.01.2018 in Kraft. Der einheitlichen Rechtsanwendung dient § 56 InvStG. Bis zu diesem Zeitpunkt gelten die bisherigen Regelungen uneingeschränkt. Die Finanzverwaltung hat ihre Auffassung zu § 56 InvStG in dem BMF-Entwurf ausführlich dargelegt (BMF-Entwurf v. 24.03.2017 Rdn. 162 ff.).

Zunächst bestimmt § 56 Abs. 1 Satz 2 InvStG, dass sich die steuerlichen Rechte und Pflichten für die Investmentfonds für die Zeit **vor dem 01.01.2018 weiterhin nach dem bisherigen Recht bestimmen**. Das neue Recht soll erst für die Zeit ab dem 01.01.2018 gelten. Für eine einheitliche Rechtsanwendung sieht Satz 3 vor, dass Investmentfonds und Kapital-Investitionsgesellschaften, die ein vom Kalenderjahr abweichendes Geschäftsjahr haben, für steuerliche Zwecke ein Rumpfgeschäftsjahr zum 31.12.2017 beendet haben. Durch diese Fiktion soll ein einheitlicher zeitlicher Übergang zum neuen Recht ab dem 01.01.2018 sichergestellt werden. Dieser Fiktion unterfallen nicht Personen-Investitionsgesellschaften.

---

[1] Zu weiteren Einzelheiten vgl. z. B. Stadler und Bindl 2017, 1409 ff.

© Springer Fachmedien Wiesbaden GmbH, ein Teil von Springer Nature 2018
K. Dorn, *Investmentsteuerrecht*, https://doi.org/10.1007/978-3-658-21478-4_5

► **Es gilt somit** Die Rechte und Pflichten der Investmentfonds richten sich bis zum 31.12.2017 nach dem bisherigen Recht. Ab dem 01.01.2018 unterstehen sie dem neuen Recht. Für eine einheitliche Rechtsanwendung haben die Investmentfonds und Kapital-Investitionsgesellschaften, die ein vom Kalenderjahr abweichendes Wirtschaftsjahr haben, ein Rumpfwirtschaftsjahr abzuschließen.

Die **Steuerfolgen auf Ebene der Anleger** regelt § 56 Abs. 2 InvStG. Diese Regelung umfasst eine Veräußerungs- und Anschaffungsfiktion. Auch diese Regelung soll eine klare Abgrenzung zwischen dem alten und neuen Recht ermöglichen.

Die **Veräußerungs- und Anschaffungsfiktion** erfasst alle Anteile an einem Investmentfonds, einer Kapital-Investitionsgesellschaften i. S. d. § 19 InvStG a. F. und an Organismen, die zum 01.01.2018 erstmals in den Anwendungsbereich des InvStG, wie beispielsweise Ein-Anleger-Fonds, fallen. Diese vom Gesetz als „Alt-Anteile" bezeichneten Anteile gelten mit Ablauf des 31.12.2017 als veräußert und mit Beginn des 01.01.2018 als (neu) angeschafft. Dabei erfolgt die Ermittlung des Veräußerungsgewinns auf Grundlage des bis zum 31.12.2017 geltenden Rechts.

► **Es gilt somit** Auf Ebene der Anleger soll die einheitliche Rechtsanwendung durch eine **Veräußerungs- und Anschaffungsfiktion** sichergestellt werden. Die „Alt-Anteile" gelten mit Ablauf des 31.12.2017 als veräußert und die „Neu-Anteile" zu diesem Zeitpunkt als angeschafft. Die Besteuerung des fiktiven Veräußerungsgewinnes richtet sich nach bisherigem Recht.

Als **fiktiver** Veräußerungserlös gilt nach § 56 Abs. 2 Satz 2 InvStG der letzte im Kalenderjahr 2017 festgesetzte Rücknahmepreis der Anteile. Sollte ein solcher nicht vorhanden sein, kommt der Börsen- oder Marktpreis zum Ansatz. Latente Steuern i. S. d. § 274 HGB sind aufgrund der fiktiven Veräußerung nicht anzusetzen, weil der Besteuerungstatbestand noch nicht vollständig verwirklicht ist, da der Veräußerungserlös lediglich fiktiv ist und erst bei der tatsächlichen Veräußerung der Anteile steuerlich zu berücksichtigen ist. Zu den Auswirkungen der Investmentsteuerreform auf die Steuerabgrenzung von Fondsanlegern vgl. Zinowsky und Grabowski 2017, S. 201 ff. und 236 ff.

Einzelheiten über die **Besteuerung des fiktiven Veräußerungsgewinns** regelt **§ 56 Abs. 3 InvStG**. Danach ist dieser Gewinn oder Verlust steuerlich erst bei tatsächlicher Veräußerung der Anteile zu berücksichtigen. Eine Abbildung des Gewinns in der Steuerbilanz hat bei bilanzierenden Anlegern nicht zu erfolgen. Die Besteuerung richtet sich nach den bisherigen Regelungen, so dass auch § 3 Nr. 40 EStG und § 8b KStG in der am 31. Dezember 2017 auf den zum 31.12.2017 ermittelten Aktiengewinn in der zu diesem Zeitpunkt geltenden Fassung Anwendung finden können. Auch eine Steuerfreistellung der Aktiengewinne ist möglich. Wertveränderungen, die bis zur tatsächlichen Veräußerung der Investmentanteile eintreten werden, beeinflussen die Höhe des ermittelten fiktiven Veräußerungsgewinnes nicht. Dies gilt auch für die zu diesem Zeitpunkt ermittelten Aktien- und Abkommensgewinne. Lediglich die Höhe des Steuersatzes und das Verfahren der Steuerfestsetzung richten sich nach den Regelungen, die zum Zeitpunkt der tatsächlichen Veräußerung gelten. Sollte der Anleger seine Anteile tatsächlich veräußern, so findet das sog. **FIFO-Verfahren** Anwendung. Nach diesem Verfahren gelten die zuerst angeschafften Anteile als zuerst veräußert. Allerdings findet dieses Verfahren lediglich für den Steuerabzug und das Besteuerungsverfahren von Privatanlegern Anwendung. Bilanzierende Anleger können die Anschaffungskosten der tatsächlich veräußerten Alt-Anteile mit der Durchschnittsmethode ermitteln (vgl. Gesetzesbegründung BT-Drs. 18/8045, S. 124). Bei tatsächlicher Veräußerung unterliegt der Gewinn einem Kapitalertragsteuerabzug. Sollten dem Entrichtungspflichtigen die für die Bemessung des Steuerabzugs notwendigen Daten nicht vorliegen und diesem folglich eine Ermittlung des fiktiven Veräußerungsgewinns nicht möglich sein, kommt eine Ersatzbemessungsgrundlage zur Anwendung. Diese beträgt nach § 56 Abs. 3 Satz 4 InvStG 30 % des letzten in 2017 festgesetzten Rücknahmepreises. Sollte ein solcher nicht festgesetzt werden, kommt der Börsen- oder Marktpreises zum Ende des Jahres 2017 zur Anwendung. Eine Steuerbescheinigung ist zu erstellen. Dem Steuerabzug auf Grundlage der Ersatzbemessungsgrundlage kommt keine abgeltende Wirkung zu, vielmehr ist der Steuerpflichtige in diesen Fällen zu einer Erklärung der tatsächlichen Anschaffungsdaten in der Veranlagung verpflichtet. Sollte er dieser Verpflichtung nicht nachkommen, muss das Finanzamt schätzen. § 56 Abs. 3 Satz 6 InvStG regelt den Kapitalertragsteuerabzug der als zugeflossen geltenden und noch nicht dem Steuerabzug unterworfenen Erträge i. S. d. § 7 Abs. 1 Satz 1 Nr. 3 InvStG a. F. (sog. akkumulierten ausschüttungsgleiche Erträge), zu denen die besitzzeitanteiligen oder nach dem 31.12.1993 als zugeflossen geltenden ausschüttungsgleichen Erträge von ausländischen thesaurierenden Investmentfonds, die Mehr- oder Mindestbeträge i. S. d. § 6 Abs. 1 Satz 1 InvStG a. F. sowie die nach §§ 17 Abs. 1 S. 3, 18 Abs. 1 S. 3 und Abs. 3 S. 3 des AuslInvestmentG als zugeflossen geltenden Erträge gehören (Schlund 2017, S. 2714).

▶ **Es gilt somit** Die Besteuerung des fiktiven Veräußerungsgewinnes erfolgt erst bei tatsächlicher Veräußerung der Anteile zu den dann geltenden Steuersätzen. Kapitalertragsteuer ist einzubehalten. Ggf. kommt eine Ersatzbemessungsgrundlage zur Anwendung. In diesen Fällen entfaltet der Kapitalertragsteuerabzug keine abgeltende Wirkung. Eine Veranlagung ist notwendig.

Absatz 4 verpflichtet die inländische Stelle, welche die Anteile hält und verwaltet (inländische Depotbank), zur Ermittlung des fiktiven Veräußerungsgewinnes. Dies betrifft auch Anleger mit NV-Bescheinigung sowie betriebliche Anleger. Sollten die Anteile nicht von einer inländischen Depotbank verwaltet werden, muss der Anleger den fiktiven Gewinn wohl selbst ermitteln. Eine gesetzliche Regelung für diesen Fall liegt nicht vor. Eine Mitteilung gegenüber dem Anleger ist auf deren Verlangen hin möglich.

Für **betriebliche Anleger und Körperschaften** ist der fiktive Veräußerungsgewinn nach **Absatz 5** von dem für die Besteuerung des Anlegers nach dem Einkommen zuständigen Finanzamts gesondert festzustellen, wenn eine Veranlagung durchzuführen ist. So unterbleibt eine gesonderte Feststellung beispielsweise, wenn die Veranlagung wegen Vorliegens einer Nichtveranlagungsbescheinigung unterbleibt, sowie für Privatanleger aufgrund der abgeltenden Wirkung des Steuerabzugs. Sofern eine gesonderte Feststellung notwendig ist, haben die betroffenen Anleger eine entsprechende Erklärung zur gesonderten Feststellung des Gewinns nach Absatz 3 Satz 1 spätestens bis zum 31. Dezember 2021 abzugeben.

Des Weiteren enthält **§ 56 InvStG mit Absatz 6** eine Regelung, welche den **Bestandsschutz sog. Alt-Anteile begrenzt,** welche vor dem 1. Januar 2009 erworben und seit der Anschaffung nicht im Betriebsvermögen gehalten wurden. Für diese Anteile hat man aufgrund der Einführung der Abgeltungsteuer eine Bestandschutzregelung eingeführt, welche eine steuerfreie Veräußerung dieser Anteile auch nach dieser gesetzlichen Änderung ermöglicht. Allerdings hat dieser Bestandsschutz die Gefahr erzeugt, dass Investmentfonds zur dauerhaften Umgehung der Besteuerung von Veräußerungsgewinnen genutzt werden. Laut der Gesetzesbegründung zur Investmentsteuerreform 2018 wurden entsprechende Investmentfonds für vermögende Einzelanleger (sog. „Millionärsfonds") vorwiegend in 2007 und 2008 im Ausland aufgelegt, die sodann häufig zur Übertragung ganzer Wertpapier-Depots des Einzelanlegers genutzt wurden. Dies ermöglichte, dass auch bei nach 2009 angeschafften Kapitalanlagen die Veräußerungsgewinne steuerfrei verwirklicht werden konnten. Auch die Einführung des § 21 Abs. 2a InvStG durch das Jahressteuergesetz 2008 konnte diese Maßnahmen nicht wirksam einschränken. Nunmehr hat sich der Gesetzgeber für den Ausschluss einer dauerhaften Umgehungsmöglichkeit zu einer zeitlichen Kappung des Bestandsschutzes entschieden. Nach § 56 Abs. 6 InvStG bleiben nunmehr nur noch die bis zum 31.12.2017 eingetretenen Wertveränderungen steuerfrei, während die ab 2018 eintretenden Wertveränderungen grundsätzlich steuerpflichtig sind, soweit sie den Freibetrag von 100.000 € überschreiten. Eine verfassungsrechtlich nicht zurechtfertigende Ungleichbehandlung der Fondsanlage im Vergleich zu Direktanlage i. S. d. Artikel 3 Abs. 1 GG sieht der Gesetzgeber als nicht gegeben an (vgl. Gesetzesbegründung BT-Drs. 18/8045, S. 126). Die verbleibende Höhe des Freibetrags ist nach erstmaligem Verkauf von bestandsgeschützten Alt-Anteilen gesondert festzustellen. Durch Verluste lebt ein bereits verbrauchter Freibetrag wieder auf.

▶ **Es gilt somit** Anteile an Investmentfonds, die vor dem 01.01.2009 erworben und seitdem im Privatvermögen gehalten wurden, unterlagen aufgrund der Einführung der Abgeltungsteuer einem Bestandschutz. Dieser Bestandsschutz wird durch § 56 Abs. 6 InvStG begrenzt. Die Wertsteigerungen, die nach dem 01.01.2018 eintreten, sind nunmehr grundsätzlich steuerpflichtig, soweit diese den Freibetrag von 100.000 € übersteigen.

Für die klare Trennung zwischen der Anwendung des neuen und alten Rechts sind erst durch das Steuerumgehungsbekämpfungsgesetz v. 23.06.2017 (BGBl. I S. 1682) die **weiteren Absätze 7 bis 9** in den § 56 InvStG aufgenommen wurden. Diese Regelungen sehen vor, dass die Erträge, die unter dem alten Recht entstanden sind, noch zwingend nach den Besteuerungsregelungen des alten Rechts erfasst werden und umgekehrt alle

Ausschüttungen, die ab dem 1. Januar 2018 vorgenommen werden, ausschließlich dem neuen Recht unterliegen (Gesetzesbegründung BT-Drs. 18/12127, S. 68).

Den **Zufluss der sog. ordentlichen Alterträge** regelt § 56 Abs. 7 InvStG wie folgt:

- Ordentliche Alterträge sind nach § 56 Abs. 7 Satz 5 InvStG die in § 1 Abs. 3 Satz 3 Nr. 1 und 2 sowie Satz 4 InvStG a. F. bezeichneten Art. Dies sind im Wesentlichen Dividenden, Zinsen und inländische Immobilienerträge.
- Sie gelten als zugeflossen, wenn der Fonds die Erträge nicht vor dem 01.01.2018 ausschüttet und diese den Anlegern vor diesem Stichtag zufließen. Dementsprechend findet diese Zuflussfiktion auch Anwendung, wenn die tatsächliche Auszahlung erst in 2018 erfolgt. Sie gilt auch für die Fälle, in denen der Investmentfonds zum 31.12.2017 ein Rumpfgeschäftsjahr beendet hat.
- Daher muss der Anleger diese ordentlichen Alterträge als ausschüttungsgleiche Erträge noch im Veranlagungszeitraum 2017 versteuern.
- Damit korrespondierend mindern diese Erträge den fiktiven Veräußerungsgewinn i. S. d. § 56 Abs. 3 Satz 1 InvStG.
- Sollten die Erträge z. B. im Jahr 2018 ausgeschüttet werden, unterliegen sie als Investmenterträge nochmals der Besteuerung. Aufgrund der Berücksichtigung dieser Erträge bei der Berechnung des fiktiven Veräußerungsgewinnes wird der Anleger nur einmal steuerlich belastet.

Beispiel aus Gesetzesbegründung BT-Drs. 18/12127, S. 68

Der Anleger A erwirbt am 02.01.2017 einen Anteil an dem Investmentfonds I zu einem Preis von 100 €. Der I erzielt 3 € Zinsen, die er nicht ausschüttet. Am 31.12.2017 hat der A 3 € ausschüttungsgleiche Erträge zu versteuern. Bei der Ermittlung des Gewinns aus der fiktiven Veräußerung zum 31.12.2017 sind die bereits versteuerten 3 € ausschüttungsgleiche Erträge nach § 8 Abs. 5 Satz 3 InvStG 2004 mindernd zu berücksichtigen.

Der Gewinn aus der fiktiven Veräußerung beträgt 0 € (103 € fiktiver Veräußerungserlös − 3 € bereits versteuerte ausschüttungsgleiche Erträge − 100 € Anschaffungskosten = 0 €). Schüttet der I am 10.03.2018 3 € aus, dann ist dieser Betrag von dem Anleger als Investmentertrag i. S. d. § 16 InvStG 2018 zu versteuern. Der Wert des Investmentanteils sinkt durch die Ausschüttung auf 100 €. Veräußert der Anleger seinen Investmentanteil am 15.10.2018, entsteht ein Veräußerungsverlust in Höhe von 3 € (100 € Veräußerungserlös − 103 € fiktive Anschaffungskosten zum 01.01.2018 = −3 €). Die steuerpflichtige Ausschüttung und der gleich hohe Veräußerungsverlust werden miteinander verrechnet, so dass im Veranlagungszeitraum 2018 keine Steuerbelastung entsteht.

- Für **Spezial-Investmentfonds sieht § 56 Abs. 7 Satz 2 InvStG** eine abweichende Regelung vor. Diese Regelung ist möglich, weil deren Anlegerzahl begrenzt ist, die Anleger bekannt sind und für diese das bisherige Besteuerungsregime im Wesentlichen fortgeführt wird. Danach gelten die ordentlichen Alterträge erst zum 01.01.2018 als zugeflossen, soweit die Anleger ihre Spezial-Investmentanteile beim Übergang auf das neue Recht fortführen bzw. nicht vor dem 02.01.2018 veräußern. Diese Zuflussfiktion ist allerdings auf die **ordentlichen Alterträge eines Spezial-Investmentfonds** begrenzt, die aus einem Geschäftsjahr stammen, **das in der zweiten Jahreshälfte des Jahres 2017** endet. Bei Geschäftsjahren, die in der ersten Jahreshälfte 2017 enden, haben die Spezial-Investmentfonds mindestens sechs Monate Zeit, um durch eine tatsächliche Ausschüttung die Zuflussfiktion von ausschüttungsgleichen Erträgen zu vermeiden. Die in 2018 nach altem Recht besteuerten ausschüttungsgleichen Erträge eines Spezial-Investmentfonds können nach § 56 Abs. 7 Satz 4 InvStG später (gleich im Anschluss in 2018 oder zu einem späteren Zeitpunkt) steuerneutral an die Anleger des Spezial-Investmentfonds ausgeschüttet werden.

Beispiel aus Gesetzesbegründung BT-Drs. 18/12127, S. 69 f.

Die A-GmbH erwirbt am 02.01.2017 einen Anteil an dem Spezial-Investmentfonds S zu einem Preis von 100 €. Der S hat ein kalenderjahresgleiches Geschäftsjahr. Am 10.05.2017 vereinnahmt S 5 € inländische Dividenden. Am 01.03.2018 schüttet S 5 € aus. Die A-GmbH veräußert am 10.04.2018 den Spezial-Investmentanteil zu einem Preis von 100 €. In Höhe von 5 € liegen ausschüttungsgleiche Erträge nach § 56 Abs. 7 Satz 1 InvStG vor. Diese Erträge gelten nach § 56 Abs. 7 Satz 2 InvStG bei der A-GmbH als am 01.01.2018 zugeflossen. Die Ausschüttung am 01.03.2018 stellt nach § 56 Abs. 7 Satz 3 InvStG keinen steuerpflichtigen Ertrag dar. Bei der Veräußerung des Spezial-Investmentanteils entsteht ein Verlust in Höhe von 5 € (100 € Veräußerungserlös − 105 € fiktive Anschaffungskosten = −5 €). Gleichzeitig gelten 5 € Gewinn aus der fiktiven Veräußerung zum 31.12.2017 nach § 56 Abs. 3 Satz 1 InvStG als zugeflossen (105 € fiktiver Veräußerungserlös zum 31.12.2017 − 100 € Anschaffungskosten = 5 € Gewinn). Bei der Ermittlung des Gewinns aus der fiktiven Veräußerung zum 31.12.2017 werden die ausschüttungsgleichen Erträge nicht steuermindernd abgezogen, weil sie zu diesem Zeitpunkt noch nicht als zugeflossen gelten. Insgesamt entsteht damit bei der Veräußerung ein Veräußerungsergebnis von 0 €. Bei der A-GmbH fallen im Veranlagungszeitraum 2017 keine steuerpflichtigen Spezial-Investmenterträge an. Im Veranlagungszeitraum 2018 sind 5 € ausschüttungsgleiche Erträge zu versteuern.

- Für die **Besteuerung** der nach den § 56 Abs. 7 Sätzen 1 oder 2 InvStG als zugeflossen geltenden ordentlichen Alterträge bleibt das bisherige Investmentsteuerrecht anwendbar. Satz 3 der Regelung stellt dies klar. Dies gilt insbesondere für die Regelungen zur Erhebung der Kapitalertragsteuer nach § 15 Abs. 1 Satz 7 und 8 i. V. m. § 7 InvStG 2004 sowie die Sonderregelungen für inländische Immobilienerträge nach § 15 Abs. 2 InvStG 2004
- **§ 56 Abs. 8 InvStG** regelt, dass die für die Anlegerbesteuerung relevanten und auf Fondsebene ermittelten Werte nicht über den 31.12.2017 hinaus ermittelt werden. Viel-

mehr enden diese Werte mit Ablauf des Jahres 2017. Konkret betrifft dies nach Satz 1 die außerordentlichen Alterträge, die ausschüttungsgleichen Erträge, die Absetzungsbeträge, die Verlustvorträge und alle sonstigen auf der Fondsebene ermittelten Besteuerungswerte, die aus Zeiträumen vor dem 1. Januar 2018 stammen. Diese Werte sind für die Besteuerung nach dem neuen Recht unbeachtlich.

- Steuerlich werden sie als Bestandteile des **fiktiven Veräußerungsgewinnes** zum 31.12.2017 berücksichtigt. Diese Vorgehensweise ermöglicht, dass ab 2018 neue Werte zu ermitteln sind. Insbesondere findet nunmehr die besitzzeitanteilige Ermittlung der § 35 Abs. 6 InvStG und § 36 Abs. 4 Satz 1 InvStG Anwendung.

- Die außerordentlichen Alterträge definiert Satz 2 als die Erträge, die nach bisherigem Recht steuerneutral auf Ebene des Fonds thesauriert werden konnten und erst bei einer Ausschüttung an den Anleger zu versteuern waren, wenn der Fonds sie vor dem 01.01.2018 vereinnahmt hat. Damit gehören zu diesen insbesondere Aktienveräußerungsgewinne, sonstige Wertpapierveräußerungsgewinne und Erträge aus Termingeschäften.

- Da für diese Ertragsarten auf der Anlegerebene unterschiedliche Besteuerungsregelungen gelten können, werden sie auf der Fondsebene gesondert in sog. Vortragstöpfen erfasst.

- Bei einer Ausschüttung ist sodann auszuweisen, welche Ertragsart für die Ausschüttung verwendet wird.

- Die Vortragstöpfe des alten Rechts sind unter der Geltung des neuen Rechts nicht fortzuführen, sondern es sind ab 2018 neue Vortragstöpfe zu bilden.

- Satz 3 regelt, dass die realisierten Gewinne, unrealisierten Wertveränderungen sowie Erträge, die auf Zeiträume vor 2018 entfallen, für die Ermittlung der Fonds-Aktiengewinne, der Fonds-Abkommensgewinne und der Fonds-Teilfreistellungsgewinne unbeachtlich sind. Diese Werte beginnen ab dem 1. Januar 2018 mit null Euro.

- **§ 56 Abs. 9 InvStG** sieht vor, dass außerordentliche Alterträge nicht mehr für eine Ausschüttung eines Spezial-Investmentfonds als verwendet gelten. Sofern eine Ausschüttung des Jahres 2018 die in 2018 erzielten Erträge übersteigt, liegt grundsätzlich eine steuerneutrale Substanzausschüttung vor. Sie wandelt sich auf Fondsebene jedoch in eine steuerpflichtige Ertragsausschüttung um, soweit bei dem Anleger ein Gewinn aus der fiktiven Veräußerung zum 31. Dezember 2017 vorhanden ist. In diesem fiktiven Veräußerungsgewinn sind die steuerpflichtigen außerordentlichen Alterträge enthalten.

- Zu einer Umqualifizierung der steuerneutralen Substanzbeträge in steuerpflichtige Spezial-Investmenterträge kommt es nur bei Anlegern, die bereits vor 2018 an dem Spezial-Investmentfonds beteiligt waren und bei denen ein positiver Gewinn aus der fiktiven Veräußerung des Spezial-Investmentanteils zum 31. Dezember 2017 vorhanden ist. Dagegen kann es nicht zu einer Umqualifizierung kommen, wenn ein Anleger den Spezial-Investmentanteil ab 2018 erworben hat. Bei steuerbefreiten Anlegern (z. B. Kirchen und gemeinnützige Stiftungen) ist die Umqualifizierung irrelevant und kann daher unterbleiben, da bei ihnen sowohl die Gewinne aus der fiktiven Veräußerung als auch die Spezial-Investmenterträge steuerfrei sind. Die Umqualifizierung ist auf die Höhe des vorhandenen positiven Gewinns aus der fiktiven Veräußerung zum 31. Dezember 2017 beschränkt. Mit jedem umqualifizierten Teilbetrag reduziert sich der Betrag, der für eine weitere Umqualifizierung zur Verfügung steht. Bei der Bemessungsgrundlage für die Umqualifizierung handelt es sich aber nur um eine rechnerische Größe. Der nach § 56 Abs. 3 Satz 3 InvStG 2018 bei einer tatsächlichen Anteilsveräußerung zuzurechnende Gewinn bleibt unverändert. Diese Substanzbeträge unterliegen nicht dem Kapitalertragsteuerabzug. Sie sind bei der Veranlagung der Anleger zu erfassen (Gesetzesbegründung BT-Drs. 18/12127, S. 71).

Beispiel aus Gesetzesbegründung BT-Drs. 18/12127, S. 71

Anleger A erwirbt am 02.01.2017 einen Anteil an dem Spezial-Investmentfonds S zu einem Preis von 100 €. Der S erzielt 20 € Gewinn aus der Veräußerung von Bundesanleihen, die er nicht ausschüttet. Dadurch steigt der Wert des Spezial-Investmentanteils auf 120 €. Der Gewinn aus der fiktiven Veräußerung zum 31.12.2017 beträgt 20 € (120 € fiktiver Veräußerungserlös − 100 € Anschaffungskosten = 20 €). Am 01.03.2018 schüttet S 5 € Substanzbeträge aus. Nach § 56 Abs. 9 Satz 1 InvStG gelten diese 5 € als Spezial-Investmenterträge. Für eine zukünftige Umqualifizierung würden als rechnerische Größe nur noch 15 € Restgewinn verbleiben. Durch die Ausschüttung sinkt der Anteilswert auf 115 €. Am 01.06.2018 veräußert A den Anteil zu diesem Preis. Durch die Veräußerung entsteht ein Veräußerungsverlust in Höhe von 5 € (115 € Veräußerungserlös − 120 € fiktive Anschaffungskosten zum 01.01.2018 = −5 €). Gleichzeitig sind dem A nach § 56 Abs. 3 Satz 3 InvStG 20 € Gewinn aus der fiktiven Veräußerung zum 31.12.2017 zuzurechnen. Insgesamt ergibt sich damit ein Veräußerungsgewinn von 15 €. Zuzüglich der 5 € Spezial-Investmenterträge ergibt sich ein Gesamtertrag von 20 €.

5.2 Zinsschranke

5.2.1 § 4h EStG

Die sog. Zinsschranke ist erstmals für Wirtschaftsjahre anzuwenden, die nach dem 25.05.2007 (Tag des Beschlusses des Deutschen Bundestags über das Unternehmensteuerreformgesetz 2008[2]) beginnen und nicht vor dem 01.01.2008 enden (§ 52 Abs. 12d EStG, § 34 Abs. 6a Satz 3 KStG). Es handelt sich bei der Zinsschranke um ein (steuerpolitisch motiviertes) Instrument der Unternehmensbesteuerung und regelt im Wesentlichen die **Beschränkung des Betriebsausgabenabzugs** von Zinsaufwendungen bei gewerblichen Unternehmen.

---

[2] Gesetz v. 14.08.2007, BGBl. I S. 1912, BStBl. I S. 630.

Die Zinsschranke ist für das Einkommensteuerrecht in § 4h EStG und für das Körperschaftsteuerrecht in § 8a KStG[3] geregelt. Im Gegensatz zu ihrer Vorgängerbestimmung, der sog. **Gesellschafter-Fremdfinanzierung** (geregelt in § 8a KStG a. F.), werden von der Zinsschranke nicht nur Kapitalgesellschaften, sondern auch natürliche Personen und Personengesellschaften, mithin **sämtliche Betriebe** erfasst, und zwar unabhängig vom Betriebsinhaber. § 4h EStG ist insoweit eine Gewinnermittlungsvorschrift und beschränkt den Betriebsausgabenabzug für Zinsaufwendungen dieses Betriebs.[4]

▶ **Praxishinweis** Die Frage der Anwendung der Zinsschranke auch auf Investmentfonds stellt sich in der Praxis insbesondere bei Spezial-Investmentfonds. Insbesondere im Immobilienbereich erwerben diese die Immobilien nicht selten fremdfinanziert. Zinserträge wiederum erzielen Fonds, die in zinstragende Wertpapiere investieren, wie es z. B. typischerweise bei Geldmarkt- und Rentenfonds der Fall ist.

Der Grundregelungsgehalt der Bestimmungen zur Zinsschranke ist der folgende (§ 4h Abs. 1 EStG): Die Zinsaufwendungen eines Betriebs sind als Betriebsausgabe i. S. d. § 4 Abs. 4 EStG abziehbar bis zur Höhe des im Unternehmen **angefallenen Zinsertrages desselben Jahres**. Der darüber hinausgehende Nettozinsaufwand kann aber nur bis zur Höhe von **30 %** des steuerpflichtigen Gewinns vor Zinsertrag, Zinsaufwand und Abschreibungen (sog. **EBITDA** = Earnings before interest, taxes, depreciation and amortisation) abgesetzt werden.

▶ **Es gilt somit** Im Rahmen der Unternehmensteuerreform 2008 hat der Gesetzgeber den Zinsausgabenabzug für Betriebe jeder Art auf 30 % des EBITDA beschränkt. Die Einführung der Zinsschranke wurde vom Gesetzgeber damit begründet, dass diese zur **Sicherung des inländischen Steuersubstrats** beitragen soll, indem einerseits Anreize zu einer Gewinnverlagerung ins Inland geschaffen und andererseits eine Verlagerung von Zinsaufwand nach Deutschland verhindert werden soll.

§ 4h Abs. 1 EStG formuliert genauer zur Bestimmung des **steuerlichen EBITDA** wie folgt: Die Zinsaufwendungen eines Betriebs sind in Höhe des Zinsertrags abziehbar, darüber hinaus ist der Abzug auf 30 % des um die Zinsaufwendungen und um die nach § 6 Abs. 2 Satz 1, § 6 Abs. 2a Satz 2 und § 7 EStG abgesetzten Beträge erhöhten und um die Zinserträge verminderten **maßgeblichen Gewinns** bzw. des maßgeblichen Einkommens begrenzt.

---

[3] Insoweit ersetzt die Zinsschranke den alten Tatbestand zur sog. Gesellschafterfremdfinanzierung durch im Ergebnis ähnliche, in der rechtlichen Umsetzung aber unterschiedliche Tatbestandsmerkmale.

[4] BMF-Schreiben v. 04.07.2008, Az.: IV C 7 – S 2742-a/07/10001, BStBl. I 2008, 718 ff., Rdn. 2.

▶ **Praxishinweis** Dem Begriff und der **Berechnung des EBITDA** kommt damit eine zentrale Stellung im Unternehmenssteuerrecht zu. Das EBITDA ermittelt sich in der Praxis wie folgt: EBITDA = Jahresüberschuss ± außerordentliches Ergebnis + Steueraufwand − Steuererträge ± Finanzergebnis + Abschreibungen auf das Anlagevermögen − Zuschreibungen auf das Anlagevermögen.[5] Das EBITDA ist durch das Herausrechnen zahlreicher Positionen aus der Gewinn- und-Verlust-Rechnung nur beschränkt aussagefähig. Häufig wird es von börsennotierten Unternehmen, die **Verluste** erwirtschaften, im Rahmen der Berichterstattung genutzt. Es muss zudem gesehen werden, dass Veränderungen von Rückstellungen nicht verrechnet werden, was die Aussagekraft weiter in Frage stellt.

Zinsaufwand, der die genannte Grenze überschreitet, ist im Veranlagungszeitraum seiner Entstehung nicht abzugsfähig und wird dem Gewinn **außerbilanziell wieder hinzugerechnet**. Der nicht abzugsfähige Zinsaufwand wird durch das sog. **Betriebsstättenfinanzamt** gesondert festgestellt und als sog. **Zinsvortrag** (**interest carry-forward**) in künftige Veranlagungszeiträume vorgetragen.

Bei Personenunternehmen ist maßgeblicher Gewinn der nach den Vorschriften des EStG mit Ausnahme von § 4h Abs. 1 EStG ermittelte steuerpflichtige Gewinn (§ 4h Abs. 3 Satz 1 EStG). Hält ein Gesellschafter einer **vermögensverwaltenden Personengesellschaft** seine Beteiligung im Betriebsvermögen (sog. **Zebragesellschaft**), kommt die Zinsschranke nach m. E. zutreffender Verwaltungsauffassung auf der Ebene des Gesellschafters zur Anwendung.[6] Dies gilt unabhängig davon, ob es sich um eine **originär vermögensverwaltende** Personengesellschaft oder eine sog. **gewerblich entprägte** Personengesellschaft nach Maßgabe des § 15 Abs. 3 Nr. 2 EStG handelt.

▶ **Es gilt somit** Nicht verrechnungsfähiger Zinsaufwand ist vortragsfähig. Bei vermögensverwaltenden Personengesellschaften kommt die Zinsschranke auf Gesellschafterebene zur Anwendung.

Die Regeln über die Zinsschranke kommen jedoch nicht zur Anwendung, wenn eine der drei sog. **Escape-Klauseln** einschlägig ist. Dabei handelt es sich um alternative (nicht: kumulative) Sondertatbestände in § 4h Abs. 2 EStG, die bei Vorliegen bestimmter Voraussetzungen den Zinsabzug im Ergebnis unbeschränkt zulassen.

Die Zinsschranke findet nach § 4h Abs. 2 Satz 1 lit. a–c EStG keine Anwendung, wenn 1) der Saldo aus Zinsaufwendungen und Zinserträgen (sog. **Nettozinsaufwand**) negativ ist und er 3 Mio. € nicht übersteigt (**Freigrenze**), 2) der Betrieb nicht **Teil eines Kon-**

---

[5] Kürzere Darstellung in Rdn. 40 des BMF-Schreibens vom 04.07.2008, Az.: IV C 7 – S 2742-a/07/10001, BStBl. I 2008, 718 ff. für das Einkommensteuerrecht sowie in Rdn. 41 für Körperschaften.

[6] Rdn. 43 des BMF-Schreibens v. 04.07.2008, Az.: IV C 7 – S 2742-a/07/10001, BStBl. I 2008, 718 ff.

zerns ist[7] oder 3) der Betrieb Teil eines Konzerns ist und seine **Eigen-/Fremdkapital-Quote** nicht schlechter ist als die des Konzerns. Der Eigenkapitalvergleich ist hierbei im Grundsatz nach den **internationalen Rechnungslegungsstandards** IFRS (International Financial Reporting Standards) zu führen.

► **Es gilt somit** Für die Zinsschranke des § 4h EStG gelten drei Escape-Klauseln, bei deren Anwendung die Zinsschranke im Ergebnis nicht eingreift. Die in der mittelständischen Praxis wichtigste Escape-Klausel ist die Freigrenze von 3 Mio. €.

5.2.2 § 8a KStG

Die auf Körperschaften anwendbare Norm des § 8a KStG setzt im Grundsatz auf dem einkommensteuerlichen Tatbestand des § 4h EStG auf, jedoch mit dem Unterschied, dass anstelle des maßgeblichen Gewinns hier das **maßgebliche Einkommen** als Referenzgröße herangezogen wird, vgl. § 8a Abs. 1 Satz 1 KStG. Ähnlich wie in § 8 Abs. 1 Satz 1 KStG wird insoweit auf das nach den Vorschriften des EStG und des KStG ermittelte steuerliche Einkommen (Legaldefinition in § 2 Abs. 4 EStG[8]) Bezug genommen. Die Zinsschranke ist damit im Grundsatz auf **sämtliche Körperschaften i. S. d. §§ 1, 2 KStG** anwendbar, sofern nicht Ausnahmen eingreifen.

§ 8a KStG hält sodann in den Abs. 2 und 3 ergänzende Bestimmungen bereit, die die **Gesellschafter-Fremdfinanzierung im weitesten Sinne** betreffen. Diese Bestimmungen sehen **Ausnahmen von der Anwendung der Escape-Klauseln** des § 4h Abs. 2 EStG vor.

§ 8a Abs. 2 KStG bestimmt in diesem Zusammenhang, dass § 4h Abs. 2 Satz 1 lit. b EStG nur anzuwenden ist, wenn die Vergütungen für Fremdkapital an einen zu **mehr als 25 % unmittelbar oder mittelbar am Grund- oder Stammkapital beteiligten Anteilseigner**, eine diesem **nahe stehende Person** (§ 1 Abs. 2 AStG) oder einen **Dritten**, der auf den zu mehr als 25 % am Grund- oder Stammkapital beteiligten Anteilseigner oder eine diesem nahe stehende Person zurückgreifen kann, **nicht mehr als 10 %** der die Zinserträge übersteigenden Zinsaufwendungen der Körperschaft i. S. d. § 4h Abs. 3 EStG betragen und die Körperschaft dies nachweist.

§ 8a Abs. 3 KStG bestimmt ergänzend, dass § 4h Abs. 2 Satz 1 lit. c EStG nur anzuwenden ist, wenn die Vergütungen für Fremdkapital der Körperschaft oder eines anderen demselben Konzern zugehörenden Rechtsträgers an einen **zu mehr als 25 % unmittelbar oder mittelbar am Kapital beteiligten Gesellschafter** einer konzernzugehörigen Gesellschaft, eine diesem **nahe stehende Person** (§ 1 Abs. 2 AStG) oder einen **Dritten**, der auf den zu mehr als 25 % am Kapital beteiligten Gesellschafter oder eine diesem nahe stehende Person zurückgreifen kann, **nicht mehr als 10 %** der die Zinserträge übersteigenden Zinsaufwendungen des Rechtsträgers i. S. d. § 4h Abs. 3 EStG betragen und die Körperschaft dies nachweist. Dies gilt jedoch nur für Zinsaufwendungen aus Verbindlichkeiten,

---

[7] Siehe dazu § 4h Abs. 3 Sätze 5 und 6 EStG.
[8] Im Körperschaftsteuerrecht anwendbar wegen des Generalverweises in § 8 Abs. 1 KStG.

die in dem **voll konsolidierten Konzernabschluss** nach § 4h Abs. 2 Satz 1 lit. c EStG
ausgewiesen sind und bei Finanzierung durch einen Dritten einen Rückgriff gegen einen
nicht zum Konzern gehörenden Gesellschafter oder eine diesem nahe stehende Person
auslösen.

▶ **Es gilt somit** Die Zinsschranke ist nach § 8a KStG mit Modifikationen auch auf Körperschaften anwendbar. Die Vorschrift sieht ferner Ausnahmen von der Anwendung der
Escape-Klauseln vor, die im Wesentlichen auf die Fälle der Gesellschafter-Fremdfinanzierung zielen.

5.2.3   Vorliegen eines Betriebs

5.2.3.1   Fondsebene

Zwingende Anwendungsvoraussetzung für die Zinsschranke ist das **Vorliegen eines sog.
Betriebs**. Der Begriff wird in den §§ 4h, 8a KStG mehrfach verwendet, jedoch **nicht
definiert**.

In den Einzelsteuergesetzen finden sich gleich **mehrere Betriebsbegriffe**, sofern man
„Betrieb" mit „Gewerbebetrieb" gleichsetzt, vgl. etwa § 2 Abs. 1 Satz 2 GewStG oder
§ 15 Abs. 2 EStG. Nur der Begriff der „**Betriebsstätte** " (permanent establishment) ist in
§ 12 AO bzw. für den internationalen Kontext in Art. 5 OECD-Musterabkommen definiert
und damit in sämtlichen Steuerarten gleichermaßen gültig. Darüber hinaus sucht man eine
Definition des Betriebsbegriffs vergebens.

Die Finanzverwaltung trifft in den Rdn. 2–9 ihres Anwendungsschreibens zur Zinsschranke[9] zum Betriebsbegriff die folgenden zentralen Aussagen, die auch für die Anwendung der Zinsschranke auf Investmentfonds Bedeutung haben: 1) Voraussetzung für einen
Betrieb i. S. d. Zinsschranke sind **Einkünfte des Betriebs aus Land- und Forstwirt-
schaft, Gewerbebetrieb oder selbständiger Arbeit**. Dies ist m. E. entsprechend i. S. d.
§§ 13, 15 und 18 EStG zu verstehen. 2) Die Zinsschranke ist auch anzuwenden, wenn der
Gewinn gemäß § 4 Abs. 3 EStG durch den **Überschuss der Betriebseinnahmen über die
Betriebsausgaben** ermittelt wird. Dies gilt nach § 8a Abs. 1 Satz 4 KStG auch bei Körperschaften. 3) Mitunternehmerschaften und Kapitalgesellschaften haben **grundsätzlich nur
einen Betrieb** i. S. d. Zinsschranke. 4) Betriebsstätten begründen **keine eigenständigen
Betriebe**.

Mit Umsetzung der Investmentsteuerreform 2018 gelten **inländische Investmentfonds**
jedenfalls als **Zweckvermögen i. S. d. § 1 Abs. 1 Nr. 5 KStG**. Da inländische Investmentfonds nunmehr unbeschränkt körperschaftsteuerpflichtig sind, erzielen sie gemäß § 8
Abs. 2 KStG ausschließlich gewerbliche Einkünfte. Dass sich die sachliche Steuerpflicht
auf die in § 6 Abs. 2 InvStG genannten Einkünfte beschränkt und diese als Überschuss

---

[9] BMF-Schreiben v. 04.07.2008, Az.: IV C 7 – S 2742-a/07/10001, BStBl. I 2008, 718 ff.

der Einnahmen über die Werbungskosten zu ermitteln sind, dürfte der Anwendbarkeit der Zinsschranke nicht entgegenstehen.

Ausländische Investmentfonds gelten hingegen als Vermögensmassen i. S. d. § 2 Nr. 1 KStG und sind damit lediglich beschränkt körperschaftsteuerpflichtig. Die Fiktion des § 8 Abs. 2 KStG gilt damit für sie nicht. Daher erzielen sie nicht zwangsläufig gewerbliche Einkünfte, weswegen die in Rdn. 2 des Anwendungsschreibens zur Zinsschranke[10] genannte Bedingung nicht erfüllt ist. § 4h EStG findet damit wohl keine Anwendung. Auch greift für sie nicht der in § 8a Abs. 1 Satz 4 KStG enthaltene Verweis auf § 4h EStG, weil dieser ausschließlich für Kapitalgesellschaften gilt, die ihren Gewinn als Überschuss der Einnahmen über die Werbungskosten ermitteln, nicht aber für sonstige Körperschaften oder Zweckvermögen (bzw. vergleichbare ausländische Gebilde) anwendbar ist.

Diese Grundsätze gelten für **Spezial-Investmentfonds** entsprechend. § 29 Abs. 1 InvStG erklärt § 6 InvStG für entsprechend anwendbar.

▶ **Es gilt somit** Nach der Investmentsteuerreform 2018 dürften inländische Investmentfonds dem Anwendungsbereich der Zinsschranke unterfallen, weil sie nunmehr unbeschränkt körperschaftsteuerpflichtig sind und somit **Einkünfte aus Gewerbebetrieb** i. S. d. § 15 EStG i. V. m. § 8 KStG erzielen. Ausländische Investmentfonds dürften dem Anwendungsbereich hingegen nicht unterliegen, weil sie lediglich beschränkt körperschaftsteuerpflichtig sind. Eine Ausnahme dürfte gelten, wenn sie gewerbliche Einkünfte erzielen und einen Betrieb i. S. d. § 4h EStG im Inland unterhalten.

5.2.3.2 KVG-Ebene

Die Ebene der Kapitalverwaltungsgesellschaft ist von der Ebene des von ihr verwalteten Investmentfonds **rechtlich und steuerlich** strikt zu trennen. Dies gilt auch für Zwecke der Zinsschranke. Die KVG, die wegen § 18 Abs. 1 KAGB zwingend als inländische AG oder GmbH (oder als GmbH & Co. KG) zu firmieren hat, ist ohne weiteres ein **Steuersubjekt i. S. d. Zinsschrankenregelung** (§ 8a KStG). Allerdings ist zu beachten, dass etwaige Zinserträge des Investmentfonds steuerlich nicht der KVG, sondern allein dem Investmentvermögen bzw. Investmentfonds und den Anlegern zuzurechnen sind. Sofern die KVG neben der Verwaltung des Sondervermögens ein eigenes operatives Geschäft betreibt und hieraus Zinserträge bzw. hierfür Zinsaufwendungen anfallen, ist die gesetzliche Zinsausgabenbeschränkung ohne Besonderheiten anzuwenden.

▶ **Es gilt somit** Eine KVG unterfällt im Grundsatz der Zinsschrankenregelung. Allerdings greifen die §§ 4h, 8a KStG nur für Zinserträge bzw. Zinsaufwendungen ein, die von der KVG **im eigenen Namen und auf eigene Rechnung erzielt** bzw. verausgabt worden sind. Zinserträge und Zinsaufwendungen des von ihr verwalteten Investmentfonds bleiben außer Betracht.

---

[10] BMF-Schreiben v. 04.07.2008, Az.: IV C 7 – S 2742-a/07/10001, BStBl. I 2008, 718 ff.

5.2.3.3 Anlegerebene

Die Zinsschrankenregelung ist nach m. E. zutreffender Auffassung der Finanzverwaltung auf der **Ebene des jeweiligen Anlegers** anzuwenden, sofern der Anleger Einkünfte aus Gewerbebetrieb erzielt, d. h. es muss sich bei dem jeweiligen Anleger um einen betrieblichen Anleger handeln.[11] Für diese Auslegung spricht auch der neu ins Gesetz aufgenommene § 46 InvStG über die Anwendung der Zinsschranke auf Ebene der Anleger eines Spezial-Investmentfonds, der mit Absatz 1 Satz 1 die bisherige Regelung des § 2 Abs. 2a InvStG a. F. enthält. Letztgenannte Regelung wurde bislang als begünstigende Norm angesehen, weil dadurch das Abzugspotenzial für Zinsaufwendungen erhöht wird (dazu ausführlich Reiche und Frotscher in Haase 2015, § 2 Rdn. 144 ff.).

► **Es gilt somit** Die Zinsschranke ist bezüglich der über einen Fonds bezogenen Zinsen auf der Ebene des Fondsanlegers anzuwenden, sofern es sich um einen betrieblichen Anleger handelt. Für Anleger eines Spezial-Investmentfonds regelt § 46 InvStG Einzelheiten über die Anwendung der Zinsschranke.

Zudem soll die Regelung des § 46 InvStG sicherstellen, dass sich Anleger nicht länger in einen Fonds einkaufen können, um Zinserträge zu generieren und entsprechend hohe Zinsen steuerlich geltend machen zu können. Dafür ordnet § 46 Abs. 1 Satz 2 InvStG an, dass Beträge, die nach § 35 Abs. 6 InvStG als Substanzbeträge gelten, keine Zinserträge i. S. d. Zinsschrankenregelung darstellen können. Absatz 2 sieht vor, dass der für die Zinsschranke maßgebliche Zinsbetrag als Brutto-Betrag der Zinseinnahmen abzüglich der im Gesetz genannten Größen und damit als Nettobetrag zu berücksichtigen ist. Absatz 3 ermöglicht einen Verlustvortrag (Gesetzesbegründung BT-Drs. 18/8045, S. 115). Zu weiteren Einzelheiten vgl. Abschn. 4.4.5.

5.3 Dachfonds

5.3.1 Begriff/Zielsetzung

Sog. Dachfonds (**fund-of-funds**) (dazu ausführlich Ackert und Füchsl in Haase 2015, § 10 Rdn. 466 ff.) investieren nicht in Immobilien, Aktien oder andere Wertpapiere, sondern in andere Fonds (sog. **Zielfonds**). Dabei handelt es sich – abhängig von der jeweiligen Anlagestrategie – um unterschiedliche Zielfonds (z. B. Aktien-, Renten-, Geldmarkt-, Immobilienfonds usw.).

Eine Legaldefinition des Begriffs „Dachfonds" enthält seit der Investmentsteuerreform 2018 das InvStG, das KAGB enthält eine solche bislang nicht. § 2 Abs. 5 InvStG definiert einen **Dach-Investmentfonds** als einen Investmentfonds, der Investmentanteile an einem

---

[11] Rdn. 17 des BMF-Schreibens v. 04.07.2008, Az.: IV C 7 – S 2742-a/07/10001, BStBl. I 2008, 718 ff.; ebenso BMF-Schreiben v. 18.08.2009, Az.: IV C 1 – S 1980 – 1/08/10019, BStBl. I 2009, 931 ff., Rdn. 36a und b.

anderen Investmentfonds, dem sog. Ziel-Investmentfonds, hält. Dementsprechend definiert Satz 2 einen **Dach-Spezial-Investmentfonds** als einen Spezial-Investmentfonds, der Spezial-Investmentanteile an einem anderen Spezial-Investmentfonds, dem sog. Ziel-Spezial-Investmentfonds, hält. Nicht unter den Begriff des Spezial-Investmentfonds fällt ein Fonds, der Anteile an einem Investmentfonds hält (Gesetzesbegründung BT-Drs. 18/8045, S. 69).

▶ **Praxishinweis** Nach Auffassung der Finanzverwaltung handelt es sich für steuerrechtliche Zwecke bei jedem Investmentfonds, der Anteile an einem anderen Investmentfonds hält, dem sog. Ziel-Investmentfonds, um einen Dach-Investmentfonds. Die aufsichtsrechtlichen Vorgaben der zu § 4 Abs. 2 KAGB ergangenen Fondskategorien-Richtlinie vom 22. Juli 2013 sind insoweit unbeachtlich. Hält ein Spezial-Investmentfonds Anteile an einem Spezial-Investmentfonds (Ziel-Spezial-Investmentfonds) wird dieser als Dach-Spezial-Investmentfonds bezeichnet. Sollte er hingegen Anteile an einem Investmentfonds halten, gilt er insoweit nicht als Dach-Spezial-Investmentfonds, sondern als Dach-Investmentfonds (vgl. BMF-Entwurf v. 24.03.2017, Rdn. 21).

Abb. 5.1 illustriert einen solchen Dachfonds beispielhaft.

Der Grundgedanke eines Dachfonds ist es, das Vermögen in verschiedene andere Fonds anzulegen, um das Risiko durch eine **Streuung in verschiedene Fonds** zu minimieren. Statt selbst Wertpapiere wie Aktien, Anleihen oder Optionsscheine für das eigene Fondsvermögen zu erwerben, beteiligt sich ein Dachfonds daher an bereits bestehenden Investmentfonds. Es ist aber möglich und in der Praxis auch üblich, dass sich ein Dachfonds neben seiner Beteiligung an einem Zielfonds auch um eigene Investments kümmert, die direkt in den möglichen Anlageklassen vorgenommen werden.

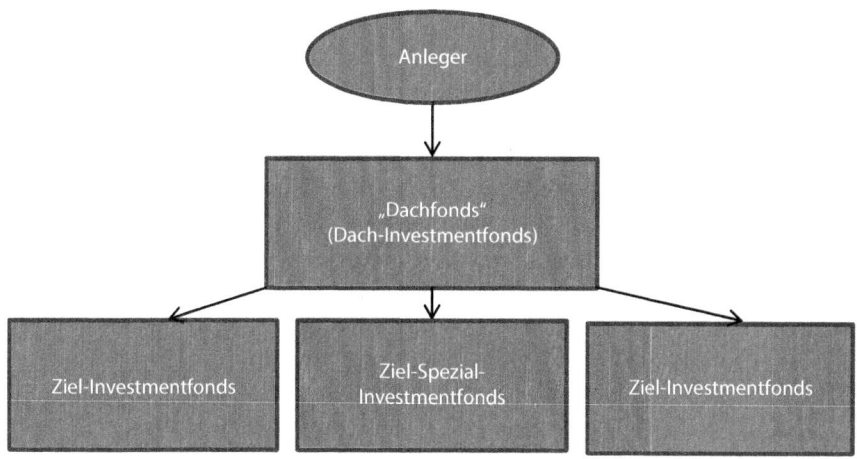

Abb. 5.1 Darstellung einer Dach-Zielfonds-Struktur

▶ **Praxishinweis** Da jeder Fonds, auch der Dachfonds, den Anleger **Gebühren**
kostet, fallen im Vergleich zu der Direktanlage in den Zielfonds unnötige Gebühren an. Außerdem ist ein Dachfonds weniger transparent als ein Einzelfonds.
Ein Dachfondsmanager hat auch keinen direkten **Einfluss auf die Anlagepolitik** der gehaltenen Zielfonds. Immerhin dürfen beim Erwerb von Anteilen an
Investmentfonds, die direkt oder indirekt von derselben KVG oder einer Gesellschaft verwaltet werden, mit der die KVG durch eine wesentliche unmittelbare
oder mittelbare Beteiligung verbunden ist, die KVG oder die andere Gesellschaft
für den Erwerb und die Rücknahme **keine Ausgabeaufschläge und Rücknah-
meabschläge** berechnen, vgl. § 196 Abs. 2 KAGB. Die Gebührenverdopplung
beschränkt sich damit im Wesentlichen auf die sog. **Weichkosten** des Fonds
(z. B. Depotgebühren).

Ein Dachfonds darf terminologisch und rechtlich nicht mit einem sog. **Umbrella-
Fonds** verwechselt werden, der selbst kein Investmentvermögen bzw. Investmentfonds
darstellt. Vielmehr steht die Bezeichnung Umbrella-Fonds für eine bestimmte rechtliche Konstruktion, die aus **mindestens zwei verschiedenen Unterfonds** besteht. Nur die
Unterfonds sind Investmentvermögen im rechtlichen Sinne bzw. Investmentfonds.

▶ **Praxishinweis** Ein Umbrella-Fonds bietet für den Anleger den Vorteil, dass er innerhalb der verschiedenen Unterfonds jederzeit tauschen (sog. **Switchen**) kann,
ohne erneut einen Ausgabeaufschlag zu bezahlen. Es fallen allerdings unterschiedlich hohe **Tauschgebühren** an.

▶ **Es gilt somit** Dachfonds sind **selbstständige Investmentfonds**, die in andere Investmentfonds investieren. Für den Anleger hat dies insbesondere den **Vorteil der Risikostreuung**.

5.3.2   Aufsichtsrechtliche Vorgaben

Auch wenn der Begriff des Dachfonds aufsichtsrechtlich (d. h. im KAGB) nicht legal definiert ist, gibt es dennoch für Dachfonds **Anlagehöchstgrenzen** beim Erwerb von Anteilen
an Investmentvermögen. Nach § 207 Abs. 1 KAGB darf die Kapitalverwaltungsgesellschaft (KVG) in Anteile an einem einzigen Investmentvermögen nur bis zu 20 % des
Wertes des Investmentvermögens anlegen. Insgesamt darf die KVG nach Maßgabe des
§ 196 Abs. 1 Satz 2 KAGB nur bis zu 30 % des Wertes des Investmentvermögens in
Anteile an Investmentvermögen anlegen (§ 207 Abs. 2 KAGB).

§ 196 Abs. 1 Sätze 1, 2 KAGB bestimmen insoweit Folgendes: Die OGAW-Kapitalverwaltungsgesellschaft kann für Rechnung eines inländischen OGAW Anteile an OGAW
erwerben. Anteile an anderen inländischen Sondervermögen und Investmentaktiengesellschaften mit veränderlichem Kapital sowie Anteile an offenen EU-AIF und ausländischen

offenen AIF kann sie nur erwerben, wenn 1) diese nach Rechtsvorschriften zugelassen wurden, die sie einer wirksamen öffentlichen Aufsicht zum Schutz der Anleger unterstellen und ausreichende Gewähr für eine befriedigende Zusammenarbeit zwischen den Behörden besteht, 2) das Schutzniveau des Anlegers dem Schutzniveau eines Anlegers in einem inländischen OGAW gleichwertig ist und insbesondere die Vorschriften für die getrennte Verwahrung der Vermögensgegenstände, für die Kreditaufnahme und die Kreditgewährung sowie für Leerverkäufe von Wertpapieren und Geldmarktinstrumenten den Anforderungen der Richtlinie 85/611/EWG gleichwertig sind, 3) die Geschäftstätigkeit Gegenstand von Jahres- und Halbjahresberichten ist, die es erlauben, sich ein Urteil über das Vermögen und die Verbindlichkeiten, die Erträge und die Transaktionen im Berichtszeitraum zu bilden, und 4) die Anteile dem Publikum ohne eine zahlenmäßige Begrenzung angeboten werden und die Anleger das Recht zur Rückgabe der Anteile haben.

Anteile an inländischen Sondervermögen, an Investmentaktiengesellschaften mit veränderlichem Kapital, an EU-OGAW, an offenen EU-AIF und an ausländischen offenen AIF dürfen nur erworben werden, wenn nach den Anlagebedingungen oder der Satzung der Kapitalverwaltungsgesellschaft, der Investmentaktiengesellschaft mit veränderlichem Kapital, des EU-Investmentvermögens, der EU-Verwaltungsgesellschaft, des ausländischen AIF oder der ausländischen AIF-Verwaltungsgesellschaft insgesamt höchstens 10 % des Wertes ihres Vermögens in Anteilen an anderen inländischen Sondervermögen, Investmentaktiengesellschaften mit veränderlichem Kapital, offenen EU-Investmentvermögen oder ausländischen offenen AIF angelegt werden dürfen.

Nach Art. 2, Art. 3 Nr. 1 der **BaFin-Richtlinie** zur Festlegung von Fondskategorien gemäß § 4 Abs. 2 KAGB gilt ferner die allgemeine Mindestanlagegrenze von 51 %, m. a. W., der Dachfonds muss **mindestens 51 %** seines Vermögens in andere Fonds investieren, um als Dachfonds bezeichnet oder als solcher vertrieben werden zu dürfen.

▶ **Es gilt somit** Die §§ 192 ff. KAGB bzw. die Rundschreiben der BaFin enthalten, gesondert nach Anlageklassen, **Vorgaben für Mindest- und Höchstanlagen**, die auch von Dachfonds zu beachten sind.

5.3.3 Steuerliche Aspekte

Bislang kennzeichnete das **Transparenzprinzip das Investmentsteuerrecht**. Die Besteuerung von Dachfonds erfolgte nach dem sog. doppelten Transparenzprinzip (dazu ausführlich Ackert und Füchsl in Haase 2015 Rdn. 466). „Doppelt" deshalb, weil sowohl der Dachfonds als auch die jeweiligen Zielfonds als transparent betrachtet wurden. Nach der Investmentsteuerreform 2018 unterliegen **Dachfonds entweder als Investmentfonds oder als Spezial-Investmentfonds** der Besteuerung. Es findet demnach entweder das Intransparenz- oder das Transparenzprinzip Anwendung. Aus den Anteilen an den Zielfonds erzielen sie entweder Investmenterträge i. S. d. §§ 20 Abs. 1 Nr. 3 EStG i. V. m. § 16 InvStG oder Spezial-Investmenterträge i. S. d. §§ 20 Abs. 1 Nr. 3a EStG i. V. m. 34

InvStG. Diese Erträge gehören auf Ebene des Dachfonds nicht zu den körperschaftsteuer-pflichtigen Erträgen i. S. d. § 6 Abs. 2 InvStG, weil sie weder zu den inländische Beteili-gungseinnahmen oder inländischen Immobilienträgen noch zu den sonstigen inländischen Einkünften i. S. d. § 6 Abs. 2 InvStG gehören (vgl. Bindl und Mager 2016, S. 2712).

▶ **Es gilt somit** Das sog. doppelte Transparenzprinzip findet für die Besteuerung von Dachfonds keine Anwendung mehr. Dachfonds unterliegen entweder dem Besteuerungs-regime als Investmentfonds oder als Spezial-Investmentfonds. Aus ihren Anteilen an den Zielfonds erzielen sie entweder bei Beteiligung an Investmentfonds Einkünfte i. S. d. § 20 Abs. 1 Nr. 3 EStG (sog. Investmenterträge i. S. d. § 16 InvStG) oder bei Beteiligung an Spezial-Investmentfonds Einkünfte i. S. d. § 20 Abs. 1 Nr. 3a EStG (sog. Spezial-Invest-menterträge i. S. d. § 34 InvStG). Diese Einkünfte erfasst § 6 Abs. 2 InvStG nicht. Damit findet eine Besteuerung dieser Einkünfte auf Ebene der Dachfonds nicht statt.

Diese Erträge sind jedoch auf **Ebene der Anleger des Dachfonds** zu versteuern. Sollte der Dachfonds der Besteuerung als Spezial-Investmentfonds unterliegen, können die Ver-äußerungsgewinne aus den Investmentanteilen oder Spezial-Investmentanteilen steuerfrei thesauriert werden. Die laufenden Gewinne aus diesen Anteilen werden als ausschütt-ungsgleiche Erträge auch im Falle ihrer Thesaurierung erfasst (siehe dazu auch unter Abschn. 4.4.2.2).

Beispiel

Der Spezial-Investmentfonds ist an einem anderen Spezial-Investmentfonds und an einem Publikums-Investmentfonds beteiligt. Alle Erträge aus diesen Anteilen thesau-riert er. Zu den ausschüttungsgleichen Erträgen i. S. d. § 36 Abs. 1 Nr. 1 InvStG ge-hören grundsätzlich als Kapitalerträge sowohl die Erträge aus den Anteilen an dem (Publikums-)Investmentfonds nach § 20 Abs. 1 Nr. 3 EStG, die nach § 16 InvStG auf Ebene der Anleger als Ausschüttungen und Vorabpauschale zu besteuern sind, als auch die Erträge aus den Anteilen an dem anderen Spezial-Investmentfonds nach § 20 Abs. 1 Nr. 3a EStG, die der Dach-Spezial-Investmentfonds als Ausschüttungen oder ausschüttungsgleiche Erträge erzielt. Lediglich die Gewinne aus der Veräußerung die-ser Fondsanteile können nach § 36 Abs. 2 InvStG steuerfrei thesauriert werden.

Im Zusammenhang mit der Besteuerung dieser Erträge stellt sich die Frage, in welcher Höhe diese Erträge nach § 20 InvStG freizustellen sind. Die **Höhe der Steuerfreistel-lung** auf Ebene der Anleger hängt von der Kategorisierung des Dachfonds als Aktien-, Immobilien- oder sonstiger Fonds ab und darüber hinaus davon, welcher Anlegertyp vor-liegt. Die Kategorisierung des Dachfonds erfolgt unter Berücksichtigung der § 2 Abs. 8 und 9 InvStG, wonach als Kapitalbeteiligung bei Beteiligung an einem Aktienfonds 51 % des Werts des Anteils und bei Beteiligung an einem Mischfonds 25 % zu berücksichtigen sind und bei Beteiligung an Immobilienfonds als Immobilien 51 % des Zielfonds gelten. Diese Regelung führt allerdings dazu, dass Aktien-Dachfonds wohl keine Steuerfreistellung von 30 % erzielen, weil sie selbst nicht als Aktienfonds i. S. d. § 20 InvStG gelten dürften, und Dachfonds selten als Immobilienfonds gelten dürften. In diesen Fällen wird die Freistellung als sog. Mischfonds gewährt. Das nachfolgende Beispiel verdeutlicht dies (in Anlehnung an Delp 2017, S. 454).

Beispiel

Das Vermögen eines Dachfonds setzt sich aus 3 Beteiligungen mit einem Wertanteil von jeweils 30 % an Aktienfonds und einer Liquiditätsreserve von 10 % zusammen. Die Kapitalbeteiligungsquote des Dachfonds beträgt damit 90 % * 51 %, d. h. 45,9 %. Damit erfüllt der Fonds nicht die Voraussetzungen an einen Aktienfonds i. S. d. § 20 InvStG, obwohl sein Vermögen zu 90 % aus Anteilen an Aktienfonds i. S. d. § 2 Abs. 6 InvStG besteht.

Weitere Besonderheiten ergeben sich bei **Dach-Zielfonds-Strukturen** im Zusammenspiel mit den **Transparenzoptionen der §§ 30 und 33 InvStG**. Beide Regelungen enthalten besondere Regelungen für den Fall, dass ein Dach-Spezial-Investmentfonds an einem anderen Dach-Spezial-Investmentfonds beteiligt ist.

§ 30 Abs. 4 InvStG sieht eine transparente Besteuerung des Dachfonds für den Fall vor, dass ein Spezial-Investmentfonds an einem anderen Spezial-Investmentfonds beteiligt ist. So steht auch dem Dachfonds die Transparenzoption des § 30 InvStG hinsichtlich der inländischen Beteiligungseinnahmen und sonstigen inländischen Einkünften mit Steuerabzug offen. Dafür muss der Dach-Spezial-Investmentfonds die Option gegenüber dem für die Kapitalertragsteuer zuständigen Entrichtungspflichtigen des Ziel-Spezial-Investmentfonds ausüben. In der Steuerbescheinigung sind dann die Anleger des Dach-Spezial-Investmentfonds anzugeben. Damit wird eine doppelte Transparenz über zwei Beteiligungsstufen zugelassen.

Beispiel

Der Dach-Spezial-Investmentfonds ist an einem Spezial-Investmentfonds beteiligt, welcher eine Dividende erhält. Dem Dach-Spezial-Investmentfonds steht ebenfalls die Transparenzoption des § 30 Abs. 1 InvStG hinsichtlich der inländischen Beteiligungseinnahmen und sonstigen inländischen Einkünften mit Steuerabzug zu. Er hat die Ausübung unwiderruflich zu erklären. Die Erträge des Spezial-Investmentfonds werden dann den Anlegern des Dach-Spezial-Investmentfonds zugerechnet.

Eine **dreifache Transparenz hingegen ist ausgeschlossen**. § 30 Abs. 4 Satz 2 InvStG steht der Ausübung der Transparenzoption entgegen, soweit der Dach-Spezial-Investmentfonds Spezial-Investmentanteile an einem anderen Dach-Spezial-Investmentfonds hält. In diesen Fällen kommt es zu einer definitiven Steuerbelastung auf Ebene des Dach-Spezial-Investmentfonds, wenn dieser sich wiederum an einem anderen Dach-Spezial-Investmentfonds beteiligt, der seinerseits an einem Ziel-Spezial-Investmentfonds beteiligt ist, der inländische Beteiligungseinnahmen oder sonstige inländische Einkünfte erzielt, die dem

Steuerabzug unterliegen. Die dadurch entstehende Steuer auf Ebene des Dach-Spezial-Investmentfonds der zweiten Ebene ist nicht auf Anlegerebene anrechenbar. Das Freistellungsverfahren nach § 42 Abs. 4 InvStG findet jedoch Anwendung.

▶ **Es gilt somit** Die Transparenzoption des § 30 InvStG können auch Dach-Spezial-Investmentfonds ausüben, soweit zweistufige Strukturen vorliegen. Bei dreistufigen Beteiligungsstrukturen findet die Option keine Anwendung. Die dadurch entstehende Steuerbelastung wird definitiv.

Weitere Besonderheiten ergeben sich im Zusammenspiel mit der Transparenzoption des **§ 33 InvStG**. Auch diese steht grundsätzlich Dachfonds offen. Darüber hinaus gilt bei Ausübung dieser Transparenzoption die Sonderregelung des § 33 Abs. 2 InvStG zu berücksichtigen, wenn sich an einem Spezial-Investmentfonds ein vereinnahmender **Investmentfonds oder ein Dach-Spezial-Investmentfonds** beteiligen sollte (siehe dazu bereits ausführlich unter Abschn. 4.3.2.4). Diese Regelung stellt auf die Vermeidung folgender Konstellation dar, welche nachfolgend anhand eines Beispiels[12] aufgezeigt wird:

Beispiel

Ein inländischer (Publikums-)Investmentfonds ist an einem inländischen Spezial-Investmentfonds beteiligt, der inländische Immobilienerträge i. S. d. § 6 Abs. 4 InvStG erzielt. Ein Anleger des Dachfonds ist im Ausland ansässig. Ohne Berücksichtigung des § 33 Abs. 2 InvStG ergäbe sich daraus folgende steuerliche Belastung: Die inländischen Immobilienerträge sind auf Ebene des Ziel-Spezial-Investmentfonds steuerpflichtig (§ 29 i. V. m. § 6 Abs. 2, 4 InvStG). Sollte der Spezial-Investmentfonds die Transparenzoption i. S. d. § 33 Abs. 1 InvStG ausüben, entfällt diese Steuerpflicht. Voraussetzung ist der Einbehalt und die Abführung der Kapitalertragsteuer i. H. v. 15 % zuzüglich Solidaritätszuschlag sowie die Ausstellung entsprechender Steuerbescheinigungen für die Anleger. Diese wiederum erzielen Spezial-Investmenterträge i. S. d. § 20 Abs. 1 Nr. 3a EStG, die nicht von § 6 Abs. 2 InvStG erfasst werden. Der Investmentfonds als Anleger des Ziel-Spezial-Investmentfonds hat daher einen Anspruch auf Erstattung der von diesem einbehaltenen Kapitalertragsteuer nach § 37 Abs. 2 AO. Da der im Ausland ansässige Anleger des Dachfonds aus seiner Beteiligung an dem Investmentfonds Einkünfte aus Kapitalvermögen i. S. d. § 20 Abs. 1 Nr. 3 EStG erzielt, die nicht von der beschränkten Steuerpflicht nach § 49 Abs. 1 EStG erfasst werden, würden die inländischen Immobilienerträge im Inland nicht der Besteuerung unterliegen. Gegen diese Entstehung von weißen Einkünften richtet sich die Neuregelung des § 33 Abs. 2 InvStG.

§ 33 Abs. 2 InvStG enthält eine Fiktion, nach welcher die von einem Ziel-Spezial-Investmentfonds an einen Dach-Spezial-Investmentfonds i. S. d. § 2 Abs. 5 Satz 2 InvStG

---

[12] Angelehnt an Stadler und Bindl 2017, S. 1943.

oder einen Investmentfonds ausgeschütteten und ausschüttungsgleichen inländische Immobilienerträge bei diesen Anlegern zu den Einkünften i. S. d. § 6 Abs. 4 InvStG und damit weiterhin zu den inländischen Immobilienerträgen gehören. Diese **Fiktion** verhindert, dass auf Ebene der Anleger eine Umqualifizierung der inländischen Immobilienerträge in Spezial-Investmenterträge i. S. d. § 20 Abs. 1 Nr. 3a EStG stattfindet, die bei diesen keine Besteuerung auslösen würden. Somit unterliegen die inländischen Immobilienerträge bei diesen Anlegern grundsätzlich einer Besteuerung.

▶ **Es gilt somit** Spezial-Investmenterträge i. S. d. § 20 Abs. 1 Nr. 3a EStG werden bei Dach-Spezial-Investmentfonds oder Investmentfonds nicht besteuert. Die Umqualifizierung der ausgeschütteten und ausschüttungsgleichen Erträge aufgrund der in § 33 Abs. 2 Satz 1 InvStG enthaltene Fiktion in inländische Immobilienerträge verhindert deren Nichtbesteuerung. Zu beachten ist, dass diese Fiktion ausschließlich auf Ebene der Anleger gilt. Der ansonsten semitransparent besteuerte Fonds erzielt weiterhin inländische Immobilienerträge.

Diese Einkünfte unterliegen auf Ebene des Ziel-Spezial-Investmentfonds einem **Steuerabzug**, der gemäß § 29 Abs. 1 i. V. m. § 7 Abs. 2 InvStG **abgeltende Wirkung** hat. Der anzuwendende Steuersatz beträgt 15 % **zuzüglich 5,5 % Solidaritätszuschlag**. Bei Anlegern des Dach-Spezial-Investmentfonds wird diese steuerliche Vorbelastung nach § 42 Abs. 5 InvStG berücksichtigt. Die Einzelheiten über den Steuerabzug richten sich nach § 50 InvStG.

▶ **Es gilt somit** § 33 Abs. 2 InvStG greift nicht in die transparente Besteuerung des Ziel-Spezial-Investmentfonds ein. Dieser kann weiterhin die Transparenzoption des § 33 Abs. 1 InvStG ausüben. Macht er davon Gebrauch, entspricht die Steuerbelastung der inländischen Immobilienerträge derjenigen, die entstehen würde, wenn der Dachfonds diese unmittelbar erzielen würde.

Beispiel

§ 33 Abs. 2 InvStG führt nun also dazu, dass der Investmentfonds (Dachfonds) aus seinen Anteilen an dem Ziel-Spezial-Investmentfonds keine Erträge aus Spezial-Investmentfonds i. S. d. § 20 Abs. 1 Nr. 3a EStG erzielt, sondern inländische Immobilienerträge i. S. d. § 6 Abs. 4 InvStG. Diese unterliegen auf Ebene des Ziel-Spezial-Investmentfonds gemäß § 33 Abs. 2 Satz 2 InvStG einem Steuerabzug i. H. v. 15 % zuzüglich Solidaritätszuschlag, dem abgeltende Wirkung zukommt. Die einmalige Besteuerung der inländischen Immobilienerträge ist damit sichergestellt.

Sollte an dem Ziel-Spezial-Investmentfonds wiederum ein **Spezial-Investmentfonds** (Dach-Spezial-Investmentfonds) beteiligt sein, steht diesem die Ausübung der **sog. Immobilientransparenzoption des § 33 Abs. 2 Satz 3 InvStG** offen. Investmentfonds als Anleger des Ziel-Spezial-Investmentfonds können diese Option nicht ausüben, weil diese investmentsteuerlich zwingend nach dem Intransparenzprinzip besteuert werden.

▶ **Es gilt somit** Die Immobilientransparenzoption des § 33 Abs. 2 Satz 3 InvStG gilt nur für Spezial-Investmentfonds, die an einem anderen Spezial-Investmentfonds beteiligt sind.

Die Immobilientransparenzoption des § 33 Abs. 2 Satz 3 InvStG übt der Dach-Spezial-Investmentfonds aus, indem er gegenüber dem Ziel-Spezial-Investmentfonds unwiderruflich erklärt, dass **den Anlegern des Dach-Spezial-Investmentfonds Steuerbescheinigungen gemäß § 45a Abs. 2 EStG** ausgestellt werden sollen. Dadurch wird erreicht, dass die Erträge aus der Beteiligung an dem Ziel-Spezial-Investmentfonds den Anlegern des Dach-Spezial-Investmentfonds zugerechnet werden. Für die Einkünftequalifikation gelten in diesem Fall

- beschränkt steuerpflichtigen Anlegern unmittelbar Einkünfte i. S. d. § 49 Abs. 1 Nr. 2 Buchst. f, Nr. 6 oder 8 EStG[13] ,
- Anlegern, die unbeschränkt steuerpflichtige Investmentfonds oder Dach-Spezial-Investmentfonds sind, Einkünfte nach § 6 Abs. 4 InvStG und
- sonstigen Anlegern Spezial-Investmenterträge i. S. d. § 20 Abs. 1 Nr. 3a EStG

als zugeflossen.

Beispiel

Sollte der Anleger eines Spezial-Investmentfonds wiederum ein Spezial-Investmentfonds sein und dieser die Immobilientransparenzoption des § 33 Abs. 2 Satz 3 InvStG ausüben, erzielt der beschränkt steuerpflichtige Anleger des Dach-Spezial-Investmentfonds unmittelbar Einkünfte i. S. d. § 49 Abs. 1 Nr. 2 Buchst. f, Nr. 6 oder 8 EStG.

Die Einkünfte, welchen den Anlegern des Dachfonds als unmittelbar zugeflossen gelten, unterliegen auf **Ebene des Ziel-Spezial-Investmentfonds einem Steuerabzug nach § 50 InvStG** i. H. v. 15 % zuzüglich Solidaritätszuschlag, dem grundsätzlich abgeltende Wirkung zukommt. Für den **Kapitalertragsteuereinbehalt** sind die Regelungen des Einkommensteuergesetzes der §§ 43 ff. EStG anzuwenden, als wären den Anlegern die inländischen Immobilienerträge unmittelbar selbst zugeflossen. Dabei hat der Ziel-Spezial-Investmentfonds den Steuerstatus der Anleger des Dach-Spezial-Investmentfonds zu berücksichtigen (Mann in Weitnauer et al. 2017, § 33 InvStG Rdn. 9). Die Regelung über die Abstandnahme vom **Kapitalertragsteuerabzug des § 44a EStG** kommt somit entsprechend zur Anwendung. Daher unterbleibt ein Steuerabzug insbesondere bei Beteiligung von Kirchen, Pensionskassen oder gemeinnützigen Stiftungen. Die **Steuerbescheinigungen nach § 45a Abs. 2 EStG** haben die in § 31 Abs. 1 InvStG genannten Angaben über den Name und Anschrift des Spezial-Investmentfonds als Zahlungsempfänger, den Zeitpunkt des Zuflusses des Kapitalertrags bei dem Spezial-Investmentfonds, die Name und

---

[13] Diese Fiktion gilt auch bei Anwendung eines Doppelbesteuerungsabkommens. Sie stellt daher ein treaty override dar.

Anschrift der am Spezial-Investmentfonds beteiligten Anleger als Gläubiger der Kapitalerträge, die Gesamtzahl der Anteile des Spezial-Investmentfonds zum Zeitpunkt des Zuflusses und Anzahl der Anteile der einzelnen Anleger sowie die Anteile der einzelnen Anleger an der Kapitalertragsteuer ebenfalls zu beinhalten.

Die **Haftung** für die Steuer, die bei ausgeübter Transparenzoption zu Unrecht nicht erhoben oder erstattet wurde, richtet sich **nach § 32 InvStG**.

Nach § 30 Abs. 4 InvStG findet diese Regelung auch auf **sonstige inländische Einkünfte** ohne Steuerabzug Anwendung.

In **dreistufigen Konstellationen** ist zu beachten, dass Dach-Spezial-Investmentfonds, welchen inländische Immobilienerträge aufgrund der Transparenzoption eines Dach-Spezial-Investmentfonds zugerechnet werden, hinsichtlich dieser Einkünfte keine Transparenzoption ausüben können.

Beispiel

Einem Anleger, der an einem Spezial-Investmentfonds beteiligt ist, werden aufgrund der Ausübung der Immobilien-Transparenzoption fiktive Immobilienerträge zugerechnet. Obwohl dieser Anleger selbst ein in- oder ausländischer Spezial-Investmentfonds (sog. Dach-Spezial-Investmentfonds zweiter Stufe) ist, darf er gemäß § 33 Abs. 2 Satz 6 InvStG nicht die Immobilien-Transparenzoption ausüben.

▶ **Praxishinweis** Derzeit offen ist, wie eine nochmalige Besteuerung dieser Erträge auf Ebene der Anleger des Dach-Ziel-Investmentfonds verhindert wird. An einer gesetzlichen Regelung fehlt es. Bindl und Stadler vertreten dazu die Auffassung, dass in diesem Zusammenhang ein redaktionelles Versehen vorliegen dürfte, weswegen § 36 Abs. 1 Satz 2 InvStG und § 49 Abs. 3 Satz 5 InvStG für diese inländischen Immobilienerträge entsprechend zur Anwendung kommen sollten.

§ 43 Abs. 3 InvStG sieht vor, dass die **Teilfreistellungen nach § 20 InvStG** auch für Anleger eines Dachfonds zur Anwendung kommen. Konkret erfasst die Regelung den Fall, dass ein Spezial-Investmentfonds an einem anderen Investmentfonds beteiligt ist und aus diesen Erträgen Ausschüttungen, Vorabpauschalen sowie Veräußerungsgewinne aus Investmentfondsanteilen, d. h. Investmenterträge i. S. d. § 16 InvStG, erzielt. Voraussetzung ist, dass dieser Investmentfonds kein Spezial-Investmentfonds ist.

▶ **Es gilt somit** Die Teilfreistellungen nach § 20 InvStG kommen auf Ebene der Anleger auch zur Anwendung, wenn ein Spezial-Investmentfonds an einem Investmentfonds beteiligt ist. § 43 Abs. 3 InvStG bestimmt eine entsprechende Anwendung. Bei Beteiligung an einem anderen Spezial-Investmentfonds findet sie keine Anwendung.

Die **Höhe der Freistellung** hängt auch bei diesen Dach-Zielfonds-Strukturen sowohl von den steuerlichen Eigenschaften der Anleger als auch dem Anlageschwerpunkt des

Tab. 5.1 Teilfreistellungssätze bei der Einkommen- und Körperschaftsteuer

	Privatanleger (in %)	Betriebliche Anleger/EStG (in %)	Betriebliche Anleger/ KStG (in %)	Anleger i. S. d. § 20 Abs. 1 Satz 4 InvStG (in %)
Aktienfonds	30	60	80	30
Mischfonds	15	30	40	15
Immobilienfonds	60	60	60	60
Immobilienfonds mit Fokus auf ausländischen Immobilien	80	80	80	80
Sonstige Fonds	0	0	0	0

Ziel-Investmentfonds ab. Es ist zwischen Aktien-, Immobilien- und Mischfonds sowie sonstige Fonds zu unterscheiden. Bei der Einkommen- und Körperschaftsteuer gelten die Freistellungssätze in Tab. 5.1. Zu weiteren Einzelheiten siehe ausführlich unter Abschn. 3.3.3.2.

5.4 Verschmelzungen von Investmentfonds

5.4.1 Überblick

Nach diversen spezialgesetzlichen Bestimmungen (z. B. § 13 KStG, § 4 Abs. 1 Satz 3 EStG) ist eine Versteuerung der in einem Wirtschaftsgut befindlichen stillen Reserven immer dann vorzunehmen, wenn (sei es durch Einzel- oder Gesamtrechtsnachfolge) aufgrund der Bewegung eines Wirtschaftsguts ein **Rechtsträgerwechsel** stattfindet, Vermögen die betriebliche Sphäre verlässt, die Steuerpflicht endet oder Wirtschaftsgüter anderweitig dem **deutschen Besteuerungszugriff entzogen** werden. Dies gilt jedoch nur, soweit ein Steuergesetz die Gewinnrealisierung zwingend vorschreibt. Anderenfalls verbleibt es bei dem vom BFH[14] zu Recht festgestellten Grundsatz: „Das Einkommensteuerrecht kennt keinen allgemeinen Grundsatz des Inhalts, dass stille Reserven stets aufzudecken sind, wenn ein Wirtschaftsgut nicht mehr in die Gewinnermittlung einzubeziehen ist."

Da inländische Investmentfonds gemäß § 1 Abs. 1 Nr. 5 KStG im Grundsatz als **körperschaftsteuerpflichtige Rechtssubjekte** angesehen werden, muss der vorgenannte Grundsatz m. E. auch dann Platz greifen, wenn z. B. die im Investmentvermögen befindlichen Wirtschaftsgüter von einem Rechtsträgerwechsel betroffen sind. Im Einzelnen sind hier noch viele Fragen ungelöst, wobei aber jedenfalls Einigkeit besteht, dass das

---

[14] BFH-Urteil vom 14.06.1988, Az.: VIII R 387/83, BStBl. II 1989, 187 ff.

Umwandlungssteuergesetz mangels Eröffnung seines Anwendungsbereichs[15] nicht einschlägig ist. Überführt man beispielsweise ein Wirtschaftsgut aus einem inländischen Investmentfonds auf einen ausländischen Investmentfonds, so dürfte eine etwaig Platz greifende **Entstrickungsregelung** wegen der lediglich partiellen Steuerpflicht der Investmentfonds an sich keine Wirkung entfalten, weil die Steuerpflicht von Investmentfonds lediglich auf die in § 6 Abs. 2 InvStG genannten Erträge beschränkt ist.

Dennoch verlangt die **Praxis** zu Recht nach ausdrücklichen Regeln betreffend die Verschmelzung von Investmentfonds, denn naturgemäß muss eine Fülle von Spezialfragen einer Klärung zugeführt werden. Hauptantrieb bei der Zusammenlegung von Investmentfonds sind die **effektivere Portfoliosteuerung und Kostenreduktionen,** da sich ein größerer Masterfonds im Gegensatz zu einer Anzahl kleinerer Einzelfonds effizienter administrieren lässt. Zum anderen kann aber auch ein zu **geringes Fondsvolumen** oder eine **neu ausgerichtete Anlagestrategie** zur Fondsauflösung oder zur Verschmelzung mit einem anderen Fonds führen.

▶ **Praxishinweis** Alternativ zur Verschmelzung kommt, insbesondere bei zu geringen Fondsvolumina, nur die **Schließung eines Fonds** in Betracht. In diesem Fall werden die vom Fonds gehaltenen Aktien oder Rentenpapiere (Anleihen) verkauft. Dies kann angesichts der dann gesunkenen Kurse durchaus mit **Verlusten** passieren. Der Anleger erhält dann meist weniger Kapital zurück, als er ursprünglich in den Fonds eingezahlt hat.

Vor diesem Hintergrund enthält **§ 23 InvStG** für in- und ausländische Investmentfonds eine spezialgesetzliche Aussage zu den Voraussetzungen, unter denen eine **steuerneutrale Verschmelzung** von Investmentfonds aus deutscher Sicht möglich ist. Entsprechende **aufsichtsrechtliche Bestimmungen,** die sich mit der Verschmelzung von Fonds befassen, sind in den §§ 179, 181 ff., 281 KAGB enthalten.

▶ **Es gilt somit** Es besteht ein praktisches Bedürfnis für steuerliche Sonderbestimmungen in Bezug auf die Verschmelzung von Investmentfonds. Diese sind in § 23 InvStG enthalten.

Im Grundsatz ist es daher seit dem 01.01.2004 möglich, Investmentfonds **steuerneutral** miteinander zu verschmelzen. Die **Vorteile** liegen auf der Hand: Es kommt weder zur Aufdeckung vorhandener stiller Reserven, noch zur Realisierung eventueller Verluste, und ein Zuschreibungspotenzial bei den hingegebenen Anteilen bleibt nach Handels- und Steuerrecht ggf. vollständig erhalten. Dies gilt aber nur für die Fusion inländischer bzw. ausländischer Investmentfonds.

---

[15] Der aus § 1 Abs. 2 i. V. m. Abs. 1 UmwG bekannte Numerus clausus der Umwandlungsarten gilt auch für das UmwStG. Die Verschmelzung von Sondervermögen ist dort nicht vorgesehen, vgl. auch Dörschmidt in Haase 2015, § 14 Rdn. 10.

Eine **grenzüberschreitende Verschmelzung** von Fonds ist nach wie vor **nicht steuerneutral** möglich. Diese sind als Anteilstausch nach § 6 Abs. 6 EStG zu behandeln (vgl. Mann in Weitnauer et al. 2017, § 23 InvStG Rdn. 5).

▶ **Es gilt somit** In- und ausländische Investmentfonds können grundsätzlich steuerneutral untereinander verschmolzen werden. Dies gilt allerdings nur, wenn sie dem gleichen Recht unterliegen. Eine grenzüberschreitende Verschmelzung ist folglich nicht steuerneutral möglich.

5.4.2 Verschmelzung inländischer Investmentfonds

5.4.2.1 Aufsichtsrechtliche Vorfragen

Aus einem Umkehrschluss aus **§ 181 KAGB** folgt, dass alle Verschmelzungen zulässig sind, sofern im Gesetz nichts anderes geregelt ist. So dürfen Spezial-AIF nach Abs. 1 der Norm nicht auf Publikums-Investmentvermögen verschmolzen werden, und Publikums-Investmentvermögen dürfen nicht auf Spezial-AIF verschmolzen werden. OGAW dürfen ferner nur mit AIF verschmolzen werden, wenn das übernehmende oder neu gegründete Investmentvermögen weiterhin ein OGAW ist.

Zudem können neben der Verschmelzung durch Aufnahme und der Verschmelzung durch Neugründung i. S. d. § 1 Abs. 19 Nr. 37 KAGB Verschmelzungen eines EU-OGAW auf ein OGAW-Sondervermögen, eine OGAW-Investmentaktiengesellschaft oder ein Teilgesellschaftsvermögen einer OGAW-Investmentaktiengesellschaft gemäß den Vorgaben des Art. 2 Abs. 1 Buchstabe p Ziffer iii der Richtlinie 2009/65/EG erfolgen.

Die Verschmelzung bedarf der Genehmigung der BaFin, die nur erteilt wird, wenn die in § 182 Abs. 2 KAGB genannten Unterlagen eingereicht werden. Die Voraussetzungen für die Genehmigung sind in Abs. 5 der Vorschrift aufgelistet.

▶ **Es gilt somit** §§ 181 ff. KAGB sind die **aufsichtsrechtliche Grundlage** für die Verschmelzung offener Publikums-Investmentvermögen. Die Vorschriften stellen im Wesentlichen **formale Voraussetzungen** auf.

5.4.2.2 Steuerliche Behandlung

Die **steuerliche Folge** der Verschmelzung von Investmentfonds regelt **§ 23 InvStG** in vier Absätzen. Im Grundsatz gilt, dass die Regelung lediglich für inländische Investmentfonds gilt. Sie findet jedoch unter den in Absatz 4 genannten Voraussetzungen auch auf ausländische Investmentfonds Anwendung. Das Ziel der Regelung ist, dass die Aufdeckung der stillen Reserven nicht zum Zeitpunkt der Verschmelzung erfolgen, aber auch keine Besteuerungslücken entstehen sollen. Ihre Anwendung setzt eine Verschmelzung i. S. d. §§ 181 bis 191 KAGB voraus.

5.4.2.2.1 Steuerfolgen auf Fondsebene

§ 23 Abs. 1 InvStG verknüpft die Anwendung der Regelung an das Vorliegen einer Verschmelzung i. S. d. §§ 181 bis 191 KAGB. Liegt eine solche Verschmelzung vor, hat **der übertragende Investmentfonds** die zu übertragenden Vermögensgegenstände und Verbindlichkeiten, die Teil des Nettoinventars sind, mit den fortgeführten Anschaffungskosten zu seinem Geschäftsjahresende, dem Übertragungsstichtag[16], anzusetzen. Mit dieser Regelung wird eine Aufdeckung der stillen Reserven verhindert, zu welcher der Ansatz der Verkehrswerte führen würde. Im Ergebnis sind die Vermögensgegenstände und Verbindlichkeiten zum Übertragungsstichtag mit den Werten anzusetzen, die auch zum Jahresende zum Ansatz kämen. Die Fortführung der Anschaffungskosten führt dabei im Ergebnis zu einer **Beibehaltung des Ausschüttungsvolumens**.

► **Es gilt somit** Es entsteht im Zuge der Verschmelzung **kein Übertragungsgewinn oder -verlust** bei dem untergehenden Investmentfonds.

Zugleich hat der **übernehmende Investmentfonds** die übernommenen Vermögensgegenstände und Verbindlichkeiten mit den fortgeführten Anschaffungskosten zu Beginn des dem Übertragungsstichtag folgenden Tages anzusetzen. Durch die Verknüpfung der Werte wird eine Besteuerung der stillen Reserven vermieden. Die stillen Reserven sind auf den übernehmenden Rechtsträger übergegangen, ein Übertragungs- oder Übernahmegewinn entsteht nicht. Dieser tritt nach § 23 Abs. 2 InvStG in die steuerliche Rechtsstellung des übertragenden Investmentfonds ein. Weitergehende Aussagen enthält die Regelung nicht. Dies gilt auch für die Folgen der auf Ebene des übertragenden Rechtsträgers vorhandenen Verlustvorträge. Es ist davon auszugehen, dass auch diese auf den übernehmenden Rechtsträger übergehen (vgl. Wenzel in Blümich 2017, § 23 Rdn. 14 ff.). Etwaige Haltefristen auf Ebene der Investmentfonds beginnen nicht neu. Auch die Absetzung für Abnutzung wird nach den gleichen Methoden und den gleichen Werten fortgeführt, die vor der Verschmelzung bei dem übertragenden Investmentfonds verwandt wurden.

► **Es gilt somit** Der übernehmende Investmentfonds tritt in die steuerliche Rechtsstellung des übertragenden Investmentfonds ein.

5.4.2.2.2 Steuerfolgen beim Anleger

Die im KAGB angelegte **Fußstapfentheorie** wird in § 23 Abs. 3 InvStG für das Steuerrecht übernommen. Die Ausgabe der Anteile am übernehmenden Investmentfonds an die Anleger des übertragenden Investmentfonds gilt auch steuerlich nicht als **Tausch** (i. S. d. § 6 Abs. 6 EStG) oder **Veräußerung**. Die erworbenen Anteile an dem übernehmenden

---

[16] Nach den Regelungen des § 189 Abs. 2 Satz 1 KAGB könnte auch ein anderer Tag als Übertragungsstichtag bestimmt werden. In diesen Fällen bestimmt § 23 Abs. 1 Satz 2 InvStG, dass für steuerliche Zwecke von einem Rumpfgeschäftsjahr auszugehen ist, d. h. die Übertragung des Vermögens zu dessen Ablauf erfolgt.

Investmentfonds treten vielmehr an die Stelle der Anteile an dem übertragenden Investmentfonds, was von der Finanzverwaltung in Rdn. 238 des Anwendungsschreibens zum InvStG[17] bestätigt wird. Auf der Anlegerebene treten somit im Zuge einer Verschmelzung von Investmentfonds **keine Steuerfolgen** ein.

▶ **Praxishinweis** Auch im Übrigen treten durch die Verschmelzung für den Anleger keine aus den Anteilen resultierenden nachteiligen Steuerfolgen ein. Besonders anschaulich zeigte sich dies anlässlich der **Einführung der Abgeltungsteuer** zum 01.01.2009, was im Zusammenhang mit Investmentfonds zur Gestaltungen einlud. Hatte ein Privatanleger die Anteile am untergehenden Fonds vor dem 01.01.2009 erworben, genossen auch die durch die Verschmelzung erworbenen Anteile am aufnehmenden Fonds **Bestandschutz** im Hinblick auf die Veräußerungsgewinnbesteuerung i. S. d. § 23 EStG. Eventuelle Gewinne aus einer späteren Veräußerung der Anteile waren somit steuerfrei, sofern die Anteile länger als ein Jahr gehalten wurden. Betrug der Zeitraum zwischen Kauf der Anteile des untergehenden Fonds und dem Verschmelzungsstichtag weniger als ein Jahr, lief die **Spekulationsfrist** nach dem Verschmelzungsstichtag weiter.

▶ **Es gilt somit** Die Verschmelzung zweier inländischer Investmentfonds ist für den Anleger hinsichtlich seiner Anteile mangels eines Realisationsakts steuerneutral.

5.4.3   Verschmelzung ausländischer Investmentfonds

Die dargestellten Grundsätze finden auch auf die Verschmelzung ausländischer Investmentfonds Anwendung, wenn diese demselben Recht eines Amts- und Beitreibungshilfe leistenden ausländischen Staates i. S. v. § 2 Abs. 15 InvStG unterliegen. Im Ergebnis sind nur steuerneutrale Verschmelzungen **innerhalb eines ausländischen Staates**, aber keine grenzüberschreitenden Verschmelzungen steuerneutral möglich.

Literatur

Bindl, E., und M. Mager. 2016. Ausgewählte Zweifelsfragen und Lösungsvorschläge zum InvStG n. F. *Betriebsberater* 2016:2711–2722.
Blümich, W. 2017. *Ertragsteuerliche Nebengesetze Kommentar. Loseblatt.* Stand: März 2018.
Delp, U. 2017. Investmentsteuerreform aus privater Anlegersicht. *Der Betrieb* 2017:454–457.
Haase, F. 2015. *Kommentar zum InvStG*, 2. Aufl. Stuttgart: Schäffer-Poeschel.
Schlund, A. 2017. Die Anwendungs- und Übergangsvorschriften des neuen InvStG – Was passiert zum Jahreswechsel eigentlich genau? *Deutsches Steuerrecht* 2017:2710–2179.
Weitnauer, W., L. Boxberger, und D. Anders. 2017. *Kommentar zum Kapitalanlagegesetzbuch und zur Verordnung über Europäische Risikokapitalfonds mit Bezügen zum AIFM-StAnpG*, 2. Aufl. München: C. H. Beck.

---

[17] BMF-Schreiben v. 18.08.2009, Az.: IV C 1 – S 1980 – 1/08/10019, BStBl. I 2009, 931 ff.

Weiterführende Literatur

Bindl, E., und M. Mager. 2017. Besteuerung von Dachfonds nach dem InvStG 2018, Stellungnahme zum Entwurf eines Reparaturgesetzes und Alternativvorschlag. *Deutsches Steuerrecht* 2017(9):465–469.

Bindl, E., und M. Mager. 2017. Besteuerung von Dachfonds nach dem InvStG 2018. *Deutsches Steuerrecht* 2017(15–16):465–469.

Hahne, K., und C. Völker. 2017. Anwendungsfragen des § 36a EStG bei Investmentfonds nach geltendem und künftigem Recht. *Betriebsberater* 2017(19):858–866.

Patzner, A., und J.-W. Bruns. 2009. Fondsverschmelzungen und weitere Kapitalmaßnahmen im internationalen Umfeld. *Internationales Steuerrecht* 2009(26):668–673.

Stadler, Reiner, und Elmar Bindl. 2017. Die Übergangsvorschriften zum neuen InvStG – Überblick und Handlungsempfehlungen. *Deutsches Steuerrecht* 2017:1409–1415.

Zinowsky, Tim, und Paul Grabowski. 2017. Auswirkungen des InvStRefG auf die Steuerabgrenzung von Fondsanlegern. *Zeitschrift für internationale Rechnungslegung* 2017(6):236–238.

Sachverzeichnis

© Springer Fachmedien Wiesbaden GmbH, ein Teil von Springer Nature 2018
K. Dorn, *Investmentsteuerrecht*, https://doi.org/10.1007/978-3-658-21478-4

MIX
Papier aus verantwortungsvollen Quellen
Paper from responsible sources
FSC® C105338

Printed by Books on Demand, Germany